稀见清世史料并考释

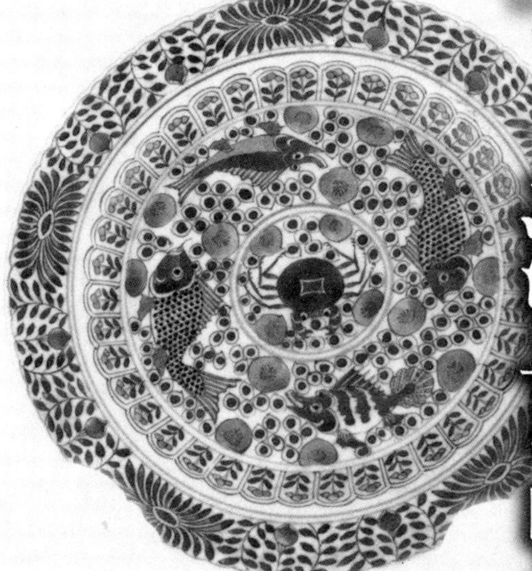

王庆成 编著

武汉出版社

内容简介

本书是编著者十余年来从英、美、俄、日及台北等地国图书馆、档案馆搜访所得的有关清代中国的稀见史料和对它们进行整理、分类,分篇或分题的考释研究集,具有重要的文献研究价值和很高的学术价值。

史料计190余篇(件),涉及的时代上至顺康,下讫同光,分别依经济、宗教、行政、中外关系、军事、造反者文书、社会等7类编列,其中尤其珍贵者附有原件(或局部)影印图片。由于这批史料为世所仅见,因此,它对扩展清史及近代史的研究领域,重新审视清代及近代中国社会和历史中诸多重大课题,均极有意义。编著者费尽心力对这批史料逐一作出考释,阐述意旨,所见多精;尤其是对史料中前人未及研究或研究较少的一些问题多有发明,这对广大读者深入解读这批"意思深远"的史料颇有助益。

目　录

This curious Specimen of the Stereotype printing of the Chinese was presented by S

眾西洋人多發與帶去

康熙五十五年九月十七日

都加五等[illegible]吳
[illegible]廣布
今一十餘載凡外域舶艘來廈貿易者本將軍仰體
因從前行商負爾財本稽爾貨物以致爾等疑
商皆選擇殷實行家公平交易無有掛欠俾得
掉所有各商合行給牌招徠為此牌仰該船主
務體本將軍恤遠之懷各商胡辛赴廈一切貿易
[illegible]商慎勿疑阻致負本將軍一[illegible]之至

右[illegible]嘪[illegible]

日給

定限 [illegible]

日繳

…from Pallas in the Crimea to Edward Daniel Clarke, and by him to the University Library of Cambridge A.D 1815

武英殿等處監脩書官伊都立王道化趙昌等
字寄與自西洋来的衆人我等謹遵
旨於康熈四十五年已曾差西洋人龍安國薄賢
士四十七年差西洋人艾若瑟陸若瑟奉
旨往西洋去了至今數年不但没有信来所以難
辨真假又有亂来之信因此與鄂羅斯的人
又帶信去想是到去了必竟我等差去人回
時事情都明白之後方可信得若是我等差
去之人不回無真憑據雖有甚麼書信總信
不得因此唯恐書信不通寫此字兼上西洋

Nos Ytoury, Voamtoohoa, Tchaotcham, Aulæ Ouintien, et ejusmodi, ubi libri conficiuntur, locorum Mandarini, obedienter reverenter Imperatoris mandato, ad omnes qui ex Europa appulerunt, scribimus.

Anno Kam-Hi 45° PP. Ant.° Barros et Ant.° Beauvolier: anno Kam-Hi 47° PP. Jos.° Provana et Raymondus de Arxo de mandato Imperatoris in Europam missi sunt. Multis ab hinc annis non modo nullum responsum venit, unde verum a falso discerni non potest, sed etiam confusi rumores afferuntur. Idcirco Moscovitis rursus tradita est Epistola deferenda quam verisimile est pervenisse. Certe quidem cum homines a nobis missi redierint, et negotia omnino clara fuerint, tunc adhiberi fides poterit. At nisi homines a nobis missi revertantur, deerit verum fundamentum, et etiamsi quæcumque epistolæ vel nuntia venerint, omnino credi non potest. Et veriti ne litteræ penetrare non possint, has scribimus: his versio europæa adjicatur: omnia typis mandentur: Proregis Cantoniensis sigillo muniatur: non autem claudantur: plurimaque Exemplaria omnibus recenter advectis Europæis distribuantur, quæ ipsi secum asportent. Datum An: Kam-Hi 55° (1716) 9ª Lunæ die 17ª (Octob: 31)

De mandato Imperatoris subscripsimus

Kilianus Stumpf Soc. Jesu | Dominicus Parrenin Soc. J. | Joseph Baudino S.J.
Petr. Vinc. De Tartre S.J. | Franc. Thilisch S.J.
Matthæus Ripa Miss. Apost. Sac. Cong. de Prop. Fide | Josephus Suares S.J. | Petrus Jartoux Soc. J. | Jacobus Brocard S.J.
Joachimus Bouvet Soc. J. | Franc. Cardoso Soc. J. | Joseph d Costa S.J.
Theodor. Pedrini M.A. | Joan. Franc. Foucquet S.J. | Joannes Mourao S.J. | Joseph Castiglione S.J.

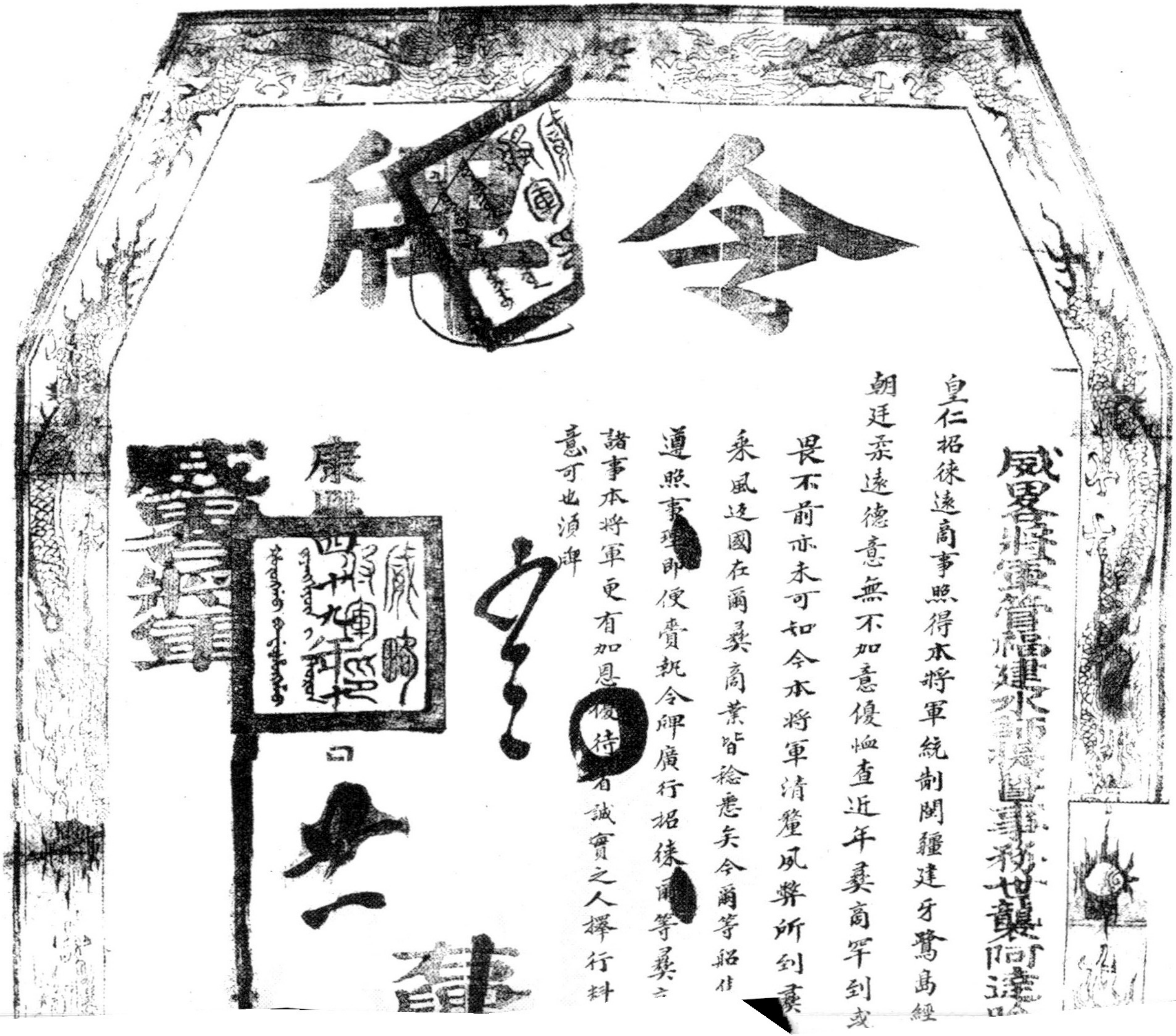

令牌

威略將軍[illegible]福建水[illegible]世襲[illegible]

皇仁招徠遠商事照得本將軍統制閩疆建牙鷺島經

朝廷柔遠德意無不加意優恤查近年彝商罕到或

畏不前亦未可知今本將軍清釐夙弊所到彝

船風送國在爾彝商業皆稔悉矣今爾等船隻

遵照事理即便賫執令牌廣行招徠爾等彝之

諸事本將軍更有加恩優待看誠實之人擇行料

意可也須牌

康熙[illegible]年[illegible]十一日

前　言

1983—1984 年我首次去美英等国访问研究，以后一些年也曾在几个国家和地区作短期的访问。在海外的这些时日里，我总是要尽可能在各图书馆盘桓，留意搜访保存在那里的有关中国历史的文献史料，除所发现的太平天国本身的文献等大都已随时发表呈献给读者外，关于清前期、晚期的其它文献，因当时工作和其它事务羁绊，多年来搁置笥底，直到 1995 年才有时间和决心加以清理、整理和考释。这些材料是零散的，涉及的时代上至顺康，下迄同光，涉及的方面有经济贸易、地方行政、中外关系、宗教、军事、起义造反等多端。由于它们的内容广泛，认真整理、分类特别是作考释，事实上必须进行一定的专题研究。这对我是不小的任务。尤其是某些文献涉及的领域，前人未及研究或研究较少，而我的知识准备不够，整理、考释很有难度。一件康熙年间福建水师提督招徕外商的“令牌”，本身不过三百字，而清前期的对外贸易问题，资料和研究都很不足，因而对这件“令牌”的介绍、解释，化费了相当多的精力和时间;而且写出后过些时候自己发现不足,又要修改、补充。道光二十三年(1843)上海开埠之初的一些外贸文书簿册,是世上绝无仅有的文献,1984年我在英国发现,虽十几年来经常浏览、磨勘,但只是浅尝即止。这次整理考释,尽了一番心力介绍这批文献,并且自己感觉到了这批材料的重要性"可能影响对近代中国社会和历史的某些看法",但尚未能做到充分的解释。研究无止境,也许以后我才会有深一些的理解。英国收藏的一册谕示抄本,收入了七十一篇给下级或晓示百姓的文书,其内容有关于田政、开荒、招抚流民者,有关于恤商恤民、禁勒索强买、禁违例放债者,有关于禁赌博、异服、邪教、贩卖妇女者,有关于民生困难、盐漕弊端者,有警戒员役、土豪者,是十分丰富生动的社会历史资料。但这些谕示的年月和发示人名都已被略去。从这一点看,抄录这些谕示成册的人并不是为了保存史料。原册已大体上分类编列。我猜测这是以作幕为业的人为了搜集参考资料而汇抄的。出于那种目的,年月人名并不重要。但不明年代却是利用这批材料的大障碍。我试从各篇谕示中述及的职官、地理、史事并用语诸方面考订,判断它们是清朝顺治至康熙二十三年(1684)前这一时期内的文件,是清朝早期地方官员的谕示。我的考订是曲折而艰难的,它们并不完全妥善,但希望有助于初步解读这批意思深远的清初社会史料。

举出以上事例是为了说明我原来对整理、研究这批文献的想法过于轻易。我的计划是对它们作整理、分类、分篇或分题作考释。“考释”二字是从萧一山先生的著作学得的。六十年前他出版过一本《太平天国诏谕附考释》，共收诏谕和其他文书十余件，其方式是影印一篇诏谕，加一二页文字说明。我觉得这种体例适合于整理这批文献。但我当时忽略了《太平天国诏谕附考释》对萧先生是游刃有余，而这批清史史料考释对我却证明是心余力绌的。我自己对“考释”的内容要求也不甚明确，因而每篇考释稿都是按照该篇写作时的理解来写，而且不断修改、重写。从 1996 年春开始工作，预计年底完成，但越做越感到能力和时间不足，至 1996 年秋冬，已是强弩之末，忘记了老之已至，终遭病魔之困。现在的书稿，并不完全符合我自己的原要求。各篇考释详略不一，部分原因是由于史料本身的内容、性质不同，另一原因还由于我已无力进行增删调整。这是要请读者谅解的。史料供利用，考释供参考、批评。如能达到这一目的，我所付出的代价也就无憾了。

书稿的出版得到武汉出版社领导和刘昌钊同志、郭廷军同志的支持和帮助，谨致诚挚的谢意。对那些曾给予我阅读抄摄便利和帮助的图书馆和朋友，也谨此表示谢意。

王庆成　1997 年 4 月

一　经　　济

（一）康熙朝威略将军福建水师提督吴英招徕外商令牌

此篇“令牌”原件藏英国剑桥大学图书馆，1984年我在该馆未编号箱中发现。原件高约90公分、宽约65公分，纸质坚厚，周边刻印四爪龙戏珠图案，“令牌”二字、“威略将军管福建水师提督事务世袭阿达哈哈番加五等又加二级吴　为”一行、“右牌仰”、“准此”、“康熙　　年　　月　　日给”及篇末“威略将军”、“定限　　日缴”均刻印。正文墨书，有朱点。“令牌”字样处和年月处均钤满汉文合璧“威略将军印”。

“令牌”发於康熙四十九年（1710）十二月二十一日，发给“网礁朥库主霞儿”。基本内容是：近年彝（夷）商来贸易者甚少，今乘“网礁朥库主霞儿”返棹之机，特给令牌，广为招徕夷商来厦门贸易，定当给予加恩优待。

这是关於清前期中国对外贸易的罕见文献。

康熙二十三年统一台湾后，开放海禁，在一定程度上允许沿海各省民人海上贸易；外国来华贸易亦有放宽，除免税朝贡贸易外，准许私人贸易，照例收税。康熙五十六年一度禁止去南洋贸易，但外国船仍照旧准来通商，而且不到十年，至雍正五年就取消了前禁。“令牌”说明了清代中国在十八世纪初叶对外贸易的若干实况。

“令牌”发给者署姓吴，应是吴英。吴英，字为高，福建蒲田人。“幼为海贼掠置岛中”，康熙二年赴泉州投诚，以武功起家。康熙十九年，参与进克厦门，二十二年，从施琅统一澎湖、台湾，进三等阿达哈哈番世职（阿达哈哈番，后来汉文作轻车都尉）。历授总兵、提督，至康熙三十七年（1698）任福建水师提督，后加威略将军，五十一年卒于任上。著有《行间纪遇》一编[①]。福建水师提督，康熙元年设置，原驻海澄，十九年后移驻厦门。康熙间，将军为提督之进阶，劳绩卓著者得授将军[②]。康熙朝六十年直省提督加将军封号者不十人，皆被称为一时之异数。吴英以水师提督于康熙四十六年五月晋威略将军[③]。“令牌”中说，“本将军……建牙鹭岛，经今一十余载。”鹭岛，厦门岛之别名，吴英康熙三十七年任，至四十九年已十二年，与“令牌”所说完全符合。

康熙开放海禁，在江、浙、粤、闽四省设立海关，厦门曾为闽海关所在地。据研究，在乾隆二十二年广州一口通商以前的四港通商时期，厦门的对外贸易量占第二位[④]。道光《厦门志》卷七“关赋”称：开禁后，“各省洋船载货入口，倚行贸易，并准吕宋等夷船入口交易，故货物聚集，关课充盈”。根据英国东印度公司的统计也可以看到，自康熙二十三年至三十九年（1684—1700）的十七年中，英国东印度公司来华商船15艘4260吨，到厦门者占10艘2370吨；但从此后到康熙四十九年

① 《清史稿》本传；钱仪吉：《碑传集》卷15，墓志铭。
② 吴振棫：《养吉斋丛录》卷3，北京古籍出版社1983年点校本40页。
③ 朱寿彭：《旧典备徵》，中华书局1982年点校本22—23页。
④ 彭泽益：《清初四榷关地点和贸易量的考察》，见《社会科学战线》1984年第3期。

(1710) 吴英发出“令牌”的十年间，东印度公司来华商船 29 艘 8781 吨，到厦门者只 7 艘 2448 吨，而到广州者达 11 艘 3360 吨。以后广州更渐占绝对优势①。“令牌”表明，康熙四十九年即 1710 年时，厦门“彝商罕到”，已有衰落之象，所以吴英希望加以挽回和补救。

“令牌”的受主是“网礁膀库主霞儿”。“库主”，在“令牌”正文中亦作“船主”，可知是一商人。“网礁膀”当今何地？清初陈伦炯《海国闻见录》“小西洋记”：自麻喇甲、暹罗而西为白头番国，有小白头、包社大白头两国，“小白头南於入海之地曰戈什嗒，东西南三面皆临大海，外悬一岛曰西仑”；戈什嗒沿海之东有“网礁腊”，“系英圭黎埔头”②。今之学者以为“网礁腊”即今之孟加拉 (Bengal)③。《海国闻见录》所描述的地理形势，如三面临海，外悬一岛西仑，与今孟加拉湾、锡兰岛悉相符合。十七世纪前半期，莫卧儿帝国允许英国人在孟加拉贸易，英国东印度公司在印度半岛东部海岸及孟加拉湾一带建立了贸易居留地④。这与《海国闻见录》所说有“英圭黎埔头”也一致。“膀”、“腊”形音俱近，“网礁膀”应即是网礁腊，即孟加拉，可无疑义。由于这里有英国埠头，可以推想这艘商船可能是英国船。

“令牌”透露了当时的外贸制度以及问题。“令牌”中说：“查近年彝商罕到，或因从前牙行负尔财本、稽尔货物，以致尔

① 据 H. B. Morse:《The Chronicles of the East India Company Trading to China》，307—310 页推算。
② 据《艺海珠尘》石集。
③ 见陈佳荣、谢方、陆峻岭:《古代南海地名汇释》，中华书局 1986 年版，343 页。
④ 储安平:《英国与印度》，科学社 1943 年印行。

等疑畏不前，亦未可知。”又说：“今本将军清厘积弊，所到彝商，皆选择殷实行家，公平交易，无有挂欠”。可以看出，这时外商来华，是要通过牙行交易，而牙行则经由官府选定。乾隆二十二年定广州一口通商，实行的是行商——公行制度，外国商船到广州，纳税、售货、购货均由行商代理。对此项制度，英商曾表示不满，具禀声称：“夷人与唐人交易，得个实价实货，得回本钱。如有公行交易，货低价高，任公行主意，不到我夷人讲话。”嗣乾隆帝谕广东调查“外洋夷商到广，现在该行商等有无货已销售不即交价”、“代销售物蹉跌其价且拖欠不还”、“代买货物搀低搭假”等问题①，与“令牌”透露的当时厦门外商“疑畏”的问题相似。中国商人与外商交易的情况，开禁以后曾有一些变化。据英国的记载：1684 年“Delight”号商船到厦门，中国商人们出价都一致，英国人以为是垄断，向衙门抱怨，于是官员叫他们去找一位叫 Limia 的人，他后来是主持对英贸易的商人协会会长。至 1702 年 7 月，英船 Chambers 号等船到厦门，与它们签约贸易的是一位名叫安官（Anqua）的商人；其时独占与外商贸易的，有安官、林官（Linqua）、海少(Hemshaw）三人。但到 1703 年 11 月，安官已因负债而离开了厦门港。次年厦门成立了由八至十名商人组成的公会，专与外商交易。据认为这就是广州公行的先驱②。由此可知，十八世纪初年厦门的外贸组织，是与后来广州的行商——公行制度相似的，因而可能产生的问题也相似。

吴英所说“从前牙行负尔财本、稽尔货物”之弊，记录中也确有其事。如上述安官在 1702 年与英船 CHAMBERS 的交

① 许地山编：《达衷集》，商务印书馆 1935 年版，139、154 等页。
② Morse 前引书，56、102、124、132 页。

易，一年多以后仍欠对方银六万两，对其他商船也多有挂欠。吴英要“清厘积弊”，大约也因这类事情而发。但外商的抱怨，不只在于牙行，更在于海关等衙门的苛索，其中包括了提督衙门。提督衙门在十七、八世纪英国对厦门贸易的记录中多次出现。1684 年英国商船 DELIGHT 号首次到厦门，就是与提督打交道。其时施琅任提督。以后又有商人须在提督衙门和海关二处奔走、八至十名商人组成的外贸商会的决议系经提督和海关批准等记载①。提督兼管外贸，史所罕见。厦门原为郑成功的重要外贸基地，康熙统一厦门、台湾后，功臣施琅以及吴英等先后任水师提督，他们本人就经营对外贸易。可能由于这样的历史原因，还由于海防与海上贸易有密切关系，所以水师提督成了外贸的主管。据雍正初年的官方报道，对外商船只，督抚提镇衙门及以下之文武员弁，都有各种需索②，这当然不利于正常的贸易开展。

《厦门志》卷五“船政”称雍正五年开南洋禁后始有贩洋之船，商民出洋贸易由“洋行”保结；洋行对官府有采办贡献之责，其承充进退由将军批准。但没有提及“洋行”同外商的关系。该卷记外国商船来厦，所举出只有乾隆四十六年以后的事。卷八“番市”记与厦门通商的国家、港口，其中有“网巾礁脑”，称雍正七年后厦门与“网巾礁脑”通商。“网巾礁脑”为一海岛，地当今菲律宾棉兰老岛南部哥达巴都（Cotabato）一带③。而该卷并未提到早在雍正七年以前就已来厦门通商的“网

① Morse 前引书，66、132、221 页。
② 见陈希育：《清代前期的厦门海关与海外贸易》，《厦门大学学报》（哲社版）1991 年第 3 期，114 页。
③ 中山大学东南亚历史研究所编：《中国古籍中有关菲律宾资料汇编》，中华书局 1980 年版，26 页。

礁膀”和英国记载中的其他许多事例。这些事实都显示出修志时康熙朝档案已有佚失，故记事缺漏。“令牌”可以帮助我们从一个局部而推知清前期中国同外国的关系，恢复部分的历史面貌。

以下是“令牌”的全文。原件中的个别错字，加括号改正。

令　牌

威略将军兼管福建水师提督事务世袭阿达哈哈番加五等又二级吴　为
广布皇仁招徕远商事。

照得本将军统制闽疆，建牙鹭岛，经今一十余载。凡外域来厦贸易者，本将军仰体朝廷柔远德意，无不加意优恤。查近年彝商罕到，或因从前牙行负尔财本、稽尔货物，以致尔等疑畏不前，亦未可知。

今本将军清厘夙弊，所到彝商，皆选择殷实行家，公平交易，无有挂欠，俾得乘风返国，在尔彝商，业皆稔悉矣。今尔等船只返掉（棹），所有彝商，合行给牌招徕。

为此牌仰该船主遵照事理，即便赍执令牌，广行招徕。尔等彝商务体本将军恤远之怀，招谕各商相率赴厦。一切贸易诸事，本将军更有加恩优待，着诚实之人择行料理，慰尔彝商，慎勿疑阻，致负本将军一片柔远之至意可也。须牌。

右牌仰网礁塝库主霞儿准此

康熙四十九年十二月廿一日给

威略将军

定限　　日缴

（二）开埠初期上海敦利商栈等外贸簿册文书

1984 年 3—5 月，我几乎每天都在伦敦英国图书馆东方书籍和写本部阅览搜索。下述簿册文书，是那两个月工作最重要的发现之一。它们是鸦片战争后五口通商伊始、道光二十三年至二十四年间上海对外贸易的几种原始文献和记录，而且迄未为中外学者所知所用。

这些簿册的原编号、原题和内容是：

(1) OR7418　“禀批簿”。道光二十三年商人张新贤禀请在上海开设外贸商行敦利字号的文书，和本年及次年有关外贸的文件，共六件。

(2) OR7417　合订“循环簿”一本。敦利字号自道光二十三年十一月初一日至二十四年十月十八日丝、茶到货及售与英国商船的记录。簿中夹附有文书底稿三件。

(3) OR7396　“正月份敦利栈呈报运到茶叶件数清册”，道光二十四年。

(4)OR7401 “逐日验货”。道光二十三年十一月至二十四年九月进口货物品种数量登录。未署置簿人。判断为敦利号所立。

(5)OR7400 “各号验货”。道光二十四年二月至七月敦利等各商号进出口货物品种数量登录。

(6)OR7399 “各号出口查验各货”。道光二十四年八至九月敦利等各商号出口货物品种数量登录。

“禀批簿”中的文书六件和“循环簿”中夹附的三件，依其内容性质，可分为五类：

A. 道光二十三年商人张新贤申请在上海开设敦利字号与英商贸易禀件底稿及官府谕准文书。

B. 道光二十四年二月松江海防同知为华英贸易须畅滞各货搭配以货易货禀苏松太道。

C. 道光二十四年敦利号为申请执照在苏州销售进口熟铁禀稿及苏松太道发给执照文书。

D. 道光二十四年松江海防同知饬役查询敦利号存丝事及敦利号禀复。

E. 道光二十四年苏松太道为江西河口茶运阻滞饬海防厅知照各商栈及海防同知禀复。

这些文书簿册揭示了近代中外经贸史上前所未知的重要事实。各种有关中外关系历史的著作和资料，对五口通商后外国洋行之纷至沓来，多有记载，而述及中国商人的外贸活动者，似绝无仅有。近年有学者指出：“关于中国国际贸易的历史，在过去出版的著作中，……华商直接经营对外贸易的情况，几乎完全没有得到反映。”① 为什么没有反映？实际情况并不是客观上被“挤压”得不存在，至少在开埠初始，并非如此。文献资料缺佚是一个重要原因。保存在英国的这批簿册文书并不完整，却足以为近代中外经贸史补一大空白，而这可能影响对近代中国社会和历史的某些看法。

南京条约迫使清朝中国开放五口通商。在此以前，中外贸易限制在广州一口通过行商——公行进行。南京条约及稍后的通商章程，撤废了行商——公行制度，规定英商华商可自由交易。1843 年 11 月 8 日，英国领事巴富尔（George Balfour）到上海，与苏松太道宫慕久商定 11 月 17 日，即道光二十三年九月二十六日上海正式开埠。此时，上海至少已有两家华商外贸行栈在筹办等候开业——其中之一即敦利号，此时已申请开业。

“禀批簿”中商人申请开设敦利字号的禀件底稿，未写姓名、年月，但与官府谕准文书合看，可知具禀人名张新贤，原在粤东开设裕隆字号，贩运江浙各货；道光二十二年即 1842 年清政府宣布五口通商后，他和粤东同业陈姓、卞姓就筹划合伙到上海开设敦利外贸商号。道光二十三年七月到上海，租赁栈房，招徕丝茶各货，准备与英国贸易。他的申请经海防同知沈转呈苏松太道宫，于道光二十三年十月廿三日谕准。据英国图书馆东方部一册记往来人员姓名职位的“姓名总册”（编号 OR7402）及同治《上海县志》，海防同知沈系松江海防厅同知沈炳恒，字晓沧，因上海开埠，由苏州督粮同知改，移驻上海；苏松太道宫，即宫慕久，兼任江南海关监督，故文件中亦称“关宪”。张新贤

① 上海社会科学院经济研究所、上海市国际贸易学会学术委员会编著：《上海对外贸易》编写说明，上海社会科学院出版社 1989 年版。

籍贯事迹无考，禀稿中自称“职”，可知是一捐有虚衔的商人。张新贤禀文中说，他的商号在西、东姚家弄、王家巷、孙家巷以及前和典基、万瑞坊基等处租赁栈房，“以招接各路商人，安顿货物，庶英国领事官到，即可通商贸易。”可见在正式开埠之前，这家商号已准备好对英贸易。禀文中还透露在敦利之前已有一家监生沈浩开设的通亿丝栈禀请开业，这应是又一家外贸商行，所以才有禀请苏松太道允准的问题，但其出口以丝为主，与敦利以丝茶为主有别。

中国的对外贸易原由官府允准的几家十几家行商垄断，但到十九世纪上半叶，行商以外的商人参与对外商的交易已日益不能阻止。1807 年曾有 200 家以上行外商号被封闭，到 1828 年，清政府不得不允准行外商人可以经营一定范围的商品①。行商虽仍基本上保持垄断的地位，而行外商人已可以合法经营包括丝绸在内的货物②。这足以说明当时行外中外交易之盛，说明行外华商参与对外贸易的要求。张新贤久在广东开设商号，贩运江浙各货，可能就是“走广”的浙商，就是这些与外商交易的行外商人。上海的地理环境及其腹地的富庶，使它在中外经贸关系上具有优越的地位。张新贤及其合伙人在朝廷宣布五口通商之始就筹划转移上海，正是上海兴起为近代经贸中心的趋势的反映。

学者认为，广东商人在上海开埠中起了作用。费正清《中国沿海的贸易与外交》一书说：“当巴富尔领事到上海时，他见

① 格林堡著、康成译：《鸦片战争前中英通商史》，商务印书馆 1961 年版，50 页。

② 郝延平著、陈潮等译：《中国近代商业革命》，上海人民出版社 1991 年版，20 页。

到广东商人们已在那里。他们随着英国远征军而沿海向北移动。英国在上海的贸易是在一名广东经纪人阿林（Alum）的帮助下创办的。”“阿林是一位干练有力的商人，为外国人熟知。他同内地丝茶生意有长期联系。”① 还有记载说，阿林在外商贷款支持下开设“义升行”（Esang Hong），内地货物最早运到上海与外商交易是由他做起来的，他承包了一切进出口贸易②。费正清等人之说多被引据，并说1846年义升行倒闭后，上海才逐渐有经营进出口的行号；或说到六七十年代，上海才出现专门经营丝茶的行栈③。

英国领事到上海时，原在广东经商者们已转移到上海，这一趋势看来是确实存在的，但阿林的义升行则未必是最早一家外贸商行；义升行倒闭后上海才有进出口商行更远非事实。根据上述张新贤的禀件，在道光二十三年上海至少已有敦利、通亿两家华人外贸商行。不仅如此，这些簿册还提供了上海开埠初期（1843、1844）一个颇为活跃的专营或兼营进出口的商贸界形象。

“各号验货”一册逐日记道光二十四年二月至七月间一些商号从英国、美国、吕宋等商船进口货物的品种、数量，又记录出口的货物品种、数量。所记商号计有：裕泰、信成、长益、义记、益三、周益大布店、周公正、朱通裕、万成、阳和、芳盛、道裕、仁记、敦利、天盛、广盛、融和、怡馨、和山、采文、和记、华记、广利、德利、义成、春和、春芳、位记、益记、恒

① J. K. Fairbank:《Trade and Dipomacy on the China Coast》, Vol. 1, 139—140页。

② 《上海对外贸易》等书引据 Lanning 等《The History of Shanghai》。

③ 《上海对外贸易》, 143页；丁日初主编：《上海近代经济史》第一册，上海人民出版社1994年版，123页。

珍、名利、裕润、永隆、怡生、荣丰、通亿、怡利、隆记以及“本号”，共39家。又有一册原题“各号出口查验各货”，道光二十四年记八月初二日至九月初三日出口给外国各商船的货物、数量，所记商号有义记、和记、仁记、华记、位记、怡生、怡馨、名利、敦利、公正、隆记及“本号”等12家，与“各号验货”册中的出口记录相衔接。

这两种簿册记录有敦利号的进出口活动，但立簿者显然是“本号”。“本号”的行名无考。“各号验货”簿中在若干货物的名称数目条上盖有“过”字戳，应是经过查验的标记。又有“查船”的记录：道光二十四年五月十四日“查17号船”，“又查19号船”，“又查咪利坚2号船”。“各号出口查验各货”簿也有查船的记录：“（八月）十三日查28号”、“又查29号船”，“二十三日查28号船”，“九月初三日查30号船”等。各次查船，都记录出口或进口何物、数量、商号。显然，这类查验是行政管理行为。由此推想，这个“本号”应是受官府委托、授权的一个外贸行班头，它负责记录各商号的进出口活动，包括查船或随同查船。就以上有记录的39家商号来看，敦利是专营外贸的商行，通亿也应是，已见上述。“本号”有从英国船大量进口各色布匹、呢绒织物和出口丝、茶、石膏的记录，且担任班头的角色，也应是外贸专营商行。“广利”一家，从“禀批簿”中的文件看到，官府一次为外贸问题向外贸茶栈，包括敦利栈发出的通知，是由广利栈转达的，似乎也可由此推测它是外贸茶栈的班头，是一家专营外贸商行。还看到“和山”就是“杨和山栈”，它是向英商出口湖丝的行栈。又如怡生一家，簿册中自7月开始有出口丝的记录，三个月中出口丝达1237包，又6月份进口棉布近3万2千匹，可以看出这是一个不小的外贸商号。

其它如周公正、仁记、和记、华记、位记、名利、怡利、长益、益三，都有既进口各色布匹等，又出口丝茶等的记录。可以断定，这 39 家有一部分是外贸专营户，另一部分至少也是兼营外贸的商号。“各号验货”中记有“周益大布店”于道光二十四年二月向英国 15 号船进口洋铅 328 条事。标明是布店，自非专营进出口，但进口洋铅，与布匹无关，应是兼营进出口。其它字号难从名称判明兼或专营，现将这 39 家字号在上述几个月中的进出口货物作一简要的分类归纳，以见当时华商参加对外贸易的活跃：

	行　号	进口主要货物	出口主要货物
1	本　号	各色布匹、大呢、羽绸、洋熟铁、玻璃	茶叶、湖丝、石膏
2	敦　利	各色布匹、大呢、羽绸、洋熟铁、玻璃	茶叶、湖丝
3	广　利	各色布匹、大呢、洋熟铁	湖丝
4	通　亿		湖丝
5	周公正	原布、大呢、玻璃、洋熟铁、胡椒	茶叶、湖丝、紫套布
6	仁　记	各色布匹、大呢、洋熟铁、胡椒、洋酒	湖丝、石膏
7	和　记	大呢、玻璃、洋锡片、洋刀、洋钢	湖丝
8	华　记	大呢、玻璃、胡椒、洋布	湖丝、麝香
9	位　记	各色布匹、檀香、洋硝、洋熟铁、玻璃	湖丝、石膏

10	怡　生	各色布匹、大呢、洋熟铁、剪绒	湖丝、紫套布
11	怡　利	各色布匹、檀香	湖丝
12	名　利	各色布匹、剪绒、沙藤、象牙	湖丝、紫花布
13	长　益	苏木、水靛、玻璃、牛皮、洋糖	粗窑缸器、铜器、大黄、湖丝
14	益　三	水靛、洋麻、棉花	明矾
15	义　记	各色布匹、洋酒、洋枪	湖丝
16	天　盛	毕叽、大呢	茶叶
17	裕　泰	各色布匹、大呢、沙藤	
18	信　成	槟榔、乌糖、栲皮	
19	阳　和	原布、花布、自来火、木钟	
20	融　和	洋青、洋糖、洋酒、洋枪	
21	德　利	布匹、大呢、玻璃	
22	益　记	洋布、乌木	
23	周益大布店	洋铅	
24	广　盛	布匹	
25	芳　盛	沙藤	
26	采　文	原布	
27	义　成	布匹	
28	春　和	布匹	
29	春　芳	布匹	
30	恒　珍	洋铅	
31	裕　润	洋锡	

32	永 隆	玻璃、栲皮	
33	荣 丰	沙藤	
34	隆 记		湖丝
35	朱通裕		茶叶
36	万 成		明矾
37	道 裕		茶叶
38	怡 馨		茶叶
39	和 山		茶叶

除以上 39 家外，簿册文书中提到的行栈名称还有益昌、启丰、丰泰、鼎昌花行、吴恒成花行。这几十家行号的名称，有的与上海洋行的名称相同，如仁记、义记、和记、名利、华记各洋行，它们都见于开设于 1850 年代以前的上海洋行名单①，但它们与上述 39 家中的同名者决非同一体。“各号出口查验各货”簿中有“义记”出口湖丝的记录，又有“英商义记栈”将原色洋布 12 匹退回广东和装带出口的记录。“英商义记栈”应即是英商义记洋行，1843 年在沪开设。从这里可以看出，簿册对外国商号是加以注明，并不混淆的。

这几十家商号，从未出现于外贸史、商业史的资料和著作。簿册对它们的记载虽然简略，但终究揭开了一片新天地，说明在上海开埠之初，无论外贸内贸，华商并非一片空白。

举一件事例。五口通商之初，上海输入各色棉织品数量很大，上述各簿册的记载颇为具体，有原色布、白洋布、印花布、斜纹布等种类。据统计，1844 年上海进口的棉货价值位居第一，

① 《上海对外贸易》，68—75 页。

超过毛织品近两倍[①]。上海进口的洋布尽管分销各地，但上海本地也必然会行销一部分；认为上海到1850年代才出现洋布店，就较难理解，也与事实不符。如上所述，1844年上海就有一家兼做过进口洋铅生意的“周益大布店”；由它经销进口洋布，自较广货店、京货店一类商店代销洋布，更为顺理成章。

还可以附带提到这批簿册所提供的一个额外资料。这批簿册中的两种以及英国图书馆收藏的另外几种，如记送礼名单、数目的一册“各节规礼”（OR7398）、记送礼、力钱、杂支的一册“开发总登”（OR7403）以及前已提到的一册“姓名总登”（OR7402），簿口都有“三益号”字样，簿首印有“三益号”图记，内刻广告文字：“三益号　本号在上洋大东门外吴家弄口自造加工精选真贡川毛鹿鲜艳红花格账凡士商赐顾者须认明本号招牌庶不致误”，并有“划一不二”、“童叟无欺”的圆形方形图记。英国图书馆收藏的另一些记同治后期事的资料，也写在“三益号”的簿册上，可知“三益号”是上海开埠时即已存在并可能有一段不短历史的商号。

英国自十七世纪前半叶与中国开始通商，长期觊觎着更大的机会。自以武力胁迫清政府开放五口后，英国商人会陆续转向上海，自不待言，但这必然会有一个过程[②]。而上海也不是一片空白地。自康熙开放海禁，上海贸易渐盛。鸦片战前已是内外贸易的重要商埠；开放五口以后，在上海的商人曾书面表示

① 班思德：《最近百年中国对外贸易史》，据姚贤镐编：《中国近代对外贸易史资料》第一册，中华书局1962年版，568页。

② “伦敦和广州的英国商行，最初颇存观望态度，直至几个月后，才有几家派了代表来上海筹设分行。”见彭泽益：《中英五口通商沿革考》，《中国社会经济史集刊》第8卷第1期，126页。

切盼与外国和平通商的心情[1]。前文已述及，在行商——公行时代，在广州的行外私商早已力图冲破垄断，参加对外贸易，他们中有一些是江浙“走广”的商人，五口通商后多有北上上海图发展者。这些早已插手外贸的行外商人，不可能设想在五口通商后反而销声匿迹。在这样的形势下，上海开埠之初的外贸业，必有中外多类商人组成。上海开埠后一年即1844年，有英美洋行11家，英国侨民25人[2]。十几年二十几年后有较大的发展，至1868年，上海有英国洋行103家，这时他们“在中国国际贸易行业中占有很大势力”[3]。华人外贸业者之受外国洋行挤压而逐步成为他们的附庸，甚至成为外商进出口业务的内贸商，必应在开埠的若干年以后。很难想象中国方面在战前由行商——公行垄断的对外贸易，战后立刻受外商控制，进出口业务都被外国洋行把持。英国这批簿册不仅告诉我们上海开埠之初已有多家华商外贸行栈，而且显示，这些外贸行栈在1843—1844年的进出口贸易都是与外国商船直接进行的。敦利号的“循环簿”以及“各号验货”等簿册记进出口，都是记某日售与英国船某号、美国船某号丝若干包、茶若干箱，某日从某船进某某货物若干件，全无某洋行介入的迹象。

王韬在《瀛壖杂志》中有一段话：“沪城内外，近来设有丝茶专栈，所以招徕远客，使有如归之乐。货物到栈，即有通事，往觅售主。”[4] 这本书完成于咸丰三年（1853）以前，而后又补

---

① 见 Fairbank 前书，220页。

② 罗兹．墨菲《上海——现代中国的钥匙》（上海人民出版社1986年版）79页译注；《上海对外贸易》67页注据 Lanning 等《前揭书》，但列出具体行名的只五家。彭泽益列出的也是五家，其中一家互不同。

③ 《上海近代经济史》，71页；《上海对外贸易》，101页。

④ 见上海古籍出版社1989年标点本，第8页。

充记事至同治末。这段话可以理解为开埠以后一段时期内上海存在丝茶专栈即类似敦利、通亿这些外贸商号的事实。还可以指出的是，到了1862年即同治元年下半年，海防同知赵姓禀报苏松太道这半年“上海各栈丝经到数及销售数”，其中列出丝栈24家，有相当大的贸易量①。既然是海防同知禀报苏松太道，必然有关中外通商，这些丝栈必应是外贸商栈。可见华商外贸丝栈从1843年起，至1862年连绵不绝。总之，根据这些新发现的簿册文书，华商外贸业曾一度有相当的声势。它们后来怎样成为洋行的附庸，这正是该研究的问题。

根据上述簿册文书，我们可以分析敦利这样的外贸商号的性质和经营方式。它输出丝茶，但并非自己到产地采购，而是必须招徕丝、茶的运销商，将所招徕的丝茶售给外商。招徕这一环节的重要性，在敦利的簿册文书中看得很清楚。不仅敦利如此，其它外贸商号也如此。如一家“和山”，即“杨和山栈”，在簿册中有出口茶丝之记录。有一英国商人名未未士者向“杨和山栈”买单定购湖丝，但“杨和山栈”招徕不足，短少181包，致英国领事向苏松太道提出，由海防同知提讯查问。“杨和山栈”称，有些丝商先经招徕，后来却到了别的行栈，而丝商则认为“杨和山栈”欲以低价购高货，是以不允而投别栈。可见招徕中存在着竞争。所谓低价购高货，意味着丝商和杨和山栈发生买卖行为。可见外贸行栈并不是单纯作为抽取佣金的中介人而和丝商、和外商发生关系。当然，簿册中也颇有敦利栈招徕丝茶到货后由“该商”售给英商某船的记载，这又体现着敦

① 太平天国历史博物馆编：《吴煦档案选编》第六册，江苏人民出版社1983年版，507页。

利作为外贸货栈的性质。

敦利的开业禀文中只说招徕丝茶与英商贸易，并未提及经销输入货物。而“逐日验货”、“各号验货”簿册中却记有敦利输入各色布疋、洋铁等货物的大量记录。敦利如何销售这些输入物？看来至少其中的一大部分可以从当时中外间的贸易方式来作说明。“禀批簿”录有一组道光二十四年二月的文书抄件。其一是敦利栈进有英商熟铁几千担，由丝商卞大昌运往苏州销售，因需有执照才能销售，敦利号特具文向江南海关申请。其二为江南海关发给执照的批文。敦利号进口洋货，然后另由商人销售内地，这似乎只是通常的买卖行为。但是，敦利栈所进的洋铁何以由丝商运往苏州发售？从这些簿册文书，可以发现当时外贸方式的一些特点，即搭配交易和物物交换。“禀批簿”中一件道光二十四年二月海防同知给苏松太道的禀文说，英商来货，畅销滞销不一，其畅销者，往往在船到之时就有“奸侩小贩”潜赴该船抢先购买，既漏税，又留下了滞销之货，使内地商人接受为难。所以他认为应禁止英商与华商私自买卖；应使先赴关验明，与正经栈商就畅销滞销货物“配搭均匀，然后以货易货”，“彼此公平交易”。看来丝商卞大昌到苏州销售熟铁，就体现着这种“配搭均匀、以货易货”的方式：卞大昌的丝经敦利卖给英商，英商的熟铁经由敦利而给卞大昌作为丝价。卞大昌则持熟铁运往苏州销售，换取现银或其他货物。但根据这一文书，我们可以确知，与英商交易的是敦利，而不是卞大昌。卞大昌向敦利提出：在苏州销卖熟铁，须有执照，否则不能销卖，只得退还。卞大昌只是与敦利而不是与外商交易。

以货易货是上海开埠初期较普遍的中外贸易方式。五口通商两三年后英国商人、领事报告：上海等新埠都由于现银缺乏而大量存在“物物交易”，即将各货物折价而后以货易货。当时市场上有两种价格：现金交易价、物物交易价。他们生动地描述过换得外国货物的中国商人的运销活动:“以茶丝换取了英国货物的中国商人，总是把它载运到苏州，在那儿售得现款，出售时要打半成、一成或一成半的折扣，看他是否急于脱手而定。苏州的投机商打了折扣进货后，即贩运至全国各地。”① 卞大昌到苏州销售熟铁，正是如此。上述事实，也说明苏州商业之繁荣与上海开埠之关系。

上海官府提出的畅滞各货搭配交易的方式，意味着商人一揽子接受对方的货物。官府提出外国商船应先验关完税，然后与栈商搭配交易，一方面为防止逃税，同时也为避免畅滞不均，贸易壅滞。但是，搭配意味着接受非畅销货物。这需要有使商人接受的章法、权威。敦利申请销铁执照禀文中说，“现在洋铁来自外洋，由宪关验税后发栈售卖贩运”。“发栈”二字值得仔细体味，它似乎说明这批货是由官府即江南海关配搭给敦利的，由此可以推想官府在开埠初期中外贸易中的作用。清朝中国在康熙帝统一台湾后实行四口通商，在各口由官府选择之牙行与外商交易②。乾隆朝实行广州一口通商，由官府特许之行商——公行控制外贸，其时外国商船到粤，由行商与之议定价值，报税发卖，给还价银，或以货物兑换；直接地说，外商的这一船货物全部卖给他的保商③。五口通商后，实行自由贸易，但华商开设外贸商行及与官府的关系，仍如同过去的行商那样，被看

① 见姚贤镐前书，403页。
② 参看本书前篇考释。
③ 姚贤镐前书，第193—196页；马士著、张汇文等合译：《中华帝国对外关系史》第一卷，三联书店1957年版，85页。格林堡以为并非都必须卖给保商。

作是“承充”、“承办”。这些词语，和官府规定的搭配贸易等，似乎仍有以前时代的遗意。

鸦片战争后英国通过江宁条约等一批约章把低关税强加给中国，而清朝政府的谈判者也竭力在关税上讨价还价并坚持过境税标准，以保证税收。清朝官员建议：新开辟口岸的关税应提高以弥补在去广州的旧道上预计会减少的内地税①。而结果是，清政府对从上海等四口输出的湖丝加征内地税。苏松太道谕准敦利开业的文书中引述耆英下达的文件说:“嗣后凡有内地客商贩运湖丝前往福州、厦门、宁波、上海四口与西洋各国交易者，查明赴粤路程，少过一关即在卸货关口补纳一关税数，再准贸易”。所以丝茶的出口除按新税则缴纳出口关税外，湖丝尚须补缴从上海出口比从广州出口少付的三关内地税，即北新、赣州、太平三关税银。丝的产地主要在江浙，浙江湖州出产者质优量多，距上海近，自然被大量引向从上海出口。而1843年中英议定的新税则，湖丝的出口税为每担10两，以从价税计算，只4%。清政府对湖丝从上海出口须补交三关内地税十分坚持。英国驻沪领事为降低丝价，曾请求免纳三关税，宫慕久等告以定章不能更改。这一规定至咸丰十一年三月才由于天津条约、北京条约而改变：完纳内地半税，免补交三关税。官府发给敦利号的循环簿显示了补纳三关税和官府稽查的方式和方法。

“循环簿”，据《六部成语注解》，称为“轮流掌管按月登记之簿册”，今所见的“循环簿”，实是官府稽核税收的一种方式。英国图书馆藏有一册道光十六年“浙海关日征环簿”，逐日记人

① 见Fairbank前书，第116页。该书的这一章已有中译文，见陶文钊编选《费正清集》，天津人民出版社1992年版。

名行名征收钱数。上海官府在谕准敦利开业时，同时发给循环簿，由“该栈每日将进出货物税收逐细登填循环簿内，按旬呈送本道倒换，以凭与大关税簿核对”。上海海防同知发给敦利的循环簿，现存竖行帐簿合订一册，合订本首叶封面左上粘贴红纸，墨书“环字簿”，右下写“发张敦利栈”，首叶中书“道光贰拾肆年捌月初一日给”，年、日钤印、朱书，左上写“分府沈行”，“行”字朱书，右下写“计肆拾陆页，计印廿五颗”。合订簿中部的另一封面年月日为“道光贰拾叁年拾月廿一日”，又一封面年月日为“道光贰拾肆年捌月廿七日”。第二、三封面上写“计伍拾页，计印廿八颗”。簿册每两页骑缝加盖海防同知印，所谓用印若干颗，即在每两页间及在封面盖印的次数。盖骑印大概是为了防止商人抽换。三册合订时有错乱，第二封面下之50页，即为谕准开业时发给的“循字簿”，其记事自十一月初一日起，即从道光二十三年十一月初一日起。全合订簿记事最迟至道光二十四年十月十八日止。凡到货之日都有记，记货物来源、品种、数量，湖丝并有补纳三关税的记事。如道光二十三年十一月初七日记：“到浙江钱塘县丝商秦同昌运来湖丝20包，现贮敦利栈。前丝于十二月廿七日售与英商第11号船，计20包。所有补完三关税银，当经投纳讫。”十二月十三日记：“到浙江归安丝商桂同和运来湖丝34包，前贮岭南广记，现贮敦利栈。前丝于十二月十三日售与英商第2号船，计34包。所有补完三关税银，当经投纳讫。”以上记事，第一项，丝售与英船，已在到货以后50天，十天的倒换期限内不可能记上补完三关税与否。茶叶到货后的售出记载，也多在十天后甚或数月后。如何在循环簿中补记，现难确知。三关税，据报道为每担合共银

3.2896两，与实际经过三关之税相当[①]。但因产地距上海近，交通便利，周转较快，浙江湖丝几乎都转向了上海。

官府谕准敦利开业文书规定，茶叶湖丝与外商成交应“分别补纳完税”。但茶叶出口不须补交三关税，循环簿中也没有补纳记录。主要的产茶地区如福建、浙江、江西等地，一般距上海较近，距广州较远。“所有绿茶和大部分红茶运到上海都较运到广州省钱，……绿茶价格比在广州低24％[②]。从这批簿册文书中可以看出，当时清政府和一些高级官员的政策是：在上海或在广州出口，听各地客商自便。红茶主要产地的最高官员——闽浙总督同意并经奏准闽茶可由河口、玉山运抵江、浙海关出口。但上海开埠后半年却发生过一件福建茶叶迟迟不到上海致引起外贸恐慌的事：上海各出口茶商“以上洋红茶须由江西河口运来，时已六月，迄无客商”，认为“其中显有羁留之处情形”。海防同知担心茶叶转赴广东，上海无货可售外商，引起英国领事找麻烦，于是请上峰札饬河口同知晓谕茶商赶紧运来上海。这一事件曾引起朝廷及外国人注意。据《中国丛报》报道，起因在于江西玉山知县出示要茶商一如既往去广州出口，不准越过山区运往上海等地，该知县后来受到查处[③]。事实上，茶叶出口改道，引起负运货物度梅岭入广东的力夫失业，他们是反对改道的力量。范文澜《中国近代史》以为他们是后来太平天国起义的基本群众之一。另外，改道后原路沿线关卡收入顿减，所以很多地方官也不愿变更运输途径。以敦利栈外销的丝茶来

① B. P. P.：Returns of the Trade of Various Ports in China，for the Years 1847，1848，据姚贤镐前书，578、579页。

② H. C. Sirr：《China and the Chinese》，据姚贤镐前书，559—560页。

③ 《Chinese Repository》，Vol. XIV，据姚贤镐前书，542页。

看，丝主要来自湖州府乌程、归德二县，距上海不过两三天水程；茶叶客商主要从江西南城、福建崇安、建阳等地贩运，到河口镇下达上海。敦利开业的第一批到货及经常到货、数量较巨的是多从江西南城贩茶的李兆丰。南城即江西建昌府所驻县，距武夷茶区中心福建崇安甚近。簿册文书中提到李兆丰是“广庄茶商”，可能他本是经常运茶去广东而改运上海的。

以上几种簿册都不完整。发给敦利号的“循环簿”，前已说明，登记最早自道光二十三年十一月初一日起，最后日期是二十四年十月十八日。其中二、四、六月全缺。其他各月，道光二十三年十一月有初一至初十的记录，但无十一至二十的记录；有十一月廿一日至三十日的记录而无十二月初一至初十的记录。如此等等。循环簿十日一倒换，官府发给的循环簿应均以十日为一册。由此可知，现存的合订循环簿已缺佚若干册，除二、四、六月外，尚缺佚 9 册，即 9 个十天。所以，这一合订簿实际只是 17 个十天的到货与售出记录。“正月份敦利栈呈报运到茶叶件数清册”，记道光二十四年正月份茶的到货，没有售出记录。“逐日验货”记道光二十三年十一月初七日至二十四年九月十五日间，从第 2、8、9、10、11、14、16、21、23、24、30 等号商船所进货物的品种和数量，原未署置簿人名号。该簿簿末数叶有“本号书房诸位老爷均照”字样，并钤“栈具”戳记，可知该簿是一外贸商号所置。核其内容，道光二十四年二月初五、初七日记有收铁条二千余捆，与敦利号在该年二月为申请执照在苏州销售进口铁之事相符。又，“逐日验货”簿二十四年正月廿六日、廿七日记，收第 14 号（英）船各棉织品“上万瑞北栈”、“上北栈”。据簿册中禀请开设敦利字号的禀文中讫，在东西姚家弄及万瑞芳基等处开设栈店，“万瑞北栈”应即是设在万瑞芳旧址的栈房。所以本文判断此项簿册系敦利号所立。“各号验货”记道光二十四年二月初至七月廿三日“本号”、敦利等商号的进出口货物品种和数量。“各号出口查验各货”记道光二十四年八至九月“本号”、敦利等商号出口货物的品种和数量。从这些簿册的内容来看，它们应是互有联系的。如“循环簿”中的售出记录，应同见于“各号验货”、“各号出口查验各货”簿中所记有关敦利号的记录，反过来也一样。但事实上不尽然。这一方面由于“循环簿”残缺，现存“循环簿”的日期与其它簿册并不都相当。另一方面还由于现在对当时的登记查核制度并不很了解，可能还应有别的簿册为现在所未知未见，因而现存各簿册的内容、数字不能都相衔接。

虽然这些簿册中的记录难以形成完整的统计，但可以显示某些概况。以下试归纳出几种概数：

(A) 根据“循环簿”，敦利号在1844年即道光二十四年17个十天中，即近半年中出口的丝茶：

茶叶 7079箱——售与第2、9、11、16等英国商船。

丝 873包——售与第1、9、11、16、22、26等英国商船。

(B) 根据“各号验货”和“各号出口查验各货”，“本号”、敦利、仁记等19家行栈在1844年即道光二十四年二至九月共约8个月中，出口的丝茶：

茶叶 8880箱（件）——售与英、美、吕宋、针文等商船。

丝 3712包——售与同上商船。

(C) 敦利号“循环簿”所记道光二十四年二月至九月期间

丝茶出口而为上述“各号验货”、“各号出口查验各货”所缺载者，计：

茶叶 2131 箱

丝 533 包

(D)(B)与(C)相加，应是敦利、“本号”等 19 家行栈在上述约 8 个月中丝茶出口的总概数，计：

茶叶 11011 箱（件）

丝 4245 包

以上(B)(D)两项数字，极可能远低于实际数。尤其是，敦利在“循环簿”中所记 170 天中出口的茶丝数，与(B)项——包括敦利在内 19 家商号在八个月的出口数——比较，茶叶出口数竟相差不大，敦利一家只比包括敦利在内的 19 家少 1800 多箱，可见有关(B)项的簿册，记录必不完整，必有很多遗漏。尽管如此，现在且利用以上这些数字来估计这些家商号在上海开埠之初的外贸量中的地位。

正式的外贸统计中，茶出口以磅为单位。以上归纳的几种概数，所记茶的计量单位有箱、件不一，但大多数在“箱”、“件”之下加记有斤数：箱，每箱 40 斤上下，亦有不足或超过 40 斤者；件，有时同于箱，在上述(B)、(C)两项中，则每件有 60 斤者，有 118 斤者。今将(D)项数字中的茶叶出口总概数的箱、件之未加记斤数者，箱以 40 斤计，件以 60 斤计，可算出在上述 1844 年约八个月中，敦利、“本号”等 19 家商号出口茶叶数为 447112 斤，合 492852 磅。

外贸出口统计中，丝以包为单位。虽簿册中的“包”亦多加记有斤数（大多每包 80 斤上下），与统计数作比较时，不须换算。

上海丝茶输出，1843—1844 年度，丝无记录，茶叶为 1149000 磅；1844—1845 年度，丝为 6433 包，茶叶为 3801000 磅。这是 S. W. Williams 的统计数字①。另有一种领事商务报告的数字，1844 年上海的丝出口量为 5087 包②。从簿册所见的以上几种丝茶出口概数，大部分属于 1844 年上半年，可以说基本上在 1843—1844 年度内。现在对茶的出口量采取 1843—1844 年度的数字，丝的出口量采取 1844 年的数字，则上述敦利、"本号"等 19 家商号在同一时期丝、茶出口量所占比重为：茶，占 43%；丝，占 83%。尽管 19 家商号茶的出口有小部分已在 1844 年的第三季度，统计上应属于 1844—1845 年度，因而这一部分的比重分母应增大，但如前所说，这些概数极可能远低于实际数，应该足可抵消而有余。这两个百分比数，应是上海开埠之初的外贸业中一部分华商所占全埠丝茶出口量的最低份额。而且，在簿册上这只是它们八个月的不完整记录。

五口通商的前十年，英国从广州输入中国的棉织品已逐年增加。上海开埠后，第一年即 1844 年棉织品进口量为 472902 匹③。考察上述这批簿册，我们也可以估算出当时敦利号等行栈进口的棉织品在总量中所占的比重。敦利等商号的进口物，各类棉、毛织品、铁等都有，以棉织品如各色布匹、手帕等为尤多。手帕计量单位与布匹不一，数量远较布匹少，姑略去不计。簿册中记各行栈进口布匹，均以包计，但每包之下多注明匹数。有一些只写包数不注匹数者，今以一包的平均匹数计。这样计

---

① 《The Commercial Guide》，据姚贤镐前书，567 页。

② B. P. P.：Returns of the Trade of Various Ports in China，for the Years 1847，1848，据姚贤镐前书，579 页。

③ 德庇时致巴麦尊的报告，据姚贤镐前书，560 页。

算，可得以下数字：

(A)“逐日验货”簿中所见敦利号自道光二十三年十一月初七日至二十四年九月十五日进口各色布匹共166485匹。

(B)“各号验货”簿中所见“本号”、怡生、仁记、恰利、华记等18家行栈自道光二十四年二月初至七月下旬约半年间进口各色布匹共281171匹。

(C) 敦利号在B项同一时期内进口各色布匹数为89845匹。

(D) 敦利、“本号”等19家行栈在上述（B）项同时期内，即1844年近半年内，进口各色布匹共为371016匹。

这样看来，敦利等19家在近半年内的进口量已达上述全年统计数的78%以上。

所以，在上海开埠之初，无论出口或进口的主要品种，根据上述簿册提供的概数，华商都占有很大的比重。

该簿册文书原文如下。一切文字都照原文，对同一人名、物品书写不一者，亦未改动。缺字或不能辨识者以□标出。重量数码等则改用阿拉伯数字。

(1) 禀批文书九件

商人张新贤为禀请开设敦利号以与英商贸易事

为开设丝茶两栈禀请转详关宪给谕，以便饬遵事。

敬禀者：窃职向在粤东贩运江浙各货，开设裕隆竹记字号。缘上年奉有五口通商谕旨，职在粤东有同业陈春圃、卞博山情愿合伙在上海开设敦利字号，招徕丝茶各商，遵奉新议章程，照则纳税，经理贸易事务。是以职等於今年七月来上，在台治西姚家弄、东姚家弄、王家巷、孙家巷以及前和典基、万瑞坊基等处租赁栈房，门前均贴敦利栈字样，以便招接各路商人，安顿货物，庶英国领事官到日，即可通商贸易。

惟湖丝一项，遵照新章补纳三关税银，已据监生沈浩开设通亿丝栈，禀请详充给谕在案。

伏查新议通商章程内载，英商与华商交易一款，现经议定英商到货后，自投商贾，无论与何人交易，听从其便等语。职等遵照新章，预为租赁栈房，不论湖丝、茶叶各货，均听英商自投栈号贸易。所有内地丝商应补三关税银，令其於成交后自投银号代纳。其茶叶一项，亦令英商於成交后即赴银号输纳税银。

惟职等租有各处栈房，应行禀明宪案，叩请转详关宪，以专责成而杜偷漏，实为德便。为此谨禀。

苏松太道谕准商人开设敦利号承办中外贸易事

（道光二十三年十月二十三日）

监督江南海关兼管铜务分巡苏松太兵备道加五级纪录十次宫　　为给谕承办事。

案奉钦差大臣两江总督部堂耆　札发通商章程并

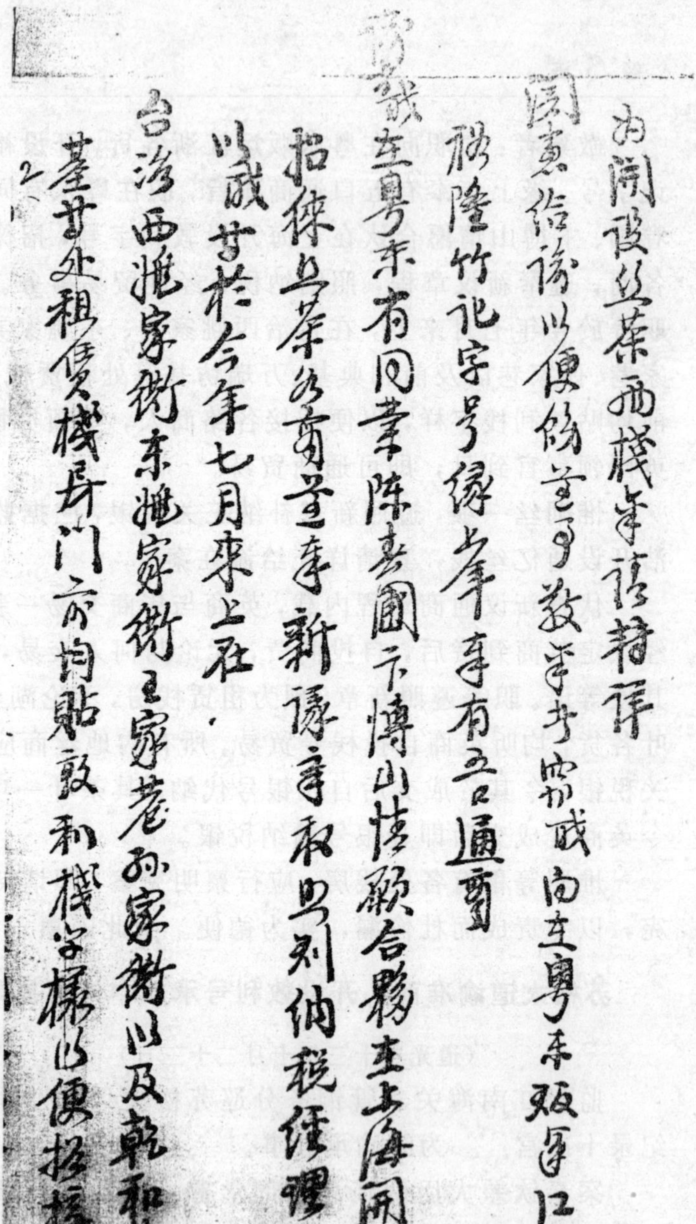

商人张新贤申请在上海开设外贸商号禀文(局部)

解支禁革各事宜内载：嗣后凡有内地客商贩运湖丝前赴福州、厦门、宁波、上海四口与西洋各国交易者，查明赴粤路程，少过一关即在卸货关口补纳一关税数，再准贸易。如有偷漏，照例惩办。又内地各省行销茶叶、湖丝、绸缎三项，只准由内地行走，不准涉海。倘有情愿由海贩运者，即照与西洋各国贸易例一体完税，方准贩运出口，等因。

奉此，经本道摘刊税则，饬发遵照在案。

兹据上海同知沈丞详称：有张新贤现在开设敦利号栈招接各路客商并英商互相交易，所有应完税饷，悉照新定税则即赴银号分别补纳完税，详请给谕承办前来。除详批示外合行给谕，并循环印簿，饬发遵办。谕到，该栈即将发来循环簿□查收。嗣后凡有客商贩运茶叶、湖丝到上与西洋各国贸易，於成交后饬令遵照章程税则，分别补纳完税，并令赴大关填簿。该栈每日将进出货物税数，逐细登填循环簿内，按旬呈送本道倒换，以凭与大关税簿核对。倘有串同遁隐、以多报少及侵蚀抑勒等弊，察出定行究办不贷。凛之，凛之。

特谕。

计发循字簿一本，按十日倒换一次。

道光二十三年十月廿三日谕。

请饬英商须先报关并将滞畅各货搭配交易禀[①]

窃照定议章程内开，英商卸货须自投商贾，无论与何人交易，听从其便，蒙饬行遵照在案。惟上海初次开市，英商远涉重洋，载货而来，其於苏、杭等处内地市面各货，何种能销、何种不能销，彼此通滞情形，均未周知。是以内地正常字号与英商交易者，必须将英商船上所带各货，分别孰为通货易销、孰为滞货难销，配搭均匀，然后以货易货，使内外各商两不吃亏，以期生理畅旺，国课充盈。

前经宪台谕示，凡有英商自投商贾及华商自赴英船买卖货物，一俟议定价值，即行卸货，听候盘验以杜偷漏等语，原为便商起见，并非许其自行交易、货物不从关验也。乃近有奸侩小贩，密探内地苏、杭等处现在须销何物，争先来上，一遇英商船到，即潜赴该船私自说合，将通行畅销之货抢先诓买。该通事等惟利是图，扶同偷漏，以致各英商船所余剩各货，大半难销之物，未克即售。及与内地商人交易，英商硬将难销之物兑换丝、茶，而内地商人亦不肯以通行丝茶，换此难销之货，以致折本。以致彼此观望不前，日形壅滞。

现在新到之十四号船，访闻日逐有人上船买卖，并未经关上委员查验。此时英商船只到者无几；倘连艅而

① 此件未署具禀人姓名年月，稿末有“二月初一日即缮”字样。察其文意，应是海防同知沈炳恒于道光二十四年禀苏松太道员宫慕久。

至，货物更多，偷漏伊於何底！似此诓买渔利，非特各国商船俱受其欺，即内地商人亦被其累。积时既久，奸侩日繁，弊生叵测，於裕课通商要务，大有关碍。

可否先行密查，仍一面出示谕禁，并照会英国领事官，剀切谕禁。英商与其贪小利与华商私自买卖通行之货，不但所剩之货延搁不销，一经察出，定行照章议罚，孰若遵照章程，径赴新关验明，俾正经栈商，配搭均匀，彼此公平交易，庶通者常通，滞者无滞，则与裕课通商两有俾益矣。

谨具大略，伏乞钧裁。

二月初一日即缮发录稿存

为申请执照以在苏州销售进口生铁禀苏松太道

（道光二十四年二月二十七日）

禀关宪宫　　甲二月廿七日禀

为据情呈禀叩请给照通销事。

窃职栈上年暨今年正二月间进有英商洋铁数千担，业经丝商卞大昌等□□发苏销□。今接丝商来信，据云此种洋铁，苏地合用，无如来买者必索□客执照为凭，若无执照，即买客与官铁行俱不肯经手。现在货物阻滞，大为商累，若不请照，此货无从销卖，只得退还等语。

切思内地商民贩运铁斤，由地方官衙门给照采买贩运，商贩行户向以验照为凭。现在洋铁来自外洋，由宪关验税发栈售卖贩运，似应禀请，伏乞关宪大人鉴核，俯赐发给执照，填明斤数并运往何处销卖，出示晓谕，俾商牙周知而货物不致壅滞，裕课便民，戴德上禀。

批准给照运售，一面出示晓谕。

苏松太道发给贩运进口生熟铁执照

（道光二十四年三月二十日）

监督江南海关兵备道宫　　为给照贩运事。

照得本关与西洋各国通商，所有进口生熟铁二项，业经本关按照新例验税，听其发栈售卖在案。

兹据敦利栈禀，商人卞大昌买□洋熟铁四百三十一担，运往苏省销售，禀请给照前来。合行□照给发。为此照给该商卞大昌收执，将前项铁斤运□省投行验照售卖。中途如遇关津汛口盘查，呈照验明放行，毋得留难羁阻。一俟铁斤销完，即将执照缴回本关验销。

倘该商执持本关印照潜往他处销售，或匿照不缴，冀图重运，一经察出，定行提究不贷。凛之，凛之。须至执照者。

右照给该商卞大昌　准此

道光二十四年三月二十日

江南海关　行

海防同知饬役查询敦利栈存丝事

（道光二十四年六月十四日）

仰役张爰程兆即将奉　关宪饬据巴领事单开，杨和山栈保单内开明经手与英商未士士乜单定湖丝，尚少一百八十一包，现成在申地者共有湖丝五十七包：在敦利栈，同和、彩峰、彩林十包；在益昌，天吉、翠翎十四包；在启丰，顺记、翠翎十五包；在丰大，彩云、凤云、恒和十八包等情。□提该栈伙汪明山等查讯，据称此项丝货系丝行余少云招徕，到上后各丝客另上别行等供。查同和等丝商是否系俞少堂（云）招徕，饬厅查明禀复，以昭核实等因。

奉此，除饬查益昌等三号明白公同会禀外，该役即饬敦利号速将栈贮同知、彩峰、彩林湖丝十包是否俞少堂（云）招徕丝货，限即日禀复，以凭一并禀复关宪核办，□役毋得迟延干咎。速速。

道光二十四年六月十四日　行

海防分府沈

禀复敦利栈等存丝代售缘由①

○○○ ○○○ ○○○ ○○○年不等岁，浙江湖州人，为遵饬禀

① 此系禀复前件之底稿，虽未署年月，应在道光二十四年六月。

复环叩鉴转事。

窃身等於六月初十等日贩运湖丝来上，寄贮敦利、益昌、启丰、丰泰等号栈，适有在杨和山栈之帮伙俞少云向身等面述云，欲将丝货代售。奈还价甚少，不能合算，且身等借本营生，必须现银交易，况身等均属自行运上售卖，并非俞少云招徕，今以最低丝价，欲购高货，身等何能亏此重本，是以未经应允。

今以杨和山栈短交英商湖丝一案，蒙关宪提讯。据汪铭山等供称，以身等四号湖丝指为俞少云招徕，致奉钧票饬查。窃思贩货售卖，本属任从客便。今俞少云既未向身等定有丝货若干件，何来诬供招徕，冀图渔利若干，求恩提究。将来续到之丝势必皆供为俞少云招徕，丝商受累非浅，定必裹足不前，似於通商之道，大有关碍。是以据实禀复，环求大老爷□赐提究转详，实为德便。

（再身〇〇〇於〇月〇〇日运到湖丝〇包，经杨和山栈销售，尚有短交丝价洋〇千〇百〇十元，迄今延未交付。不意该栈之伙俞少云以曾经交易一次即指为招徕，意图鲸吞，求恩并案究追给领，以安商业）[①] 沾仁上禀。

为红茶贩运阻滞饬海防厅知照各栈商[②]

查前奉抚宪札，准江西抚宪咨，据铅山县详，河口

① 括弧内一段已被勾去。

② 此件未署具文者和年月。据下件海防同知禀，此件应为苏松太道宫慕久於道光二十四年六月发。

镇船行禀报，有广庄茶商李兆丰等号改由玉山前□。现在港口既分，客商舍远求近，不在禁例，自应听其自便，毋庸搁阻等情。又奉护督宪札，准闽浙督部堂咨会奏片内开：闽省上游之茶贩往宁波、上海，必须从江西之河口镇、玉山县、浙江之常山县运到杭州分路，应分咨各省各按地势设法稽查，俾免偷越各等因，遵奉在案。是闽省茶叶由河口、玉山运赴江浙海口转售，业奉奏明在案。

兹据各栈商以上洋红茶须由江西河口运来，时已六月，迄无客商到沪。现据河口镇各茶商专足来上，询问情形，其中显有羁留之处等情，具禀前来。是否属实，候即据情密请督抚宪咨明江西抚院核饬办理，俾商贩流通，不致阻滞。仰松海防厅转饬各栈商知照可也。

海防同知为红茶阻滞事禀苏松太道

（道光二十四年六月初十日）

海防厅沈　禀道宪　　六月初十日

敬禀者：顷奉面谕，即传知广利栈商转饬各该栈商等，业已会禀前来，即行呈电。

△△伏思河口各商，红茶一年□得，此时齐集，既有谣言，势必怀疑不前。若待督抚宪咨江西抚宪，辗转尚须时日。万一各商竟赴粤东，势难追转，而英商既贪便

益来此，无货可售，令空船回粤，势必不能。

可否仰恳大人，先札饬河口同知，令其一面晓谕茶商赶紧来上，庶将来不致有是非口舌。倘奉查之后，该商等竟亦不来，亦有辞以对巴酋也。

是否可行，伏候钧示。如蒙俯允，饬令该栈商等专雇妥人星速前往投递。肃此上禀。

（2）敦利号“循环簿”——丝茶到货、出口记录

（道光二十三年十一月初一日起记，二十四年十月十八日止）

道光二十三年

十一月初一日到

江西南丰县茶商危福裕运来茶100箱

现贮敦利栈

前茶於道光二十四年五月初六日该商全数自售与小东门外李裕昌栈

十一月初三日到

江西南城茶商李兆丰运来茶619箱

现贮敦利栈

前茶於十二月初四日售与英商第9号船，计619箱

十一月初四日到

江西南城茶商李兆丰运来茶609箱

现贮敦利栈

前茶於十二月初四日售与英商第9号船，计609箱

十一月初五日到

江西南城茶商李兆丰运来茶800箱

现贮敦利栈

前茶於十二月初四日售与英商第9号船，计196箱；售与英商第2号船，计604箱

十一月初七日到

浙江钱塘县丝商秦同昌运来湖丝20包

现贮敦利栈

前丝於十二月廿七日售与英商第11号船，计20包；所有补完三关税银，当经投纳讫

十一月初七日到

江西南城茶商李兆丰运来茶1054箱

现贮敦利栈

前茶於十二月初四日售与英商第2号船，计655箱；又于十二月初四日售于英商第11号船，计399箱。应请注销

十一月初八日到

江西南城茶商李兆丰运来茶850箱

现贮敦利栈

前茶於十二月十四日售与英商第2号船，计610箱；又于十二月十四日售与英商第11号船240箱。应请注销

十一月初八日到

福建崇安县茶商李元顺运来茶64箱

现贮敦利栈

前茶于道光二十四年四月十二日售与英商第 16 号船，计 55 箱

前茶除售与英商 55 箱外，尚剩 9 箱，因受水湿难销，于四月十八日该商售与上海李裕昌茶号讫

十一月初九日到

江西南城茶商李兆丰运来茶 486 箱

现贮敦利栈

前茶于道光二十四年二月廿五日售与英商第 15 号船 84 箱，当日续售 100 箱；又于四月廿一日售与英商第 16 号船，计 302 箱讫

十一月初九日到

江西南丰县茶商危福裕运来茶 104 箱

现贮敦利栈

前茶于十二月初六日本商运回 8 箱。又于道光二十四年五月初六日该商自售与小东门外裕昌栈 96 箱讫

十一月初十日到

江西南城茶商李兆丰运来茶 763 箱

现贮敦利栈

前茶于十二月十四日售与英商第 11 号船，计 449 箱；道光二十四年二月廿五日售与英商第 15 号船，计 314 箱，共销讫

十一月二十一日到

江西玉山县茶商黄馨远运来茶 206 箱

现贮敦利栈

十一月二十二日到

江西玉山县茶商黄馨远运来茶 106 箱

现贮敦利栈

十一月二十三日到

江西玉山县茶商詹品和运来茶 204 箱

现贮敦利栈

十一月二十四日到

江西南城县茶商徐荣发运来茶 176 箱

现贮敦利栈

前茶于道光二十四年六月十六日该商运回一箱，寄苏看样

十一月二十四日到

福建普庆县茶商林泰春运来茶 94 箱

现贮敦利栈

前茶于道光二十四年五月初七日该商全数售与周公正栈讫

十一月二十五日到

浙江仁和县丝商致源号运来湖丝 50 包

现贮敦利栈

前丝于十二月二十七日售与英商第 11 号船，计 50 包，所有补完三关税银，当经投纳讫

十一月二十七日到

江苏吴县茶商顾茂森运来茶 46 箱

现贮敦利栈

二十四年二月十四日该商运回，注销讫

十一月二十八日到

江西南城茶商黄谦益运来茶 212 箱

现贮敦利栈

十一月三十日到

江西南城茶商黄谦益运来茶 243 箱

现贮敦利栈

十二月十一日到

江苏吴县茶商顾茂森运来茶90箱

现贮敦利栈

前茶于二十四年四月十九日该商全数售与英商第16号船讫

十二月十二日到

浙江归安县丝商沈振记运来湖丝3包

现贮敦利栈

前丝于十二月十七日售与英商第2号船，计3包，所有补完三关税银，当经投纳讫

十二月十三日到

浙江归安县丝商桂同和运来湖丝34包

前贮岭南广记，现贮敦利栈

前丝于十二月十三日售与英商第2号船，计34包，所有补完三关税银，当经投纳讫

十二月十六日到

江西宜黄县茶商刘鼎泰运来茶104箱

现贮敦利栈

前茶因不合销售，已于二十四年七月初九日呈报，今定于七月十一日运苏看样2箱

十二月十九日到

江西南城茶商李兆丰运来茶438箱

现贮敦利栈

前茶于二十四年四月二十一日该商售与英商第16号船，计322箱；又于五月初三日售与英商第16号船，计116

箱讫

道光二十四年

正月初八日到

江西宜黄县茶商聂森泰运来茶 34 箱

现贮敦利栈

正月初九日到

福建建阳县茶商刘集泰运来茶 189 箱

现贮敦利栈

正月十四日到

福建建阳茶商刘鼎由玉山县运来茶 140 箱

正月十五日到

江西河口茶商李裕发由玉山县运来茶 290 箱

正月十八日到

江西玉山县茶商詹品和由玉山县运来茶 262 箱

(以上三条据“正月份敦利栈呈报运到茶叶件数清册”增补，该册编号 OR7396)

正月二十二日到

福建建阳县茶商刘集泰运来茶 209 箱

现贮敦利栈

正月二十二日到

江西河口县（镇）茶商李裕发运来茶 119 箱

现贮敦利栈

前茶于三月十二日该商运回 12 箱，又于三月二十日运回 11 箱，又于四月十二日售与英商第 16 号船，计 96 箱讫

正月二十九日到

福建建阳县茶商刘集泰运来茶 204 箱

三月初一日到

浙江归安县丝商钱天吉运来样丝 3 包

现贮敦利栈

前丝于三月十五日运回 3 包讫

三月初二日到

浙江归安县丝商卞大昌运来湖丝 53 包

现贮敦利栈

前丝于四月十一日全数售与英商第 16 号船讫

三月初八日到

浙江乌程县丝商沈元记运来湖丝 2 包

现贮敦利栈

前丝于三月十六日该商运回讫

三月十五日到

江苏吴县茶商潘茂森运来茶 307 箱

现贮敦利栈

三月二十日到

江西丰城县茶商李集成运来茶 8 箱

现贮敦利栈

三月二十一日到

福建建阳县茶商张森盛运来茶 50 箱

现贮敦利栈

前茶于四月十二日售与英商第 16 号船

三月二十五日到

浙江乌程县丝商顾丰盛运来湖丝 43 包

现贮敦利栈

前丝于四月十一日售与英商第16号船，计11包；又于四月十八日售20包，四月三十日售12包讫

五月初三日到

江西南城茶商李兆丰运来茶110小箱

现贮敦利栈

前茶于五月初三日该商全数售与英商第16号船讫

五月初三日到

安徽歙县茶商方瑞芬运来茶345箱

前贮怡馨栈，今移敦利栈

前茶于五月初三日该商全数售与英商第16号船讫

五月十六日到

浙江归安县丝商方启泰运来丝100包

现贮敦利栈

前丝于六月初八日该商售与英商第23号船25包，已于九日续售75包讫

五月二十五日到

浙江乌程县丝商顾丰盛运来湖丝120包

现贮敦利栈

前丝于六月初八日该商全数售与英商第23号船讫

七月初一日到

浙江乌程县丝商张玉成运来丝70包

现贮敦利栈

前丝于七月十七日该商售与英商第26号船，计69包，所有应补三关税饷，当经投纳讫。余剩11包因水湿未销。九月初三日售与英商第30号船，计1包，所有应补三关税饷，当经投纳讫

七月初一日到

浙江乌程县丝商陈与昌运来丝 31 包

现贮敦利栈

前丝于七月初六日该商全数移贮怡生栈，售与英商第 26 号船讫。所有应纳三关税饷，当经该商自行投纳，合并声明

七月初二日到

浙江乌程县丝商金恒泰运来丝 213 包

现贮敦利栈

前丝于七月十五日该商自行移贮隆记栈 10 包销售，所有应补三关税银，当经投纳讫

九月初三日售与英商第 30 号船，计 2 包，所有应补三关税饷，当经投纳讫

十月初十日售与英商 38 号船，计 11 包，所有应补三关税饷，当经投纳讫

七月二十二日到

浙江乌程县张履记运来丝 40 包

现贮敦利栈

前丝于八月初二日售与英商第 27 号船，所有应纳税饷，当经投纳讫

七月二十二日到

浙江乌程县丝商源利号运来丝 5 包

现贮敦利栈

九月十一日售与英商 32 号船，计 5 包，所有应补三关税银，当经投纳讫

七月二十三日到

浙江仁和县茶商钟殿元运来样茶 3 箱

现贮敦利栈

七月二十四日到

浙江归安县丝商朱忆顺运来丝 63 包

现贮敦利栈

前丝于八月初四日本商移贮怡生栈 1 包。又于八月十三日售与英商第 29 号船，计 40 包。所有应补三关税银，当经投纳讫。又于十六日本商移贮隆记栈 22 包

七月二十四日到

浙江仁和县茶商钟殿元运来茶 47 箱

现贮敦利栈

七月二十五日到

浙江乌程县丝商顾震元运来丝 97 包

现贮敦利栈

前丝于八月初三日售与英商第 27 号船，计 9 包，所有应补三关税银，当经投纳讫。又于八月十九日售与英商第 30 号船，计 75 包，所有应补三关税银，当经投纳讫。九月十一日售与英商第 32 号船，计 13 包，所有应补三关税银，当经投纳讫

七月二十五日到

江西南城茶商李兆丰运来茶 26 箱

现贮敦利栈

九月初三日售与英商第 30 号船，计 26 箱讫

七月二十六日到

浙江乌程县丝商敦和号运来丝 12 包

现贮敦利栈

八月二十五日该商移贮鼎昌花行讫

七月二十六日到

浙江湖州府丝商翕和、协和号运来丝 11 包

前贮福来栈，现贮敦利栈

八月二十八日该商移贮福来栈 11 包讫

七月二十六日到

浙江湖州府丝商益泰号运来丝 14 包

前贮怡生栈，现贮敦利栈

前丝于八月初二日该商移贮广利栈讫

七月二十七日到

浙江归安县丝商潘大兴运来丝 14 包

前贮吴恒成花行，现贮敦利栈

前丝于八月十三日售与英商第 29 号船，计 4 包，所有应补三关税饷，当经投纳讫。又于九月十一日售与英商第 32 号船，计 1 包，所有应补三关税饷，当经投纳讫。又于九月二十五日售与英商第 35 号船，计 9 包，所有应补三关税饷，当经投纳讫

七月二十七日到

浙江归安县丝商潘大兴运来丝 11包

现贮敦利栈

前丝于八月十三日售与英商第 29 号船，计 11 包，所有应补三关税饷，当经投纳讫

七月二十八日到

江苏吴县茶商潘茂森运来茶 67 箱

现贮敦利栈

七月二十九日到

浙江乌程县丝商顾震元运来丝 14 包

现贮敦利栈

前丝于八月十三日售与英商第 29 号船，计 2 包，所有应补三关税饷，当经投纳讫。又于九月十一日售与英商第 32 号船，计 12 包，所有应补三关税饷，当经投纳讫

七月二十九日到

江苏吴县茶商潘茂森运来茶 200 箱

现贮敦利栈

七月二十九日到

浙江乌程县丝商恒源号运来丝 4 包

前贮广利栈，现贮敦利栈

九月十一日售与英商第 32 号船，计 4 包，所有应补三关税饷，当经投纳讫

八月十一日到

江西南城县茶商刘恒丰运来样茶 2 箱

现贮敦利栈

八月十二日到

福建崇安县茶商万瑞茂运来茶 35 箱

现贮敦利栈

八月十二日到

江西南城县茶商李兆丰运来茶 25 箱

现贮敦利栈

前茶于九月初三日售与英商第 30 号船讫

八月十三日到

福建崇安县茶商万瑞年运来茶 580 箱

现贮敦利栈

八月十四日到

福建崇安县茶商万瑞年运来茶 400 箱

现贮敦利栈

八月十四日到

江西南城县茶商李兆丰运来茶 540 箱

现贮敦利栈

前茶内有 140 箱在途耽搁，请注销 140 箱，实到 400 箱

九月初三日售与英商第 30 号船，计 400 箱

八月十四日到

浙江归安县丝商潘大兴运来湖丝 5 包

现贮敦利栈

九月二十五日售与英商第 35 号船，计 5 包，所有应补三关税饷，当经投纳讫

八月十五日到

江西南城县茶商李兆丰运来茶 558 箱

现贮敦利栈

九月初三日售与英商第 30 号船，计 122 箱

八月十六日到

江西南城县茶商李兆丰运来茶 540 箱

现贮敦利栈

八月十六日到

浙江乌程县丝商庞玉振运来湖丝 30 包

现贮吴恒成花行

九月□日该商移来共 15 包

九月二十五日售与英商第 35 号船 5 包，所有应补三关税饷，当经投纳讫

十月十日售与英商第 38 号船 2 包，所有应补三关税饷，当经投纳讫

八月十八日到

浙江乌程县丝商长源号运来湖丝 3 包

由大兴花行移贮敦利栈

十月十三日售与英商第 37 号船，计 3 包，所有应补三关税饷，当经投纳讫

八月十九日到

江西南城县茶商李兆丰运来茶 200 箱

现贮敦利栈

九月初一日到

江西南城县茶商全泰号运来茶 5 箱

现贮敦利栈

九月初三日到

江西南城县茶商李成泰运来茶 604 箱

现贮敦利栈

九月初三日到

江西南城县茶商宁广和运来茶 102 箱

现贮敦利栈

九月初三日到

江西南城县茶商李信泰运来茶 4 箱

现贮敦利栈

九月初三日到

江西南城县茶商黄生发运来茶 35 箱

现贮敦利栈

九月初三日到

江西南城县茶商全泰号运来茶 84 箱

现贮敦利栈

九月初三日到

江西南城县茶商李兆丰运来茶 267 箱

现贮敦利栈

九月初三日到

福建崇安县茶商朱豫洪运来茶 4 箱

现贮敦利栈

九月初三日到

浙江归安县丝商杨鸿顺运来湖丝 24 包

现贮敦利栈

九月十四日该商移贮通亿栈 5 包

九月二十九日售与英商第 36 号船，计 19 包，所有应补三关税饷，当经投纳讫

九月初三日到

浙江□□县丝商如记号移来湖丝 3 包

前贮怡生栈，现贮敦利栈

十月十六日售与英商第 38 号船，计 3 包，所有应补三关税饷，当经投纳讫

九月初五日到

福建崇安县茶商源顺号运来茶 21 箱

现贮敦利栈

九月初五日到

福建同安县茶商刘星记运来茶 60 箱

现贮敦利栈

九月初五日到

江西南城县茶商黄生发运来茶 59 箱

现贮敦利栈

九月初五日到

江西南城县茶商李兆丰运来茶 300 箱

现贮敦利栈

九月初六日到

浙江归安县丝商朱广和运来湖丝 8 包

现贮敦利栈

九月初七日到

福建同安县茶商刘星记运来茶 400 箱

现贮敦利栈

九月初七日到

江西南城县茶商黄生发运来茶 200 箱

现贮敦利栈

九月初七日到

福建崇安县茶商广兴号运来茶 289 箱

现贮敦利栈

九月初七日到

江西丰城县茶商钰记号运来茶 511 箱

现贮敦利栈

九月初一日到补

浙江乌程县丝商张履记运来湖丝 14 包

现贮敦利栈

十月初三售与英商第 36 号船，计 9 包，所有应补三关税饷，当经投纳讫

九月初九日移

浙江□□县丝商福升号移来湖丝18包

前贮同豫钱庄　今贮敦利栈

十月初十日售与英商第38号船，计18包，所有应补三关税饷，当经投纳讫

九月初九日移

浙江归安县丝商潘大兴移来湖丝15包

前贮怡生栈　今贮敦利栈

九月十一日售与英商第32号船，计15包，所有应补三关税饷，当经投纳讫

九月初九日移

浙江□□县丝商大成号移来湖丝19包

前贮广利栈　今贮敦利栈

九月初十日售与英商第32号船，计19包，所有应补三关税饷，当经投纳讫

九月十一日售与英商第32号船，计1包，所有应补三关税饷，当经投纳讫①

九月初九日移

浙江□□县丝商大成号移来湖丝2包

前贮广利栈　今贮敦利栈

九月初九日移

浙江□□县丝商庆丰号移来湖丝14包

前贮广利栈　今贮敦利栈

九月初十日到

江西南城县茶商马裕昌运来茶200箱

---

① 此处19包、1包，检原稿如此。

现贮敦利栈

九月初十日到

浙江归安县丝商陆丰源运来湖丝 12 包

现贮敦利栈

十月初五本商移贮公正栈 2 包

九月二十一日到

安徽歙县茶商方瑞芬运来茶 6 箱

现贮敦利栈

九月二十四日售与英商 35 号船讫

九月二十二日到

江西南城县茶商李兆丰运来茶 838 箱

现贮敦利栈

九月二十二日移

浙江归安县丝商潘大兴移来湖丝 35 包

由怡生栈移贮敦利栈

九月二十三日到

浙江归安县丝商章义和运来湖丝 20 包

现贮敦利栈

九月二十三日到

浙江归安县丝商开源号运来湖丝 8 包

现贮敦利栈

九月二十四日到

浙江归安县丝商章义和运来湖丝 18 包

现贮敦利栈

九月二十四日到

浙江归安县丝商吴谦和运来湖丝 15 包

现贮敦利栈

九月二十四日到

福建崇安县茶商美丰号运来茶200中箱

现贮敦利栈

九月二十六日到

江西南城县茶商瑞和号运来茶3箱

现贮敦利栈

九月二十六日到

江西南城县茶商宁广和运来茶4箱

现贮敦利栈

九月二十六日到

福建崇安县茶商万瑞茂运来茶13箱

现贮敦利栈

九月二十六日到

江西铅山县茶商孚和号运来茶36箱

现贮敦利栈

十月初五日本商移贮怡生栈讫

九月二十六日到

福建崇安县茶商同兴号运来茶119箱

现贮敦利栈

九月二十六日到

江西南城县茶商马裕昌运来茶166箱

现贮敦利栈

九月二十六日到

江西铅山县茶商天美号运来茶632箱

现贮敦利栈

十月五日本商移贮怡生栈 598 箱

九月二十六日到

江西南城县茶商怡茂号运来茶 10 箱

现贮敦利栈

九月二十六日到

江西南城县茶商乾泰号运来茶 6 箱

现贮敦利栈

九月二十六日到

福建同安县茶商怡泰号运来茶 4 箱

现贮敦利栈

九月二十六日到

江西丰城茶商钰记号运来茶 16 箱

现贮敦利栈

九月二十六日到

江西南城茶商黄生发运来茶 26 箱

现贮敦利栈

九月二十六日到

江西南城茶商李兆丰、马裕昌运来茶 154 箱

现贮敦利栈

九月二十六日到

福建崇安县茶商万瑞茂运来茶 22 箱

现贮敦利栈

九月二十六日到

江西南城县茶商李兆丰运来茶 74 箱

现贮敦利栈

九月二十七日到

江西南城县茶商瑞和号运来茶 198 箱
现贮敦利栈
九月二十七日到
江西南城县茶商宁广和运来茶 3 箱
现贮敦利栈
九月二十七日到
江西南城县茶商森泰号运来茶 47 箱
现贮敦利栈
九月二十七日到
江西南城县茶商协春号运来茶 4 箱
现贮敦利栈
九月二十七日到
福建崇安县茶商万瑞茂运来茶 102 箱
现贮敦利栈
九月二十七日到
江西丰城县茶商钰记号运来茶 23 箱
现贮敦利栈
九月二十七日到
江西铅山县茶商协泰号运来茶 8 箱
现贮敦利栈
九月二十八日到
江西南城县茶商瑞和号运来茶 283 箱
现贮敦利栈
九月二十八日到
福建崇安县茶商万瑞茂运来茶 72 箱
现贮敦利栈

九月二十八日到

福建崇安县茶商美丰号运来茶 106 箱

现贮敦利栈

九月二十八日到

江西铅山县茶商协泰号运来茶 14 箱

现贮敦利栈

九月二十八日到

江西铅山县茶商瑞兰号运来茶 16 箱

现贮敦利栈

九月二十八日到

江西南城县茶商宁广和运来茶 3 箱

现贮敦利栈

九月二十八日到

江西南城县茶商森泰号运来茶 92 箱

现贮敦利栈

九月二十八日移

浙江□□县丝商杨鸿顺移来湖丝 2 包

由永泰豆行移贮敦利栈

九月二十九日售与英商 36 号船 2 包，所有应补三关税饷，

当经投纳讫

九月二十八日移

浙江□□县丝商潘大兴移来湖丝 10 包

由吴恒成花行移贮敦利栈

九月二十八日到

江西南城县茶商瑞和号运来茶 2 箱

现贮敦利栈

九月二十八日到

江西南城县茶商森泰号运来茶 4 箱

现贮敦利栈

九月二十八日到

江西铅山县茶商协泰号运来茶 12 箱

现贮敦利栈

九月二十八日到

福建崇安县茶商和丰号运来茶 6 箱

现贮敦利栈

九月二十八日到

福建崇安县茶商美丰号运来茶 32 箱

现贮敦利栈

九月二十八日到

福建崇安县茶商万瑞茂运来茶 1 箱

现贮敦利栈

(本页浮粘红纸条:“九月份共售出茶 85 箱，已填入循环簿报销”)

十月十一日到

江西南城县茶商馥兰号运来茶 230 箱

现贮敦利栈

十月十二日到

江西南城县茶商李怡茂运来茶 250 箱

现贮敦利栈

十月十二日到

福建崇安县茶商万瑞茂运来茶 40 箱

现贮敦利栈

十月十四日到

江西铅山县茶商同兴源记运来茶 38 箱

现贮敦利栈

十月十五日到

福建崇安县茶商万瑞茂运来茶 3 箱

现贮敦利栈

十月十五日到

福建崇安县茶商和丰号运来茶 4 箱

现贮敦利栈

十月十五日到

福建崇安县茶商美丰号运来茶 16 箱

现贮敦利栈

十月十五日到

江西南城县茶商森泰号运来茶 4 箱

现贮敦利栈

十月十五日到

江西南城县茶商瑞方号运来茶 23 箱

现贮敦利栈

十月十五日到

江西铅山县茶商协泰号运来茶 34 箱

现贮敦利栈

十月十五日到

江西铅山县茶商瑞兰号运来茶 40 箱

现贮敦利栈

十月十六日到

江西南城县茶商森泰号运来茶 120 箱

现贮敦利栈

十月十六日到

江西南城县茶商瑞和号运来茶 25 箱

现贮敦利栈

十月十六日到

福建崇安县茶商万瑞茂运来茶 17 箱

现贮敦利栈

十月十六日到

福建崇安县茶商美丰号运来茶 26 箱

现贮敦利栈

十月十六日到

江西铅山县茶商同兴源记运来茶 316 箱

现贮敦利栈

十月十六日到

福建同安县茶商怡泰号运来茶 84 箱

现贮敦利栈

十月十六日到

福建同安县茶商朱豫洪运来茶 24 箱

现贮敦利栈

十月十八日到

福建同安县茶商施怡顺运来茶 8 箱

现贮敦利栈

十月十八日到

福建崇安县茶商万瑞茂运来茶 7 箱

现贮敦利栈

十月十八日到

福建崇安县茶商美丰号运来茶 18 箱

现贮敦利栈

十月十八日到

福建崇安县茶商和丰号运来茶 24 箱

现贮敦利栈

十月十八日到

江西铅山县茶商协泰号运来茶 2 箱

现贮敦利栈

十月十八日到

江西南城县茶商馥兰号运来茶 144 箱

现贮敦利栈

十月十八日到

江西南城县茶商乾泰号运来茶 200 箱

现贮敦利栈

十月十八日到

江西南城县茶商森泰号运来茶 53 箱

现贮敦利栈

十月十八日到

江西南城县茶商瑞和安运来茶 16 箱

现贮敦利栈

十月十八日到

江西南城县茶商怡茂号运来茶 3 箱

现贮敦利栈

十月十八日到

江西南城县茶商宁广和运来茶 2 箱

现贮敦利栈

(3)“逐日验货”——敦利号进口货物登录

（道光二十三年十一月初七日起，二十四年九月十五日止）

十一月初七日收

第 7 号船

白洋布　30 包，每包 50 匹

原洋布　60 包，每包 30 匹

呢　10 箱，每箱 6 匹

又　1 包，每包 5 匹

又　6 包，每包 6 匹

洋巾　6 包，每包 1600 方

十一月初八日收

第 7 号船

白洋布　20 包，每包 50 匹

原洋布　7 包，每包 30 匹

十一月初十日收

第 7 号船

洋巾　1 包

白洋布　35 包，每包 30 匹

又　100 包，每包 30 匹

十一月十四日收

第 7 号船

白洋布　35 包，每包 30 匹

又　1 包，计 20 匹

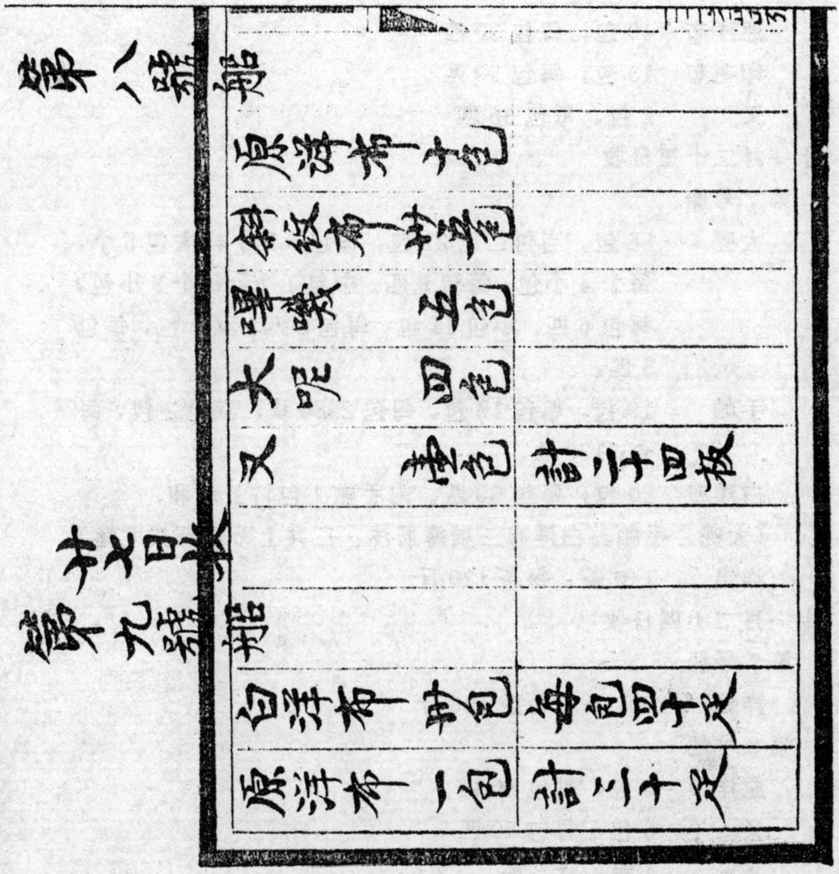

第八號 船
原洋布十包
斜紋布廿五包
嗶嘰 五包
大呢 四包
又 十包 計三十四板
廿七日收
第九號 船
白洋布 卅包 每包四十疋
原洋布 一包 計三十疋

敦利号进口货物登录簿之一页

原洋布　40 包，每包 50 匹
印花布　13 包，每包 50 匹
又　2 包，每包 36 匹

十一月二十三日收

第 7 号船

大呢　56 包。当付仁记 21 包，每包 6 匹。内大包 5 个，每个 4 小包，每包 6 匹。中包 1 个，每个 3 小包，每包 6 匹。小包 11 包，每包 6 匹。又 1 包，每包 5 匹。

手帕　19 包，单包 17 包，每包 2580 块，双包 2 包，每包 5130 块。

白洋布　20 包，每包 50 匹。内手帕 1 包，上轧和。

（大呢、手帕、白洋布三项簿眉注：三共上万瑞新栈北落）

洋铅　140 条，每条 120 斤

十一月二十四日收

第 7 号船

洋铅　308 条，每条 120 斤

第 8 号船

原洋布　6 包，每包 80 匹
又　6 包，每包 50 匹
又　1 箱，计 3 匹
哔叽　3 包，每包 40 板
又　1 包，计 20 板
斜纹布　12 包，每包 25 匹
又　9 包，每包 30 匹
大呢　1 包，计 11 板

又　　2包，每包24板
又　　2包，每包10板
又　　1箱，计6板
第9号船
原洋布　53包，每包30匹
又　　36包，每包50匹
又　　32包，每包25匹
十一月二十六日收
第9号船
原洋布　71包，每包50匹
又　　36包，每包30匹
又　　6包，每包25匹
白洋布　2箱，每箱25匹
又　　61箱，每箱30匹
又　　3箱，每箱40匹
第7号船
羽纱　　30包，每包10板
哔叽　　25包，每包20板
第8号船
原洋布　10包
斜纹布　35包
哔叽　　5包
大呢　　4包
又　　1包，计24板
十一月二十七日收
第9号船

白洋布　30 包，每包 40 匹
原洋布　1 包，计 30 匹
又　　　1 包，计 25 匹
印花布　2 箱，计 145 匹
手帕　　1 箱，计 500 条
大呢　　15 包，每包 6 板
洋铅　　580 条，每条 46 斤
大呢　　1 大包，计 47 板

第 8 号船

原洋布　60 包
斜纹布　25 包
哔叽　　7 包
白棉布　1 箱
白洋布　1 包
黑棉布　1 箱
大呢　　9 包

十一月二十八日收

第 8 号船

原色洋布 60 包，每包 30 匹
又　　　6 包，每包 30 匹

十一月三十日收

第 2 号船

哔叽　　64 包，每包 20 板，内 1 包少 2 板
原洋布　25 包，每包 50 匹

十二月初一日收

第 2 号船

原布　12 包，每包 50 匹

洋熟铁　850 捆，每捆 40 斤 8 两

第 8 号船

羽纱　38 包，每包 10 板

第 9 号船

洋铅　97 条，每条 103 斤

又　291 条，每条 49 斤

十二月初四日收

第 9 号船

棉花　49 包，每包 209 斤

又收

第 2 号船

洋熟铁条 600 扎，每扎 40 斤 8 两。少 4 扎，净 596

十二月初五日收

第 2 号船

洋熟铁条 516 扎，每扎 40 斤 8 两。补昨 4 扎，共 520

又收

第 9 号船

松香　347 枝

海参　18 篓，每篓 215 斤。未除皮，内黑参 4 篓

十二月初八日收

第 2 号船

哔叽　54 包，每包 20 板

小手帕　15 包，计 37811 条

羽绸　20 包，每包 10 匹

羽纱　12 包，每包 10 匹

多罗呢　16包，计30小包，每包5板

大呢　　6箱，每箱6匹

印花布　52箱，每箱50匹

十二月初十日收

第9号船

鱼翅　　2包

鱼肚　　1包

大呢　　3箱，共计30板

洋白毡　大小3包

鸟枪　　1箱

小手帕　1包

玻璃灯　2箱

十二月十一日收

第9号船

多罗呢　1箱，计50板

毡　　　3包，每50条

哔叽　　4包，计65匹

羽纱　　1包，计10匹

原色洋布 2包，每包20匹

鱼肚　　1件，80斤净

洋青　　3桶

火石　　1桶

洋酒　　1箱，计36小瓶

洋参　　1箱

大呢　　3包，每包10板。又3包，每包5板

十二月二十二日收

第 11 号船

白洋布　77 包，每 30 匹

又　　　48 包，每 40 匹

又　　　117 包，每 40 匹

又　　　53 包，每 30 匹。共 295 包

十二月二十四日收

第 11 号船

白布　　14 包，每包 40 匹，内原少 1 匹，又点少 1 匹

又　　　21 包，每包 30 匹

又　　　3 包，每包 20 匹

又散头佛布 92 匹，水湿

小手帕　1 箱

红洋布　2 箱

印花布　1 箱

檀香　　58 担，点见 450 枝。照关单少 2 枝

十二月初七日收

第 11 号船

散头原布 54 匹

白布　　5 匹

二十四年正月廿六日收

第 14 号船

印花布　8 包，100 匹①

又　　　1 箱，计 30 匹

小手帕　1 箱，2196 条

---

① “100 匹”系小字，应为每包 100 匹之意。下同。

原布　　14 包，100 匹

又　　20 包，50 匹

白布　　15 包，100 匹

又　　6 包，50 匹

以上大小共计 65 件，上万瑞北栈

正月廿七日收

第 14 号船

花布　　6 包

白布　　24 包

原布　　23 包

手巾花布 8 箱

斜纹布　3 包

共计 64 件，上北栈

正月三十日收

第 14 号船

原布　　11 包，100 匹①

原布　　57 包，50 匹

白布　　9 包，100 匹

白布　　6 包，50 匹

花布　　9 包，100 匹

白布　　4 包，25 匹

斜纹布　1 包，25 匹

共计 97 件，上北栈

二月初二日收

① “100 匹”系小字，应为每包 100 匹之意，下同。

第14号船

原布　21包

白布　50包

又白布　18箱

花布　7包

又花布　6箱

手巾　1箱

斜纹布　6包

哔叽　1包

共计110件

二月初三日收

第14号船

原布　15包

白布　2包

又白布　10箱

花布　6包

又花布　24箱

手巾　5箱

斜纹布　2包

哔叽　115包

羽纱　14包

羽绸　4箱

大呢　1包

共计198件

二月初四日收

第14号船

原布 21包
白布 18包
花布 4包
又花布 4箱
手巾 2包
又手巾 5箱
斜纹布 13包
哔叽 36包
大呢 1包
羽绸 1箱
大呢 32包
共计137件

二月初五日收

第14号船

原布 24包
白布 1包
花布 1包
手巾 1包
又手巾 1箱
哔叽 11包
大呢 11包
又铁条 1249捆
共计50件，外铁条

二月初七日收

第14号船

铁条 1015捆

二月二十八日收

第16号船

原布　　102包，60[①]

二月二十九日收

第16号船

原布　　164包，60

二月三十日收

第16号船

原布　　138包，60

三月初十日收

第16号船

大呢　　152匹

四月十六日收

第16号船

大呢　　104包

哔叽　　143包

共计147件[②]

四月二十八日收

第16号船

大呢　　325包

五月十二日收

针文第1号船

玻璃　　连前总计793箱，现提出破碎计43箱

五月十三日收

① 系用中国数码旁注，应是每包60匹之意。下同。
② 应为247件。

针文第 1 号船

玻璃　1 箱

洋枪　1 箱

鱼翅　大小多捆

又由华记来玻璃 3 箱

又收 21 号船

原白布　大小各 554 包

五月十六日收

21 号船

原白布　256 包

五月二十七日收

24 号船

原布　36 包，每 30 匹

原布　3 包，每 54 匹

原布　10 包，每 60 匹

白布　16 包，每 30 匹

袈裟布　4 箱，每 50 匹

羽纱　17 包，每 10 匹

五月二十八日收

24 号船

原布　16 包，30 匹①

原布　20 包，50 匹

原布　32 包，30 匹

白布　16 包，30 匹

① 系中国数码旁注，应是每包 30 匹之意。下同。

羽纱　　14 包，每 10 匹

六月初二日收

24 号船

原布　　24 包

白布　　4 包

袈裟布　6 箱

花呢　　1 箱

鸟枪　　1 箱

羽纱　　8 包

又收 21 号船

大呢　　5 包，每 20 匹

剪绒　　2 箱，每 20 匹

六月初三日收

第 21 号船

原布　　90 包，每 30 匹

六月初六日收

第 21 号船

原布　　2 包，每 30 匹

又原布　10 包，每 50 匹

又原布　3 包，每 60 匹

第 23 号船

原布　　2 包，每 120 匹

白布　　21 包，每 40 匹

又白布　47 包，每 80 匹

六月初八日收

第 23 号船

原布　28包，120匹①
又原布　20包，30匹
白布　22包，80匹
白布　1包，40匹，内有原布1匹
白布　4包，每20匹
七月初一日收
怡生栈来
原布　20包，每50匹
七月初四日收
同和丝客货
大呢　19包，计114匹
七月十一日收打里时船
原布　3包，每120匹
原布　38包，每50匹
漂布　2包，120匹
又漂布　1包，30匹
正元号茶54箱发回
七月十三日收打里时
原布　14包，每120匹
又原布　22包，每50匹
漂布　22包，每120匹
又漂布　1包，39匹
又漂布　1包，38匹
望日收哆喱

① 意为每包120匹，下同。

原布　　39 包，每 50 匹
又原布　36 包，每 25 匹
漂布　　9 包，每 25 匹

八月初八日收

仁记发来

大呢　　12 包，又 16 匹

八月二十二日收

30 号船

白布　　50 匹，28 包
铁锁　　1 箱，大小各 1470 把

八月二十九日收

第 30 号船北臣

原布　　计 49 包，每 50 匹，内原来共缺 3 匹
又　　　1 包，计 35 匹
花布　　计 13 箱，每 50 匹，内原来共缺 4 匹

八月三十日收

第 30 号船北臣

红呢　　大包计 9 包
又　　　小包 2 包　　共 111 匹

九月初一日收

第□号船未士劫

原布　　88 包，每 30 匹

九月初二日收

第□号船未士劫

原布　　96 包，每 30 匹

九月十五日收

第□号船未士便连

白布　　15包，每50匹，计750匹

（一）

今日收见卅号船北臣茶师原布五十匹　两　计四十九包，内原来共缺三匹，又一包另嘜，计三十五匹。又收见花布两嘜，计十三箱，每五十匹，内原来共缺四匹。又收红呢五十四匹

此致

本号书房
诸位老爷　均照

甲八月廿九日

“栈具”（钤记）

（二）

今日收见北臣茶师十点红呢大包计九包、小包两包，共壹佰拾壹匹

此致

本号书房
诸位老爷　均照

甲八月卅日

“栈具”（钤记）

（三）

今日收见未士劫卅匹原布八十八包

此致

本号书房
诸位老爷 均照

甲九月初一日

栈具（钤记）

（四）

今日收见未士劫原布卅匹九十六包，计贰仟八百八十匹

此致

本号书房
诸位老爷 均照

甲九月初三日

栈具（钤记）

（五）

今日收见未士便连上栈漂布五十匹拾伍包，计柒佰伍拾匹

此致

本号书房
诸位老爷 均照

甲九月十五日

栈具（钤记）

初七①

白洋布　30 包，每包 50 匹

原洋布　60 包，每包 30 匹

呢　10 箱，每箱 6 匹

又　6 包，每包 6 匹

又　1 包，每包 5 匹

① 以下簿页纸式与前不同，似是别册搀入。

洋巾　　6 包，每包 1600 方

初七

栈

原布　　7 包，每包 30 匹

呢　　6 包，每包 6 匹

又　　1 包，每包 5 匹

初八

白洋布　20 包，每包 50 匹

原洋布　7 包，每包 30 匹

初十

白布　　85 包

初十

洋布　　1 包

白洋布　135 包，每包 30 匹

另立一小簿，逐日验货总登

(4)“各号验货”——敦利、“本号”等商号进出口货物登录

(原题“道光二十四年二月　日立”)

13 号船　槟榔 200 包，每 80 斤①

裕泰

① 此前应有缺页。次行之“裕泰”似应指输入槟榔之商号。

本号 14号船

原色洋布 3包，每100匹①

又 18包，每50匹，内1包湿

斜纹布 7包，每25匹

白洋布 17包，每100匹

又 8包，每50匹

又 26包，每25匹

印花布 4包，每100匹

白洋布 18箱，每25匹

印花布 2箱，每70匹

又 2箱，每50匹

又 2箱，每30匹

又 3包，每40匹

小手巾 1箱，共2196方

哔叽 1包，计20板，每6丈

共112件

二月初三日

本号 14号船

原布 15包，每50匹，内1包湿水

斜纹布 2包，每25匹

白洋布 10箱，每25匹

印花布 6包，每100匹

又 5箱，每72匹

又 7箱，每46匹，内1箱湿水

① 以下各项货物名称右上多钤有“过”字戳。

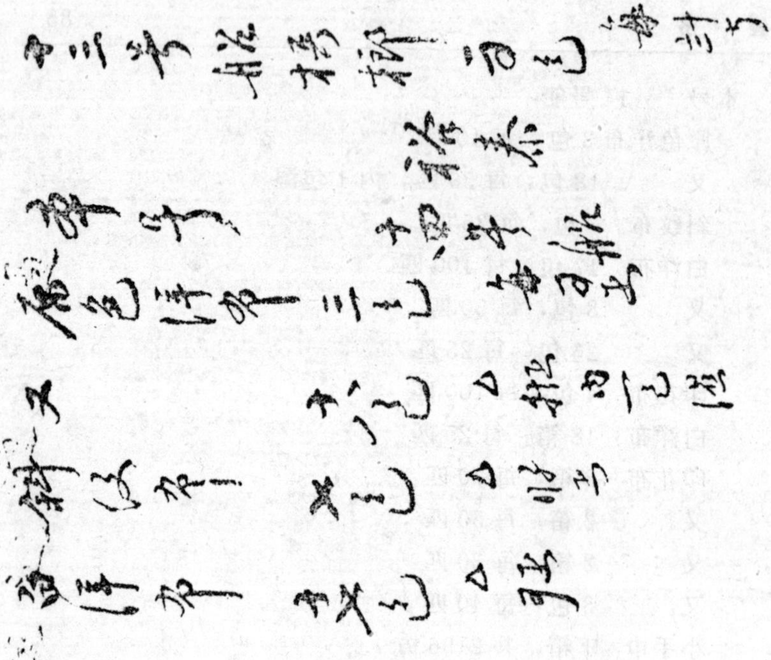

各商号进出口货物登录薄之一页

又	1箱，计52匹
又	1箱，计67匹
又	3箱，每30匹
又	5箱，每80匹，内1箱湿水
小手帕	2箱，每2196方
又	1箱，计1554方
羽纱	13包，每20板，每板14丈7尺
羽绸	4箱，计42板，每板6丈4尺
哔叽	10包，每40板，每板6丈2尺
又	105包，每20板，每板6丈2尺，内8包湿水
大呢	1包，计15板，每板4丈8尺
白洋布	1包，计100匹，湿水
又	1包，计50匹
印花布	1箱，计50匹
羽纱	1包，计15板，每板14丈7尺
印花布	1箱，计25匹
小手帕	2箱，每2200方

共198件

二月初四日

裕泰	13号（船）
槟榔	100包，每包净78.5（斤）
信成	13号船
槟榔	200包，每包净78.5（斤）
本号	14号船
原布	10包，每100匹，内湿水2包
又	4包，每50匹，内湿水2包

又 2包，每40匹，湿水
白洋布 17包，每100匹，内湿水6包
又 2包，每50匹，内湿水1包
又 4包，每25匹
斜纹布 1包，计25匹
又 12包，每75匹，内湿水2包
哔叽 36包，每20板，每板6丈2尺，内湿水2包
羽纱 1包，计20板，每板14丈7尺
羽绸 1包，计42板，每板6丈4尺
印花布 4包，每100匹，内湿水1包
又 4箱，每48匹
大呢 11包，每18板，每板4丈8尺
又 11包，每48板，每板4丈8尺
又 9包，每60板，每板4丈8尺
又 1包，计12板，每板4丈8尺
小手帕 2包，每1554方
又 5箱，每2196方
共137件

本号 14号（船）
原布 7包，每100匹，内水湿5包
又 1包，计50匹
又 16包，每25匹，内水湿一包
白布 1包，水湿，计100匹
印花被面 1箱，计27匹
小手帕 1箱，计2200方
又 1包，计1268方

　　哔叽　　11 包，每 20 板，每板 6 丈 2 尺

　　大呢　　10 包，每 6 板，每板 4 丈 8 尺

　　又　　　1 包，计 18 板，每板 4 丈 8 尺

　　洋熟铁　1250 把，每扯（重）40 斤

二月初七日

　　本号核帐，斜纹少 1 包，羽纱多 1 包。

　信成　　13 号船

　　槟榔　　432 包，每净 78.5（斤）

　本号　　14 号船

　　洋熟铁　　1014 把，每扯重 40 斤

二月初八日

　长益　　15 号船

　　花生　　9 包，每重 250 斤

　　上（等）海参 18 篓，每重 254 斤

　　红席　　24 捆，每重 53 斤

　　丝缆仔　2 捆，每 283 匹

　　又　　　4 捆，每 200 匹

　　上等燕窝 1 箱，重 18.5 斤

　　又中等　1 箱，重 11.5 斤

　　又下等　1 箱，重 33.5 斤

　　杂货　　1 箱，重 75 斤

　　玻璃器　1 箱，未除皮重 80 斤

　　红皮（即牛皮）12 捆，每重 52 斤

　　毛仔子　4 包，每重 185 斤，未除皮

　　风文（即番碱）38 箱，每重 170 斤

二月初九日

义记　　14 号船
　洋酒　　2 箱，内一半箱
长益　　吕宋船
　上等燕窝 38 斤
　又中等　33 斤
　又下等　10 斤
　檀香　　27 件，共重 40 斤
　鱼翅　　1 件，重 155 斤
　丝缆布　2 件，每 200 匹
　洋烛　　1 箱，计 80 包
　黑海参　1 件，重 254 斤
　鹿筋　　1 件，重 90 斤
　艾棉　　7 件，重 90 斤
　风文　　1 件，重 170 斤
　红席　　3 件，每 50 条
二月十一日
裕泰　　13 号船
　沙藤　　578 扎，每 10 扎重 87 斤
信成　　13 号船
　乌糖　　85 篓，每重 176 斤
　又　　　93 篓，每重 176 斤
　二月十二日
长益　　15 号船
　海参　　11 篓，每净重 105 斤
　生果　　2 小袋，每 40 斤
二月十四日

长益、益三

　黄糖　　440 包，每包净 90 斤

二月十九日

长益、益三　　15 号船

　红牛皮　60 捆，每 52 斤

　红席　　10 捆，每 50 条

又出口货 13 号船　益三

　明矾　　540 包，计 510 担

　甘草　　111 包，计 145 担估价（估价数原缺）

二月二十四日

周益大布店　　15 号船

　洋铅　　328 条，每净 109 斤

益三行　　吕宋 1 号船

　洋麻名阿马胶 20 把，每 200 斤

周公正

　檀香　　1982 枝，净重 9240 斤

二月二十五日

本号出口货　　15 号船

　茶叶　　498 件

又他号出口

　明矾　　220 担

二月二十六日

朱通裕出口货

　茶叶　　100 箱，每净重 36 斤 15 两 5 钱

万成出口货

　明矾　　100 包，每净重 96 斤

阳和进口货

印花布　3 箱，2 箱各 50 匹，1 箱 47 匹

二月二十八日

本号　16 号船

原布　102 包，每 40 匹

芳盛　15 号船

子丁香　82 包

朱通裕出口

茶叶　538 箱，每 38 斤 13 两

二月二十九日

本号出口货　15 号船

湖丝　10 包

道裕　15 号（船）

茶叶　104 箱，净 4076 斤 4 两

公正　15 号（船）

茶叶　62 箱，净 2977 斤

湖丝　6 包

公正进口　15 号（船）

白麻　2 捆，净 420 斤

鸟枪估价（估价数原缺）20 箱，共计 480 支

本号　16 号船

原布　164 包，每 60（匹）

二月三十日

本号　16 号船

原布　90 包，每 60 匹

又　46 包，湿水

三月初三日

益三 吕宋船

棉花 1包，200斤

花生 25包，净550斤

押金骡 10包，净965斤

糖水 2桶

三月初五日

长益 吕宋船

水靛 50桶，每净200斤

三月初七日

本号 第16号船

大呢 29包，共154匹，每54尺

三月十九日

长益 吕宋一号（船）

水靛 99桶，每净170斤

三月廿一日

益三 吕宋船

水靛 7212斤

又 43桶，每170斤

三月廿五日

长益 吕宋1号船

苏木 1万斤

水靛 12件，每220斤

又 21件，每200斤

三月廿七日

长益 吕宋1号船

洋糖　300包，每70斤
水靛　14件，每220斤
又　20件，每200斤
四月初四日
仁记　美利加船
原布　100包，每30匹
粗洋布　10包，每50匹
花洋布　6包，每50匹
小手帕　12包，内3包，4668方；内1包，4020方；内8包，计24648方
斜纹布　27包，每25匹
大呢　7包，共43板
被面　1包，计51匹，每5条
又　8箱，共计2295条
又
长益　吕宋1号
苏木　4900斤
又查出口
粗窑缸器　5船
又　3船
四月初五日
长益　吕宋1号
水靛　61件，每净200斤
四月初六日
长益　吕宋1号
洋糖　570包，每包重84斤

又查出口

粗窑缸罈　3 船

又　　　　8 船

益三　　　吕宋 1 号

苏木　　计重 6760 斤

仁记　　　美利加 1 号

洋硝　　60 包，每 125 斤

出口　　16 号船

石膏　　30916 斤

四月十一日

仁记　　　美利加 1 号

洋硝　　145 包，每净 135 斤

又　　　65 包，每净 135 斤

敦利出口

湖丝　　67 包，每 80 斤

仁记出口

草席　　9 捆，共 360 斤

长益出口　　吕宋 1 号

粗窑缸　　1 船

长益进口

洋糖　　624 包，39312 斤

四月十二日

长益　　吕宋 1 号

洋糖　　99 包，每 77 斤

水靛　　48 件，每 200 斤

出口

粗窑缸　　1船

又

敦利出口　　16号船

茶叶　　501件，共29848斤12两

四月十四日

长益出口　　吕宋船

火腿　　19篓，共27093斤

蜜枣　　38桶，估152元

灯草　　190包

粉　　129包

天盛出口　　16号船

茶叶　　200件，共23718斤

四月十六日

天盛　　16号船

哔叽　　143包，每20板，湿水3包

大呢　　22包，每6匹

敦利　　16号船

大呢　　142包，每6匹

长益出口　　吕宋1船

雨伞　　2560担（把），重2588斤

细麻线　　25包，共4000斤

凉鞋　　3篓，166双

铜器　　1篓，计37斤

阳和进口　　17号船

原布　　28包，每50匹。内益记10包，采文10包

四月十八日

长益出口　　吕宋1号

布　　2捆，共46斤

雨伞　　1100担（把），共960斤

磁器　　279件，共4057斤

铜器　　2篓，共90件

墨　　7包，共276斤

布　　52包，共2600匹

亚利记大小家伙121斤，据称自用

又

公正　　17号船

胡椒　　22包，共1881斤

大红洋布2箱，每50匹。阳和、采文

四月十九日

长益出口　　吕宋1号

布　　52包，共3567匹

铜器　　4箱，共450斤

金针木耳火腿，共4件

大黄　　14包

东纸　　14捆，计700斤

粉干　　24包，每包155斤

敦利出口　　16号船

茶叶　　706箱，净41727斤

阳和、益记合进口　　17号船

白洋布　　20箱，每50匹

公正　　17号船

玻璃片　　46箱，共3986斤

广盛　　17号船
　原布　　40箱，每50匹
　大红洋布1箱，50匹
位记进口　18号船
　书　　1箱
融和进口　18号船
　大小木箱47只
　洋青　　1捆
　洋绒　　50包，每100斤
　洋糖　　100包，每55斤
四月二十日
芳盛进口　　17号船
　沙藤　　572扎，共4000斤
融和进口　　18号船
　洋糖　　160包，每150斤
　洋麻　　4包，每205斤
　洋青　　1箱
　洋酒　　1箱
　玻璃器
长益出口
　粉　　40包，每155斤
　湖丝　　20包，净1400斤
　雨伞　　400把，共496斤
怡馨出口　　16号船
　茶叶　　600箱，共25722斤
本号出口　　16号船

石膏　10000斤

四月廿一日

本号出口　16号船

茶叶　624箱，净42855斤

怡馨出口

茶叶　626箱，净26836斤

广盛进口　17号船

原布　30捆，每捆50匹

四月廿二日

益三出口　吕宋1号

核桃　2包，每147斤

金枣　2桶，每70斤

和山出口　16号船

茶叶　368件，共19333斤

公正

又　133件，共4818斤

融和进口　18号船

洋枪　9箱，每24支

洋酒　2箱，每36瓶

芳盛进口　17号船

沙藤　411扎，共3288斤

公正进口　17号船

胡椒　88包，共6595斤

采文进口　17号船

原布　5包，共300匹

益记　17号船

白布　20 箱，共 981 匹，内阳和 280 匹

四月廿三日

采文进口　17 号船

原布　5 包，每 60 匹

广盛进口　17 号船

原布　11 包，每 50 匹

又　20 匹

芳盛进口　17 号船

沙藤　92 扎，共净 1115 斤

四月廿七日

仁记进口　16 号船

大呢　225 包，共 1244 匹

和记进口　16 号船

大呢　15 包，共 90 匹

芳盛进口　16 号船

沙藤　641 扎，共 4700 斤

广盛进口　16 号船

原布　5 包，共 251 匹

华记　针文国样货

毛燕　1 篓

大呢　2 匹

玻璃　3 箱

胡椒　1 袋

沙藤　3 扎

洋布　2 匹

洋毡　1 条

　　栲皮　　1 捆

四月廿八日

　本号出口　　16 号船

　　茶叶　　589 件，净 37091 斤

　本号进口

　　大呢　　325 包，计 1940 板，共 9955 丈 6 尺

四月廿九日

　本号出口　　16 号船

　　湖丝　　20 包，净 1600 斤

　和山出口　　16 号船

　　茶叶　　135 箱，净 6040 斤

　广利进口　　17 号船

　　洋熟铁　219 条，共 10650 斤

　　又　　　379 条，共 11800 斤

四月三十日

　本号出口　　16 号船

　　茶叶　　215 箱

　　湖丝　　12 包

　仁记进口　　17 号船

　　原布　　10 包，共 600 匹

　　胡椒　　4 包，净 241 斤

　广利进口　　17 号船

　　洋熟铁　248 条，共 11088 斤

五月初二日

　芳盛　　　17 号船

　　沙藤　　140 扎，共 1617 斤

信成进口　针文1号

栲皮　140捆，共17630斤

五月初三日

本号出口　16号船

茶叶　571箱，净19978斤

公正出口　16号船

紫套布　10箱，共1000匹，计880斤

德利进口　17号船

原布　11包，每60匹

义成进口　17号船

原布　55包，内德利17包，共2821匹

华记进口　针文1号

胡椒　151包，每净66斤

沙藤　2122条，共7692斤

栲皮　400捆，共14600斤

五月初四日

本号出口　16号船

茶叶　153箱，计9220斤

春和进口　17号船

白洋布　7箱，共350匹

原色洋布　6包，共300匹

义成进口　17号船

原色洋布　21包，共1050匹

又　9包，共472匹

春和进口　17号船

白洋布　6箱，每50匹，又1匹

芳盛进口

沙藤　158 扎，共 2423 斤

华记进口　针文 1 号船

沙藤　750 扎，共 4300 斤

胡椒　74 包，共 4641 斤

栲皮　125 捆，共 4561 斤

五月初六日

春芳进口　17 号船

白洋布　7 箱，共计 350 匹

五月初七日

华记进口　针文 1 号船

胡椒　274 包，每包重 65 斤

玻璃　大小 142 箱，上本栈，内有原来损坏，计 7 箱

五月初九日

华记进口　针文 1 号船

沙藤　472 扎，共 5007 斤

栲皮　48 箱，共 2257 斤

槟榔膏　50 篓，共 4700 斤

格木　3 根

五月初十日

华记进口　针文 1 号船

槟榔膏　30 包，共净重 2665 斤

沙藤　238 扎，共净重 3600 斤

五月十一日

本号进口　针文 1 号船

玻璃　大小 543 箱，上本栈，内有损坏，计 27 箱

五月十二日

本栈进口　　针文1号船

玻璃　　108箱，内有破碎9箱

五月十三日　　查针文1号船

华记进口

沙藤　　515扎，共重9827斤

槟榔膏　60包，共重5477斤

黑鱼翅　2扎，共重200斤

鸟枪　　1箱，计24支

玻璃　　112箱

又查咪利坚2号船

白洋布　266包，每30匹

原色洋布 65包，每50匹

又　　　233包，每30匹

花洋布　1箱，计60匹

洋枪　　1箱，计12支

以上系义记进口

五月十四日　　查17号船

德利进口

原色洋布 25包，共计1250匹

又查19号船

位记进口

原布　　7包，每50匹

又查咪利坚2号船

仁记进口

原色洋布 24包，每50匹

五月十六日

针文1号船出口货

茶叶　439箱，共净重15584斤半，周公正下

又咪利坚2号船出口货

湖丝　20包，共净重1600斤，仁记下

又　9包，共净重720斤，位记下

19号（船）进口货　下位记

檀香　1820枝，共净重7000斤

洋硝　54包，共净重8100斤

咪利坚进口货　下阳和

自来火　1大箱，计29盒

又　1小箱，计13盒半

木钟　1箱，计6座

针文1号船进口货　下周公正

毛燕　32包，共净重2184斤

洋酒　20箱，共240瓶

五月十七日

义记进口　咪哩坚2号船

原布　74包，共2220匹

又　33包，湿水，共990匹

又　9包，湿水，共450匹

白洋布　121包，共3630匹

又　19包，湿水，共569匹

又　17号船

白洋布　58箱，共2900匹

又公正进口　针文1号船

洋枪　1箱，计24支

大呢　5包半，每板5丈2尺，共31板

位记进口　19号船

小手帕　5箱，每箱584方

原布　1包，计50匹

洋熟铁　472扎，共23600斤

洋硝　9包，每包净150斤

牛皮　11张

周公正出口　下针文1号船

茶叶　243箱，共8782斤

五月十八日

公正进口货　针文1号船

大呢　1包，计6板，每5丈2尺

益记进口货　17号船

白洋布　20箱，每50匹

仁记进口货　17号船

白洋布　20箱，每50匹

公正进口货　19号船

枷榧豆　5包，每70斤

皮条　3扎，每94斤

春芳、阳和进货　19号船

斜纹布　55包，每20匹

牛皮　2张，每20斤，下位记

五月十九日

春和进货　19号船

斜纹布　40包，共800匹

五月二十日

公正出口货　针文1号船

茶叶　40小箱，共净重436斤

仁记进口货　19号船

洋熟铁　327扎，共净重16700斤

洋锡片　50箱，共净重4200斤

檀香　200枝，共净重500斤

位记进货　19号船

玻璃　1箱，估价（以下原空）

五月二十一日

恒珍进口　19号船

洋铅　46条，共重5630斤

广利出口

湖丝　13包，重1040斤

和山出口

湖丝　47包，每包80斤

五月二十三日

德利进口　17号船

原色洋布2包，计100匹

五月二十四日

仁记进口　17号船

白布　12箱，共600匹

原布　22箱，共1100匹

五月二十五日

益记进口　17号船

乌木　172枝，共14121斤

五月二十六日

仁记进口　17号船

原布　18包，每50匹

白布　28箱，每50匹

益记进口　17号船

乌木　182板，共14436斤

五月二十七日

公正进口　21号船

原布　2640匹

白布　800匹

大呢　24包，共141板，每4丈7尺

木钟　48个

珊瑚珠　74粒

本号进口　21号船

原布　12包，共1078匹

白布　6包，共720匹

白袈裟布　4箱，共160匹

羽纱　16包，每10板，每板14丈

又　1包，水湿，计10板，每板14丈

原布　8包，共510匹，内1包水湿，计60匹

益记进口　17号船

乌木　406支，共32647斤

五月二十八日

本号进口　21号船

原布　30包，共2178匹

又　2包，共100匹，水湿

白洋布　2包，共240匹
又　2包，共240匹，水湿
羽纱　14包，每10板，每板14丈
原布　5匹
白布　4匹　看样
公正进口　21号船
白布　53包，共1630匹
原布　71包，共2590匹
棉花　2包，共160斤
益记进口　17号船
乌木　48枝，共4707斤
又　1枝，计70斤
六月初二日
本号进口　21号船
原布　18包，共1200匹
白布　1包，计120匹
袈裟布　6箱，共240匹
羽纱　8包，共80匹，计1120丈
鸟枪　1箱，计8只，估120两
花绒　1箱，计21匹，估180两
名利　又　寄存本号
绒　5包，每包30匹
剪绒　2箱，每20匹
公正进口　又
白布　45包，共1250匹
原布　69包，共2330匹

棉纱　2箱，净160斤

六月初三日

和记进口　21号船

玻璃　205箱，估价（以下原空）

仁记进口　又

原布　20包，每50匹

本号进口　又

原布　19包，每80匹

德利进口　17号船

玻璃　169箱

六月初四日

和记进口　21号船

原布　66包，每包50匹，内水湿7包

白布　28包，共1253匹

印花布　30箱，共1500匹

洋锡片　15箱，每84斤

公正进口　21号船

原布　64包，共1960匹

又　1包，计20匹，水湿

白布　15包，计490匹

裕润进口　17号船

洋锡　530条，共30400斤

六月初五日

公正进口　21号船

原布　71包，共2210匹

白布　14包，共460匹

和记进口　　21号船

原布　　36包，共1710匹

白布　　23包，共1150匹

斜纹布　1700匹

冰片　　1箱，上等7袋，31斤；下等7袋，30斤

又，上等1箱，净10斤半

棉纱　　4包，每300斤

洋毡　　1包，计5条

小呢　　1包，计2板，每板4丈9尺6寸

洋刀　　4箱

洋钢　　10捆

钮扣　　1箱

六月初六日

本号　　23号船

白布　　25包，共2000匹

又　　1包，计80匹，水湿

又　　21包，共1680匹

又　　20包，共600匹

又　　1包，30匹，水湿

原布　　2包，每120匹

德利　　17号船

大呢　　12板，每5丈5尺

名利　　21号船

原布　　15包，共740匹

永隆　　22号船

玻璃　　100箱

榜皮　136 捆，共 4180 斤
仁记　23 号船
剪绒　12 箱，共 2400 匹，估 2700 元
六月初八日
永隆进口　22 号船
榜皮　10 捆，共 3870 斤
又　551 捆，共 24244 斤
德利进口　17 号船
大呢　7 包，共 58 板，每 5 丈 5 尺
本号进口　23 号船
白布　26 包，共 1800 匹
又　1 包，80 匹
原布　48 包，共 3960 匹
本号出口　23 号船
湖丝　145 包，每净 80 斤
六月初九日
公正进口　21 号船
洋熟铁　437 扎，净 19664 斤
本号出口　23 号船
湖丝　75 包，净 6019 斤 8 两
仁记出口
湖丝　6 包，净 474 斤 12 两
永隆进口　22 号船
榜皮　639 扎，共 25560 斤
六月初十日
怡生进口　20 号船

原布　167 包，6720 匹
白布　22 箱，共 1100 匹
公正进口　21 号船
洋熟铁　450 条，共 17430 斤
永隆进口　22 号船
栲皮　344 扎（斤数模糊不清）
栲皮　散舱 3 船，共 20091 斤

六月十一日
公正进口　21 号船
洋熟铁　800 条，净 27305 斤
永隆进口　22 号船
栲皮　3 船，8000 斤
怡生进口　20 号船
原布　28 包，计 3360 匹
白布　36 箱，共 1800 匹
原布　58 包，共 1740 匹

六月十二日
怡生进口　20 号船
原布　89 包，计 2670 匹
又　13 包，共 390 匹
蓝布　2 包，共 100 匹
白布　12 箱，共 600 匹
以上均水湿
公正进口　21 号船
洋熟铁　504 条，20270 斤

六月十三日

公正　　21 号船
　洋熟铁　640 扎，30863 斤
荣丰进口　　22 号船
　沙藤　198 扎，共 1200 斤
本号进口　　22 号船
　大呢　24 板，共 139 丈
广利进口　　22 号船
　大呢　138 板，共 2836 丈
六月十六日
本号出口　　20 号船
　明矾　650 包，共 64600 斤
公正进口
　熟铁　1450 件，共 47235 斤
六月十七日
公正进口　　21 号船
　洋熟铁　1472 条，共 45632 斤
　又　43 扎，共 3526 斤
和记进口　　21 号船
　玳瑁　2 桶，每 150 斤，估 105 元
六月十八日
华记出口　　20 号船
　湖丝　14 包，每 80 斤
公正进口
　×××　　×××（模糊不能辨识）
六月十九日
广利进口　　24 号船

白布　16包，每120匹

仁记出口　20号船

哔叽　61包，每20匹，系16号船原货

六月二十日

通亿出口　20号船

湖丝　29包，每80斤

和山出口　20号船

湖丝　10包，每80斤

六月二十二日

怡生进口　25号船

原布　219包，每25匹

又　1包，计30匹

又　2包，每25匹，水湿

白布　307包，每25匹

又　5包，每25匹，水湿

杂色粗呢5包，每12板，每板6丈6尺

又　1包，计12板，每板6丈6尺，水湿

仁记进口　25号船

洋酒　大桶3只，每重三百余斤

又　小桶12只，每重百余斤

六月二十三日

怡利进口　24号船

原布　52包，共1560匹

又　13包，共390匹，水湿

白布　17包，共680匹

又　8包，共320匹，水湿

钮子　1 箱，计 13248 个，每 144 粒，估 368 元

又　25 号船

原布　142 包，共 5715 匹

又　2 包，共 50 匹，水湿

白布　80 包，共 2505 匹

又　2 包，共 100 匹，水湿

六月二十四日

怡生进口　25 号船

原布　160 包，共 6200 匹

又　3 包，共 140 匹，水湿

白布　145 包，共 5100 匹

又　4 包，共 100 匹，水湿

六月二十六日

怡生进口　25 号船

白布　12 包，共 1269 匹

又　1 包，计 75 匹，水湿

杂色粗呢 1 包，计 12 板，每 6 丈 6 尺

原布　4 包，共 251 匹

又　2 包，计 124 匹

仁记出口　25 号船

湖丝　20 包，每 40 斤

石膏　100 担，计 10000 斤，估价（以下原空）

六月二十七日

怡利进口　24 号船

檀香　1398 枝，共 9726 斤 6 两

怡生进口　25 号船

洋熟铁　1593 札，共 65313 斤

六月二十九日

老仁记出口回货

大呢　80 包

六月三十日

怡利出口　24 号船

湖丝　80 包，共 6369 斤

本号出口　24 号船

湖丝　104 包，共 8269 斤

广利出口　25 号船

湖丝　15 包，共 1194 斤

本号出口　25 号船

湖丝　50 包，共 3973 斤

七月初二日

怡生出口　24 号船

湖丝　131 包，净 10433 斤

七月初三日

仁记出口　25 号船

湖丝　26 包，净 2079 斤

又　10 件，净 797 斤

义记出口　25 号船

湖丝　87 包，净 6909 斤

七月十一日

本号进口　26 号船

原布　40 包，共 2210 匹

又　1 包，计 50 匹，水湿

白布　3包，共278匹

怡生进口　26号船

大呢　16包，每24板，每板4丈6尺

七月十三日

本号进口　26号船

原布　35包，共2660匹

又　1包，计120匹，水湿

白布　24包，共2716匹

七月十四日

怡生进口　26号船

哔叽　99包，每20匹，每匹6丈

羽纱　77包，每10匹，每匹14丈

檀香　150斤，不计枝

七月十六日

怡生出口　26号船

湖丝　209包，共净16755斤

七月十七日

怡生进口　27号船

原布　92包，共3020匹

白布　34包，共1070匹

大呢　15包，共90板，每板4丈8尺

怡生出口　26号船

湖丝　58包，净4648斤

本号出口　26号船

湖丝　131包，净10536斤

广利出口　26号船

湖丝　20 包，净 1619 斤

仁记出口　26 号船

湖丝　90 包，净 7215 斤

七月十八日

怡生出口　26 号船

湖丝　18 包，净 1442 斤

怡生进口　28 号船

檀香　4722 斤

名利

沙藤　600 札，共 2280 斤

怡生进口　27 号船

剪绒　12 箱，估价（原空）

原布　15 包，共 779 匹

白布　11 包，共 149 匹

沙藤　2180 札，共 6564 斤

七月二十日

华记进口　27 号船

钮扣　12 箱，估 1238 元

洋刀　1 箱，估 228 元

玻璃并书 1 箱，估 236 元

洋青　2 箱，约毛重 700 斤

金银线　1 箱

千里镜　1 箱，估价（原空）

火炉　1 箱，自用

怡生进口　27 号船

白布　34 包，每 30 匹

原布　6 包，每 20 匹

怡生进口　28 号船

檀香　11602 斤

名利进口　28 号船

□香　5280 斤

怡生出口　26 号船

湖丝　33 包，净 2640 斤

七月二十一日

怡生进口　27 号船

檀香　16800 斤

钮扣　4 箱，估 446 元

玻璃并书 1 箱，估 336 元

千里镜　6 箱，估 400 元

名利进口　28 号船

象牙　35 枝，净 360 斤

本号出口　26 号船

湖丝　140 包

怡生出口　26 号船

湖丝　102 包

隆记出口　26 号船

湖丝　28 包

七月二十二日

怡生进口　27 号船

羽纱　4 箱，计 168 板，共 960 丈

洋青　25 桶

华记进口　27 号船

洋酒　7箱，每72瓶

名利进口　28号船

沙藤　4007斤

□香　7170斤

七月二十三日

怡生进口　27号船

洋铁　1250条

名利进口　28号船

沙藤　941斤

□香　4255斤

藤席　53札

又　2捆

怡生进口　28号船

格木　1大枝

（5）“各号出口查验各货”——敦利、“本号”等商号出口货物登录

（原题“道光二十四年七月　日立”）

八月初二日

义记　27号船

湖丝　90包，净7193斤

和记　27号船

湖丝　73包，5839斤

仁记　　27 号船

湖丝　　48 包，3829 斤

本号　　27 号船

湖丝　　59 包，4714 斤 8 两

八月初三日

仁记　　27 号船

湖丝　　60 包，4979 斤

又　　35 包，2813 斤

华记　　27 号船

湖丝　　34 包，2702 斤

位记　　27 号船

湖丝　　7 包，556 斤半

义记　　27 号船

湖丝　　1 包，69 斤 8 两

席　　1 札 ⎫ 看样

茶　　1 箱 ⎭

八月初五日

怡生　　27 号船

湖丝　　45 包，3574 斤

八月十三日

本号　　29 号船

湖丝　　63 包，5079 斤

八月十六日

怡馨　　28 号船

茶叶　　106 箱，4899 斤

又　　20 箱，1245 斤

八月十七日

怡馨　　28号船

茶叶　　52箱，2095斤

怡生　　31号船

湖丝　　247包，19734斤

八月十九日

本号　　30号船

湖丝　　75包

怡生　　30号船

紫花布　　255斤

八月二十日

华记　　31号船

麝香　　2中箱，净27斤

八月二十三日

名利　　28号船

湖丝　　17包，共净重1355斤

八月二十四日

敦利　　28号船

湖丝　　9包，共净重728斤

八月二十五日

名利　　28号船

紫花布　29箱，共2900匹，净重2233斤

位记

湖丝　　6包，共净重480斤

印花布　1包，计100匹

八月三十日

怡生	32 号船
湖丝	24 包，共净重 1913 斤
九月初一日	
敦利	30 号船
茶叶	192 箱，共净重 12288 斤
湖丝	3 包，净重 239 斤
九月初四日	
仁记	33 号船
石膏	800 担，共 80000 斤
九月初六日	
仁记	33 号船
石膏	200 担，共 20000 斤
九月初八日	
公正	32 号船
湖丝	33 包
九月初十日	
敦利	32 号船
湖丝	62 包，共重 4990 斤
仁记	34 号船
石膏	200 担，共重 20000 斤
名利	34 号船
紫花布	22 箱，共重 1694 斤
位记	34 号船
湖丝	86 包，共重 6906 斤
九月十一日	
敦利	32 号船

湖丝　148包，共净重11829斤

怡生　34号船

紫套布　10箱，共净重750斤

九月十二日

怡生80
隆记30　34号船

湖丝　110包，共净重8800斤

怡生　32号船

湖丝　21包，共净重1675斤8两

九月十四日

怡生　32号船

湖丝　28包，共净重2237斤

九月二十四日

怡馨　35号船

茶叶　72箱，共净重3448斤

敦利　35号船

茶叶　85箱，共净重4520斤

九月二十五日

怡生214包
敦利66包　35号船

湖丝　280包，共净重22366斤

公正702箱
隆记14箱　35号船

茶叶　716箱，共净重32269斤10两

怡生　35号船

石膏　300担，共重30000斤

九月二十九日

敦利　36号船

湖丝　22包，共重1758斤，计56两4钱3分1厘

怡生　37号船

湖丝　100包，共净重8003斤

十三日查28号

栲皮　1160捆，共净重57606斤　下名利

洋酒　2桶，共计96瓶

又查29号出口

湖丝　63包，共净重5079斤　敦利下

二十三日查28号出口

湖丝　17包，共净重1355斤　名利下

补记　初三日又查25号出口

湖丝　8包，共净重639斤　仁记下

又查原货出口

原色布　3包，每50匹　英商义记栈下

又　5包，每40匹　英商义记栈下

又　15包，每80匹　英商义记栈下

白洋粗布1包，计50匹　英商义记栈下

双管洋枪2箱，计13枝　英商义记栈下

以上原货据称系二十三年十一月份第8号船装进，今于25号船装带出口

初四日查25号出口

原色洋布12匹，英商义记栈退回广东

九月初三日查30号出口

茶叶　192 箱，共净重 12288 斤

湖丝　3 包，净重 239 斤　敦利下

二　宗　　教

(一) 武英殿监修书官寄西洋人书

"武英殿监修书官寄西洋人书"，署康熙五十五年（公元1716年）九月十七日作，长方形厚棉纸，以满、汉、拉丁三体文字刊印，四周龙纹，版框高36公分，宽110公分。满文居左，汉文居中，拉丁文居右；拉丁文末段有十六位西教士之名，最后一人是以画师著名的郎世宁。文件上部空白处有钢笔手写英文：The curious specimen of the stereotype printing of the Chinese was presented by professor Pollas in the Crimea to Edward Daniel, and by him to the University Library of Cambridge, A. D. 1815. 意谓：此为中国刻印品的一份珍贵标本，在克里米亚[①]的鲍拉教授送给爱德华·丹尼尔，经由他于1815年送给剑桥大学图书馆。1984年我在该馆无意中发现。

文件提到的龙安国、薄贤士、艾若瑟等人，他们都是康熙朝在华的天主教传教士。文件的内容主要是探询康熙四十五年后派去西洋的这几位传教士的消息；说"其他乱来之信，真假难辨"，只有派出之人回来时，事情明白，方可相信。所谓"事情"，指的是当时罗马教廷与中国的"礼仪"争执问题，这是天

① 克里米亚，在前苏联欧洲部分南部，临亚速海和里海。据孙文范编著：《世界历史地名辞典》。吉林文史出版社1990年版。

主教在华历史上的一件大事。

自明末耶稣会士利玛窦入华、在尊重与结合中国传统文化习俗的基础上传播天主教以来，至清初顺、康两朝，一些来华教士以天文、数学等方面的知识得到了皇帝的赏识和重视，传教活动也颇有开展。但早在利玛窦时期，天主教内部对在中国传教的方式就有争议，耶稣会士多秉承利玛窦的遗规，允许教友敬孔、祭祖及以“天”、“上帝”称呼天主，而教内其他一些修会的教士则常提出反对，此即所谓“礼仪”问题。罗马教廷的态度屡有反复①。至十八世纪初，教廷采取了不准敬孔祭祖等严厉决定，派特使多罗（中文又作铎罗）通聘中国并与在华主教商议实行办法。多罗以康熙四十四年（1705）冬到北京，起先很受礼遇。这一年五月，在宫廷给事的闵明我、徐日升、张诚等西教士奏闻“教宗钦差大臣”已抵广东，皇帝即谕知广东督抚派员伴送，又遣员到天津迎候。多罗十月到京后，皇帝遣内大臣问候；多罗觐见时，赐坐，皇帝亲执金樽赐酒。多罗住京年余，觐见多次。康熙帝曾追问其出使原因，多罗声称：“欲禁绝中国敬孔子与敬亡人之礼，以为异端，不准教士教民沾染”②。这使康熙帝大为不悦，对当时也在北京、激烈反对“异端”的浙江主教闫当（亦作颜当），更予斥责，指为“不通文理”、“妄论中国理义之是非”，以为多罗是误听闫当之言。他说，“西洋所来者甚杂”，“难以分辨是非”，于是派出龙安国等去西洋，也就是去教廷，想把事情弄明白。

派出的使者带去了康熙对礼仪问题的见解。此前，他几次

① 如1645年，教皇英诺森十世颁令驳斥中国礼仪，1656年教皇亚历山大七世颁令准行中国礼仪，1704年教皇格勒孟十一世又以中国礼仪为异端等。

② 萧若瑟：《天主教传行中国考》卷六。1937年献县天主堂印行，335页。

向在华西教士表示肯定利玛窦、汤若望、南怀仁等的成规，并批示，敬孔敬祖纯为表示爱先师爱先人，是一种俗礼，与宗教无涉，并无宗教性质①。但多罗却在南京正式公布了“禁条”。于是康熙又一次派艾若瑟等去教廷传达他的意思。他对艾若瑟之行尤为重视，说：“其艾若瑟所奉去的旨意，乃是朕的真旨意。”②他要等艾若瑟等回来，明白多罗等人的活动是否确系“教化王”之意，再采取对策。这一文件表明了康熙在“礼仪”争执中处理与教廷关系的严肃慎重态度。

但是，1715年罗马教宗又发表一份十分严厉的通谕，要求在华传教士宣誓遵守“禁条”。在华教士向皇帝谈及此事。康熙急于求证，于是命刊刻一件以满、汉、拉丁文写的书信，寻访派出的诸教士。其实，龙、薄、卢三人或在途中或到欧洲后病故。艾若瑟到罗马后，则因一度被教廷拘禁及体弱等原因，滞留多年，至康熙五十九年（1720）返华途中船行至好望角病故，遗体运到广州，康熙帝派去大臣治丧，葬於广州城外瑶台乡。这一年，教王派来特使嘉乐企图缓和局势，但仍坚持“禁条”。康熙帝要求看“禁条”，读后十分生气，批示：西洋人不配谈中国的道理③；并传谕嘉乐：“尔教王条约（按指“禁条”）与中国道理大相悖戾。尔天主教在中国行不得，务必禁止。”④这开始了天主教在华传教不合法的年代。

此书信由伊都立、王道化、赵昌等出面寄出，但实际撰稿

① 见徐宗泽：《中国天主教传教史概论》。上海土山湾印书馆1938年印行，234页。

② 《康熙与罗马使节关系文书影印本》第六件。北平故宫博物院编，1932年出版。

③ K. S. Latourette：《A History of Christian Mission in China》，1929，148页。

④ 同②，第十三件。

人却是康熙帝自己。本世纪二三十年代，故宫懋勤殿发现了康熙给西教士的一些文书，多为朱写或墨书朱改，后编为《康熙与罗马使节关系文书影印本》一书，其中之一即这件满、汉、拉丁三体文字刊印信的汉文底稿，底稿有朱笔删改十余处，但教士名、年月俱空白或未写。陈垣先生为此书写有“叙录”，使这些文书易于阅读，但他推断该件底稿作于康熙五十六年，则微有不确。“武英殿修书处”系内务府机构①，伊都立等人当时都在养心殿、武英殿等处给事，“管制造、带西洋人事”。

文件中有“用广东巡抚院印”语，但我所见剑桥藏件并未钤印。此信是印本，据梵蒂冈所藏当年两广总督文书，此信共印了一百五十份，“散给各天主堂居住之西洋人并外国洋舡内体面商人，俱给带往西洋去”②。但今存世者似极罕见，除我在剑桥所见一份外，仅悉在梵蒂冈传信部亦存有一份。

以下是这件文书的汉文全文。

武英殿等处监修书官伊都立、王道化、赵昌等字寄与西洋来的众人：

我等谨遵旨于康熙四十五年已曾差西洋人龙安国、薄贤士，四十七年差西洋人艾若瑟、陆若瑟，奉旨往西洋去了。至今数年，不但没有信来，所以难辨真假，又有乱来之信，因此与鄂罗斯的人，又带信去，想是到去了。必竟我等差去之人回时，事情都明白之后，方可信

① 《清史稿》职官五，内务府。
② 见方豪：《中国天主教史人物传》艾若瑟传。中华书局1988年版，下册。

得；若是我等差去之人不回，无真凭据，虽有什么书信，总信不得。

因此，唯恐书信不通，写此字，兼上西洋字刊刻，用广东巡抚院印，书不封缄，凡来的众西洋人，多发与带去。

康熙五十五年九月十七日

（二）改杭州天主堂为天后宫碑记

本篇原题“天主堂改天后宫碑记”，是清朝前期禁止天主教的重要文献。本篇据美国密西根州立大学图书馆藏件复制，原载《皇家亚细亚协会北华分会杂志》新系列第4号，1867年12月（Journal of North China Branch of Royal Asiatic Society, New Series No. Ⅳ Dec., 1876）。

这篇碑记的作者是浙江总督李卫。他废天主堂改天后宫，是雍正朝禁天主教的反映。康熙朝对天主教本较宽容，但18世纪初年罗马教廷不准中国教友尊孔祭祖，非议中国的礼仪道理，康熙帝大为不悦，下令“天主教在中国行不得，务必禁止”。但康熙态度仍较温和。所以到康熙六十一年他去世那一年，中国15个省份中还存在131个教堂①。雍正帝继位，禁教的政策趋向严

① K. S. Latourette：《A History of Christian Mission in China》，158页。

厉。自雍正元年十二月起，除京师教堂教士不加取缔外，命各地西教士陆续迁移，安置澳门，逐步遣送回国。雍正七年各省督抚遵雍正谕旨札饬各府州县密查，将天主堂改为育婴堂、义学、庙产等。而浙江杭州的天主堂改为天后宫，更是其中之著名者。

杭州天主堂系康熙三十八年所造。这一年康熙帝南巡杭州，法国教士德玛诺接驾，利用康熙帝的赏银在北门大街建天主堂一座。雍正八年，德玛诺被遣送到澳门，浙江总督李卫遂将该天主堂改为天后宫。李卫是雍正的亲信，奉雍正帝旨意查禁各民间杂教及天主教不遗余力。他为此事特向皇帝报告，首先说：康熙帝虽曾赏赐德玛诺银两，但天主堂并非奉敕建造。德玛诺以此为藉口，致迟未拆改。继又说："臣查西洋人原系异域外教，无知愚民多有贪伊厚利，暗地入其教中，并及驻防旗下亦染此风，甚有关系……此等深心结纳，意欲何为？"这透露出天主教影响之大，对清朝统治之不利。对将天主堂改为天后宫之理由，李卫奏称：

> "伏思海洋之中，惟天后最显灵应，即外夷西洋各种之人无不敬畏。本朝原奉敕封褒崇，凡近海之处，俱有大庙，商民往来祈福……臣意将天主堂改为天后宫字样，诸凡合适，不用更造，只须装塑神像，择德行羽流供奉香火，并不露曾经奏请改正之处，则祀典既清而异端亦得靖其萌蘖矣。"

雍正帝得奏朱批"甚好"①。于是，杭州的天主堂便成了天后宫，李卫为此题写了长篇碑记。这被认为是天主教在华历史上遭逢

① 李奏见《宫中档雍正朝奏折》第16辑，464—465页。雍正八年五月廿二日。

“教难”的一个标志。

雍正禁教的原因，有以为葡萄牙传教士穆经远及宗室苏努一家信教而他们都与宫廷内部夺嫡的斗争有关，所以雍正为帝以后对他们、对天主教厉行报复镇压。其实，这只是一个可能的原因。雍正禁教是禁止一切邪教，包括白莲教的各支派，也包括天主教。其禁白莲教等邪教的上谕，指斥它们“诳惑愚民，潜结党类”，“踪迹诡秘”，“阴相煽诱”，如“苟且姑容”，将“滋蔓难图”①。可见其禁邪教之目的，在于消除其统治和安全之隐患。雍正之禁天主教也如此。他曾召见在京师的三位司铎，告诫说：

> “尔等欲我中国人民尽为教友，此为尔教之要求，朕亦知之。但试思一旦如此，则我等为如何之人，岂不成为尔等皇帝之百姓乎？教友惟认识尔等，一旦边境有事，百姓惟尔等之命是从，虽现在不必顾虑及此，然苟千万战艘来我海岸，则祸患大矣。”②

由这段话可见雍正担心教徒受传教士支配，如有外国入侵，会是内应外敌的力量。

李卫在拆改天主堂为天后宫时对天主教大肆申讨。他批判了天主教的几条教理谬误，又着重申讨其“居心之险”，认为“彼既以天主之教教人，而复借黄白之术以收拾人心，则以幻术愚人，以货财结人，其所设心殆有在矣……此盖非无所为而为之者。”这同样是从天主教危害、颠覆朝廷而立言。李卫还指陈，天主教挟仪器、日表、自鸣钟等而来，而这些器物“亦中国之

① 庄吉发：《清世宗禁教考》，见《大陆杂志》1962年6期。
② 见徐宗泽：《中国天主教传教史概论》，256页。上海土山湾印书馆1938年印。

所素有”,不足为奇。十八世纪二三十年代雍正、李卫这些看法,为中国一部分对付天主教和西方文明的士大夫所沿袭。十九世纪中国一些人反对外国传教,其说词与雍正、李卫如出一辙。所以李卫这篇碑记,不仅是传教史上的重要文献,而且在文化史、思想史上都有其研究价值。

该碑记虽方志录有原文,但原碑已毁。现据《皇家亚细亚协会北华分会杂志》照原碑式录其全文如下。原碑记共 32 行,行 88 字,圣祖三抬,皇上二抬,京、朝、天后一抬。

古昔圣人之言,天者理与教二者而已。太极生两仪,五气顺布,四时行焉,此言理也;日、月、星、辰,缠度次舍,此言数也;至于苍苍者则积气为之,地之上即天,一言尽之矣。易曰:云行雨施,品物流形,言天之功用如此其盛,非谓天之外复有施行此云雨者。书曰:天视自我民视,天听自我民听。言天无视听,就群黎百姓而寄此善恶是非之理,非谓天之上真有具耳目之质而司此视听者。虽齐东之野人,邹衍、蒙庄之怪诞不经,亦未有指天所生之人以为能踞乎天之上,操之纵之于清虚广漠之中,使天亦退处于无权而为之主者。自明季万历年间,大西洋利玛窦入中国,造为天主之名,而其教遂蔓延于愚夫愚妇之口,其徒之入中国者遂大兴土木,营建居室于通都大国

之中。我
朝定鼎以来，
圣祖仁皇帝念其人生长海外，远来就化，虽为说不经，然
皆具心思知识，未必不可教导，居之
京师，使沐浴
圣朝德化之盛，久而幡然改悟，归以教其国中之人，咸
知天经地义之正，此乾坤覆载之
深恩不遗一物之义也。岂知荒诞狂悖之见固结而不可
解。我
皇上御极之初，洞烛其奸，黜其人皆归南澳，不得盘
居内地，而直省之所为天主堂者，将以次而改矣。
顾其制皆崇隆巍焕，非编户之所可居，空之又日
就倾圮。去荒诞狂悖之教而移以奉有功德于苍生
之明神，不劳力而功成，不烦费而事集，此余今
日改武林天主堂为天后宫之举也。虽然，自利玛
窦之入中国迄今几二百年，浸淫沉溺惑其教者，
未必一旦有豁然之悟，即悟矣，视如今日二氏之
说，虽无当于圣贤道德之旨，不妨存而不论，以
见天地之大无所不有。此其得罪于天而为害于人
心风俗者，卒未大白于天下也。余既深知而熟悉
焉，不申其罪无以服附和之心，不诛其心无以破
奸诡之胆。教称天主，是风雨露雷阴阳寒暑彼皆
得而主持之也。不知未有天主之前将竟无有阴阳
寒暑风雨露雷乎？抑别有主持之者俟天主出而授

之柄乎？此其谬一也。入其教者必先将本人祖宗父母神牌送与毁弃，以示归教之诚。不知天主生于空桑乎？抑亦由祖宗父母而生也？彼纵生于空桑，亦不得率天下之人而尽弃其水源木本之谊，况人之所以敬天奉天者，以天实能生人生物耳；今以生我之父母祖宗而弃绝之，不知尚何取于生人生物之天而敬之奉之？此其谬二也。弃绝父母祖宗者，欲专其敬于天主也。然闻西洋之俗亦有君臣，有兄弟朋友，且生生而不绝，则何不尽举而废之，而所以事天主者尤专且笃，而独父母祖宗弃若敝屣？此其谬三也。西洋之教，一技一能务穷思力索，精其艺而后止。设所得止及于半而年不我与，则举而授之其子，其子即就所受之半而接续以继其思，犹有未达，则复举其所得而授诸其孙，或一传或三四传其艺始精，则群然推而奉之，以为此可以行教之人矣。今之入中国者悉此类也。夫一技一能原无当于生人日用之重，至于奇技淫巧尤为王法之所不容。今既不知有祖宗父母，则为其祖宗父母者当亦不复以子孙视之。独至奇技淫巧之事，父忽念其为子而不啻箕裘之授，子忽念其为父而不啻堂构之承，此其谬四也。艺既精矣，遂可出而设教行道矣。夫既祖宗父母之尽弃，其他漠不相识之人复何关痛痒，而必穷数世之精力以利他人之用？此其谬五也。然此虽足为人心风俗之害，弊止及于惑其教之人，其罪犹小，至其居心之险，则尤有大不可问者。西洋去中国数千万里而遥，非经岁不得达。又有大海风涛之险，去故乡，离妻子，跋涉而来，以人情论，必有所利而为之。携带土物，造作器用，诳中国之金钱，诚不可数计。然吾闻入其教者必有所资给，人有定数，岁有定额。劳心焦思取中国之财，仍给之中国地方之人，图利者恐不若是之拙也。或云每年红毛船到，必广载其国中之银钱以济此在中国行教之人。或又云彼来中国者，皆善黄白之术，以彼国之金而用之中国，且以此数人之行教，而国中居守之人肯倾其赀以佐之用，所图者非利也。彼既以天主之教教人，而复借黄白之术以收拾人心，则以幻术愚人，以货财结人，其所设心殆有在矣。或又为之说曰：彼其志欲行教耳。好名之人能让千乘之国，何难去故乡离妻子，蹈不测之大海以博后世之名？夫好名之人诚有舍其身以徇人者，然一人好名，何为而国中之人亦皆好名而倾赀以佐之也？且络绎而来，其居天主堂者所在而有，是何好名者之多也？呜呼！此盖非无所为而为之者。一见其技于噶尔巴矣，再见其技于吕宋矣，又几肆其技于日本矣。为行教计耶？抑不止为行教计耶？愚夫愚妇未有不以祸福动其心者。今日本于海口收港登陆之处铸铜为天主跪像，抵其国者不蹈天主像，则罪至不赦。既为天之主而受海外一小国如此蹂践毁蔑，卒亦无可如何，其不能祸福人明矣。所精者仪器。璇玑玉衡，见之唐虞矣。所重者日表。指南车，周公曾为之矣。所奇者自鸣钟。铜壶滴漏，汉时早有矣。所骇人者机巧。木牛流马，诸葛武侯行之。鬼工之奇，五代时有之，至今犹有传流之者。其说不经，其所制造亦中国之所素有，其为术又不能祸福人，吾不知何为而人之惑其说也。西洋人之居武林者，
圣祖仁皇帝曾有白金二百两之赐，此不过念其远来而抚恤之，彼遂建堂于省城之东北隅，颜其额曰敕建。夫曰敕建，必奉
特旨建造而后可。今以曾受赐金，冒窃敕建之名。内外臣工受国家白金之赐者多矣，以之筑室，遂可称为赐第乎！干国宪而冒王章，至矣尽矣，他复何可胜道耶！诬罔不经者宜去，则有功德于人者宜祠也。冒窃敕建之名者宜毁，则列在祀典向无专建之庙宇者宜增也。

天后之神，姓氏颠末见之于书者虽亦未可尽信，然
我朝
历圣相传，海外诸国献琛受朔者重译而至，鱼咸商贾出入惊涛骇浪之中，计日而去，克期而还，如行江河港叉之间，而

天后之神实司其任，神之灵应，呼吸可通，德功之及民，何其盛哉！荒诞不经者去，而崇德报功之典兴。毁其居室之违制者改为庙貌，彻其像塑之诡秘者设以庄严。夫而后武林之人目不见天主之居，耳不闻天主之名，二百年来深沉诡秘之术，将无所施其技，异端邪说，久且渐熄，其有关于风化，岂浅鲜哉！　　　　　时

雍正八年岁次庚戌九月　　　　日

太子少保兵部尚书兼都察院右副都御史总督浙江等处地方军务兼理粮饷管巡抚盐政节制江南江苏松常镇淮扬七府太仓海邳通徐五州督捕事务加六级纪录一次又军功纪录一次在任守制李卫题

（三）耆英等关于善待教徒的文书三件

此三件信函及附件均为红色竖线信笺墨书抄件，原藏英国剑桥大学图书馆，未编号。

鸦片战争后法国步英、美后尘，于1844年8月遣使来华，强迫清政府签订黄埔条约，获取了同英、美一样的五口通商、协定关税、领事裁判权等权利。19世纪的法国在向世界传播天主教方面有重要作用。它在条约中被允许可在通商口岸建造礼拜堂、坟地。但不仅如此，法国代表拉萼呢还要求清政府同意改

变雍正朝以来的禁教政策，由皇帝下旨宣布解除教禁，习教无罪。在法国人的恫吓欺诈下，道光帝在二十四年十一月批准耆英拟的弛禁节略。法国人继又要求将康熙朝所建天主堂之尚存者发还，并将谕旨张榜晓谕。清廷也不得不一一同意。清钦差大臣耆英亦自觉此事重大，对法国人说："这是一次比把香港割让给英国人还难做到的让步，因为这是一次更改国法民俗的让步。"① 但道光君臣作了这样的让步。

清政府传教弛禁，原系就法国提出的天主教而言。故法国所要求、清廷所宣布的是"学习天主教为善之人，……其设立供奉处所，会同礼拜，供十字架图像，诵经讲说，毋庸查禁。"②英美等国要均沾其利，但它们来华教士多属新教，并不供奉图像。当1845年12月苏松太道张示弛教通告时，英国领事巴富尔和在沪新教教士都有所不满并怀疑法国有意排斥新教。为此，拉萼呢向耆英及英国公使德庇时去信解释。德庇时则向耆英来文要求一体保护。第一函即耆英给德庇时的复文，声明"泰西各国事同一体"，无论拜偶像不拜偶像，都在所勿禁。

第二函未注明寄、收件人。其内容是川、甘等省有扶乩招邪惑众之人，南京拿获了多名，其中有天主教之人，以其并未为恶，已照奏定约章免其治罪，嘱通知巴领事，以免误听谣言，滋生事端。结合第三函"道宪宫"函中说，顷接奉制台大人来信，并未查办此事，请勿误信谣言云云，则第二函寄件人为两江总督，收件人为苏松太道宫慕久，"巴领事"即英国驻沪领事巴富尔。"弗公使"及第一函"佛兰西拉公使"，均指法国公使

① 卫青心著、黄庆华译：《法国对华传教政策》，中国社会科学出版社1992年版，380页。

② 道光朝《筹办夷务始末》卷75，页5。

拉萼呢。该函中有“如弗公使到来致生疑似”语。考法公使拉萼呢游历通商口岸到上海系在1845年10月27日。该函末署“六月十三日”而无年份，可知应为道光二十五年。道光二十五年两江总督为璧昌。第三函系宫慕久据江督来函致巴富尔，当亦在道光二十五年。该函署六月十三日，与第二函同。应是宫慕久致英领事函作于六月十三日，抄致江督来函所署六月十三日，则是抄送之日。按天主教江南主教罗类思于1845年9月28日曾致函教廷传信部，报告说：上海道台已宣布皇帝弛禁谕旨；道台在回答英国领事时说，地方当局不会再迫害教徒①。亦可证此函应作于道光二十五年。

附件是庆锡为其父耆英患病请求给假省视奏折之抄件，未署年月。考耆英于道光二十八年以协办大学士两广总督自广州返京供职，授文渊阁大学士，管理礼部、兵部。道光三十年初，文宗（咸丰）继位，应诏陈言，为文宗申饬，耆英不自安，屡称病。至该年十月，以在广东“抑民奉夷、谩许入城”之罪，降补工部员外郎，至咸丰八年令自尽。庆锡，耆英之子，马兰镇总兵。此奏称其父为大学士，应写于道光三十年十月以前，耆英屡称病之时。

三件信函及附件原文如下。

① 《法国对华传教政策》，432页及491页注（41）。

(1) 耆英为不供偶像教徒亦受保护复德庇时

大清钦差大臣太子少保协办大学士兵部尚书两广总督部堂宗室耆　　为照复事：

现接贵公使来文，因上海地方所出天主教规矩告示，内有不供奉十字架图像念经即不得为天主教之语，虑恐不供偶像即不保护，声明于贵国及花旗等国拜偶像等事业经多年罢止，若异待其门徒，与江南和约不合，请转谕苏松太道另出告示等因。

查前与合众国酌定通商章程，即有准在五港口设立礼拜堂之条，业经通行各国，一体照办，本无区别。迨经佛兰西拉公使请将中国习教为善之人概行免罪，复经本大臣据情入奏，奉朱批依议，亦未分别教中规矩。嗣因地方官误行查拿，有将十字架图像销毁之事，始复定议，准其供奉。

本大臣于各国习教规矩有无分别，本不知晓。今习教为善之人既概免治罪，则无论拜偶像不拜偶像，但系习教为善者，皆在所弗禁。泰西各国事同一体，断无异待而不保护之理，贵公使可无廑虑。

现已咨会江苏抚部院转饬苏松太道另行出示，并咨会闽浙督部堂转行各口，一体出示晓谕矣。

大清欽差大臣太子少保協辦大學士兵部尚書兩廣總督部堂宗室耆　為

照復事現接

貴公使来文因上海地方所出天主教規矩告示内有不供奉十字架圖像念

經即不得為天主教之語慮恐不供偶像即不保護聲明於

貴國及花旗等國拜偶像等事業經多年罷止若異待其門徒與江

南和約不合請轉諭蘇松太道另出告示等因查前與合衆國酌定通

商章程即有准在五港口設立禮拜堂之條業經通行各國一體照辦

本無區別迨經佛蘭西

拉公使請將中國習教為善之人概行免罪復經本大臣據情入

奏奉

硃批依議亦未分別教中規矩嗣因地方官悮行查拏有將十字架圖像

銷燬之事始復定議准其供奉本大臣於各國習教規矩有無分別本不

耆英照会英公使原抄件

为此照复，顺候时祉骈蕃。

须至照复者。

右照复

大英钦奉全权公使大臣总理香港地方军务兼领五港英商贸易事宜世袭子爵德

道光二十五年十一月二十二日

（2）两江总督璧昌致苏松太道宫慕久

径启者，近因四川、甘肃、湖北各有扶乩招邪惑众之案，各省查拿，江宁已拿获多名。首府县因搜查有天主教之人，前来面禀。当谕以现经钦差宫保耆中堂奏明，通商五口不禁天主教，为善之人均免治罪；如有害人犯法之事，无论民人及天主教人，仍应照例一体治罪。今所查出之人系内地之人，并未为恶，应行释放，可免治罪。该府县善言晓谕归家，并未管押，亦无拆堂之事，系遵奏定约章办理。

恐江南习气造言生事，以讹传讹，上海地方闻知，如弗公使到来致生疑似，可将此实情预通知巴领事知之，以免误听谣言，有碍成约也。

特此再布，统希心鉴不一。

六月十三日

(3) 苏松太道函英国领事

道宪宫

前月言闻南京拿获习天主教多人惩办等语，本道亦曾闻之。究竟不知细底，特写信去问。

顷接奉制台大人来信，并未查办此事。可见上海人所说，皆系谣言，不足听信。兹将原信照抄一纸送阅看，自知确实也。

此布，即候日喜。

六月十三日

(附) 庆锡为其父耆英患病请给假省视奏

庆锡奏。切奴才之父大学士耆英前在海疆办理夷务，时时愤懑，积久成疾，兼之感受潮湿，以致肝气频发，头晕屡作。道光二十八年来京，仰蒙宣宗成皇帝高厚鸿慈，曲赐矜全，留京供职。无如湿郁深复，血亏气滞，上年清江差次，项后生疽，几至不起，调理数月，总未复元。本年入夏以来，始而步履吃力，继而头眩心跳，时止时发。奴才在任每接家信，不胜焦急。嗣闻遍体生疖，背间一疽溃肿坚硬。屡荷皇上赏假调理，迄今三月，脓血时溢，不即收口，气血日形亏虚，医药总未见效。有时精神恍惚，嗜卧懒食，乃由误于庸医过投凉药。

奴才焦急迫切，日夜悬悬，忧虑交集，神思不能贯注，于办理公事，间有措置失当，思虑未能周匝。既恐贻误，更增悚惧。

伏思守护陵寝，重任事烦，以奴才之庸愚，虽勉竭犬马，悉力经营，犹恐有忝职守，何敢辄藉亲疾，妄请来京省视，稍致旷官。惟迫切乌私，心惊魄动，焦灼无异，复类怔忡。晓夜思维，万不得已，惟有据实陈情。仰乞天恩，俯念奴才下忱，赏假一月，俾得来京省亲视疾，侍奉汤药，稍申反哺之私。一俟奴才之父背疽平复，即回任所，竭力报效，则举家感戴圣慈，无殊再造矣。

如蒙恩准，其马兰镇总兵并内务府大臣关防，可否循照向来（例）暂交守护贝勤（勒）贝子等署理之处，伏候钦定。

奴才不胜急切悚惶待命之至。谨奏。

（四）罗主教为禁止异教书晓示教友

本件原藏英国剑桥大学图书馆未编号箱，红格簿纸抄写，未署年月。出示人“本处主教 罗”，应是意大利人罗类思(Besi, Lous de)。他被罗马教廷委以复兴在华传教的使命派往中国，1840—1847年任江南教区代理主教。鸦片战争后，他依靠英国的力量来维护传教利益。当时，英美等国新教徒随着鸦片战争和南京条约、望厦条约纷纷来到通商口岸城市。新教传教士活动很积极。“英国圣公会牧师经常到处活动，成千上万地散发他们的圣经。”“在散发《圣经》这个问题上，上海的天主教传教士指责伦敦布道会的耶稣教牧师再版‘许多由旧耶稣会士编纂的教理书’。”罗类思称新教传教士为“异教徒”，面对他们的活动，罗类思“下令禁止天主教徒阅读耶稣教的圣经”①。

这篇晓示首先指责“近来上海等处有人广发影射圣教书本”，与上述新旧教内部的教理争执一事相符。由此可确定“本处主教 罗”即是罗类思，发示时间应在19世纪40年代中期。罗类思，史式徽（J. de Laserviere）《江南传教史》中译本作“罗伯济”。以下是该晓示原文。

本处主教 罗，为剀切晓示众教友知悉。

近来上海等处有人广发影射圣教书本，余甚哀痛，因书中虽有合圣教道理处，内蓄异端，毒害人灵，关系非浅。

当初吾 主耶稣亲定圣会，至公至正，独一无二，传于宗徒圣伯多六接授（受）其位，又亲口嘱咐伯多六说，

① 见卫青心著、黄庆华译：《法国对华传教政策》228页、518页。中国社会科学出版社1992年版。

予求为尔永保尔之信德。故嗣后接位者相传无异。凡各处圣教会，俱遵教宗之命，为此同教宗无不合而为一。乃有不听教宗之命者，即为异端，岂有离弃教宗之理而不荒谬其说乎？

尔等是余之羊，余宜善牧。恐尔等接看此书，稍有疑窦，大害己灵。故特晓示，另缮几条开列于后。

凡教友，不能收看上海等处所发异教书本。

凡教友，如得此书，该速烧去，或呈于本堂神父。

凡教友，晓得别人有异教书，该劝他们不能收看，并不能给于别人，亦要劝伊烧去，或呈本堂神父。

凡教友，本应显扬 天主之正教，又该常发爱人如己。倘遇外教人接授异教等书，该勉设设法，告诉明白，此书实是异教书本，不合真天主教道理；若人随跟这个道理，一定错误。

又各处地方有邪淫的书本，害人灵魂，极大危险，前所说异教的书，亦与邪淫的书一样。凡教友，万不能收看存留，因邪淫书多从魔鬼而来，倘收看或给于别人看，实为魔鬼之子，此等人一定下地狱。

（五）梁发等自述在华传教、散书情况六件

梁发自述历年在广州传教事致伦敦会函，原件二页，竹纸

墨书正楷，纸眉有铅笔书写英文，意为：此信是宣教师梁阿发写给寄给 L. M. S. 者。L. M. S.，应即是“London Missionary Society”，即伦敦传道会，通常简称伦敦会。梁发此信末尾，则称之为“兰敦圣公会”。此件藏英国图书馆东方部，在编号 OR 12593“文件和通信”（Document & Correspondence）册内。梁发即梁阿发，广东高明人，1789 年生，1815 年随伦敦会所派传教士米怜（W. Milne）去马六甲从事印刷中文书籍，从米怜受洗，后受雇于伦敦会为宣教师，1834 年因在广州散发传道书被官府搜捕逃亡至马六甲，至 1839 年重返广州，1855 年去世。

梁发因其所撰《劝世良言》对洪秀全的影响而著闻于后世。此信历述 1845 年以后他在广州传道的情形和他同西方教士的关系，特别是所述传教的困难、民众的抵拒等情形，对研究基督教在华历史，极富价值。

梁发原函中提到的“基先生”，应即是基力司匹（William Gillespie）。据《Memorials of Protestant Missionary to the China》(1867)，基力司匹受伦敦会派遣来中国传教，1845 年试图在广州布道，因受当地人的反对而撤离，1847 年再到广州。合信（Benjiamin Hobson），习医，伦敦大学医学士，受伦敦会派遣作为医药传教士于 1839 年到澳门，1848 年在广州开设医院，1854 年去上海。伯驾（Peter Parker），美国人，习医，1834 年被委为传教士，1835 年起在广州设立医院。1844 年参加顾盛使团，与清政府签订望厦条约。后曾任驻华公使。

许有章致花旗国大圣会总理牧师函一件，今藏于美国弗吉尼亚州列奇孟市美国南部浸会差会部罗孝全档案中，应是写给罗孝全等者。此书写于 1849 年正月初四日，正月初四日似应是阴历。信中叙述了罗孝全传教和派他散书的情况和困难。

黄吉甫致英国传教士雒魏林、伟烈亚力和韦廉臣函，英国图书馆东方书籍和写本部收藏，在同上编号为OR 12593的册内。其中有中国信徒致英国传教士信函多件，内黄吉甫、黄春甫的上述三件，除述及太平天国进攻上海外，都有传道、信道情况。医药传教，虽能吸引一般民人，但信从者甚少，与梁发致伦敦会函中所述情况近似。

雒魏林（William Lockhart），英国医药传教士，鸦片战争前后及五六十年代，历在澳门、舟山、上海开设医院传教。伟烈亚力（Alexander Wylie），伦敦会传教士，1847年到上海。韦廉臣（Alexander Willamson），伦敦会传教士，1855年到上海。黄吉甫、黄春甫事迹不详。三封信的封面均写“恳交雒先生（或韦先生、伟烈先生）安启，黄吉甫托寄”，背面写“咸丰拾壹年三月廿九日封”。

散发传道书记一篇，原无题，墨笔书写一叶，记叙散发基督教传道书《两友相论》等的情况。《两友相论》即《张远两友相论》，英国传教士米怜著，托为张姓、远姓二友的问答以宣传基督教，始出版于1831年，以后多次重版，是当时很流行的传道书。散书地点，据记中“十三行直街”之语，系在广州。本件不著撰人、年月。与梁发致伦敦会函同在英国图书馆东方部OR 12593内，不知两者是否有关。

以下是上述各件原文。

(1) 梁发致伦敦会

敬启者，余自救主一千八百四十五年七月与基先生在广东省城南门外新沙地方，租赁一屋，宣讲福音，劝教省城众人。始初三四个月都安乐太平，许多人来听我与基先生所讲福音道理。后因邻舍街坊众人思疑想错我们宣讲福音之道理，系英国使人来中国宣讲之道理，要买服中国人民之心，后来必生异心，想图谋中国之皇位。是以邻舍街坊众人遂生异议，即聚集多人，闯入我们租赁之屋，打烂桌椅，偷窃物件，数日如此。屋主又催迫我们搬迁。缘此，我与基先生不得已，遂收拾各物而另寻屋居住，基先生回香港安歇，余则回本屋居住，遇方便男女之人，乃宣讲福音与他听之。

至本年(按：指1845年)泰西十二月二十九日礼拜，余则往伯驾医馆宣讲福音。第一次礼拜日，则有男女八十余人，泰西男女亦有十余人听之。第二次礼拜日则有男女一百五十余人，泰西男女亦有十余人听之。第三次礼拜日有男女二百余人，泰西男女亦有十余人听之。其余礼拜之日或数十男女之人。余在伯驾医馆宣讲福音三年半有奇，听福音者虽有五千余人之多，但复回再问福音奥妙之意者，两三人而已。信从福音领洗礼者，竟无一人。中国之人被魔鬼迷惑灵心，何坚硬若此之甚！诚可怜可惜之至。请贵国众位信徒恒发热心捐题，帮助多人常传福音，拯救中国人之灵魂，或者可得圣神感化中国人之心，救得多多人灵魂也。

又至救世主一千八百四十八年四月，遇着合信先生来广东省城靖海门寓居，乃与余商量，欲租赁一屋做医馆，医病人，兼传福音，教训中国之人。余欢喜之至，即往省城及河南地方，各处寻找房屋，寻了十数日之久，后在省城西边金利埠地方找得栈房一间，改为医馆。每逢拜一、拜三、拜五及礼拜各日，余在此宣讲福音，教训男女有病之人。始初，医病证之日期不过四十、五十、六十余男女之人来就医，渐至月增日加，以致现今这两年每日遂有一百或二百余或三百余男女之病人来求医治，诚乃合信先生真心温和宽容医治病人所致。是以远近有病者，日日加增而来。

每遇医病人之日，合信先生必要余先宣讲福音与病人听之，然后看病发药给有病之人。现在各男女来听福音者，虽似有心爱听之，但听过之后，无心思想，故此未知福音救灵魂之蕴意。讲论独要崇敬奉事上帝，多人信从，若讲耶稣代赎罪救灵魂，难得人信之。是以复回来再问福音奥妙之义者仅有十余人，信福道领洗礼亦五人而已。

余在合信先生此医馆已宣讲福音四年零八个月有余。合信先生亦时常宣讲福音，劝教男女之人。余与合信先生同事四年半有奇。以余观合信先生，诚有大信德真信徒，大有热心之人，日夕都为谋算用方法宣讲福音，救人灵魂之心。是以余比之，诚不堪算为救主之信徒，心甚羞愧。奋志自强，内则以热心灵志，日夜乞求圣天父赐予有智慧，有见识，有聪明之心。凡读过圣书并福音之蕴义，就悟想出其奥妙之义。更求赐予有刚毅勇敢之热心，有胆有志有口才，宣传福音，劝教凡遇着方便男女之人，外则谨慎言行，不敢发虚言，不敢放肆乱言妄行。凡所思所言所行，如若有上帝在余左右前后，见余心思言行一般。更有心欲效合信先生之大信德、大热心，爱上帝及爱他人如己，亦欲日日宣传福音，劝教本国男女之人。

余自亲近合信先生四年大半有奇，日夕效其言行，听其宣讲福音，更明白福音蕴义，自觉灵心有圣神启示，更明白圣书及福音之奥妙，确信而无疑。更有热心欲传福音，救本国男女人之灵魂，故求贵公会众信徒及老先生，代余恳求圣天父，加我数年，赐予更有圣神暗助，有壮身体，有精神，有智能，宣传福音教训中国男女之人。或得圣神感化，亦能救得中国多多人男女之灵魂，是贵国众圣信徒所甚欲，亦余所愿望得而见之也。

余今年近六十有六岁，多蒙圣天父保佑，身体略壮，精神爽快，声音略清亮，是以现今更热心欲宣传福音，教本国男女之人。但此大事，亦求贵国众位信徒热心捐题帮助，方能玉成之。彼此各尽本分，遵救主之命，播传福音，拯救中国男女人灵魂。我们各国信徒藉赖救主大功劳，大善德，于来生求救世主求灵魂翻天堂，言永远之福也。特愿圣天父圣子圣神风三位一体，祝福圣公会众位老先生并众信徒于无穷无尽之世代也。哑门。肃此敬请

上

兰顿圣公会众位老先生福安

梁 发字顿

咸丰三年正月吉日付寄

（2）许有章致美国圣会牧师

耶稣一千八百四十九年正月初四日

大清国广东省圣会弟许有章恭候

花旗贵国大圣会总理大牧师宏鉴暨列位尊先生平安，福祉多加，正可贺也。兹弟藉真神大恩典，赖耶稣大功劳，自领淑牧师沉浴礼为门生之后，兼诸友常在香港、九龙、长洲等处，帮派书传道，后在省城时，又帮地凡医生及啤时先生派书传道，毁谤恶言，难以入听。今又蒙罗牧师指教，亦帮派书传道。或往远处佛山、陈村、西南、东莞等处，或在近处城厢内外，船中岸上，西关、东门、麻疯院、老人院、河南、海幢寺等各处，或同周先生去派

书，或同罗先生去传道。怒骂者固有之，掷石者亦有之，东奔西逐，历尽艰辛。日中派圣书、传真道，夜间寻凭据、作文章，尽夜辛勤，甘受苦难，岂敢谓劳。溯我自为门生，至今五载，坚守本分，毫不非为。蒙列尊每月赐工金糊口，本该捐资成美，无奈家无担石，盖我见道之不行，心之忧矣。惟我粤东之人愚昧未晓真理，兼及心硬，少信福音。今得罗先生常出此好方法，觉道颇有渐渐流行。圣经有云，稼穑广大，惟工人少，正望贵国多来先生广传，后来必然方得多信。又望圣神风感化，开人茅塞，愿得个个回心向道，立即悔罪，不拜菩萨，不作恶事，独拜真神，信服耶稣，免落地狱之苦，得上天堂之乐，心正所愿焉。

上

大传教会书吏鉴

会弟许有章字顿

(3) 黄吉甫等致雒魏林

雒先生台电：别来数载，渴念殊深。近闻先生欲来上海，不胜欣喜。旧夏　伟烈先生回英时，托伊带上一函，谅经英鉴。晨下我中华干戈遍处，生民苦楚不一而足，想亦因罪孽深重，致干上帝震怒。我侪惟赖诚求赐圣神大感众心，俾伊等能早日悔改，从信耶稣，尚得免后日之永刑施。医院中日下就医人数甚多，惟信救主者不过数人而已。

黄吉甫、春甫同字

(4) 黄吉甫等致伟烈亚力

去年先生动身之后，长毛日近一日，以致逼近沪城。幸英人开其大炮四声击退，是以上海尚保无虞。惟各处乡镇以及他方城池之被害者十之八九，人民辛苦不可胜言。晨下医院内来就医者甚多，亦因各处失守人民皆迁上海故也。圣道虽日日宣讲，而信从者究无多人。

黄吉甫、春甫同字

(5) 黄吉甫等致韦廉臣

近闻先生有复来之意，不胜欣喜，晨下处处皆能传道，倘定来华，播种亦较前又易也。惟是干戈遍地，生民甚为苦楚。医院中听道者日有二百人，信从耶稣至今只有数人。

黄吉甫、春甫同字

（6）散发传道书记

十四礼拜一日。我与一个信徒亚常携了两箩小书，并二号杂文篇数百张，往北门内直街、南门外高第街，分散各街铺头之人。各人接收小书，甚欢喜之至。是日共分散《两友相论》小书四百余本、新闻篇四百余篇。今日在十三行直街亦分散《两友相论》小书八十本、新闻篇八十张。

（六）圣道东来考

本篇著者王元深，广东东莞官涌乡人，1817年出生，1847年由普鲁士传教士郭士立牧师施洗入教，历在东莞、新安等地传道，为礼贤会著名会友。长次子均为牧师，孙王宠惠，曾参加同盟会，民国时期历任外交部长、司法部长、司法院长等。王元深于1899年83岁时写成这篇《圣道东来考》，对新教传入广东之事迹，有所记叙。在王元深本人，是以为“圣道来粤”，不可湮没无闻，必须留一记载；而对后来之治史者，基督教来华为近代一大关键，王元深记亲见亲历之事，实为治传教史、近代史珍贵之史料。如洪秀全从罗孝全学道、罗孝全助手周道行周济洪秀全事，本篇著者据周道行之自述，有独一无二之记载。本世纪三十年代著有《中国基督教史纲》的王治心先生在叙说新教输入中国的初期情况时深感材料之不足，采访所得者“有些模糊影响，连传教士的名氏也举不出来，我们更无从知道他的详细了。”①《圣道东来考》虽曾刊行，但内地极罕见，王治心先生不及引证。今据香港礼贤堂牧师李志刚先生赠给的复印本编入，以供学者研究。

天主教自晚明至清康熙，在中国曾有相当之发展。雍正朝起，虽行禁教政策，但京师西教士安然无事，且能照旧传教，并仍有西教士供职内廷。又以法网较疏，在京外各地也未完全禁绝。至19世纪初叶，耶稣会在欧洲恢复，在法国建立了教廷传信部，于是天主教有重行来华之活动。据《传教年鉴》，1840年，欧洲传教士在华仍有37人，中国教士有84人，教徒达215000人②；而赖多理根据各种估计数字所作的研究，认为1800年时全中国的天主教徒有20—25万人，此数保持至1840年③。

至于新教，即称为耶稣教的基督教，在中国原无根基。由于工业革命给英语世界带来空前的财富和活力，英美等国的新教运动在18世纪末19世纪初成立了一些重要的传教会，如英国浸礼会（1792）、伦敦会（1795）、英国圣公会（1799）、美国公理会（1810）等。最早来华的新教传教士是英国伦敦会派出

---

① 王治心：《中国基督教史纲》，中国青年协会书局1930年版，161页。

② 卫青心著、黄庆华译：《法国在华传教政策》，中国社会科学出版社1992年版，86页。

③ K. S. Latourette：《A History of Christian Missions in China》，1929，P182。

的马礼逊。1807 年 9 月到广州，先学中文，后致力于翻译圣经。至 1819 年，他在伦敦会后来派来的米怜的协助下将全部新旧约圣经译成中文，后又编成一部英华字典。至 1832 年，当马礼逊被派到中国已 25 年时，伦敦会在中国的传教士有马礼逊、麦都思等五人，施洗的中国教徒却只十人，其中著名的有梁发，即其所著《劝世良言》对洪秀全发生巨大影响者。马礼逊于 1834 年去世。他在华二十余年，未能找到长期立足点，于是在 1814 年决定在英国控制的马六甲开办英华书院，由米怜主持，以造就人才。在传教史上他被认为是新教来华的奠基人物。

在鸦片战争前进入中国另一引人注意的传教士是郭士立。郭士立，普鲁士人，1827 年受荷兰传道会派遣来东方，三十年代他几次沿中国海岸航行，一路散发中文传道书。后以在香港向华人传道、组织“福汉会”著称。又请德国巴色会、礼贤会派来韩山文、黎力基、柯士德、叶纳清等牧师到广东传教。

美国派来传教士始于 1830 年，著名者有受美国公理会派遣的裨治文。自 1832 年起，他在广州创办月刊，主编《中国丛报》。1833 年后到达广州的有卫三畏、伯驾等著名传教士。卫三畏后接编《中国丛报》。伯驾是位医药传教士，在广州开过医院，为林则徐配了疝气带。四十年代又有叔未士、罗孝全等到广东传教。

在开放五口通商和传教弛禁前，外国传教士进入中国传教是非法的。他们大多只能在广州、澳门栖身，所接触的并无上层人士。1840 年以前，新教传教士有二十余人，但已受洗礼的华人不到一百人，其中大多数是教会的雇员或学生①。尽管人数

① 同 Latourette 前书，226 页。

虽少，但鸦片战争后传教有了中国被迫订立的不平等条约的保障，新教传教士在语文、翻译、医学、教育等方面又大力开展活动，所以他们在近代的影响，远超过了明、清时期的天主教在中国的影响。

王元深是教会中人，自是从传教的角度叙述他的见闻经历；他是礼贤会人，故对礼贤会记述较详。他奉教早，见过自郭士立以下来华的很多西教士，闻见广而多亲身阅历，所以《圣道东来考》一篇自有其文献价值。王元深少年时只读过一年书塾，在叔祖的商铺中习文学，兼理生意。后与其兄、叔合伙经商，失利后到香港商铺为店伙。他不是文士出身，记忆力很强，"其生平之大遭际，悉藏诸脑中，不遗纤毫。"①但写本篇时已是耄耋之年，错讹究属难免。如篇中出现"咸丰十二年"、鸦片战争遣恭亲王议和等年代、史事错误。这些，对传教史事都无关大局，读者亦不难识别，本书移录全文，只对明显的错字以及错误断句，酌予改正，其余均仍其旧。篇中传教团体和西教士名称，有称通行中文名者，有以粤音拼读者，为便于读者查考利用，今就所知者列出英文对照如下。

(二) 英国伦敦传道会	London Missionary Society，通常作"伦敦会"
马礼逊	Robert Morrison
米　连	William Milne
合　信	Benjamin Hobson
麦都思	Walter Henry Medhurst
李雅各	James Legge

① 麦梅生：《历艰明证》序，见罗彦彬辑：《礼贤会在华传教史》，104页。

米连林	William Charles Milne
基	Thomas Gilfillan
夏士毕	Henri Julius Hirschberg
湛约翰	John Chalmers
欧德理	Enrst J. Eitel

（三）浸礼会

英国浸礼会	Bapist Missionary Society
美国浸礼会	American Baptist Foreign Missionary Society
美国南方浸礼会	American Mission Board of the Southern Baptist Convention
马士文	Joshua Marshman
叔	John Lewis Shuck，亦作“叔未士”
罗孝全	Issachar Jacob Roberts
地　番	Thomas T. Devan
啤　士	George Pearcy
基立顿	Samuel Cornelius Clopton
赚　臣	Francis C. Johnson
约　翰	John Johnson，亦作“赞算”
威　灵	Brayfield W. Whilden
基　律	Charles Washington Gaillard
纪好弼	Rosswell Hobart Graves

（四）美国纲纪慎传道会　American Board of Commissioners for Foreign Missions，“纲纪慎”系“纲纪慎主义”即 Congregationlism 之音译。又称“美部会”

波	W. J. Pohlman，又作“波罗满”
卫　林	Samnel Wells Williams
邦　呢	Samnel William Bonney
（五）英国安立间会	Church Missionary Society
士　乜	George Smith
包汝腾	John Shaw Burdon
（六）美国长老会	American Presbyterian Mission
哈　吧	Andrew Patton Happer
嘉约翰	John Glasgow Kerr
丕士顿	Charles Finney Preston，又作“丕士业”
那	Noyes
（七）英国惠师礼	Wesleyan Methodist Missionary Society
啤　士	George Pierce
毕	John Preston
士　乜	Samnel Joseph Smith，又作“司模本”
士　登	Samnel Hutton，又作“吉顿”、“赫顿”
（八）福汉会	Chinese Union
郭士立	Karl Frederich August Gutzlaff，又作“郭实猎”
荷兰教会	Netherlands Missionary Society
韩山明	Theodore Hamberg，又作“韩山文”
黎力基	Rudalph Lechler

柯士德	W. Koester
叶纳清	Ferdinand Genahr
那　文	Robert Neamann，又作“万”
（九）德国礼贤传道会	Rhenish Missionary Society
罗存德	Wilhelm Lobscheid
高怀义	Rudolph Krone
吕威廉	William Louis
韦	Philip Winnes，又作“丰腓立”
花之安	E. Farber
公孙惠	Adam Kralczyk
恒　胡	Sigismund Hanff
叶道胜	I. Genahr
（十）德国巴色传道会	Basel Missionary Society
韦永福	应即上述韦教士
边德志	Heinrieh Bender
贝德明	Wilhelm Bellon
毕　安	Charles Piton
（十一）小巴陵传道会	Berlin Missionary Society
韩士伯	August Hanspach
郭念三	Heinrich Gocking

以下是《圣道东来考》原文。

圣道东来考原序

昔孔子有云：夏礼吾能言之，杞不足徵也；殷礼吾能言之，宋不足徵也，文献不足故也；足则吾能徵之矣。注云：文，典籍也；献，贤者。以一代之制度沿革，人物废兴，留存不朽者，莫不赖有文献在焉。故国则有史，邑则有志，族则有谱，家则有传，皆所以垂示将来，使后世之人有所稽考，不至湮没无传。夫以一山一川，亦有志乘，以志其源流，况煌煌圣道，来粤多年，可无纪载以溯所自乎？

仆谢　主恩，信道颇早，各会入粤，犹亲见之。同时信主之人，今存无几，倘无纪载，不数十年后，考据无徵，非吾教之一缺憾欤！吾为此惧，爰笔而志之，所望后贤起而赓续，庶吾教各会在粤之事实，永存不朽。仆粤人也，只能道粤事而已。他省之教会源流，非所目击，不敢妄载，谅他省同志，必有起而纪载之者。仆礼贤会人也。知礼贤会最悉，故载之较详，非阿所好，亦饮水思源，不忘所自云尔。

时一千八百九十九年五月即光绪二十五年孟夏礼贤会老人王元深序于香港退思斋，时年八十有三。

圣道东来考序

人有恒言：食粟者，当思农夫之劳；衣帛者，织女之苦。诚以睹物思人，不忘所自耳。是故摩西述五经，欲犹太人不忘其本；使徒传福音，欲后世人得崇其真。此教会史记所由作，而圣道东来考所由著也。中国信徒，远稽欧美旧迹，近考西士徂东，此中历史最繁，不可以无纪载，然教友中能知吾粤受道原始者，甚难其人，即知之亦甚简略，良由未有纪载，故未有详论耳。此非吾侪之缺憾欤！

考圣道东来，至明岁已周一百年，行将开纪念盛典。各会西士，必自述其本会来历，以为圣道推行之证。然恐只论大略，语焉不详。求如本会王公元深老先生原原本本、殚见洽闻者，恐甚难觏。先生奉教最早，东来西士，皆得见而知之。平日留心文献，故能言各会历史如对奕棋而指黑白，入人家而数米盐，事至简而易明也。用特借录一本，藉以溯吾粤受道之源，且知西士为道远来之苦。商之　王公，可否公诸同好，甚蒙喜诺。以专版则流传未广，登诸教会月报，较易普及。不揣愚昧，敬序数语于简端，各同志得此底本，赓续其本会历史，邮登月报，俾成完璧。将来集成巨帙，亦圣会史记中一巨观也。望甚，望甚。

时一千九百零六年八月七日麦梅生敬序于香港礼贤会书塾

（1）景教东来考

天主耶稣两教未分之前，中国称圣道为景教。景者大也，言其道大而莫京；景者光也，言其道正大光明也。圣道入中国始于何时，殊实难考，读杜预注《左传》，言次睢之社，曰睢受汴东，经陈留，经彭城入泗。此水次有祆神祠，《集韵》他年切音天。《说文》云，关中谓天为祆。宋敏求《东京杂志》载宁远坊有祆神庙。《瀛寰志略》云，上古波斯天竺，皆事火神拂林（即犹太，拂林即撒冷之转音，为耶路撒冷，是犹太京都），天神始于摩西。又云，今考祆字从示从天，即天神，其教起于拂林，本大秦之东境（大秦即罗马）。观此，则圣教似于晋时已入中国，其时谓之天神教，此为罗马教取名天主教之嚆矢。泰西史记载耶稣后六百年，有叙利亚国尼士多流教会，遣人至中国，由西北陆路，先至关中，从之多人，此为圣道入中国之证。爰至有唐太宗朝，叙利亚有名阿罗本者，由波斯徒步来华，觐见太宗，蒙待至殊礼，谕旨传教，教化大行。其时称为景教。有唐之世，崇尚斯道，六七代赏赉频颁，奉教不下三千人。独睿宗迫害斯道，殉难者不乏。唐社邱墟，斯道无考。或谓黄巢作乱，及五代征伐，教民四散，归于佛老及回回等教云。越至明季，在西安府城掘地，得景教碑文，有叙利亚，所载皆唐时行教事，亦可为圣道入华考证之一助也。

(2) 英国伦敦传道会入粤记

一千八百有七年（即嘉庆十二年），英国名士马礼逊搭美国商船入粤，至澳门登岸，天主教人忌而沮之。去彼，侨寓羊城，服御饮食，与华人同。有天主教人来自北方，教以汉文。嘉庆十七年，中英商务失和，马氏离粤城，走澳门。天主教人恶之。遂杜门不出，撰述东西史记之书。中英事平，英商延马氏在羊城为翻译，由是日干公事，晚则宣道，教授圣经。是年，粤宪闻有洋人传教，遂申禁令，违者论死。嘉庆十九年，有蔡科信道领洗，此为粤人信耶稣之始。继有朱姓二人同时领洗。嘉庆廿三年，蔡科病亡。一千八百十三年（即嘉庆十八年），英国伦敦会再遣教士米连来华传教，由澳门登岸，葡官不许居留。时海禁未开，不敢至羊城，无奈传道马六甲埠。一千八百十六年（即嘉庆廿一年），米教士在马六甲施洗一华人曰梁发。一千八百十三年，马氏在澳门翻译圣经，又撰汉英字典。一千八百十九年书成，游马六甲，施洗一华人曰屈昂。道光初年，梁发受牧师职，回粤城传道，刊派《劝世良言》一书，官拘之，杖三十，焚其书，罚金释之。后梁发妻子亦领洗。时奉信者共有十人。官禁虽严，而派出之书不下万本。道光六年，马氏由马六甲复至羊城，偕梁发传道。屈昂亦返粤，助理教士。某日，马氏偕梁、屈二人在羊城之河南，派送《东西史记》、《劝世良言》二书，天主教人忌之，谮于官，遣役拘之，不获，拘屈昂之子兴，毙之于狱。此为粤人为道受死之始。

马、梁、屈三人微服往澳门，梁、屈二人复往马六甲。一千八百三十四年（即道光十四年）马氏卒，葬澳门。马氏传道于中国二十五年，备尝艰苦，领洗者四人。以屡被禁阻，乃暂停传道事。一千八百三十九年（即道光十九年），英国伦敦会又遣合信医生与马礼逊之子二人来粤，侨寓澳门。马礼逊子，华人称其名曰马仔，涉理商务。合信则以传道施医为事。道光十八年，林公则徐禁除鸦片，致中英失和，战事未息，马氏仍居澳门。一千八百四十一年（即道光廿一年），和议已成，香港改为英人租界，英人即辟地建楼，添兵设卫。一千八百四十三年（即道光廿三年），伦敦会遣麦都思教士来粤，侨寓香港。合信亦由澳门迁居港地，李雅各教士亦由马六甲迁至香港。无何，麦教士与合信往上海传道。麦氏在上海撰三字经一书，兼译圣经，又作英华字典。后米教士之子米连林至上海助麦君传道。李雅各在香港传道，亦有基教士来助，在上环大街建真神堂宣道。又在中环建英华书院，以圣经教授生徒，兼教英文。此是华人在香港习英文之始。

其时梁发、屈昂、何福堂三君由马六甲回粤，在香港助理传道事。一千八百四十七年（即道光廿七年）伦敦会又遣夏士毕医生（犹太国人）至香港，在湾仔山上，建一医院施医，颜曰仁济医院。道光廿八年，合信由香港迁至羊城，在金利埠设一医院，颜曰惠爱医馆。时有梁发牧者驻馆宣道。继有卢挺善、周励堂等相助。此是伦敦会入羊城传道之始。

咸丰二年，有湛约翰教士抵香港，助李雅各传教，后迁至羊城，在沙面传道，撰《唐山取宝论》一书。咸丰五年，梁发牧者卒于羊城，其人忠心为道，遭历难危，未尝变志，可谓有道之士。无何，有丹拿教士至香港传教。咸丰初年，李雅各遣余迪周莫有二人入至博罗城传道，有数人信道领洗。咸丰十二年，又遣博罗人车锦江往罗城传道，其人热衷播道，遭毁受辱不少，信道领洗者渐众，绅士忌之，欲谋害锦江。至同治初年，罗城绅士唆众窘逐教民，贿嘱匪徒，谋杀锦江。某夜二更时，匪徒破门，掳锦江去，沿街呼救，无一应者。曳至河边，杀车毙命，埋灭其尸，无踪可寻。李雅各闻之，即禀官查办，绅士贿赂官差玩延，冤竟莫雪。未几，倡首杀害锦江者犯劫案，被拿枭首。其劣绅主谋者，无何吐血而亡。

可见上帝伸其冤也。后上宪谕邑主催绅士到案，因而畏缩，不敢加害教民，由此风潮渐息，传道颇有良机。同治初年，伦敦会延巴色会欧德理司理保罗教会。何雄斯往佛山传道，旋受牧师之职。渐次有人信道领洗，乃购地建堂。同治九年某日落成后，男女数十人聚集，颂祷毕，将赴宴，时佛山土匪闻莞城教堂被拆，借事生风，毁拆教堂，男女奔逃，乃执何雄斯扑之，伤其首，血流满面，幸得脱凶人之手，未至害命。地方官秉公迅办，偿建教堂，卒复和平。

(3) 浸礼会入粤记

一千七百九十九年(即嘉庆四年)，有英国浸礼会教士马士文者，圣会日报载其曾至中国北省传道，未知至何省，无踪可考，后世无传。或因地方官不许其登岸传道，即离其地，未可知也。后至一千八百三十六年（即道光十六年)，美国浸礼会遣教士来华传道，初寓澳门。未久，又有罗孝全教士来华，与叔教士同居澳门。一千八百四十一年（即道光廿一年)，英人开垦香港埠。罗、叔二教士因澳门葡人阻止传道，故迁居香港。在上环百步梯上，建堂宣道，颜曰宏艺书塾。此为香港建堂宣道之始。

道光廿四年，再遣连教士来华，寓香港宏艺书塾传教。是年罗教士到羊城传道。此为浸礼会牧师在羊城宣道之始。

数月后，叔教士与地番医生，相继至羊城，在联兴街赁一铺为讲堂，有华人杨庆相助为理，是为羊城立堂传道之始。又赁一铺作讲堂兼住眷，此为教士住眷于羊城之始。

一千八百四十六年（即道光廿六年），因十三行失火，毁及讲堂。罗氏租地于东石，后买受基地，建堂宣道，颜曰粤东礼拜堂。此为教士在羊城购地建堂之始。

又买一紫洞艇，在海面作浮水讲堂。一千八百四十七年，地番师奶染病逝世。是年美国南方浸礼会遣啤士、基立顿二位教士来华，居羊城联兴街传道。是年地番医生及叔教士回国，携杨庆同去。基立顿在联兴街染病亡。是年东石角礼拜堂，被匪骚扰，尽将堂内什物抢夺一空。紫洞艇讲堂亦沉溺海底。此时已分教会为二，一在联兴街，为一号之浸礼会；一在东石角，为东石角之浸礼会。自东石角骚扰后，凡遇礼拜日，两处教会合一。一千八百四十八年（即道光廿八年），啤士因水土不合，遂往上海传道。五年后因病回国。又有赚臣教士于道光廿七年来羊城传道，历二年，后亦回国。道光廿八年，约翰教士来香港，寓宏艺书塾传道。翌年罗教士回国，数年后复来羊城东石角传道。花县人洪秀全，涉猎经史，来省应试，偶得耶稣教小书数本，周览后，始知偶像菩萨之谬，不应奉拜，乃往东石角礼拜堂听讲福音，交识传道者周道行，供给其学道。阅三月，求罗教士与施浸礼，又求借银五元。罗见其有异志，故却之，谓其道味尚浅，须再研究。秀全以所求不遂，离羊城回家，一去无复回。道行所供秀全三月之需，亦无归款。此是周道行自述之言。

秀全回家后，即往广西，访其寄籍广西之表戚冯云山，以所闻之道宣与人听，弃除偶像，敬拜真神上帝，招集党羽，于道光二十八年在永安州起事发难，党羽愈众愈强。官兵四周攻迫，弃广西，过长沙，攻陷湖广，顺流而下，咸丰二年，据金陵，自称太平王。时江西、湖南、湖北、安徽、江苏、浙江数省皆其势力范围地。后致函罗孝全请至南京传道。罗至金陵，劝秀全去逆从顺。秀全挟罗下跪，罗不屈。罗寓金陵一年，因慕道人少，又因秀全不听善言，无载道器，遂私逃回粤城，仍居东石角传道。同治二年，秀全亡于金陵，其子续位，至同治三年，英国将军戈登与曾文正公恢复南京，秀全事业亡矣。

一千八百四十九年，威灵教士携眷来，仅一年，其师母逝世，威灵教士回国。一千八百五十三年，重来传教，阅二年，又因师母病返国。一千八百五十四年，基律教士携眷来，深入内地传教。一千八百五十六年，纪好弼教士来，居羊城两月，适遇中英失和，传道人皆迁澳，惟杨庆在省宣道。一千八百五十八年，英人据羊城，教士等复回省宣道。基牧住东横街，纪牧租赁小北门状元桥作讲堂。一千八百五十九年，有华人黄梅，曾在美国信道入教，特返东粤相助传道。一千八百六十年，教会兴起，是年经基、纪二牧施浸者三十七人。时教会始置山地于东门外司马冈。纪牧因各乡未有讲堂，遂周行传道，始往东江博罗增城等处，后往北江四会大沙，租屋传道，为局绅所窘逐，转迁西江肇庆租屋，赠医传道，有陆朝镇区在霄助之。一千八百六十一年，始开肇庆教会，此后陆续推广，在各地添立教堂。

（4）美国纲纪慎传道会入粤记

一千八百三十八年（即道光十八年），美国纲纪慎道会始遣波教士（即香港裁判所传话波先生之父）来中国传道，初寓澳门，一千八百四十三年（道光廿三年）迁至羊城传道。又有比架医生、卫林先生同来，在羊城新豆栏立医局，名曰仁济医院。至咸丰初年，又有邦呢先生来羊城传道。卫林先生后为美国领事官，旋升为美国公使。比架医生继署美国领事职。无何，此会教士皆离广东，往上海北京等处传教。至一千八百八十三年（光绪九年），希嘉牧来粤，入新宁传道，为新宁立教会之始。

（5）英国安立间会入粤记

一千八百四十四年（道光廿四年），英国安立间会士乜会督来香港，督理传教事，在中环建一保罗书院，招童子教以圣经。后有专士教师，教习英文。后又在太平山侧建一堂，颜曰士提反礼拜堂。罗深源在此宣道。后有巴教士、陈教士、包汝腾会督、伦教士、何教士等来华，华人则有邝日修受牧者职宣道。

（6）美国长老会入粤记

一千八百四十四年（道光廿四年），美国长老会遣教士哈吧医生来粤，设馆羊城同德大街，延林聪宣道。再遣医生嘉约翰来，先设医馆于增沙，后迁至仁济大街，颜曰博济医局。再有丕士顿牧者、那牧者、香牧者来粤，皆寓羊城传道。

(7) 英国惠师礼入粤记

一千八百五十一年(咸丰元年),英国惠师礼会始遣啤士牧者入粤传道，设馆羊城增沙，兼教男童学道。咸丰三年，又有吉牧者来，助理啤士牧者传道。至咸丰五年，有毕牧者、士乜牧者、士登牧者三人同来，皆在羊城传道。

(8) 福汉会入粤记

日耳曼之普鲁士有名郭士立者,于一千八百二十七年（道光七年）为荷兰教会所遣，入中国传道。先至葛罗巴岛，该地为荷兰属埠，闽粤人贸易于此者甚众。郭君于此岛操闽语，习华文。一千八百二十九年（道光九年),郭君附商船入中国，初抵天津，继至福州，沿途派送小书。既而至粤，寓澳门，学粤语，译圣经，以为传道之预备。其时海禁未开，不敢入内地。一千八百三十八年（道光十八年），林文忠公来粤，禁除鸦片，致中英失和。时英人鲜通华文，唯郭士立能之，故英官延郭君为翻译。道光十八年冬，英人连次攻陷虎门六处炮台，三江协陈联升父子阵亡于沙角，虎门提督关天培阵亡于镇远。英人又攻陷省河猎德与东炮台。十九年往攻南京，据守运粮河口，中政府遣奕亲王议和。一千八百四十一年（道光廿一年），和议成，香港小岛遂为英人租界，并偿兵费六百万两，又准五港口岸通商，即广州、厦门、福州、宁波、上海等处。斯时洋人仅居五港口岸而已，不许入内地。道光廿一年冬，英人在香港岛北群带路地面，始行辟地，离香港湾十余里，内地洋务事，仍未开禁，凡至群带路者，谓之通番，拘之受罚，时人畏之。凡来群带路者，皆诡言往长州香港，日久成习，遂名群带路为香港。道光廿二年，渐建兵房、衙署及楼所。郭士立教士居香港，为英人翻译官，兼招人学耶稣道，日间办理公事，朝晚教授耶稣道理。其初学道者不满十人，渐招渐众，皆自备资斧而来。稍明达者，郭君即遣之入内地传道，派送耶稣圣经，为将来教士入内地传道之先路。郭君立教会时，名其会曰福汉会，意欲汉人信道得福也。因游其门学道者日众，翻译事繁，不能专一传道，乃修函祖国巴色、礼贤二会，谓华人求道甚殷，求遣人前来，相助为理。时巴色会则遣韩山明、黎力基二人，礼贤会又名巴勉会，则遣柯士德、叶纳清二人，四位教士同船来华，于一千八百四十七年（道光廿七年）二月抵香港，助郭君传道，皆改易华服。是年六月，罗琛源、王元深、刘展聪、黄德风等游于郭门学道，同时领洗。道光廿七年十一月，郭君遣王元深、李清标偕叶纳清入内地，往东莞、虎门传道，寓于镇口客店，先以施医开路。地方官行查，知为施医，无甚禁阻。叶纳清居数月回香港，与黎力基牧师再至镇口，乃立馆传道。此是西教士入内地立馆之始。

郭君又遣蔡福偕柯士德教士往新会江门传道，为地方官所阻，逐回香港。柯君旋染痢疾，卒于香港。郭君又遣潮人亚爱偕黎力基教士往汕头传道，又遣徐道生偕韩山明教士往新安入乡传道。此数位教士皆在洲岛边隅之地传道，海禁未开，不敢入内地。时游郭门学道者日众，领洗者约有一百余人，其间良莠不齐，扶同作弊者有之，郭君不暇察觉，叶、黎、韩三人知其弊，与郭君意向不同，因此而分，各归本会自理。

郭君于道光廿六年回国，著论演说，备述华人求道者众。翌年，小巴陵传道会始遣那文教士来华，侨寓香港湾仔山上。至咸丰元年，郭君复来香港，与那文教士同事。是年郭君遘疾，卒于香港，福汉会传教事乃归于小巴陵那文统理，又兼招生徒学道。时有何槐卿、区道成、梁杨等学道。又有屈安、吴旭添等助理传教。郭士立未逝时，英官在中环立一街，名曰郭士立街，以志景仰云。

(9) 德国礼贤传道会入粤记

一千八百四十七年(道光廿七年),德国礼贤会(又名巴勉会)始遣柯士德、叶纳清二位教士前来香港,助郭士立传道。柯士德未几卒于香港。是年冬,又有罗存德教士来香港学粤语。叶纳清与郭士立分后,乃居镇口传道。罗存德欲入内地传道,乃在郭士立门下选黄道安、王元深、戴义三人,偕往新安之大鹏城传道,为城守所阻,鸣锣驱逐,旋于黄母洞墟、葵涌墟宣道。数日后,回香港,雇一小舟,往大屿山、伶仃、淇澳洲岛等处传道。旋于新安之西乡登岸,居客寓施医,就医者颇众,地方官亦不禁阻。旋赁一馆,日间施医,夜间传道,听道者亦众。叶教士居镇口传道时,深入内地,偕李清标往石龙,寓清标友人之家,止宿一夜,次日往羊城,回镇口。后因镇口与邻乡白沙械斗,道光廿八年夏,叶教士遂离镇口,迁西乡,与罗教士同居。罗教士专理传教事,叶教士教授生徒,有王福、王禄、郑国、何藉、温学恭等,研究圣经真理,后请黄甲臣教习华文。数年后,又有黄炽、郑广、王煜初、王谦和、陈业等相继来学。时在西乡传道之华人,未明圣经,传道多谬误。叶罗二教士议,凡传道者,要深通经义,始得就职,其未通者仍留堂学习。道光廿八年十一月，有八人毕业，后遣戴义、曾发二人往新安城传道，又遣王隆、王元深二人，往福永，居福永十余年，回西乡。廿九年正月，王隆、王元深偕罗教士再至福永传道施医，每日就医者八九十人，亦有良机讲道。王元深旋在福永设堂。罗教士与王隆往新桥，王隆亦在新桥设堂。两堂渐次有人信道领洗。一年间，男女受洗者廿余人，乃买荒地一所，以备建筑新堂。

道光廿九年，高怀义教士来西乡传教。时传道之华人渐增十一二人，中有不守教规者，罗教士革除四人，所存者仅四五人耳。陈信行者，郭士立之门下士也，礼贤会延之在乌石岩墟传道，具有热心，捐资增医，未几而卒。咸丰元年，罗存德遘疾回国。四年，复来中土，乃延周道行助理教事。是年粤东红巾难作，传道为之一阻。咸丰五年，吕威廉教士来西乡。是年红巾平，内地颇安，罗教士往荷坳设馆传道，延潘汝川助理。罗教士在福永教会请陈长兴、庄满和二人前往广西派书传道。二人至梧州府城登岸，为地方官所执，见其箱内皆耶稣书，责其挟带番书惑民，二人直证主道不讳。苍梧县主将二人递解羊城，制府叶名琛将二人押南海县起云仓。罗教士遣周道行至羊城调理，适德国领事不在省，故请英国巴领事照会制府，请释二人。叶素恶洋人，不允所请，二人卒毙于狱。圣道入粤，华人为道而死者，此二人为最先矣。

咸丰六年，地方官查办红巾，谍报匪首陈快，其父与党羽下英人船，诱英人载鸦片走私。某日，营弁率兵直入英船，声言查私，扯下船旗，拘陈快父等共十三人，即解制府。船主即禀巴夏礼领事，照会制府，请释所拘十三人，不许，巴领事再行文照会，谓擅入英船，妄拘水手，不合和约，扯下国旗，谓之辱国，因是中英失和。法国又因天主教案，办理未妥，一千八百五十八年（咸丰八年内），英法遂合兵攻陷羊城，叶制府被拘，流于印度而卒。

当时政府遣罗公惇衍、苏公廷魁、龙公元禧三人回粤，协办洋务。咸丰九年，议禁香港粮食，出示不许与洋人交通，凡佣于洋人者，限一月内回籍，违者罪及三族。又出赏格，取洋人一首级者，赏银五十大元，捉一汉奸者，赏银三十大元。时居香港之华人，渐迁回籍，在内地传教之教士，亦渐迁香港矣。

时罗存德教士由荷坳往布吉教堂，将与韦教士同出香港。适是夜土匪数十人围教堂，欲取洋人首级领赏。罗见势危迫，即由瓦面过别屋跳下而逃，匪徒追之，乃逃入河水中，匿河旁林下，匪徒搜寻不获而退。罗之佣人寻获罗，乘夜送之至西乡教堂，次日同高、吕二教士出香港。惟韦教士不获逃脱，为匪等勒银二百余元，复免一死。黎力基教士在香港请英官遣兵七十余名，至布吉护韦教士出港。新安沙井乡有籍绅陈桂籍奉大吏札文，率勇丁屯守新安城及九龙等处，巡守海滨沿岸，以断香港火食。

福永教堂密迩沙井，时王元深在福永教堂传道，圣会人见勇丁来福永，谓元深曰：事急矣，可离之，待事平而后返。元深未去，仍居守教堂，忽一日有勇丁数十人闯入，执元深去，堂内什物，亦抢掠净尽，途中备受勇丁讥侮。至沙井，时将四点，置元深于祠内，欲明晨解官领功。是时，男女观者如堵。元深坐阶前，默祷上帝拯救，俄来一少者，服色装束，甚似渔人，问元深曰：尔在何处被勇捉拿？曰：在福永。少年促其裾，以首示意而出，元深从之出，行至祠外，少者疾行，元深尾之不及，乃向他途而奔。少顷，勇丁闻，追寻不获。此在绝望中忽显上帝之拯救也。元深奔至大步涌，时将暮，止宿友人家，次日暗逃回家，将所历述与内助知，于是合口同心，感谢上帝。后由家绕路至常平荷坳而出香港。各教士闻元深已被勇捉，罗存德求港督设法相救，忽见元深面，喜出望外，同谢主恩。时西乡教堂诸物，亦被勇丁抢掠一空。元深居福永传道九年，复著有庙祝问答、堪舆问答二书。

时叶纳清牧师倡议在西营盘买一座大楼，为礼贤会牧师住所，价银一万三千元。后因皇家亦欲买此楼为医院，后照原价卖与皇家，遗留大街铺地未卖，有黄谦甫承批其地，建铺五间，每年拟纳回少许地租与礼贤会，十年为期，期满交回业主管理。教士等遂迁居于澳门。

咸丰九年，英法合攻天津，又攻破北京城，幸皇上早避驾热河，闻京城已破，急遣恭亲王议和，海禁尽开，准耶稣教、天主教传入内地，又要地方官保护教民。其时西人始敢入内地传道。

是年德国高怀义与浸礼会纪好弼，偕王元深、李允朋等深入内地，在增城、博罗等处传道，偶至罗浮山游玩，寓延长宝寺，游于黄龙观、华首台。彼处人士谓洋人到罗浮山取宝，促和尚逐之出境，不准逗留，乃离延长往居白鹤观。是夜与数道士谈道，有一道士曰：僧道之徒，皆赖菩萨以得衣食，若从耶稣教，是自绝其衣食之路也。我辈实不能信从耶稣，请勿多言。明日遂行，游于冲虚、九天两观，在冲虚观一宿，次日至九仔潭传道，返羊城。高怀义牧师则顺往澳门。

咸丰十年，高牧师因师奶染病回国。中英事平后，香港督宪延罗存德教士督理香港皇家书院。叶君纳清居西乡十年，信道领洗者，仅得数人，因弃西乡迁居于荷坳教堂，教授生徒，有何吉、王煜初、王谦如、何槐卿、李筠松等就之学道。讲道之余，特聘温廷芝秀才教以汉文，复有李允朋助教。叶君于是年撰真道衡平一书。吕威廉教士居福永教堂，有黄炽、郑广二人助理。

一千八百六十一年(咸丰十一年)，有公孙惠教士来居荷坳。同治二年，公孙牧师偕王福、王元深、温学恭等，由羊城雇一舟往南雄传道。沿岸入村传道，至英德河头墟，遇贼截劫，盖其时南京投降余党久在此处以行劫也。虽遇盐船护救，图劫未成，然贼众难前，因回四会城传道，又至西南墟、大良城、龙江、陈村等处传道，由陈村而回羊城。公孙惠教士由羊城而回荷坳，遣元深往石龙赁屋传道。元深至石龙，无人肯以屋赁，幸竹篙街有一空铺，是冰糖行之业，始虽不肯租赁，后因该行中有名陈胜者，曾在羊城惠爱医院就医目疾，曾得闻耶稣道，知西教士来华传教施医，皆有益于人，力劝其行友租赁，于是始得地宣道焉。后数日，叶纳清教士与嘉约翰医生亦同来此馆传道施医，就医者虽多，无奈风气未开，几酿成闹教之事，幸冰糖行人在石龙颇有势力，能压制土人，卒以无事，叶嘉二教士不敢终留，两宿即往羊城。半月后，公孙惠教士由荷坳迁居石龙，后亦安然无事。

其时西教士人只知称之为先生，公孙惠则改称为牧师，以能施洗礼于人，与传道先生有别也，人之知以牧师称西教士者自此始。时王福辞传道之职，别图生意。

同治三年，公孙牧师又遣元深与李允朋往虎门传道，其后元深复回石龙，留允朋在虎门。时陈效莘、区道成、何槐卿皆在石龙助理，有数人信道领洗。是年叶纳清牧师与其二子皆染疫症，长子承德先亡，后次子承安亦与叶牧师同日继亡，均葬荷地，因是遂散荷坳之馆。

一千八百六十六年（即同治五年），公孙牧师与圣经会成利先生偕陈林、黄炽往广西传道，至藤县遇贼，劫掠一空，即回羊城。是年花之安牧师、恒胡牧师同来中国，恒胡居永福教堂，不幸因病逝世，花之安在虎门传道，兼教生徒，时有叶大生、王肇端、黎福池、冯道培、杜直仁等就之学道。花君居虎门十年，只得十余人领洗入会。此十年中，著有马可讲义、德国学校、教化议等书，时有李允朋、王谦如、何槐卿助理。

一千八百六十七年(即同治六年)，有能约翰牧师携其师奶同来虎门与花之安同居。一千八百六十八年，公孙牧师又遣王元深往莞城传道，元深赁馆于鞋街，施医传道，颇有良机，信道领洗者日众。是年公孙惠牧师偕二教友申基稳、陈保和往连州八排传道，在连山县请一土人引路，入于苗人排洞内，寓一书馆，苗人疑洋人窥探境地取宝，欲谋杀之，幸教书先生洞悉苗人奸谋，即催牧师下山出排，免遭苗人之害，牧师教友等即乘夜下山，后回连山县传道，是为洋人入八排洞传道之始。其时有一莫姓之土人由连山随牧师至石龙学道。

同治八年，区道成退传道之职，行医为业。同治九年，粤东谣言纷起，诬洋人藉传道为名，实以药丸迷乱妇女，肆其淫心，莞城匪徒遂藉端闹教。时王元深携家眷居莞城传道，某安息日叙集，开堂未久即有数十匪徒拥进堂内，执元深鞭之，幸为有人救脱，寄宿教友家，诘朝奔石龙。时莞城堂被匪毁拆，诸物抢掠一空，元深妻、媳、女及孙女等在莞城得友人救出，交元深同族携至石龙，元深于是挈眷由石龙往羊城，纡道出香港。后无几日，佛山教堂亦被匪拆，后由地方官赔回赃物，修复教堂，元深复回莞城传道，能约翰牧师亦由虎门携眷来，偕元深同作主工。

同治十年，教案又起，祸始于粤东匪徒，诬教堂暗藏毒药于诸物内，令人食之则渐蛊而毙，是名为神仙粉。布散谣言，众心共怒，莞城石龙教堂复遭土匪拆毁，适是日能约翰与元深均不在堂，乃执元深妻饱以老拳，幸得县主命潮勇护救，不致毙命。是日午后，元深由石龙回莞城，途间得友人警报，促吾他避，突来二人执元深曳至河边，欲溺之于河，一人力劝乃止，挥以数拳而去，是晚元深宿于小海口友人家，次日由虎门出香港，差役护卫其眷属继至。驻石龙教堂之西教士经已逃住香港，留陈效莘、王炳在堂，忽一日有百余人来围教堂，欲以火从事，陈效莘、王炳则由瓦面逃避，幸为邻人救出，交汛官送至羊城。胡燮庵在东莞碰田乡被一农人捏其放神仙粉，执之困于其家，勒燮庵银，始肯放出，燮庵于是夜祷告上帝，忽见一窗可以逃遁，即由窗跳下而奔。

是年戴惠临教士来香港，后居虎门。公孙惠教士于是年卒于香港。是年地方官出示严禁谣言，谣言渐息，教民获安，传道无滞，驻石龙教堂传道人复回莞城教堂传道。其时王元深往深圳传道，乃遣元深长子煜初至莞城权理教会，于此传道，后在解元坊买受一馆，为传道之福音堂。前此谣言虽蜂起，各处教友皆庆生存，惟间有殴辱及失物者耳。教外人则反遭一场浩劫，死亡甚多，可见上帝保护其信徒之至矣。

一千八百七十二年(即同治十一年)，巴陵会与礼贤会合而为一。是年圣会人公议集股，开设洋庄席铺于镇口，公举元深摄理，司理年余，因草席无价，销售太难，致股东缺乏，旋即歇业，元深复回虎门领传道职。

一千八百七十三年，陈贡川在德国礼贤会受牧师职回华，乃派往南雄传道，是年又有彭牧师来居于朗口。一千八百七十六年（即光绪二年），花之安与能约翰二牧师回国，戴惠临牧师乃居羊城礼贤堂，权理教务，元深仍居于虎门。光绪四年，花牧师复来中土，有蔼牧师、铁威临牧师同来，居于羊城，花牧师于此撰自西徂东一书。

其时德国礼贤会监督等意欲在中国立华人为牧师，乃命王元深受牧师职。元深知其任重，力辞不受，后公举胡燮庵接受牧师之职。光绪六年，元深染肝病不能传道，乃谢职告老调养病体，牧师等皆允其辞，虎门基址由此而散。

一千八百八十一年（即光绪七年），礼贤会与巴陵会中分，各理其会，不相统属。是年戴牧师染病回国，彭牧师亦以事回国，后蔼牧师为伦敦会延彭牧师在博罗传道，花之安牧师过德国别会，被遣往上海传教，兼撰性海渊源一书。其时王谦和乃在新安石家村传道，亦有良机，渐次有人信道，男女领洗者十余人。谦和在此捐签购地，建堂宣道，是为礼贤会在石家村开建基址之始。

一千八百八十二年（即光绪八年九月），吕师母染病，卒于香港婴堂。一千八百八十三年（即光绪八年十一月），叶道胜牧师已到香港，后居福永教授生徒，有黎德胜、潘应球、王庆云、潘清泉、文日新等从游其门。一千八百八十三年(即光绪九年二月间),吕牧师染病,卒于香港婴堂,铁威临牧师权理福永教会。

一千八百八十四年(即光绪十年正月二十一日),王元深次子谦如受牧师之职,居于福永传道,是年铁牧师建造福永楼所,十一月叶师母与葛理察牧师来香港,后居福永。光绪十一年五月,王谦如由福永迁居莞城,六月王肇端由莞城迁居石家村。

是时在塘厦信徒之操土音者皆受洗于巴色会,后巴色会与礼贤会互易,凡新安东莞信徒之操土音者归礼贤会料理,操客音归巴色会料理,所以遣陈效莘往塘厦传道,立教会于此。未几买受椰皮村荒地(今当改称耶山)建造楼宇,谦如在莞城买受文顺坊荒园数亩,建造楼宇。光绪十二年,莞城、塘厦二处楼宇俱成,葛理察牧师驻塘厦教堂,铁牧师驻莞城教堂,后在莞城兼建医院。一千八百八十七年(即光绪十三年),又有茂嘉礼牧师来居福文,明年又有列牧师来居莞城。医院落成后,延麦道基医生驻院施医。一千八百八十九年(即光绪十五年)正月,权医生来莞城摄理院务,并开医学堂教授医学,时有张景清、陈艾轩二人为学生。是年二月铁师奶回国,三月廿九日,陈效莘受牧师职。有茂师奶到香港议倡建莞城医院病人住所。

一千八百九十年(即光绪十六年)正月廿七日,铁牧师回国,叶牧师由福永迁莞城,是年九月又有评好仁牧师与师奶来香港,评牧师居福永教堂。光绪十七年,铁牧师携同一姑娘重来，先居于塘厦，后适权约翰医生。一千八百九十二年（即光绪十八年）秋，香港育婴堂夏文牧师回国，葛牧师由塘厦迁居香港，权理育婴堂事务，茂牧师由福永迁居塘厦，评牧师仍居福永，又遣杜守信往大沥村传道。一千八百九十四年（即光绪二十年），有李牧师来居塘厦。光绪廿一年二月，列牧师染病回国，不复来华。是年六月，有迳贝绅士罗龙骧在莞城教堂与王谦如谈论耶稣道理，有数次请谦如至其处传耶稣道。数月后，谦如至迳贝传道，颇有机会。后与铁牧师再至迳贝传道，男女听者约有一百余人，亦渐次有人信道领洗。后遂立教会于此，遣潘清泉驻堂传道。

一千八百九十五年英二月四号（即光绪廿一年十二月下旬），葛理察牧师回国，李牧师权理婴堂事务。光绪廿二年十一月十一日，叶道胜牧师自故国复来，居于莞城，是年十二月又有戴永和、赞永乐二牧师来，戴牧师居塘厦，赞牧师居莞城。一千八百九十七年（即光绪廿三年二月），铁牧师染病卒于香港，铁师奶遂于是年返国矣。是年十月下旬，葛牧师复自故国来，携有毕显威牧师、赞大姑、区大姑三人同来，毕牧师居福永，葛牧师与二姑娘居莞城，陈效莘于此助理，其时乃招教友学习圣经，受传道职，有叶岁初、罗廉甫二人殷勤就学。

是年十一月，王谦如在虎门买受谭姓田十余亩，建堂宣道，叶牧师助理其事，渐次有人信道领洗，至翌年，圣堂告竣，于圣会新年之日行落成礼，是年十二月，理牧师迁居塘厦。廿四年春，安期生医生来居东莞，理牧师在迳贝建楼而居，是年七月，有咸西村数十人来虎门报名奉教。叶牧师偕王谦如往是村宣道。

一千八百九十九年（即光绪廿五年）正月初旬，王肇端由莞城迁虎门，中旬权师奶回国，下旬安师奶来香港。是年二月廿四日，本礼贤会戴监督到香港与叶牧师巡视内地教会，至三月十二日出香港，是晚在道济会堂宣道，男女听者约有三百余人，叶牧师传译华语，十七日监督与巴色会黎力基牧师赴轮返德国。

一千九百年（即光绪廿六年），伦牧师、基牧师复到香港。一千九百零三年（即光绪廿九年），评牧师复来，与连牧师、吕正端牧师到香港。

附麦梅生追述礼贤会播道建堂事

一千八百九十九年（即光绪廿五年），叶道胜牧师在咸西开捐建堂之款，次年派麦永安在此权理。一千九百零二年三月，毕显威牧师买成麦少畬公松花圃下之荒地建造教堂，画则督造，偕保民医生兼任，至西六月廿九号落成。时有安期生医生、叶道胜牧师及二师奶偕传道学生王爱棠、邓荫荃、区宠三等由莞城来；茂嘉理、毕显威二牧师偕虎门、白沙、镇口、厚街、霜冈等处教友来；潘乐山偕石家村教友来，又有附近本堂之锦厦、涌头、霄边、增田、镇地、碧头等处教友来，是日教内教外男女聚集者人多于鲫，座无虚位，洵盛会也。

一千九百零三年(即光绪廿九年)，茂牧师在新塘建造教堂，至阴历五月初八日落成，区宠三在此传道。

(10) 德国巴色传道会入粤考

一千八百四十七年(即道光廿七年)，德国巴色会始遣韩山明、黎力基二位牧师来香港，助郭士立牧师传道，次年与郭君分之，自为立会。韩君学客家音，往新安客家地方传道，黎君学潮洲音，往潮洲汕头传道，因不能擅入内地，寄居汕头五年，复来香港学客家音，思传道于客家人。时有曾游郭君之门者江国仁、张复兴二人从韩、黎二君，一在新安东和墟传道，一在布吉墟传道，有凌复新家人信主。咸丰二年，韦永福牧师来布吉，设立书馆教授生徒，得张纯波、陈超瑞、江永宏、凌启莲等为门徒，并延张广明为教习，历有年所。咸丰三年，张复兴回其本邑长乐彰村传道，有徐复光等数家信主。咸丰四年，韩山明牧师患病，卒于香港。黎、韦二君在布吉所作之工，日有起色，李朗乡（距布吉十里）亦有信道者焉。

咸丰八年，中英失和，祸连教会，寓内地各牧师俱迁回香港，韦君犹留布吉，罗存德牧师由荷坳至布吉，促之偕行。一夕有土匪数十人藉端恐吓，围困教堂，声言捉杀，罗君见事急，即由瓦面逃避，韦君被困，土匪勒索二百余金，韦君许之，始免于难。黎君在香港闻耗，即禀告英官，后由英官遣兵七十余名至布吉保护韦君回港，其所收之教徒亦有随之至港避难者焉。

咸丰十年，中英复和，黎君回国复来，舍布吉而迁李朗，开设书塾，招集门徒如江云章、江瑞亭、江怀清、江永荣等前列韦君门下者，黎君再课之，从此传教之士渐出。韦君往长乐彰村，男女信主入教者共有四十余人。

一千八百六十二年（即同治元年），边德志、欧德理二牧师同来，边君在香港助理女馆，欧君至李朗帮教生徒。是年遣陈超瑞往德国巴色城学道。同治二年，麦牧师来，亦至李朗，未几染病回国，至葛罗巴岛（又名加拉巴）辞世归父。同治三年，贝德明、毕安二牧师同来香港，欧德理迁往伦敦会受职，贝君在李朗开书馆以教后学，获效良多。

（11）香港巴陵育婴堂考

香港巴陵育婴堂开基于郭士立牧师。初，郭君居香港与澳门，闻华人多有委弃其女而不养者，心怀恻隐，思设法以救此弊，修函回国与巴陵京城好善之男女谋捐资建堂，以收养此遗弃之婴女，道光廿九年回国，亦将此事演说，冀其可成。道光三十年，有小巴陵会那文牧师到香港，侨寓湾仔山上。咸丰元年，郭君复回香港，那文牧师请与为偶传道，郭君亦请那文牧师先行收养婴女之善举。未有是堂之先，最始收养一女，命名咊比，其次收养一男，名曰亚真，均于湾仔山上寓所请乳母养之。咸丰五年，那文师奶染病回国，将所收之二婴孩交与王元深携回福永教堂暂养。咸丰七年，巴陵京城好善男女捐集资款，遣罗聿叻先生来华实行此善举，爰在香港湾仔山上设立育婴堂一所，乃向王元深取回二婴，收入是堂养育。一千八百六十一年（即咸丰十一年），罗聿叻先生更在西营盘建造育婴堂楼宇，迁湾仔之婴孩居焉。一千八百六十七年（即同治六年），有基牧师来继罗聿叻先生之任。同治七年，聿叻先生回国，有马先生在婴堂教育婴孩，从此养而又兼以教矣。马氏逝后，其谊子藻香继之。一千八百七十四年（即同治十三年），藻香退职，延王煜初在婴堂教授婴孩。至光绪七年，基牧师卒于婴堂，吕威廉牧师代理其事。一千八百八十三年（即光绪八年十二月），有夏文牧师来婴堂权理其事。光绪十年七月，王煜初在婴堂受牧师职，其时有伦敦自理会诸长老欲请煜初过其会，治理教务，煜初不允，因受婴堂职也。诸长老乃求于夏牧师，亦不允所求，后由湛约翰牧师请夏牧师允诸长老所求，乃得许诺。于是年十二月下旬，煜初退婴堂职过自理会，汤锦珍继其任焉。一千八百九十一年（即光绪十七年），夏文牧师回国，葛理察牧师权理婴堂事。

(12) 德国小巴陵传道会入粤考

一千八百五十年（即道光三十年），小巴陵传道会始遣那文牧师来华，寓香港湾仔山上，学习粤语。逮郭士立自故国复来香港，遂与耦而传道。郭君逝后，福汉会乃归于小巴陵会那文牧师兼理。斯时那牧师招人学道，有何槐卿、区道成、梁扬等从学，又有曾从郭君学道者吴旭添、屈安等兼任学课。咸丰三年，那文牧师特雇一小舟周游海滨之村乡传道。一日至琼州府海口登岸讲道，为地方官所阻（因海禁未开也），行踪遂回，此为西人到琼州传耶稣教之始。

咸丰五年，小巴陵会又遣韩士伯牧师、郭念三医生同来中土，寓香港湾仔山上，助那文牧师传道。那文牧师因其师奶染病回国，何槐卿、区道成、梁扬等往西乡教堂学道。韩士伯牧师入内地四乡传道，助教会书馆之先生教授耶稣圣经，备尝艰苦，常遭贼劫。有一次在东莞碰田乡遭贼劫掠，身受重伤，几乎毙命，请人舁至荷坳教堂医治，愈后仍周往各乡传道焉。郭念三医生由香港迁至归善荷坳，在蒲芦围立馆传道施医，兼教生徒，时有陈泗昌（即观海贡川）、李保、吴天福、陈南等就之学医，又有胡燮庵在此助理。后郭医生受牧师之职，至同治四年回国。

一千八百六十六年（即同治五年），又有何必烈牧师来寓香港育婴堂，后偕王创往归善淡水墟传道，租赁一馆，被土人窘逐，焚其馆所，幸而逃脱，未遭毒手，后禀地方官赔偿赃物。何牧师后至羊城增沙街立馆教授生徒。同治七年，又有别加麟牧师、万牧师同来中土，在新安朗口立馆传道，万牧师未几染病卒于朗口。同治八年，韩士伯牧师因师奶染病回国。同治十年，粤东欲嫁祸教会，布散谣言，谓西人贿人暗置神仙粉于诸物内，令人食之成蛊而死，因是各处村乡不许外人入村，凡有生客过路即执之寻搜其身，诬其派神仙粉，乘机抢夺其物后且扑之驱之，或更有害其生命者焉。某日胡燮庵路经东莞碰田乡，土人诬其夹带神仙粉，执之，阴禁其家，勒索金钱，是夜燮庵祷告上帝救其出险，后由窗牖逃脱而奔。后谣言传至福州府，教友因之而受窘逐者正多，有一华人牧师被执，曳至深坑，投之于底，身虽受伤，幸生命无恙，此事羊城报纸亦有载焉。查谣言之起，有谓由天津土人与天主教为难，故造此谣言，因之波及耶稣教会者，魔鬼之计亦毒矣！后地方官出示严禁，有敢谓西人散神仙粉之说者罚，于是谣言渐止，教会获安。此次教祸，教友之受窘逐失财物者虽不少，惟总无有害及其生命者，异邦人反不能免，亦可见上帝之保护其民矣。迨至谣言尽息而救道愈行，正如保罗云：吾受难，福音益以广布（腓立比一章十二节）。又云：吾虽受系如犯法者，上帝道不得系（提摩太后书二章九节）。可知福音真理愈窘逐而愈流行也。

同治十一年，巴陵会与礼贤会合。光绪四年，何必烈牧师回国，逾二年复来。光绪七年，巴陵、礼贤再分，各治其事。光绪六年，郭念三医生复从故国来，居香港，次年染病复回国。

附天主教东来考

主降生一千五百年后（约在明正德年间），日耳曼人路德氏辨正圣道，多人从之，遂脱教皇轭，圣教由是分而为二：曰天主教，曰耶稣教。在欧洲二教既分，各遣人往异邦传道。一千五百五十二年（即明嘉靖年间），有天主教师曰方济各沙勿者，附商船入中国，初抵粤之新宁邑，寓上川岛，是为天主教入中国之始。历时未几，染病而终，遂葬于岛，其墓至今犹存，其墓地今建有天主堂，彼教中人时往瞻礼焉。一千五百八十一年（即明万历九年），有意大利人利玛窦入中国，先抵粤东，后至金陵。一千六百年时，与庞迪我进呈外国图像、自鸣钟等方物，神宗大喜召见，授利氏官，辞，京师人士相与往还，利氏乘机传教，士大夫有信从者，若徐文定、李太仆其尤著者也。我朝龙兴，世祖亦优待教士，授汤若望为钦天监。圣祖冲龄践祚，有摄政大臣忌其教，下教士于狱。圣祖亲政，尊崇教道，御赐教堂楹联甚夥，或谓圣祖临崩时已领洗礼云。

雍正年间，下逐客令，拘教士于澳门，着其归国。嘉庆十八年，禁民入教，犯者流之新疆。道光廿四年，略开禁谕，复行传教。咸丰十年间，与泰西订立条约，传教一款载入和约，尽除前禁，故教道流行，遂至于今也。

一千八百七十年（即同治九年），粤东谣言复兴，诬西国传教士以丸迷人，淫乱妇女，此谣由天津传来，因彼处土人造此谣与天主教为难，毁拆教堂，戕法领事，杀其神父及贞女十余人。是时法与德战事未平，故此祸遂以迟延也。后朝廷命曾文正公驰津妥办，事遂寝。一千八百八十四年（即光绪十年），我国以法人取安南与之失和，是年七月，法人攻福州，累及教民大遭窘迫，天主教人之产业被夺者，不知凡几，粤东之天主堂及福音堂被土人拆毁者，不下四五十座。光绪十一年四月，和议成，教民颇安，各回其籍，前失之物业，无论天主堂、福音堂俱无赔偿，惟西人所失之物，由地方官赔偿，此张之洞之主意也。噫！教民亦望身后获荣而已。保罗云：人夺尔业，尔喜受之，自知在天有愈美恒存之业（希伯来十章卅四节）。又云：在世无恒邑以居，惟求后之邑（希伯来十三章十四节）。读此数节圣书，目前之得失奚必较哉！

三 行　政

（一）顺康朝督抚司道府州县谕示

伦敦英国图书馆东方部藏抄本《谕示抄录》一册，编号OR7391，红格簿纸抄写，共81叶，71篇。各篇谕示文中多有“本部院”、“本道”、“本府”、“本县”、“本州”等自称，但各篇首尾均不著年月和出示人官职、姓名。抄录这些谕示并已大体分类订为一册而略去年月和发示人，可见抄者不是为了保存文献史料；可能是当时以充幕友为业者因职业的需要而汇抄的参考材料。

这几十篇谕示的内容相当广泛，有关于田政、开荒、招抚流民者，有关于恤商恤民、禁勒索强买、禁违例放债者，有禁赌博、异服、邪教、贩卖妇女者，有关于民生困难、盐漕弊端者，有警戒衙役、土豪者。不明时代年份就难以利用。今从各篇谕示文中述及的职官、地理、史事并用语诸方面考订，可以判断它们是清朝顺治至康熙二十三年以前这一时期内的文件，是清朝早期的地方官员谕示。其根据略有如下诸点。

（一）原册第6篇（原标题“谕求复诸废衿示”）文中有“因念鼎革以后，兵荒连岁，虽大一统之规模已久，而贫书生之残喘未宁”句。第14篇（原标题“教条之一”）有“定鼎初年，斯风（指侮辱斯文之风）未殄，今幸圣天子垂意右文，当无虑此”句。第15篇（原题“设义学”）云：九顶山一带，其民好争，“自明季以至今兹，陷罔为非，不一而足。”第5篇（原题“观风月课示”）有句：“蜀士自罹兵燹以来，砚田久荒”，“幸今流氛既远，多士渐归”。这些“鼎革以后”、“自明季以至于兹”等用语，都是只有在清朝代明之初顺治朝和康熙初期才会使用。

（二）原册第4篇（原题“初饬月课”）中有捐修学宫者将“揭报抚按两院褒美贤劳”之句。第37篇（原题“警戒衙役示”）中有不法衙役“有经两院访拿者”句。第71篇（原题“募劝掩胔瘗骼”）有抚院按院慨然捐助之语。这些语句表明其时行政制度中有抚按两院。清初各省或省的部分地区，行政以巡抚为首脑，但中央派出御史巡方，专司监察，称为巡按御史，简称巡按。御史巡按各省之制始于明代，清初因之，但屡有兴废。据清顺康两朝《实录》，顺治七年四月因财饷匮乏停撤，明年三月复派。顺治十七年六月又议裁，屡议不决，至顺治十八年五月停差，以后再未恢复①。文告中出现抚、按两院之句，说明这些谕示只可能出现于顺治朝。

（三）原册第36篇（原题“谕标员胥役”）有“本部院钦承简命，总制七省，巡抚四郡”句，又指责标下员役狐假虎威，将“漕抚牌额充塞河干，漕抚提笼照耀人目”。这位示谕人应是漕运之首脑。清承明制，漕运设总督，驻淮安。顺治六年以凤阳巡抚标下兵员差往广西征战，乃以漕督兼凤阳巡抚。江南、浙江、江西、湖广、山东、河南各省在明清两代都是有漕省份。在清初，江南尚未分出安徽，湖广尚未分出湖南，有漕省只有六

① 其详见《清世祖实录》。顺治十八年五月壬子最后停差巡按，见《清圣祖实录》64页上。中华书局1985年版。

省，但直隶虽无漕，漕务官员也归漕督管辖①，故漕运总督可有“总制七省”、“控制七行省”之称②。凤阳巡抚辖庐、凤、淮、扬四府及滁、和、徐三州，故可称“巡抚四郡”。漕运总督兼凤阳巡抚之称为“漕抚”，这是身兼督抚二职之合称。但漕督和凤抚二职至顺治十七年二月又分设，至康熙四年裁撤凤阳巡抚③。本篇发谕人既“总制七省，巡抚四郡”，又称“漕抚”，可知发出谕示的时期必在顺治六年至十七年间。

（四）原册第 51 篇（原题“谕行户”）有“本部院抚绥两河，驻节凉城”语。此“两河”应指甘肃。甘肃为古雍州之域。《书·禹贡》：“黑水、西河惟雍州”。故“两河”可为甘肃之代称④。“凉城”即后改凉州府的凉州卫，《清史稿·职官三》：“顺治元年，置甘肃巡抚，驻甘州卫。……康熙元年，移节凉州卫。五年，还驻兰州。”由此可知，驻节凉城的甘肃巡抚发这篇谕示，应在康熙元年至五年之间。

（五）原册第 34、56、58、61、62 各篇（原题“谕澄迈等县官民”、“诫谕出洋愚民示”、“赈粥示”、“谕琼州兵民”、“禁别省奸民贩买人口”）有句：“琼属处巨海之中，……洋货绝矣，内贩无矣”，以致里民条陈控诉；“违禁偷渡，……一旦被获，自蹈于倾家陨命之罪”；“粤东自禁海之后，……谁敢陨越”；“粤东一省自海氛不靖以来，……近又为迁海失业，无计资生。”这些语句，都明确显示了康熙二十二年以前的时代特征。禁海迁

① 《清史稿》食货志三。

② 冯桂芬，《校邠庐抗议》卷上，汰冗员议。

③ 见《清世祖实录》顺治十七年二月癸巳，1018 页下；《清圣祖实录》康熙四年十一月戊申，253 页下。

④ 顺治九年八月陕西甘肃巡按一篇揭帖中自称：“职奉命两河”。见《清代档案史料丛编》第七辑，24 页。

界为清统治者对付郑成功之策。顺治十二年沿海省份“无许片帆入海，违者立置重典”，十八年命江浙闽粤滨海居民内迁三十里。至康熙二十二年统一台湾后始撤消以上禁令。由此可见，有以上语句的各篇文件的发布期必在顺治之后期至康熙二十二年以前。

（六）原册第4、5、6、8、10、14篇（原题“初饬月课”“观风月课示”、“谕求复诸废衿示”、“观风示”、“正文体”、“教条之一”），都是学政的告示，而示中各自称“本道”。据《清史稿·职官三》、《实录》及吴振棫《养吉斋丛录》，顺治初各省置督学道；十年，直隶、江南、江北督学专差翰林官，称为学院。至十二年，江南北又用佥事为提学道；至康熙二十四年而复用翰林，又称学院。其他各省，浙江在康熙二十三年依顺天例督学改用翰林官称学院，他省多在康熙四十一、二、五年改学院，至雍正而“提学无道衔矣”。故学政而称“本道”，必顺康时事。而以上各篇中的第10篇谕诸生以文章之道，有“迩来浙省英贤辈起”之句，则发此篇告示者必为浙江学政，他自称“本道”，可知在浙江学道改学院之前，即在康熙二十三年之前。

（七）原册第32、48篇（原题“禁革派征工匠等费”、“活保甲条谕”）提到南海元年份摊派费用中有“点解逃人费用”一项；提到失察“东人藏匿”之累，有“东人藏匿，如鬼如蜮”、“东人干连，则两邻……无一得免”等句。藏匿东人，即逃人问题，清初最为突出。满洲首领在入关前后俘掠了大量人民为奴仆。他们在随征过程中或在被监督劳动、圈禁劳动中千方百计逃亡，而清统治者则以严酷的刑罚加以防止和惩治，对“窝主”的惩罚、株连尤严厉，无辜者被诬为“窝主”而家破人亡者屡见不鲜。顺治十二年，给事中李裀上疏论逃人法之弊，陈述"可为痛心者"七事而遭流放。但次年顺治帝谕满洲官民，要求他们体恤奴仆以少逃亡，十五年更谕："年来逃人未止，小民牵连，被害者多。……如有旗下奸宄横行，许督抚逮捕，并本主治罪。"①《清史稿》云"逃人祸自此渐熄"。至康熙三十八年正式撤消负责逃人事的兵部督捕衙门。由此，地方告示中屡以逃人问题为言者必应在顺治和康熙早年。

（八）原册第21篇（原题"禁民避兵示"）叙"大兵防苏日久"、奉旨"撤回防苏大兵"、县官会尽心料理、民人可以安心不必躲避等事。据《清实录》，康熙三年闰六月十九日，裁江南随征左右二路总兵官，总兵回京遇缺补用，兵丁分别调回江西、陕西。参据方志和清人笔记，所谓裁调江南军兵，即是防苏之大兵，设置于顺治十六年郑成功一度深入长江后，康熙三年据江南巡抚韩世琦奏请撤回，军士骄横扰民，地方官为此颇费了一些工夫②。此篇告示与以上史实完全符合，必为康熙三年之事。

（九）原册第28件（原题"督抚地方事"）有"本都院……移抚两浙"、"本都院备兵提刑，两任浙中"等语。可见发示人是浙江巡抚，以前在浙江做过兵备道、提刑按察使。查雍正《浙江通志》及《清世祖实录》，有佟国器其人，顺治二年以贡生任浙江嘉湖道，六年升浙江提刑按察使。顺治十五年以右副都御史任浙江巡抚。据《清史稿》职官志，嘉湖道是分巡道而带兵备衔。在浙江官员中，佟国器是唯一完全符合这三种职务者。他任浙江巡抚自顺治十五年至十七年，可肯定此篇必是这

① 《清史稿》李裀本传。
② 道光《苏州府志》卷68，名宦，韩世琦传；钱泳《履园丛话》，旧闻，小韩都堂，中华书局1979年点校本，12页。

一期间所发。

（十）原册第 54、55 件（原题“斩放火凶犯晓谕军民示”、“禁抢火示”）是江南按察使为斩决纵火抢劫犯的告示，其中的一件指明罪犯于康熙十年五六月间作案，经各级审拟，督抚会题，秋审后奉旨准到部咨执行。另一件情事相联。可断定这是康熙十一二年的事。

（十一）原册第 5 篇（原题“观风月课示”）有“幸今流氛既远，多士渐归，岁科两试有人，乡会联科多隽。惟川南新复，未与旧典”等语。按顺治七年张献忠余部大西军孙可望等自黔入川，一部进入川南。九年三月，吴三桂取重庆。七月，大西军复取重庆。十三年李定国遣刘文秀经略川南。十六年原刘文秀部将叛降，川南被清底定。次年小有反复，顺治十八年春解决[①]。清朝自顺治元年即定乡会试年期制度。四川乡试始于顺治八年，举子二百余人，取中七十一人。其时大西军据川省大部，清朝主司只能驻川北保宁府主持[②]。顺治十七年正月四川巡按疏言：蜀省乡试，前三科以全川未复，取未及额，今值三川俱复，应照旧例[③]。所谓三川，虽可代指四川全境（唐代行政地理区剑南西川、剑南东川和山西南道合称三川，约当四川与汉中），而此处则指川西川北川南[④]。由此可知“川南新复，未与旧典”云云之篇，必发于顺治之末或康熙初元。

（十二）原册有关垦荒和招抚流亡的谕示多篇，所述情景与

---

① 《清世祖实录》、《清圣祖实录》及中国人民大学清史研究所编《清史纪年》第一卷顺治朝，中国人民大学出版社 1985 年版。

② 谈迁《北游录》，纪闻下，蜀试。中华书局 1960 年点校本，383 页。

③ 《清世祖实录》顺治十七年正月己未，1010 页下。

④ 顺治十六年十一月初八日川抚高民瞻揭帖：“今西南北三川，虽云俱平，川东逋寇尚未尽除。”见《清代档案史料丛编》第六辑，349 页。

办法，与清初顺治年间相当。原册第44件（原题“禁悬坐开”）有中州百姓垦地已于“十五年奉旨清察”句。按顺治十五年五月戊申谕户部，以各省开报荒地甚多，难免隐漏钱粮，严命各省清察①。本篇与上述上谕相合。该件告示称，奉旨清察以来垦地已尽报无余，而“年来水旱频仍，所收尚难糊口”，是该件可能即发于顺治末年。

（十三）原册第32篇（原题“禁革派征工匠等费”）为广东巡抚禁革滥征苛派谕示，其中提到南海县元年份四季工匠银两派征若干若干，又有点解逃人路费若干等语。此元年份不可能指顺治元年，因其时广东尚未入清朝版图；也不可能指雍正元年，雍正时已无逃人问题。又文中有“粤东自军兴以来……小民困疲已极”之语，军兴应指吴三桂之叛。可知此告示必发于康熙早期，二十年以前。

（十四）原册第70篇是禁赌博的告示，其中历数赌博之害，说朝廷新设严刑，“新旨森严，设有流徙站配之典，无非为不肖愚民……改过迁善”。按赌博为清代社会恶习。《大清律例通考》，顺治初定例，犯赌博者，枷号鞭责罚银，至十五年加重：犯赌博之民人，杖一百，徒三年；开立赌场者，杖一百，流三千里。又至康熙七年，议准新例，赌博之民人责四十板，流三千里，旗人枷号两月，鞭一百；开赌场者民人责四十板，充军，旗人枷号三月，鞭一百。都比顺治十五年例为重，与“站徙流配”之说亦相符。康熙十五年后律例屡有修改，民人犯赌博与旗人同罚，免其军流，有所放松。由此可以推知，这篇“禁赌博示”以“新旨森严”为词，应作于康熙早期。按康熙七年六

① 《清世祖实录》顺治十五年五月戊申，911页下。

月丁丑，以赌博废弃本业，倾败家产，着严禁，谕刑部详议具奏。实录未载下文。此告示提及之新旨，可能即是上述朝旨，告示即发于此后不久。

（十五）最后可证明这批示谕属于顺康时期的，是原册中救济琼州府属地方灾饥的文示三篇。这一证明十分曲折，也十分重要。第19篇原题“谕六营逃散各兵”、第58篇原题“赈粥示”，发示人都自称“本厅”。第57篇原题“雇船救难民”，发示人亦自称“本厅”，其内容是“洪水为灾，民房漂没”，本厅典卖衣裘，换钱雇船救民。示中虽未提及地点，但亦可判断属琼州无疑。琼州于顺治九年归入清朝版图，历年多灾。据府志，顺治九、十、十一、十三等年份和康熙早年都屡有较大水灾、饥荒。第19篇告示的内容是琼境六营军兵因缺粮逃亡，该厅借得若干银两、劝谕逃兵回归。琼州官兵在清初缺饷断粮，曾见于史记。顺治十三年琼州官兵六千“缺饷逾年，粮绝累月”，病死及自缢者甚多①。“本厅”劝谕逃亡官兵回归的告示是否该年之事虽不可必，但仍可据示中所述考知其大概年份。示中对逃亡官兵说：“汝等披坚执锐，效死报国，已历二十年所，赣城坚守，天下知名。”在清朝历史上，坚守赣州的知名事件发生于顺治五年。据《实录》、《清史稿》刘武元等本传，是年正月，明朝叛将、清江西提督金声桓、副将王得仁举兵叛清，围攻赣州，一时颇有声势。清南赣巡抚刘武元“城守三月，粮尽，斥家财佐军，励士卒奋战”，终于破敌。刘武元死后其后人因刘此战战功得以晋升世职。战后不久刘武元遣部将从平南王尚可喜征战广东，刘部为平定广东的主力之一。道光《琼州府志》卷30宦绩

① 《清史纪年》第一卷顺治朝，449页，据《明清史料》丙编第10本。

韩廷芑传，韩顺治九年进士，后为海南分巡道，时琼州镇总兵高进库跋扈云云。而高进库即原属刘武元部副将，可见刘武元之旧部顺治后期驻于琼州。刘武元，在明朝官任游击，为祖大寿部将，天聪五年从祖大寿降清，至崇德六年授刑部参政，顺治元年改授甲喇额真，三年擢南赣巡抚。天聪五年为公元1631年，崇德六年为1642年。刘武元自降清时起，至顺治后期，其部为清效命垂三十年，自授职时起，世有约二十年，由此可确定示谕中所指因缺饷逃亡的官兵是刘武元旧部，示谕必发于顺治后期或康熙初元。三篇告示自称“本厅”者，应是琼州府同知或通判，为知府的辅佐官，其人姓名事迹现难确考。广东通志、琼州府志、崖山县志于“宦绩”目中都有邱象升其人，顺治十八年任琼州府通判，在徐闻县因防兵以饷不至而闹事，邱劝谕止息之，其事与上述第19篇略相似，但徐闻属雷州府，并非琼属。所以不能确定这三篇垂涕而道颇为感人的“本厅”告示发布者是否邱象升。

除了上述各文书中的正面证明外，还可以从另一些文书找到侧面的依据，即从文件的内容与顺康时期的大环境相符，因而说明文件很可能属于那一时期。

（一）原册第68篇（原题“辟邪教”），河南巡抚禁邪教，称近日许田、洧川之变，实起于此。许田、洧川事，方志无考。示中禁民皈依白莲、大成、星夫、闻香邪教。按顺治十三年十一月辛亥谕礼部禁左道惑众如无为、白莲、闻香等教，在京着五城御史在外着督抚按道设法缉拿。则豫抚此示可能是据上谕而发，时在顺治后期。

（二）原册第49篇（原题“禁官价”）禁官价买物以苏商困，中有“公馆铺设，奉旨禁革，是何衙门，敢复巧取”之语。按顺治二年闰六月庚寅因陕督之奏得旨:地方官到任辄有铺设,贪婪不悛,深为可恨,一切铺设银两,着严行禁革,以苏民困。上述告谕的意思和文字都与朝旨相近,可能发于朝旨以后不久。

(三)顺治十五年七月癸亥户部议准以河南山东地土熟少荒多专差御史二员履亩清丈;至十六年而有山东察荒御史、河南察荒御史之活动,又同年十月壬辰左都御史魏裔介有察荒御史勘亩步弓应用民间常用之弓之奏①。原册第43篇(原题"禁悬报熟地")、46篇(原题"察隐地")为河南巡抚及"本部院"奉文清察地亩之告示,中有民人因恐钦差御史前来丈量而将"荒地捏报成熟"等情事,与以上朝廷之旨意均相衔接,说明该等篇可能系顺治十六七年所发。

由以上的考察,我想可以判断这批示谕是顺治至康熙早期之物。它们显示了清初许多具体的难以从其他资料获知的社会经济状况。

清初历经战乱,土地荒芜,人民逃亡,人口锐减。顺治元年起,清统治者就制定鼓励人民垦荒的政策。范文程在顺治九年疏议:直省土地荒芜,赋亏饷绌,今湖广、江西、河南、山东、陕西五省人民稀少,建义设立兴屯道厅,由官府管理垦荒②。但无论民垦或官垦,都伴有重大的弊病。学者对清初垦荒有专门研究。这批示谕给予读者以许多具体的新理解。原册第41件"劝谕垦荒",劝告民人踊跃垦荒,县官将给予多种优待:借给牛种、三年起课、发给照帖;垦逾百亩,赏红奖励,并免杂差。但原册第42篇一位州官的"咨访民情示"却提出了"开荒旨谕

① 《清世祖实录》顺治十五年八月至十六年六月,见926页、980页、938页上。

② 《清史列传》卷五,范文程。中华书局1987年版,王钟翰点校本。

叠颁，田野荒芜如故”原因何在的问题。它说：“本州入境以来，处处驻马纵观，其已经播种者皆系熟土，而新垦之地甚是寥寥。求其不垦之故，必有一种苦情。或畏开垦之初豪户见阻，或虑垦熟之后故主出认，或地头里役人等需索杂费，皆不可知。”州官要民人“凡有难垦之情，速来陈说。”这位州官可能还是比较讲求实际的，想去解决豪户见阻、故主出认、里役需索等问题。但实际上，垦荒中官府的虚报邀功，对垦荒、对人民危害更大。清政府对各级官员在垦荒中成绩有考成制度，州县官以至督抚凡一年内垦荒若干者，或纪录，或升级。这一政策旨在鼓励垦荒，而其弊端则造成官员虚报成绩、民人增加田赋负担。约顺治末年，上述《示谕抄录》中的第44篇，河南巡抚的一篇告示颇能说明一些具体问题。其重要段落如下：

“为严禁勒报地亩，以苏残黎事。

照得中州百姓，连年垦地固多，自十五年奉旨清察，自首季垦，已经尽报无余。年来水旱频仍，所收尚难糊口，又兼两年并征，小民输办维艰。切肤之患，尚顾不暇，岂有余力，再事开垦？但恐不肖有司，谬循季报之例，图邀记录之功，不论开垦之有无，勒民强报，罔恤黔黎之疾苦，按户悬栽。又恐积蠹里书，借季报之名目，为索诈之由头，称不遂意，暗捏地数入册。斯时地方罹灾甚多，百姓穷苦无告，倘官役不体民瘼，穷黎必至逃徙，而已熟之地将见复荒，安望久荒之地复能成熟也？一至民逃地荒之后，钱粮逋欠日多，各官考成尚难免于参罚，又安望记录之能幸致也？民累即是官累，尔各有司但未熟计耳。”

这位巡抚要求所属官吏不得勒民强报或暗加悬栽垦荒数目。

又一篇河南巡抚的告示则以为荒地捏报熟地，亦有百姓自报者，这是因为，“揣愚民之心，不过因向来旧则行粮，有二亩而折大地一亩者，有三四亩而折大地一亩者”，恐钦差御史前来丈量荒地增加亩数而报为熟地。巡抚对百姓说，钦差来了，不会“吹求以作强民之事”。但事实上，钦差清查，就是为了扩大财政军饷来源，丈量时就不免有“短缩弓步”以求“足额”的情况。但这位巡抚还指出，虚报垦熟之地“多不在绅衿而在里民。里民何辜而受此赔累”，可见垦荒中弊端多由平民承受。

第45篇告示更加直率地指出了为图官员自己升迁而不顾百姓死活的行径：

“照得开荒一案，关系考成，多则论功，小则注劣，此定法也。但迩来朝廷建一功格，有司即增一膻途；有司增一膻途，小民即增一死法。苟利功名，走之若骛，虽毙数百家之生命以自徇，所不顾也。如一闻钱粮全完、不论俸满即升之例，各处有司急图升转，无不严刑酷比，多有毙民杖下者。一闻垦荒叙绩之例，各处有司无不家栉户比，坐以荒田，勒使开垦，多有不顾怨谤者。独不思尔要功名，百姓也要性命；尔图眼下富贵，百姓也图日后平安。若以力不能垦之田，逼之使垦，姓名入册，转眼即是三年，万一钱粮征比不来，后官岂肯代为任过？则捏垦之罪，较之不垦尤重。”

所以，官员报告的开荒成绩与实际情况可能有很大出入。上述河南的告示已经说明虚报在所都有，出示人所表示的态度是要求不使平民过于赔累。而顺治十五年九月时任河南巡抚的贾汉复上报“清察开垦荒地共九万余顷，每岁约增赋银四十万八千余两”，得到皇帝的奖励，但据今人研究，却完全是虚报①。顺治十六年河南察荒御史实地查勘，“但见荆榛满地，一望无际，周围三十里内，庄房倾圮，人烟断绝，荒凉凋残之状，令人触目伤心。”② 可见实际情况之悲惨。

清初社会凋敝，另一些示谕也颇有透露。如归善为广东惠州府首县，但“房宅损坏”、“日久无人”，致地方官不得不招徕民人归来，各认原址，各划草莱。某县逃民以官钱私债逼迫，逃民 147 户，而归来者又有奸民“霸占其业不与”。一位巡抚在示中承认：“豪强多种无粮之地，而小民反纳无地之粮。”另有一知县为编审户田而述当时之弊说：“本县承乏兹土，编户仅一十九里，而其中偏枯舛谬，不可胜言。甚至一甲而寥寥数亩，一甲而积亩数千。无怪阡陌连田而膏腴坐拥，立锥无地而烦苦莫支。”可见农村之贫困，负担之不均。

这些示谕所显示的另一较突出的内容，是官府对人民的勒索。一篇陕西巡抚的告示说：贪墨之官

> “或假上司按临，或借兵马经过，或指军需紧急，正项不敷，或托修理钱粮，原无额设，种种借端生发，洒派民间。糜于公费者二三，饱其私囊者七八。甚或下司馈送之礼，上官渔猎之资，无不派之闾闫。此富者之所以贫而贫者之所以去也。”

一篇广东巡抚的告示，历数广东之苛政。一为四季征派工匠，南海县此项征派，每米一石，派银达一两三钱六分。二为

① 据郭松义《清初封建国家垦荒政策分析》，《清史论丛》第二辑，中华书局1980年版。

② 据郭松义《清初封建国家垦荒政策分析》，《清史论丛》第二辑，中华书局1980年版。

新岁花灯及衙门执事等项，俱派之民间。“官府放灯而使民减衣食，官美仪从而民益追呼”。三是点解逃人路费。壮快人等，自有本等工食。县官拿获逃人，则可得到记录。借端科派于民，是使不窝不匿之平民受逃人之害，而官及书吏反受逃人之利。这位巡抚说：“为县令者，既有亲民之责，当推父子之情。至暴莫如虎狼，犹不忍自食其子。乃为民父母而不顾小民之生死，日以浚膏吸髓为事，是虎狼不若，而犹得谓之官乎？”他提出：“禁革滥取滥应之苛政，以留未逃未死之残民。”

有一位广东琼崖道在收阅县民呈词后告示说：“甫展卷而神怆，及终篇而泪落矣。”他没有列举事实，只是概括说：“据陈该县杂派种种，几于抽百姓之筋，吸百姓之髓。”“残忍至此，据法自应参揭”。但他只发了一阵警告和叹息，说：“嗟哉琼民，不死于刀兵水火之中，必死于贪官污吏之手也。言之痛心，泪随笔下。”

有几篇地方大吏的告示专指官府勒索商民。清初弊政，旗人取用商户，每不给价或少给价，见诸《实录》。从这些告示看，地方官以“官价”向商户取物，也是在所常有。康熙早年一位甘肃巡抚告示说，本部院

“自下车以来，目击地方穷苦，时时轸恤在怀，期登丰裕。近察得本院衙门，一应买办簿内取用各物，虽见发银两，毫不亏欠，其间开注价银，俱较时值短少，循仿从前陋规，名曰官价。”

一位陕西巡抚的告示自称，他服官以来从未以官票索取一物，“自入秦疆以来，凡日用米面蔬薪等项，登注红簿，现给纹值，较之平价，宁浮无短。”而他的属下各衙门

“动发官票扰民，滥用行户支应。舞文胥役，指少派多，畏

法间闫，将无作有。及至迁延岁月之久，所发价值，多与蠹役中分，甚至有候领无期、分文不给者。复有掺换潮银，铅多镴少，名为全给而实不得其半者。种种情弊，实难枚举。……名为官取，实同盗劫。”

又一位表示要严禁官价剥民的官员有如下一段告示：

“本部院下车之初，即行首先禁革。淮阴近地，凛凛奉行，未有复肆渔猎者。但本部院时行密访，备知维扬一带，此风甚炽，不待缎铺诸商呈诉而始悉其弊也。乃缎铺之困苦为尤甚。近时丝价高昂，数倍往昔，而蟒缎织金等物，其价更复不赀，常有官买一物，而行户赔至数金至十数金者。况所用不止一匹，所取不止一官，商力几何，其能堪此？更可憾者，官之溪壑易盈，役之饕餮难餍。或假公以济私，或借一而冒十。……更有不发官票，径行擅取，真假难辨，多寡无凭。不发则恐或逢官怒，发之则疑白被役侵。此中奸弊，更无穷极。”

近见清人笔记中也有一则类似资料，记康熙二十八年闽南一位官员的告白：“新任分守道王示，禁白取行户，内云：民犹子也，既有亲民之责，当推父子之情。天下无欲死其子之父母也。乃居民上者，顾不念小民之生死，日以浚膏吸髓为事，尚得为之父母乎？”①。其内容与文句都与上述广东巡抚谴责苛政的告谕相近。看来这些勒索虐民的行为是相当普遍的。

清初，郑成功雄踞闽台，至康熙二十二年而被削平，至此而全国统一，是康熙帝一大功业。在此过程中清政府实行禁海、迁界政策，曾使沿海居民尤其是闽粤居民付出了不小的代价。禁

① 陈鸿、陈邦贤《熙朝莆靖小纪》，见中国社会科学院历史研究所清史研究室编《清史资料》第一辑。中华书局1980年版，113页。

海迁界对于统一台湾的大业，共实是利弊参半的。谕示中的几件显示了具体的情况。

管理广东海南岛的最高官员——琼崖道的一篇申饬属员应该“良心自省”的告示提到禁海后人民的遭遇说：

“琼属处巨海之中，向恃洋贩鱼盐为利。自禁海而后，洋货绝矣，内贩无矣。区区港河港濠之鱼虾，稍堪网罗度活，又为奉行者不善，文官禁锢，武弁拿讹，小民生计尽绝。至于槟榔之利，或有或无。香木等货，是黎非民。赋重民逃，田多荒芜。中上之家无几，贫窭之户甚多。”

广东总督的告示谈到由于“海氛不靖”而产生的社会问题：

“照得粤东一省，自海氛不靖以来，父子流离、夫妻拆散者，不可胜数。……饥寒自鬻者有之，营债逼售者有之，钱粮迫弃者有之，词讼陷卖者有之。近又为迁海失业，无计资生，以致夫卖其妻、父鬻其女，弃骨肉以延残喘，忍耻辱而救夫亲者，其颠连困苦之情，尤可悯恻。”

这位总督虽有恻隐之心，但并未提出高明办法，只是要求“粤东妇女仍卖于粤东”，不得卖到外省，以便将来“否极泰来之后，或有珠还镜合之时。”

由于禁海迁界引起人民生计之困难，冒死出洋的人也在所都有。一篇自称“本司”的官员劝诫警告说，商民离乡背井，只是为了生计，违禁偷渡，就有倾家陨命之罪。他说：

“本司莅任，方及一载，而审阅洋犯，不下数起。其中虽有被诬妄拿之案，而人货两获者，……审勘之时，亦有本省愚民，亦有各省贪贾，皆系贪嗔亡命之徒。代为尔等思之，厚利既不能获，而身首丧于异乡，父母妻子今生不能团聚，仍将家财查没入官，甚为尔等追悔，甚为尔等怜惜。”

沿海人民以出海为谋生之一途，断绝了这条生路，一些人就会铤而走险，“越界潜出，投归锦舍（指郑经——郑成功之子），充当兵卒。”① 另一方面，一般人虽然片帆不能出海，而闽粤藩府中人的官僚仍可做海外贸易。民人不满禁海政策之始作俑者，传说献策者一夜之中呕血而死。

这批谕示中一篇很有趣的文字是，在禁海的严令之下，琼州府因灾严重缺粮、总督从权准许航海以救饥荒的告示。这件事，在当时必定事关重大，总督似乎冒着杀头的危险而行，但史志未载，值得稍作介绍。告示说：

“照得粤东自禁海之后，商贩船只久矣不通。功令如此，谁敢陨越！但今琼州一府，孤悬海外，去岁连遭飓风霪雨，禾苗豆粟尽皆漂没，民不聊生。又以海禁森严，不敢出疆告籴。合郡兵民，向则嗷嗷待哺，今且奄奄待毙矣。该地镇道等官，各以时事可危，纷纷代为请命。又且情词迫切，非曰旦夕不能苟延，即曰死亡今已叠见。本部院批阅至此，不觉寒心。兵民饥困若是，而不早为区处，直至临危告急，非地方文武之过而谁之过欤？……即此飞章入告，请与疏通，而粤东去京八千余里，若非经时累月，岂能获见纶音！窃恐候至彼时，虽有救荒之粟，民不得而食之矣。然而航海有禁，赍盗可忧。未经请旨而遽为开籴，矫诏之罪，万万难逃。是兵民安则本部院危矣，本部院安则兵民危矣。与其危数十万之生命，时削邦本之可忧，不若危本部院一人，明示国法之为得也。”

这位总督于是制定具体办法，特别准许琼州界内航海至特定地

① 陈孔立主编《台湾历史纲要》，九洲图书出版社 1996 年版，89 页。

方买米，数量由地方官按人口填写，船只编号，官兵押送。如任何兵民人等借机将米粮接济海贼，则一律处死。他表示："今本部院一面开粜，一面具疏上闻，自陈愚鲁擅便之罪，静候皇上处分矣。"

在琼州饥荒之际，自署"本厅"的一位同知或通判出了一份赈粥救灾通告，赈粥办法写得十分具体，在赈粥两个月中，这位官员也同在棚中喝粥。这也是一篇难得的文字。示中说：

"上失其道，黎民阻饥。不但米石玉金，即今椰榔各树尖芽，摘食殆尽。嗟我琼民，其何能孑遗耶！此皆牧民者之罪也。"本厅力请于上，多方募劝，得米若干石，可充二千人两月有半之粥。自今日起，设厂晏公庙旁。前后置密（篾）棚，棚内厨房六间，官篷三间，沿篷置鹿角栏杆，两篷周匝。栏内置大水缸数十口盛粥，栏外站立饥民，栏上杂置盐菜等物。先一日，本厅亲自验米给做工人。次日黎明煮粥。辰刻击锣一回，本厅到厂，饥民齐集庙前，本厅亲验。其中有瞽、跛者、病者、老不能健行者，皆坐庙外，本厅亲督各役先给四项人，各粥二升，钵具官备。……击二回锣，本厅亲诣庙前，点名给签，……手执瓢杓，督同各役，隔栏给粥，人各二升。小儿怀抱，各给一升。钵具官备，盐菜任意取食。散讫，击锣三回，本厅归署。"

以上是这位官员赈粥救民于不死的办法。至于他自己：

"本厅每日初到，谒神四拜，向饥民八叩首；散讫，再向饥民八叩首，以谢不职之愆也。……自本厅下至门皂舆夫，皆不许别带饮食，即同用水缸内剩粥。……吁嗟乎！为人上者，先之不能燮理灾沴，俾无水旱饥馑，次之不能薄敛省徭，使民妇子相养。乃至无食颠连，携扶老幼，奔走道路，沾糜糊腹，泥面涩甲，千百为群，拥挤踣侧。为民上者，自顾清夜，何以为心！虽使两月有余，同饱缸中之粥，共啖栏头之盐，为人上者，亦愧死矣，尚何颜以对此千百之饥民哉！”

在旧社会，赈饥是一件大事。我幼年时常听祖父讲一位清官用筷子能直立其中的稠粥赈济穷民，使他们回家能把一碗粥煮成两碗的故事。这位琼州府官员尽管有些自我表扬的气味，但在当时或后来，必定是传颂于民间的，只是方志失载而已。

官府示谕中对下属、员役、土豪等人的告诫，反映出许多社会情状。

如保甲，顺治入关之初就开始实行，其目的是弭盗防奸，巩固统治。但据顺康时一位道员的告示，保甲制度往往有名无实：

“每见从来奉行此法者，往往不本实心，虚应故事。不过十家一牌，书写姓名，官府经过，挂之门首，官过则撤，州县官并未汇造成册。即使造册，亦绝不一寓目，不一关心；虽遵奉上行刊刻成书，徒以供覆酱瓿、充废纸之用，岂不可惜！甚至经年累月，只此一牌，并不一查，并不一换，真成故套。”

保甲法之成为虚套，除了官员执法徒有形式外，有的还出于爱民，是为了避免“东人”之祸的牵连。被满族俘掠的汉人奴仆，入关后逃亡，被捕获者和藏匿其人者都要受到极严酷的刑罚。而被诬称为藏匿者之左右邻居、甲长地方都要牵连在内。这是顺治和康熙前期的一大秕政，被任意扳引牵连者，往往“有家破家，有命丧命”。所以，这位道员的告示认为：“有一种人真心爱民，以为清查既明，姓名在册，万一有东人干连，则两邻甲长地方等，无一得免者，不如含含糊糊，犹有展辩出脱之地。此贤者之仁术也。”

古人常以“政简刑清”为政治之理想。一位知县在告示中说，有些人窥见他“乐静喜恬”，“遂起阴煽阳扑之端。或藉讼以诈财，财诈而悬息。或托势以销状，状销而复兴。或捏干证之名，或托里邻之口。原不通被，被不通原。罔畏电雷之章，擅弄魍魉之影。即于死生至大之事，视为真伪倏翻之情。”这是一些人喜借词讼以翻云覆雨。但对小民，告状每被视为畏途。一位道员的告示中提到，有黄玉其人，状告黄鼐等，“本道庭鞫时，争之甚力，及批府审，而玉、鼐拦舆告息，是何说乎？非畏府审迁怒，则畏县官拿处，故尔魂摇胆战，宁求勿审，不敢以身家性命尝试也。”

官府中的员役为非作恶、鱼肉良民，在这些告示中也多有所反映。一位漕运总督告示说，他在水路上、城市里，见到拿着他的牌额、灯笼的很多，他说这必是衙门人役、标下微员“假窃威灵，虚张声势”以“吓诈小民，鱼肉良善”。一位官员指出，一些衙门巡役往往和私盐贩子串通，“借倚腰牌，巧为护符，利诱乡农，百十成群，代为挑运。一遇盘诘，则借口捉获私盐，是缉奸者反作奸，而知法者更骫法”。一位任青州道的官员为警戒衙役写了长篇大论，批评他们各种不法之事：“或经管钱粮而侵挪上下，或奉行公务而妄派苛求。遇讼事则舞文济奸，奉拘题则串通卖法。至于捕役，收强窃月钱之利，借侦逃缉贼之名，失事则擒获无闻，捉人则私行酷拷。”现在一批衙役已受惩处，“或流徙，或远戍，或绞或配”。一名青州府快班赵某，当年八面威风，人称赵四太爷，“他便以太爷自居，上下各衙门之事都要管到。”现在犯了事，全家受苦，他要求“把赵四太爷做个榜样，大家儆戒儆戒！”

小民不但怕官怕役，更加怕兵，康熙三年，为防备郑成功郑经而驻于苏州的大兵，奉旨撤走。苏州“城外及乡居士民，虑其经过留连，预为周匝之计，携家而避者纷纷。”这时，过境所在的一位县官写了一篇告示，先发感慨和表白：

“夫人既奉朝廷铨简，俾得一方司牧，则茧丝保障，必所优为。若止能敲扑催科，而于应接兵戎之事，莫之预理，以致兵马有需索之烦，居民受骚驿之苦，甚至家赀有失，妇女贻羞，则是此一人者固为民害所基，有此一官不若无此一官之为愈也。”

他表示已准备好措施，要百姓不必逃避，已逃的，速速回家安业：

“本县虽乏长才，犹能酬应师旅。自闻报之日，即将供应需用之物，先期措办，宁多无少。现贮于城外空房，候大兵过境之日，取之如寄……今拟于大兵入境之日为始，本县不分昼夜，尽在城外料理，直至出境之后方才回署。尔民自可安心，勿生疑畏。”

明清两朝的漕运是国家的大政，是要把南方的米粮通过水道艰难地运往北方，供应皇室以及官员们食用作为俸米。明代的卫所军原是正规军。后来成祖北迁，南方的卫军的任务变成运粮。清承明制，设立督理漕运的总督和各级官员，还有数以万计的运丁，也称为旗丁。他们也就是原来有漕各省卫所的兵丁，他们有卫所屯田的收入，但被派去运漕粮，就不免亏空。“由于运丁差役繁重，人多设法逃避，故编审之时特令清查隐匿，勾稽潜逃，必使归卫藉以备佥运。”① 这批“谕示”中载有一位

① 李文治、江太新著《清代漕运》，219 页。中华书局 1995 年版。

粮道的告示，想革除佥报运丁中的积弊，胪列其中的几大弊端说：

“本道往来兹土，游宦有年，洞悉佥甲之弊有四。

凡值佥丁之时，各卫奸识访知某系运户子孙，某系食粮弟侄。或串腹党，或托故交，借佥报之名，陈说利害，勒索银钱，不餍不已。其名曰薰。

再或佥报以后，行票拘提。新丁自知不能脱逃，买嘱奸识，或捏屯快，或称赤贫，移甲换乙，捉张放李。上官被其欺诳，小民受其鱼肉。其名曰卖。

又或已佥旗丁，其有认状。发帮以后，或央情面，或行贿赂，捏以老病贫疲，假以官舍；或借失脚落水，有不肖运官，希图包代，恣意勒索，将军牢之名代为照管，因而兔脱。其名曰放。

甚有一班世藉卫军，后家富饶，虑其佥报，百计修为，遇节则有礼物之馈，岁终又献以常例陋规。积识大张罗网，深受其贿，胜如置买田产，无论丰歉逐年丰收。其名曰烧香。”

从这位粮道告示中可以看出运丁逃避出运的种种手法。尤其值得注意的是，出现了一种“奸识”。这类人专靠佥丁中的弊端做手脚，从中得利。粮道的告示说，由于这些弊端，“以致佥报新丁十名，实在帮领运者，不过三二人耳。因之年年积缺，岁岁求佥。”他要求据实开报。“倘经开报，即使百计夤缘，亦不能逃。倘不系运丁，如有奸识挟骗，立即击鼓喊禀，以凭拿究。”这大概不会有作用。漕运，包括佥丁中的弊端，在清后期同样存在。

册中有关文风、月课、考试等的告示不少。有两篇学道为举行文会、月课的四六骈文。比较值得重视的是学道饬勉诸生讲求气节自重自励的戒谕。这位官员批评了一些现象：

> “士习日偷，坊表扫地，蝇头所在，走如鹜焉。于是柔声厚貌，献谄公地。冠盖遥临，则鞠躬长跽；祠碑上寿，则攘袂争先。嗟此青衿，有同狐猸，良足羞矣。”

又批评一些士子与下等人为伍：“结纳胥椽之欢，借盘餐以通好，笑本强而夏葵，遂使伍伯贱隶，抗颏叫呼。”他说，定鼎初年，文人遭骄兵的欺凌，现在圣天子垂意右文，文人应该自重。此外，告示中所写关于玩花灯的热闹场面，关于江宁人每因细故轻生，关于常熟游僧“藕碧莲红”的异服等情况，都包含着丰富的社会史料。

以下将《谕示抄录》中各篇，大略分类编列，各以内容标题；原题及原编次号附于题注。

（1）禁海禁邪教禁抢劫等六件

本司为禁海法令森严百姓商贾勿射利出洋贪痴罹法示①

为愚民射利出洋，贪痴罹法，晓谕唤醒事。

照得尔商民持本贸易，离乡背井，弃父母，抛妻子，止不过为肥家计耳。然何地不可往来，何省不可贸易，而必欲冒险出洋，甘心罹法乎？且人穷通有命，不可强求。

① 原题“诫谕出洋愚民示”，原册中列为第56件（以下只括注数码）。

如命运亨通，虽本少货微，就近兴贩，一朝凑遇，亦能发迹。如命运不通，虽百计营求，非遭风覆舟，即遇盗被劫，何况违禁偷渡，乘舟於汪洋大海之中，一旦被获，自蹈于倾家陨命之罪乎！

本司莅任，方及一载，而审阅洋犯，不下数起。其中虽有被诬妄拿之案，而人货两获者，如俞黑之、方景之、张老五、杨子元、唐大、秦元等。审勘之时，亦有本省愚民，亦有各省贪贾，皆系贪嗔亡命之徒。代为尔等思之，厚利既不能获，而身首丧於异乡，父母妻子今生不能团聚，仍将家财查没入官，甚为尔等追悔，甚为汝等怜惜。

然本司虽有恻然之心，其如国法森严，不能为汝等宽宥。惟有劝勉唤醒，以杜将来，毋致愚民再罹重法。为此示仰百姓商贾人等知悉。务须仰遵本司苦口之言，各安本分生理，不得贪痴妄作，再想出洋，以致身家莫保。猛醒，猛醒。须至示者。

河南巡抚为禁白莲等邪教附从者速行解散示[①]

为严禁愚民崇尚邪教，以遏乱萌事。

照得左道异术惑世诬民，为首绞辟，附从流徙，载诸新例，何等森严。无奈愚民不知醒悟。殊不思圣贤立

① 原题“辟邪教”(68)。

教，原自明白正大，舍此而下，即为异端。从古以来，妖言惑众之徒，邪道倡乱之辈，代不乏人。始因无籍之景从，遂成燎原之难扑，以致流祸郡县，荼毒生灵，草窃一时，终膏斧锧。历观往事，亦邪教害人之大较也。

中州川原辽阔，地芜民贫。奉法治生，是其本分。乃有无知愚民，厌常喜异，弃正崇邪，皈依白莲、大成、星夫等教，闻香聚会，男女混杂，阳修善事，阴构异谋。近日许田、洧川之变，实起于此。若不尽绝根株，恐贻将来隐祸。又怜此辈无知，皆我赤子，安忍不加劝诲，但以法绳？

合行出示禁谕。为此示仰抚属军民人等知悉。示后各宜悔悟，改邪归正。附从愚民，亦当速行解散，各务农业，毋得三五成群，夜聚晓散。但看守正者有妻孥生聚之乐，信邪者有死亡流徙之苦，转移只在一念之间，苦乐遂有天渊之隔。清夜猛省，勿再执迷。

本道为严禁对投诚人等执愆报复示①

为嘉与投诚、严禁挟仇妄告事。

照得难民陷身逆党，多因被掳被胁，势非得已，情实可矜。兹黄沙窝投诚李某、抚目黄某叶某等，归化自新，已行安插得所。此皆本道仰体朝廷赦宥之恩，矢心招抚，故能反逆归顺。无论远年近日一切罪过，咸与豁

① 原题“禁民妄告投诚”(22)。

除，即实在受害人等，亦当听从劝谕，解释前冤。总之以本道招安为超度忏悔之缘，毋得谬执前愆，为甘心报复之计。倘有仍挟宿忿，入笠深求，或从其解散而张罗置网，或摭其往事而索瑕求疵，有一於此，查实法究。

总之身在贼营，所行必无好事；名登顺册，诸凡悉置罔闻。前此虽系冤家，今日皆吾赤子。纵不能扩尔等之量，亦当推本道之恩。自示以后，如有生端构衅、不遵劝戒者，即以诬陷良民治罪。间有朦赴督抚告准者，本道即具详重处，决不宽贷。

本司为斩决纵火抢劫犯示①

为晓谕事。

照得康熙十年五、六月间，二户长龚二等，身带火器，乘机放火，烧毁居民房屋，希图抢劫资财。当获审实，定拟斩罪，详院具题。部覆奉　旨依拟，监候在案。值今秋审，因其情罪重大，本司会详应决，蒙督抚部院会题，奉　旨准到部咨，于本月二十一日牌行到司。随行该府，将龚二、左大、王二等押赴市曹斩讫。

查刑人於市，与众共弃，理合示知。为此示仰军民诸色人等知悉。奸宄伏诛，谅舆情之共快，群凶骈首，昭国法之无私。从此恶人胆落，务宜革面洗心，良善安生，永保无咎无灾之福矣。特示。

① 原题“斩放火凶犯晓谕军民示”(54)。

本司为严禁藉火抢夺示[①]

为严禁藉火抢夺以昭　国法事。

照得居民失火，本系天灾。当此之时，烈焰飞腾，心胆碎裂，屋既付诸灰烬，所有衣囊什物，尚可搬移寄顿，留资一线余生。是以仓皇失措，取东弃西，顾此忘彼，此等急状苦情，本司无不深悉。乃有一等极恶奸徒，非但不肯救援，又且幸灾乐祸，乘机夺抢。如此巨恶，蛇蝎为心，比盗尤甚，合行严禁。

为此示仰百姓人等知悉。嗣后设有火灾，本司即令南北二捕官及上、江二县，亲行督救，四周巡视，使尔百姓从容搬运。如有前项奸徒乘机抢夺者，当即立拿追究，以放火抢劫之大辟罪之。龚二、左大等榜样具在，骈斩于市，共睹共闻，非止空言恐吓而已也。尔百姓亦宜协力擒拿，无使兔脱。特示。

本县为止讼安民示[②]

为申饬止讼安民之规，严惩诡息养奸之弊，以杜欺瞒、以防刁黠事。

照得本县忝膺亲民之寄，常切保赤之怀，首务解忿息争，以期刑清政简。下车伊始，出示通知。虽不能使民无讼，亦不至讼狱繁兴。每当批牍，不亟濡毫，虽情

① 原题“禁抢火示”（55）。
② 原题“禁词讼”（24）。

真事确，仍再思而行。遇告息求和，不待计而决。区区片念，在在期乎。

不料上理未臻，流风滋溺。因窥乐静喜恬之志，遂起阴煽阳扑之端。或藉讼以诈财，财诈而恳息。或托势以销状，状销而复兴。或捏干证之名，或托里邻之口。原不通被，被不通原。罔畏电雷之章，擅弄魍魉之影。即于死生至大之事，视为真伪倏翻之情。解铃系铃，原出一手；欲生欲死，岂伊异人。巧设津梁，工填欲壑，殊为可恨。

为此再行申饬。嗣后凡有禀息状词，务要犯证各正身，当堂面递，以便审息，立断葛藤。务使两造心平，无滋蔓草。敢有故违，仍前欺准诳息者，定拿本犯严惩。

（2）招抚兵民逃亡五件

本厅为琼境军兵缺粮逃散劝谕速归示①

阖琼民米实熟者，不过六万。六营所食，乃逾九万。纵有压欠，皆协饷不时之过，岂司兵者责？汝辈竟舍二十年来日夜抚循之老主帅，一但（旦）遁去，中野徘徊，

① 原题“谕六营逃散各兵”（19）。

不即就伍，将欲何为？

虽然，本厅又何忍不曲为汝谋，而空劝汝回，依旧忍枵腹之苦？不见汝等去后，本厅即亲诣汝等家中，查问汝等妻子，亲见汝家瓯无斗粟，室有饿雏，汝等妻子见本厅泣下，本厅亦为泣下。似此景象，谁忍怪汝等遽去？本厅冷署，素无蓄储，汝等所知。彼时即为汝等家置米若干斗，银若干钱。夫此些须钱米，岂能便求汝等妻子之饿，但示痛苦相关之意而已。随向汝总爷处再四恳求，借银若干两，并向府库贷银若干两，备给汝等一两月之饷，虽岁计不足而月计有余。刻下申文催清协饷，早晚定有至者。逐渐过去，胜似野处离抛妻子，翱翔河上也。

汝等披坚执锐，效死报　国，已历二十年所。赣城坚守，天下知名。今因缺饷之故，率尔荒野。万一草盗奸黎乘机抢窃乡村，风闻讹传，汝等在外，何以自解？不如早归城中为万全也。本厅素为汝等所信，一钱不爱，一字不欺者。其言如是，汝等以为何如？望之望之，勿再迟疑，致生后悔。特示。

本部院为劝止士民逃散操练御侮谕[①]

为安集人心、鼓勇御侮事。

照得本部院治兵有年，习知贼情久矣。自莅任以来，

① 原题“止逃民谕”(20)。

諭六營逃散各兵

閩邊民未實熟者。不過六萬。六營所食。迺逾九萬。縱有壓欠。皆協餉不時之過。豈司兵者責汝輩竟忍舍二十年來日夜撫循之着主帥。一但遁去。中野徘徊。不即就伍。將欲何為。雖然。本廳又何忍不曲為汝謀。而空勸汝回。依舊忍捱腹之苦。不見汝等去後。本廳即親詣汝等家中。查問汝等妻子。親見汝家。瓶無斗粟。室有餓雛。汝等妻子見本廳泣下。本廳亦為泣下。似此景象。誰忍怪汝等遁去。本廳冷署。素無蓄儲。汝等所知。彼時即為汝等家置米若干斛。銀若干錢。夫此些須錢米。豈能便救汝等妻子之餓。但示痛楚相

劝谕因缺粮逃散军兵速归示

行文各府州县，俾劝尔乡市士民，各训练本里子弟，以自固其圉。此古人守望相助、御寇之良策也。

闻尔士民，愚顽成习，不知上紧。今一旦听闻妖语，风声鹤唳，便为摇动。不知小人诡计，专造虚言恐吓，待尔民逃窜离家，则室中所藏衣食，尽为所掳。但得尔民十百成群，操练不走，贼亦人耳，谁肯舍身近前，与尔相斗？尔若不信，试遇恶犬，尔若疾走，即便咬伤，尔若站立不动，犬自寂然远退。贼之智，犹犬也。今特传谕乡市人等，急将前谕，每里自报一人，照依县操队伍，派定成阵，明日即可杀贼。逃散则人稀势弱，派定则人聚势张。大敌尚不足畏，视彼土贼，若砧上肉、釜中鱼耳。尔众其信本部院之言，勿生疑畏。

本县为大兵过境已措办供应士民不必逃避示[①]

为晓谕事。

照得江南，新奉特　旨，撤回防苏大兵，船只俱齐，启行在即。闻尔城外及乡居士民，虑其经过留连，预为周匝之计，携家而避者纷纷，使本县闻之，不胜浩叹。夫人既奉　朝廷铨简，俾得一方司牧，则茧丝保障，必所优为。若止能敲扑催科，而于应接兵戎之事，莫之预理，以致兵马有需索之烦，居民受骚驿之苦，甚至家赀有失，妇女贻羞，则是此一人者固为民害所基，有此一官不若

① 原题“禁民避兵示”(21)。

无此一官之为愈也，朝廷何取而畀以民社、百姓何所德而呼为父母乎？

本县虽乏长才，犹能酬应师旅。自闻报之日，即将供应需用之物，先期措办，宁多无少。现贮于城外空房，候大兵经过之日，取之如寄。且防大兵停泊城外，本县深居署内，早晚或有取给，必有呼应不灵，则尔城外居民，闻其大声疾呼，未有不震恐而踌躇者。今拟於大兵入境之日为始，本县不分昼夜，尽在城外料理，直至出境之后方才入署。尔民自可安心，勿生疑畏。况大兵防苏日久，将军纪律素严，又尔民所熟悉者，岂有在此则相安，而临行忽纵佚者乎？

为此出示晓谕。自示以后，尔民未避者，其各安居；已避者，速归安业。如有不信晓谕、仍前窜移者，是视本县为民害所基、虽有若无之官矣。立拿严究，决不姑贷。须至示者。

本县禁霸占逼债招抚逃民来归示①

县内逃民，一百四十七户，以官钱私债逼迫故。本县下车未逾月，而挟其妻子来归者十有三户，岂非以本县为能劳来安集之耶！如孙一增、孙一蛾等复业，而奸民有霸占其业不与，致此抱牍辩控，本县大有鸿雁黄鸟之感。

① 原题“招抚流移示”(23)。

禁民避兵示

為曉諭事。照得江南。新奉特旨。撤回防蘇大兵。船隻俱齊。啟行在即。聞爾城外。及鄉居士民。慮其經過留連。預為周匝之計。挈家而避者紛紛。使本縣聞之。不勝浩歎。夫人既奉朝廷銓簡。俾得一方司牧。則繭絲保障。必所優為。若止能敲朴催科。而于應接兵戎之事。莫之預理。以致兵馬有需索之煩。居民受騷驛之苦。甚至家貲有失。婦女貽羞。則是此一人者。固為民害所基。有此一官。不若無此一官之為愈也。朝廷何所取。而畀以民社。百姓何所望。而呼為父母乎。本縣雖乏長才。猶能酧應師旅。自聞報之日。即將

大兵过境民不必逃避示

有仍前霸占，及以官钱私债逼使失所者，从重究。本县即无能为小民修安堵异政，此等情状，定不难为尔等主持。

惠潮嘉道为归善县城荒芜招徕民人复业示①

为招徕复业事。

照得县名归善，善则可归。尔邦既为首善之地，此时又遇劝善之官，尔等不归，更复何待？闻此城向称欣乐，今观其气象清新，风水灵胜，但房宅损坏，须费绸缪。本道念切民依，恐此等基地日久无人，则为荒草湮没，或成废土，或报入官，殊为可惜。昨本道亲阅城廓，巩若金汤，周视户牖，尚堪经理。尔民与其图新，何如仍旧。

为此示谕各原主知悉。即便查照归日基址，各自认识，稍稍葺治，便可安身。如或一时难于创造，许尔民各划草莱，竖画原址，渐图起盖。但不得越过尺寸，致启争端。尔不侵人，人亦不敢侵尔。此本道一片热心，亦绥辑地方之亟务也。

① 原题“招归善县难民”(40)。归善为惠州府及惠潮嘉道驻所，示中自称本道，推知出示人为惠潮嘉道。

（3）垦荒均粮八件

本道为徭役不均应照粮数当差示[1]

为严禁漏富差贫以苏穷民积困事。

照得民徭之重，今实堪忧，力役之征，古所不免。处今日而欲民安耕凿之常，不叹差徭之苦，此必不得之数也。但照粮米当差，富者役多，贫者役少，尚于困苦之中，犹享均平之福。乃有粮多顽户，惯使安逸之钱，不任繁劳之事。或借庇于乡绅，或冶情于游客。或倩衙蠹舞文，或迎劣衿抗法。将上手苦役卸之下手，贫民李代桃僵，莫可控诉。甚有以里催见年等役，十年一轮之差，亦自宦户、生员户求情托免者。是单户小民永无息肩之日，而素封大族常偷高枕之安矣。

兹本道莅任伊始，一切民困，誓与蠲除，而均平户役，其首事也。除牌行各属印官，以后轮点户役及签派民夫等项，不论绅衿百姓，俱照粮数当差，一概不准优免外，合行出示晓谕，示后如有贿嘱滥免等弊，许受害里民指名控诉，以凭严究。

① 原题“均役示”（38）。

本县为编审户田告成永定良规示①

为奉宪编审，详定均田，以苏民困以垂永久事。

照得则壤定赋，王制有不易之规；计产均输，编氓守一成之法。凡列版图，罔敢逾越。但民间消长不齐，户口增除靡定，故十年大造，以便推收，法至善也。

本县承乏兹土，编户仅一十九里，而其中偏枯舛谬，不可胜言。甚至一甲而寥寥数亩，一甲而积亩数千。无怪阡陌连田而膏腴坐拥，立锥无地而烦苦莫支。此从来流弊，极（积）重难返之势也。

本县待罪以来，稍有裨于地方者，实心举行。兹奉檄编审，与绅衿父老公议兴革，力行均里均田之法。通盘打算，每甲额田若干，务期裒多益寡，不至此绌彼盈。自夏徂秋，焚膏继晷，田亩参差，户田增减，皆亲自裁定，从无假手吏胥，并不稍徇情面。今榜册告成，详宪勒石，永定良规。不惟穷困免不均之忧，即素封亦无偏重之累。岂止贻美利於十年，或可垂善政于百世。倘有豪强抗法，专利而思阻挠，狐鼠作奸，凭城而滋花诡，本县盟心有素，执法如山，月旦之口易移，姜桂之性不改。知我罪我，不顾亦不问也。其各凛遵，永垂无敝。

① 原题“均田示”(39)。

本县为奖励开荒给予各项优待示①

照得农以力田为本业，以广植取饶。凡尔百姓，岁有应纳之官粮，日有必需之杂费。上自祭祀燕享，下及衣食婚嫁，事事要行，节节难省，务期田多业广，方取用裕如也。

今本邑荒田尚多，使富者能垦，则家道益增，贫者能垦，则妻孥有靠。赤身者能垦，便可有室家，以致富庶，流寓者能垦，便可为世业，以贻子孙。不费半价，而可得良田，陆续用工，而又得逫获。从长计较，开荒实为上策。况今农事伊始，雨旸时若，正宜及时开种，使秋成有望，千仓万箱，举家欢乐，此亦何等美事，而甘蹉跎过日！岂本县能为尔百姓谋，在尔等百姓反不能为一家谋一身谋乎？

为此示谕四十二里人等知悉。各相鼓励，有力者独耕多亩，无力者合本同开。其有欲垦无本者，着同约正具呈，本县借给牛种，俱照例三年起课。仍给照帖，以杜争端。如能垦逾百亩，即着呈报，本县定行赏红奖励，并免杂差。是尔百姓既得为务本之良民，又得受官府之优待。如此机会，万无坐失，转相传报，以观厥成。

① 原题“劝谕开荒”(41)。

本州为垦荒虽予优待而新垦之地甚少咨询原故示①

为开荒　旨谕叠颁，田野荒芜如故，新任者不得其由，畏垦者必非无故，合行咨询，以便兴行事。

照得开荒一事，叠奉　明旨，许以三年起科，又奉各上台宪示，凡属垦荒之民，一概免其差役，亦可谓有利无害，难得易失之机会矣。乃本州入境以来，处处止马纵观，其已经播种者皆系熟土，而亲〔新〕垦之地甚是寥寥。岂今鞠为茂草者，尽属槁壤石田，难施胼胝之力者乎？然必寸草不生、一锄难下，始称不毛之地，未有蓬蒿盈丈、鸡豕成群，能产野粒以活禽畜，不可种稼谷以养人民者也。

本州睹此茂林丰草，不胜为尔民叹息。求其不垦之故，必有一种苦情。或畏开荒之初豪户见阻，或虑垦熟之后故主出认，或地头里役人等需索杂费，皆不可知。至於农器耕牛，本州自能措处给发，小民何畏而不前？为此出示咨访，尔民凡有难垦之情，速来陈说。本州忝为民牧，自当为尔分忧。

河南巡抚为严察虚报垦熟地亩以杜民累示②

为严察悬报地亩，以杜民累事。

---

① 原题“咨访民情示”(42)。
② 原题“禁悬报熟地”(43)。

照得此番清查地亩，本部院数经告诫，又委道官亲诣劝谕，令民自首，立无罪地。诚虑清丈之后，荒熟不清，隐漏难掩，彼时地既入官，仍要科罪追租，穷詹小民，何以堪此。谆谆告诫，令有司共知，令百姓共见，不欲悬坐一亩之熟，亦不欲饰报一亩之荒，满望豫属州县，远迩共知。孰意近闻归德所属州县，有熟地而从实首报，间有荒地而亦捏报成熟者。揣愚民之心，不过因向来旧则行粮，有二亩而折大地一亩者，有三、四亩而折大地一亩者。恐　钦差不允照亩计算，殆意不小。殊不知各处地亩等则，大小原自不同，丈量绳尺，悉照旧行规则，已经户部题覆，奉　旨允议，本部院先据邸抄，即遵行所属在案。尔民果荒为实荒、熟为实熟，合算不亏原额，即　钦差御史前来，未有不悉民情，甘外等则，而别为吹求以作强民之事。尔百姓何必皇皇过计若斯！

第思此悬报之地，多不在绅衿而在里民。里民何辜而受此赔累！恐类此者，不独归德所属为然。若不严行清查，民害何除？合行出示确查，为此示仰抚属州县并绅衿里民人等知悉，各将荒熟地亩，从实首报，各处成熟见在实实若干，荒芜见在实实若干，合盘打算，既不亏额，又不累民，造册申报，自无后患。倘有司奉行不善，地仍有荒而饰报全熟、强民赔累者，该管道府即指名揭报，以凭题参治罪。若道府不举，尔被害之民，与其告辩与异时，何如具告於今日，本部院即与除豁，断不贻累。慎勿自相疑畏，甘受包荒，自罹赔累之苦，贻本部院以不美之名。尔士民其相信相谅，勿自贻悔。须至告示者。

河南巡抚严禁勒民强报垦荒田亩示①

为严禁勒报地亩，以苏残黎事。

照得中州百姓，连年垦地固多，自十五年奉　旨清察，自首季垦，已经尽报无余。年来水旱频仍，所收尚难糊口，又兼两年并征，小民输办惟艰。切肤之患，尚顾不暇，岂有余力，再事开垦。但恐不肖有司，谬循季报之例，图邀记录之功，不论开垦之有无，勒民强报，罔恤黔黎之疾苦，按户悬栽。又恐积蠹里书，借季报之名目，为索诈之由头，称不遂意，暗捏地数入册。斯时地方罹灾甚多，百姓穷苦无告，倘官役不体民瘼，穷黎必至逃徙，则已熟之地将见复荒，安望久荒之地复能成熟也？一至民逃地荒之后，钱粮逋欠益多，各官考成尚难免於参罚，又安望纪录之能幸邀也？民累即是官累，尔各有司但未熟计耳！

合行出示晓谕，为此示仰抚属官吏士民人等知悉。示后凡乡绅士民果有新垦荒地，听其自报入册；若无新垦，季终回文如敢勒民强报，或暗加悬栽，不论地之多寡，许被害之家即赴本部院衙门据实陈告，该管印官从重参处，经承里书锁拿毙杖，决不轻贷。各宜凛遵，慎

① 原题“禁悬坐开”(44)。

莫以身试法。

为严禁邀功勒报垦荒不恤民命示①

为开垦听民自便、勒报大拂人情，严饬奉行各官勿以邀功敛怨事。

照得开荒一案，关系考成，多则论功，小（少）则注劣，此定法也。但迩来 朝廷建一功格，有司即增一膻途；有司增一膻途，小民即多一死法。苟利功名，走之若骛，虽毙数百家之生命以自徇，所不顾也。如一闻钱粮全完、不论俸满即升之例，各处有司急图升转，无不严刑酷比，多有毙民杖下者。一闻垦荒叙绩之例，各处有司无不家栉户比，坐以荒田，勒使开垦，多有不顾怨谤者。独不思尔要功名，百姓亦要性命；尔图眼下富贵，百姓也图日后平安。若以力不能垦之田，逼之使垦，姓名入册，转眼即是三年，万一钱粮征比不来，后官岂肯代为任过？则捏垦之罪，较之不垦尤重。求进得退，是由揠苗使长，与宋人同一辙也。合行严禁。

本部院为豪强有地无粮饬州县严察隐地示②

为严察隐地贻累大弊，以苏偏苦，以振法纪事。

窃照曩者奉文清察地亩，一以厘欺隐之弊，一以清包荒之苦，原行甚明，凿凿在案。若州县果履亩亲丈，多

① 原题“再禁勒报垦荒”（45）。
② 原题“察隐地”（46）。

者少者，当下立判，亦何小民受累，至今尚有偏苦不均之叹耶？近访得前此躬亲踏勘、从公册报者固有，而以察地之责专委里长乡保、止据册报借手塞责者尽多，以致豪强多种无粮之地，而小民反纳无地之粮。所以然者，非里书户房通同贿卖，即奉派乡保畏恶徇隐。如此永害，累及编氓，就有膏腴肥产，亦必力不能支，而况肼胝薄田仅足糊口者，能保其常守故园而不转徙他所乎？

为民上者，目击此况，一味悠悠忽忽而不一为振刷，不惟无　国法，更无人心。本部院今已访知，多种者历历有人，徇纵者比比皆是。若不严察特参，民害何除？为此牌仰该司官吏，即便移文守巡等道，转行各府州县，大张告示晓谕。隐地者尽数出首，包荒者据实开陈。该州县就将所首多种之地，均补赔累之家。若赔累人户有能举报他人多种地亩，审明得实，先补本人，余及他户，仍即赏银二十两。该州县果能大破情面，实心奉行，清出数多者，备造清册申报，本部院定行破格题荐，从优议叙。否则情面是徇，因循如故，致豪强有地而无粮，小民有粮而无地，或被人告发，或本部院别有访闻，先提里书户房，立行处死，仍将漏税豪强与徇纵有司，一并参处，概置重典，必不令奸贪得计而使小民负累莫伸也。

（4）救荒九件

本厅雇募船只急救洪水中难民示[①]

为捐俸买舟，急救难民事。

照得洪水为灾，民房漂没，此系非常天变。本厅正切杞人之忧，恐巨浸之为害，当不止於此也。顷阅地方呈报，知片刻之间，水长数尺，城外男妇小儿现有漂去无踪者。则转瞬之间，又不知作何状矣。

遇此非常大难而不急为援手，何以官为？但思救民水中，必需船只。船只若待出票催拿，势必迁延时刻，待船拿齐以后，民已溺死无算矣。今本厅除捐俸之外，复典衣裘，换得制钱若干万，照民价雇募，不减分文。尔船户人等，有愿得现钱兼做好事者，速来领价，如飞往救难民。务须尽心竭力，放出生平手段来，救活一人，尔有一分阴功，勿作寻常生意做。如有衙役人等，当堂发给现钱，背后索分使用者，许尔等大声喊禀，以凭重究不贷。

① 原题“雇船救难民”（57）。

本厅设厂赈粥以济琼属饥民示①

上失其道，黎民阻饥。不但米石玉金，即今椰椰各树尖芽，摘食殆尽。嗟我琼民，其何能孑遗耶！此皆救〔牧〕民者之罪也。

本厅力请于上，多方募助，得米若干石，可充二千人两月有半之粥。自今日始，设厂晏公庙旁，前后置密（篾）棚，棚内厨房六间，官篷三间，沿篷置鹿角栏杆，两篷周匝。栏内置大水缸数十口盛粥，栏外站立饥民，栏上杂置盐菜等物。先一日本厅亲自验米，给做工人。次日黎明煮粥，辰刻击锣一回，本厅到厂，饥民齐杂（集）庙前，本厅亲验。其中有瞽者、跛者、病者、老不能健行者，皆坐庙外，本厅亲督各役先给四项人，各粥二升，钵具官备。少壮男女，皆进庙中。四项去讫，击二回锣，本厅亲诣庙前，点名给签，先女后男，人持一签。本厅复回厂中，手执瓢杓，督同各役，隔栏给粥，人各二升。小儿怀抱，各给一升。钵具官备，签尽照前再散，盐菜任意取食。散讫，击锣三回，本厅归署。

本厅每日初到，谒神四拜，向饥民八叩首，散讫，再向饥民八叩首，以谢不职之愆也。庙内多爇苍术，防疫气也。先散老癃疲疾，惧挤跌也。做工人即用饥民，食力便也。自本厅下至门皂舆夫，皆不许别带饮食，即同

---

① 原题“赈粥示”（58）。

用水缸内剩粥，期洁净不致米糙污秽也。小儿怀抱，人给一升，彼利在粥，不鬻子也。有余方给狱囚，先无罪后有罪也。凡生员暨少妇处女，一次后即逐日照粥给米，不令再赴厂，尊斯文、养廉耻，不欲以一日之饥，屑衣冠之体，决内外之防也。严禁兵丁及商旅闲人，不许入厂，虑其诱我饥民鬻子女使仳离也。在远未即至者，分差各役持米迎之，在途未即到者，持粥迎之，愿守家者，量给米付之。其殍於道路与毙于室隅者，庶几寡矣。麦秋将至，量道里远近，各分米作路食遣之。行百里者半九十，两月之粥，不能达数日之程，犹之乎未生也。

吁嗟乎！为人上者，先之不能燮理灾沴，俾无水旱饥馑，次之不能薄敛省徭，使民妇子相养，乃至无食颠连，携扶老幼，奔走道路，沾糜糊腹，泥面涩甲，千百为群，拥挤踣侧。为人上者，自顾清夜，何以为心！虽使两月有余，同饱缸中之粥，共啖栏头之盐，为人上者，亦愧死矣，尚何颜以对此千百之饥民哉！尔饥民姑相与宽此赈厂一官，俾汗颜而终此事，则幸之幸也。谨示。

本县往劫敌营救出难民善加赈养示①

照得本县屡次往劫敌营，救出难民难妇若干名口，除属境内者俱给帖发归本里外，其在别府州县及山东府属者，必俟敌退解严、津隘（隘）无阻，始可遣发还乡，

① 原题“赈养难民示”(59)。

昨已安插空房寺院等处，谕令暂居。

今恐天气渐暑，郁蒸致疾，不但预筹赈养之资，兼为曲防灾疫之计，先令食粥三日，然后煮饭。盖恐久饥之人，反以骤饱致疾也。其煮粥煮饭煮菜，悉取旧锅备用。万一不足，即将新锅向民间换取旧者。若以未经炊爨之锅煮粥备赈，饥民食之未有不立毙者。人命重大，尔衙门值事人等悉听本县好生之意，恪恭办事，勿以草率懒惰而害生民。其有染疾抱患者，即报本县，以便拨医给药调治。总期为人为彻，必至生还而后已也。

本县优礼斯文诸生可赴儒学领赈示①

照得告赈诸生，萤灯苦志，雪案埋头。子夜青灯，会见绝编研露；丁年黄卷，未获衣锦梯云。既无负郭之田，难免悬鹑之结。虽断虀画粥，菜羹滋味堪尝；而雀食鼠粮，袖底清风难买。当兹岁歉，兼值年终。恒念床头金尽，壮士无颜；讵不瓶之罄矣，室人交谪。

本县优礼斯文，触处动念，岂当赈济，便尔悭予。自后诸生不必同饥民领谷，但赴儒学报名，以凭照册发赈，务与齐民有别。盖鸡鹤原不同群，驽骥岂容共栈。今汲西江以活鲋，庶使点额之颜，不沦菜色；后破巨浪以驾鲸，幸将剥肤之痛，转念苕华。特示。

① 原题"分别周急以彰优礼事"(60)。

粤督为权准琼州航海籴粮以救饥荒并上疏待罪示①

为便宜救荒，以全一郡生灵事。

照得粤东自禁海之后，商贩船只，久矣不通。功令如此，谁敢陨越！但今琼州一府，孤悬海外，去岁连遭飓风霪雨，禾苗豆粟尽皆漂没，民不聊生。又以海禁森严，不敢出疆告籴。合郡兵民，向则嗷嗷待哺，今且奄奄待毙矣。该地镇道等官，各以时事可危，纷纷代为请命。又且情词迫切，非曰旦夕不能苟延，即曰死亡今已叠见。本部院批阅至此，不觉寒心。兵民饥困若是，而不早为区处，直至临危告急，非地方文武之过而谁过欤？

当斯时也，倘于禁海之　功令，坐视万姓之危亡，为民上者，固不当有此忍心害理之事。即此飞章入告，请与疏通，而粤东去京八千余里，若非经时累月，岂能获见纶音！窃告候至彼时，虽有救荒之粟，民不得而食之矣。然而航海有禁，赍盗可忧。未经请　旨而遽为开籴，矫　诏之罪，万万难逃。是兵民安则本部院危矣，本部院安则兵民危矣。与其危数十万之生命，时削邦本之可忧，不若危本部院一人，明示　国法之为得也。

昨已会同巡抚、提督从长计议，幸与本部院绰有同心。今许尔等于琼州界内航海而来，本部院给与批文，向

① 原题“谕琼州兵民”(61)。示中自称本部院，又有已会同巡抚、提督计议句，可知出示人为总督。据《清史稿·职官志》，顺治元年置广东总督，兼辖广西；康熙二年别置广西总督，三年复并为一。本篇标题但称粤督。

米价稍平之处通行告籴。但须该镇道估计人口，自某月某日为始，算到新谷登场之日为止，约用粮米若干石。无使不足，亦勿令有余，填定数目，具申前来，方准照数收买，数外不许滥溢。买完之日，仍将船只编定号数，委的当官兵押送过海，该镇道照数点收，查无缺少船只，方与兵民领去。如有假借救饥名色，将米粮运出界外接济贼航者，查访得实，该地兵民与护送官兵及船户水手人等，不分首从，一例处斩。

今本部院一面开籴，一面具疏上闻，自陈愚卤擅便之罪，静候

皇上处分矣。昔汲黯矫制开仓，见亮于汉之武帝。今本部院才术短浅，虽出汲黯之下，而我

皇上仁慈恺悌，则更出汉武帝上，或者幸叨恩宥，亦未可知。尔兵民人等各遂所天，无为本部院过虑可也。特示。

本县劝田主借粮与佃户以救灾荒示①

为劝周贫佃以固本业事。

照得田主与佃户，相依为命者也。岁丰则均享其利，岁歉则并罹其殃。然丰岁多而歉岁少，惟赖有无相通，患难相恤，故虽遇凶年，犹可转祸为福，以待其稔。此情理所必然也。

① 原题“救荒示”(63)。

諭瓊州兵民

為便宜救荒。以全一郡生靈事。照得粤東自禁海之後。商販船隻。久矣不通。功令如此。誰敢隕越。但今瓊州一府。孤懸海外。去歲連遭颶風霪雨。禾苗豆黍盡皆漂沒。民不聊生。又以海禁森嚴。不敢出疆告糴。合郡兵民。向則嗷嗷待哺。今且懨懨待斃矣。該地鎮道等官。各以時事可危。紛紛代為請命。又且情詞迫切。非日旦夕不能苟延。即日死亡。今已疊見本部院批閱至此。不覺寒心。兵民饑困若是。而不早為區處。直待臨危告急。非地方文武之過而誰

粤督为权准航海籴粮示

目今遍野飞蝗，夏秋无雨，禾苗绝望，荞豆不登，除一二不罹旱蝗地方外，其余灾伤处所，满目荒芜，尘生釜甑，夫妻父子，束手哀号。本县目击心伤，救荒无策。

再四思维，为尔贫农筹划。饥寒所迫，势必流亡。但今各处告荒，孰为乐土？故乡生长之地，亲戚聚居，尚且无可资生；一旦流落异乡，举目无亲，无房可栖，无事可做，凭何术以养生？其为死亡一也。况当　功令森严，面生可疑之人到处盘诘，即有熟识在彼，自救不暇，安肯容留？是尔民一离故乡，其仳离困苦之状，更有不可胜言者也。不若株守阡陌，苦觅升斗，苟延旦夕，转盼金风肃杀，蝗绝雨滋，亟种二麦，以收桑榆之获，自然苦尽甘来，室家如故。

然无米之炊，不能枵腹而待。此则尔各业主切肤之痛，亟宜多方周恤，自为为人，以图后效。极知时值灾祲，下绝廪庾，上赔　国课，有产之家，亦苦不足。然此时不为救济，倘佃户逃亡，无人耕种，久远之业，一旦抛荒，将来赔累，无时底止，岂非计小而遗大、舍本而务末者乎？

为此示谕概县军民人等。凡穷佃三口以上，各业主借米一石，五口以上，借米二石；其有好义多与者，不在此列。虽不能计日受餐，亦可少资饘粥，令其别为营运，以俟麦秋。其佃户之稍稍温饱可以自给者，亦不在此列。如此则业主保其恒产，佃户安其室庐，所谓人心既固，天不能灾，众志成城，蝗亦退舍，非一举而两得之事哉！示后如有退田退牛等事，即以惰农之法惩之。幸各尽血诚，交相慰勉，慎毋自误，以致噬脐。

本县谕债主暂停追索以度凶荒示[①]

为劝谕缓征私债以苏荒困事。

照得民间称贷，原以济缓急、通有无也。但岁当丰稔，则并权子母而有余；时值凶荒，则微较锱铢而不足。惟是因时斟酌，舒疾合宜，斯见仁人君子之用心耳。

目今天时亢旱，十室九空，饥馑洊臻，流亡载道。朝夕之谋，尚虞不给，赋税之苦，甚于剥肤，安得余赀，以偿宿负！惟有稍宽岁月，以俟有秋，则名实兼取，利义两得。如或为富不仁，惟利是视，不能救灾恤患，逼人剜肉而医疮，驱之沟渎，迫为逃亡，民独何事堪此重困！

为此示仰阖属军民人等知悉。一应旧逋宿欠，概行停止，不许追索；俟天意回祥，岁末稍熟，总计本息，一并取偿。倘冒利不遵，立拿惩究。本县姜桂性成，不畏强御，即
朝廷正供钱粮，尚且不避斧钺，立恳上台暂停征比，何有于豪强之私债乎？勿逐蝇头，致干法纪。至于欠债穷民，亦宜感兹义举，无负本心，俟稍有收，即当完之，不得以本县告示藉口，便想赖过今生。若到该偿之日，恃刁不还，被人告发者，本县即当以尔来生果报，现之今

① 原题“救荒示”(64)。

日，严追痛比之下，非复人形，与变牛变马无异也。特示。

粤督为迁海失业民人卖鬻妻女不得越出省界示①

为严禁贩卖人口以图生聚事。

照得粤东一省，自海氛不靖以来，父子流离、夫妻拆散者，不可胜数。其间有通海窝贼、自陷身家以致官兵按搜剿捕获入官者。此等孽由自作、无可矜怜外，此则饥寒自鬻者有之，营债逼售者有之，钱粮迫弃者有之，词讼陷卖者有之。近又为迁海失业，无计资生，以至夫卖其妻，父鬻其女，弃骨肉以延残喘，忍耻辱而救夫亲者，其颠连困苦之情，尤可悯恻。

然使粤东妇女仍卖粤东，此时虽暂抛弃，犹望于否极泰来之后，或有珠还镜合之时。即使不能，尚可希图见面，不致音耗难闻，一入于贩卖奸徒之手，则天南地北，任其所之。况有贪图重价，逼卖为娼，而妇女忍辱不甘以至投河、自缢者，比比皆是。是女子越境，即为生死荣辱之关，凡有保民之责者，不可不加严而致慎也。况关隘稽查不密，即多拐骗之徒，地方盘诘失严，必来窝囤之辈。是官长不究兴贩，即招拐招骗之媒也。

合行揭示晓谕。为此示仰督属文武职官暨绅衿兵民人等知悉。以后凡有别省奸徒，潜匿境内，收买妇女人

① 原题"禁别省奸民贩卖人口"(62)。

口，及本省地棍代作牵头、希图勾引出界者，许诸色人等稽访得实，密报所在官司，擒拿重究，将妇女给还卖主。若能缉获真正拐贼一名，送官审实者，官给赏银十两，仍令亲属谢银五两，拐贼立毙杖下。若系果为饥寒所迫、情愿变卖糊口者，许将卖契送官，候其验实用印，方准过门收养。然亦止许卖在本省，不许携带出境。如无印照而私行贸易及带妇女出疆者，即系来历不明，许亲属及捕役人等擒拿首告。所在官司，务宜重处。本部院欲使离散之民复图生聚，故为计念及此。官民人等，俱各遵行毋忽。

本道禁高利放债示①

照得凤属兵燹之余，百姓岂能家给人足，借债放债，情出通融，于理亦无妨害。然银一两，为利不过三分，谷一石，为利不过三升，要使与者受者各得其平，斯为天理良心之至当。本道下车以来，访得有种贪诈之徒，借放债之名而遂其鱼肉乡民之实。加一加二，利上盘利，年终合算，数倍有余，而子大于母，是指浮于臂矣，有是理乎？穷民无力偿还，即折其子女，准其房产，岂止恶浮于狼虎，亦且行同于盗贼。尔等自思，放债图利，无非为身家子孙计耳，如此忍心害理，刻剥成家，他日子

① 原题“禁违例放债（53）。示中自称本道，有“凤属兵燹之余”句，则此“本道”或为陕西凤邠道（治凤翔府），或为凤颍六泗道（治凤阳府），以清初战乱情况推测，以前者较是。

孙岂能常享其福？

本道意在易俗移风，不得不先为告诫。合行出示禁谕。为此示仰一切军民人等知悉。以后借债放债，止以三分起息为准。放者不得苛索于外，借者不得亏损于中。如有贪怙不悛、仍蹈前辙者，一经告发，罪有所归。要知贪即致贫之由，而利乃丛害之薮也。慎之，诫之。

（5）禁滥征滥刑冒饷十件

陕西巡抚为秦民困苦流离禁官吏科敛示①

为小民膏血有限，杂派朘削无穷，急饬改弦，以固邦本事。

照得秦民困苦流离，皆由贪墨之官科敛横征所致。横征之弊，如正数之外有火耗，经过衙门各有羡余等项，已经另示严禁矣。至于科敛之害民，更有甚于横征者。或假上司按临，或借兵马经过。或指军需紧急，正项不敷；或托修理钱粮，原无额设。种种借端生发，洒派民间，縻（糜）于公费者二三，饱其私囊者七八。甚而下司馈送之礼，上官渔猎之资，无不派之闾阎，此富者之所以渐贫，

① 原题“通谕各属”（31）。

而贫者之所以思去也。

本部院奉　命抚秦，饥溺由已。怜硕鼠之无家，葆元气于未复，当以惩贪去墨为首事。凡为民上者，既忝父母之称，常萌慈爱之念。纵不顾阶前赤子，亦当畏头上青天。奈何饕餮掊克，亦至于此！除已往不究外，自本部院入境为始，如有官吏人等，复蹈前辙，以纤毫公费科敛民财者，白眼无情，新法具在。上阳堡为地甚宽，尽可安顿此辈，吾地断不能容也。特示。

粤督禁革滥征滥派苛政以留百姓残生示①

为禁革滥取滥应之苛政，以留未逃未死之残民事。

照得小民征派之苦，未有甚于粤东，而粤东征派之苦，又未有甚于今日者。即如南、番等县，四季征派工匠一项。查此规例，既不经载於全书，又不通行于各省，独以凋残至极之粤东，有此搜索无遗之虐政，本部院甚为不解。业于莅任之始檄行司道等官，严查禁革。

今据里民陈嘉言等痛陈积弊，称南海元年份，四季工匠银两，每米一石，派至一两三钱六分，通计粮米一万石，计征银六七万两。此外复有花灯执事与点解逃人路费等项，征派不贷，民力由此而愈竭。除批布政司查详去后，据详，向系积蠹衙役，假公济私，取一派二，此种情弊，在在有之等因到部院。除即批回该司，通行督

① 原题“禁革派征工匠等费”(32)。

禁革派徵工匠等費

為禁革濫取濫應之苛政。以留未逃未死之殘民事。照得小民徵派之苦。未有甚於粵東。而粵東徵派之苦。又未有甚于今日者。即如南番等縣。四季派徵工匠一項。查此規例。既不經載于全書。又不通行於各省。獨以凋殘至極之粵東。有此搜索無遺之虐政。本部院甚為不解。業於涖任之始。檄行司道等官。嚴查禁革。今據里民陳嘉言等。痛陳積弊。稱南海元年分。四季工匠銀兩。每米一石。派至一两三錢六分。通計糧米一萬石。計徵銀六七萬两。此外復有花燈執事。與點解逃人路費等項。徵派不貲。民力由此而愈竭。

粤抚禁滥征滥派谕

属州县严加禁革外,为照粤东自军兴以来,夫船等项,需用不时,小民困敝已极。即正供犹苦不支,岂容苛敛横征于额外?为县令者,既有亲民之责,当推父子之情。至暴莫如虎狼,犹不忍自食其子。乃为民父母,而不顾小民之生死,日以浚膏吸髓为事,是虎狼不若,而犹得谓之官乎?此等罪孽,虽始于作俑之人,而日益月增,以迨诛求而无厌者,则现在之有司均不能辞其咎也。

衙门即有兴作,所需工匠,皆宜自行雇觅,岂得敛费于民间?况又以一派二,除本等工费外,尚有余羡之资,以备他日还乡为造园建宅之费者乎?

至以新岁花灯及衙门执事等项派之民间,尤属可骇。官放花灯而使民减衣食,官美仪从而民益追呼,是以合邑流离之苦而成一人游衍之乐也,有是理乎?

若夫押解逃人之费,虽云去京窎远,食用不赀,然壮快人等,自有本等工食。县官拿获逃人,现有纪录之例,即使量行津贴,亦非无益之捐。岂得借端科派,而使不窝不匿之平民,亦尽受逃人之害乎?且一县之中,逃人未必常有,而科派之数则有定额,其备而不用者,未必不入私囊。是民受逃人之害,而官及吏书反受逃人之利也,有是理乎?

此等虐政,革除非恨不早,岂容一官一吏尚蹈前辙,而为衣冠之梼杌耶!为此示仰督属文武及南、番等县官民人等知悉,自本部院出示以后,一切工匠与花灯执事并酒物料、押解逃人路费等项,尽行革除,不许派征丝忽。文武各衙门所用工匠等项，皆自行雇觅，其工价悉照民间，不得以片纸只字行县问取。县官即承此等牌票，亦作为故纸，不许滥应。如有不肖官吏阳奉阴违，仍假前项各色派取民间财物者，许诸色人等指名呈告，以凭飞章参处。其兜收衙役及包揽营根，则立毙杖下。法在必行，断不稍纵。慎之，念之。

本道戒属官不得搜括徇利谕[①]

为励操守事。

照得吏治至今日，敝坏极矣。原其故，皆起於多欲。夫人不止于为贫而仕，何至舍公图私，惟利是徇，以至甫通仕籍，旋挂弹章？是贾胡剖身以藏珠，但知爱珠而不知爱身者矣，愚拙孰甚？

凡我所属各官，务宜清白乃躬，自爱其鼎，以副朝廷简畀意。倘有抚字无能，簠簋不饬，百计搜括，以填谿壑者，本道冷面铁心，毫不假借。一经访闻，定行揭报参处。

琼崖道为禁海后小民生计维艰官吏抽筋吸髓戒属员良心自省谕[②]

为民力有限、杂派无穷等事。

---

① 原题为“守秦条约”(33)。示中自称本道，据《清史稿·职官志》，陕西巩秦阶道，驻秦州，即今甘肃天水。

② 原题“谕澄迈等县官民”(34)。谕中自称本道，应即是驻琼州府的广东琼崖道。

窃照惟正之供，民所乐输。自古及今，未之有易。百姓自胞胎落地，即为王民。既为王民，即有完粮之责。好义急公，谁不如我，而无奈差繁赋重，民力难支。琼属处巨海之中，向恃洋贩鱼盐为利。自禁海而后，洋货绝矣，内贩无矣。区区港河港濠之鱼虾，稍堪网罗度活，又为奉行者不善，文官禁锢，武弁拿讹，小民生计尽绝。至於槟榔之利，或有或无。香木等货，是黎非民。赋重民逃，田多荒芜。中上之家无几，贫窭之户甚多。所赖贤有司抚摩鞠育，尚恐疮痍难起，乃於正项之外，添出种种杂派。阅诸条陈及里民控诉诸呈词，甫展卷而神怆，及终篇而泪落矣。昔人谓读出师表而不下泪者，其人必不忠；读陈情表不下泪者，其人必不孝；读祭十二郎文而不下泪者，其人必不友。本道谓阅琼民条陈控词而不泣下如雨者，其人必不慈。夫受人牛羊而为之牧，尚不忍立视其死，况受　朝廷之赤子，而忍视其沦胥以没乎？

据陈该县杂派种种，几于抽百姓之筋，吸百姓之髓。残忍至此，据法自应参揭。但念万里一官，其来甚难，去之极易。且去一旧官而换一新官，又未知其吏才若何，操守若何。本道忍之又忍，姑为提撕警觉。此后如城工脚费、造册纸张等费，必不得已而征诸民者，务与百姓共知共见，止期足用，不得滥取。其余无艺之征，私馀之物，敢有仍派民间者，许里民指名赴控，官即揭参，吏拿即死。言出必践。各官当以良心自省，身家是念，勿谓本道言之不早，劝之不力也。

更可伤者，黄玉告黄鼐等，本道庭鞫时，争之甚力。及批府审，而玉、鼐拦舆告息，是何说乎？非畏府审迁怒，则畏县官拿处，故尔魂摇胆战，宁求弗审，不敢以身家性命尝试也。以本道明知之事，尚能使之格尔不行，况其未见未闻者乎？嗟哉琼民！不死於刀兵水火之中，必死於贪官污吏之手也。言之痛心，泪随笔下。听否任裁。特示。

本部院严禁官价剥民以苏商困示①

为严禁官价买物以苏商困事。

照得官价剥民，取用行户，为官方第一陋规，为俗吏最下行径。夫取非所有，名之曰盗，凡民稍知自爱者所不屑为也。不意位居民上者偏屑为之。夫作朝廷命官，而与市井小民争竞刀锥之末、较量尺寸之微，其薄于自待，固无足论，不几羞朝廷而辱衣冠之士哉！

本部院下车之初，即行首先禁革。淮阴近地，凛凛奉行，未有复肆渔猎者。但本部院时行密访，备知维扬一带，此风甚炽，不待缎铺诸商呈诉而始悉其弊也。乃缎铺之困苦为尤甚。近时丝价高昂，数倍往昔，而蟒缎织金等物，其价更复不赀。常有官买一物，而行户赔至数金以至十数余金者。况所用不止一匹，所取不止一官，商力几何，其能堪此？

① 原题“禁官价”（49）。

更可憾者，官之谿壑易盈，役之饕餮难厌。或假公以济私，或借一而冒十。试思出身加民，前程不薄，俸薪所入，尽足养廉，何至因此纤微而贾怨贾害？美利则蠹享之，恶名则己当之，愚而不才，未有若此之甚者也！

更有不发官票，径行擅取，真假难辨，多寡无凭。不发则恐或逢官怒，发之则疑白被役侵。此中奸弊，更无穷极。至於公馆铺设，奉　旨禁革，是何衙门，敢复巧取？

以上种种贪暴陋规，合行禁饬。为此示仰各该衙门官吏人等知悉。此后一切日用诸物，俱照民间时价，公平交易。敢有复持一票，复遣一差，有所取用，或致短少，以至假铺设借用等名色，及无票口取等项，许诸受害铺户或赴本部院告理，或扭禀所在官司，以凭转报施行，官参役处，决不姑贷。

陕西巡抚禁革官票取物苛索商民示①

为严禁科累行户以恤商民事。

照得士人一行作吏，食禄于官，即宜吾鼎自爱，勿竞刀锥之末，勿效市井之为。非特大体宜然，即此规模之小大，觇其品行之高卑，与前程之远近。从未有见小利而能成大事者也。本部院历任中外，剔历有年，从未知以官票索取一物，此远近行户所共知。自入秦疆以来，

① 原题“恤商民”(50)。

凡日用米面蔬薪等项，登注红簿，现给纹值，较之平价，宁浮无短。且素性淡泊，不以口腹累人，所用一切器皿，俱从俭约，几与太古同风。

本部院躬行若此，凡尔共事诸员，应有同志。乃近访抚属各衙门，颇尚奢靡，不崇节俭。且其慷慨自奉者，又多不费己囊，强半出于民力。动发官票扰民，滥用行户支应。舞文胥役，指少派多，畏法闾阎，将无作有。及至迁延岁月之久，所发价值，多与蠹役中分，甚至有候领无期、分文不给者。复有掺换潮银，铅多镴少，名为全给而实不得其半者。种种情窦（弊），实难枚举，是何异御人国门之外者乎！独不思商民挟持资本，背井离乡，不过冀觅蝇头小利，岂意终年奔走，只为贪污作马牛！名为官取，实同盗劫。兴言及此，殊觉痛心。

合行严饬。为此示仰抚属大小各衙门知悉。嗣后务宜洗肠涤胃，革旧从新。勿为垄断之渠魁，勿作商民之大盗。勿取他人之物而自鸣慷慨，勿以口腹之累而致误功名。凡日用诸物，俱照本部院所发足色纹银，照依时价平买；不许仍立行户官价等名色，擅出朱票，亏短价值。倘有仍前见小昧大、阳奉阴违者，商民有口，断难掩饰。本部院一有见闻，辄登白简，功令森严，勿以身家尝试可也。

甘肃巡抚禁官价买物许行户亲笔开注物价示[1]

为申饬行价以苏商困事。

照得本院抚绥两河，驻节凉城，无论是商是民，皆吾赤子。自下车以来，目击地方穷苦，时时轸恤在怀，期登丰裕。近察得本院衙门，一应买办簿内取用各物，虽见发银两，毫不亏欠，其间开注价银，俱较时值短少，循仿从前陋规，名曰官价。但货物消长不定，价自随时低昂，岂可官买一价而民买又一价也？况尔等商贾，资本微薄，经年累月，跋涉艰辛，所获蝇利，能有几何，而可堪此赔累乎？

合行出示申饬。为此示仰各行户人等知悉。自后凡本部院衙门一应簿内注买各物，俱依时值市价，于所买物件之下，许行户亲笔开注银钱若干，以便如数给发。如有买办人役执笔硬填，乘机冒破，以至多开少给、克扣肥己者，查出定行重处不贷。

本道禁革冒饷之弊谕[2]

照得四郊当举烽之日，三军非免胄之时。但养一兵，须得一兵之用。本道备员斯职，粮饷实所专司。兹当莅任之初，首饬冒饷之弊。凡在营兵丁，老弱者必删，缺少者必补。年貌箕罗册籍，必与腰牌符合。凡有新募更

---

① 原题“谕行户”(51)。
② 原题“条示”(17)。

换补伍者，另须具文备验，换给腰牌。若乃塑无名之夫，以蝗有数之粟，鬼册上之名而倩临时之点者，有一于此，法难轻纵。

至于居常练习，每逢朔望日，齐赴教场，演试弓马器械，以凭本道亲临观验，分别赏罚。其额设兵粮，有司及各官目按季均给，毋得延迟克减，以干军政。将卒务要同心，各营相为犄角，军威自壮，小丑自潜。此饬兵之大略也。

本部院严察虚冒兵饷诸弊以肃军政示[1]

为严察虚冒兵饷，以实营伍以肃军政事。

照得　朝廷费饷养兵，专为守护封疆、剿御盗贼之用。而各营将弁，亦藉其力以树功勋。若平时虚冒军饷，使兵丁缺额，一到地方有事，召募不及，苟且支吾，未有不违误军机而干　国法者也。

本部院莅任之初，即已严加禁饬。近又奉每岁两次选官密点以防虚盲之旨，非止爱惜兵饷，正为封疆守御计耳。各营将弁，谅知　国法森严，本部院军令严肃，必不图窃升斗虚粮，而误身家重计。但恐人有贤愚不等，知机达务者固多，贪小利而忘大计者，百中不无一二。本部院束发从戎，熟知将弁中利弊。有等不肖员弁，平时专事影占。或兵丁有召募不足，假捏鬼名充数，及有逃

① 原题“禁冒饷”(18)。

亡物故等情，隐匿不报。苟幸地方无事，早瞒一日，早冒一日虚粮，多隐一名，多沾一兵实惠。临点之际，顾(僱)倩应名；每遇调遣，则以摆塘出差等项名色，弥缝答应。独苦现在之兵，操戈挟矢，为召募未足逃亡物故者当灾。此所以众心携贰，临阵不前，虽遇可杀可擒之贼，亦纵之使窜，不肯为主将立功，皆虚冒二字误之也。及至违误军机，身遭重谴，即有虚冒所得之粮饷，其能安享而坐食之哉！

本部院欲申军令，先以循循善诱之语，破其痴蒙，想尔等将弁亦能猛省而默识之也。为此示仰各营将弁兵丁知悉。凡营中额设兵数，俱要实名充伍，不得缺少一人，而捏鬼名搪塞。遇有逃亡物故等情，一面申报，一面补募，不得羁迟片刻。有于平时虚冒军饷，及至委官查点，以跟随执事等役应名，至逢调遣，以摆塘出差等名色掩饰者，本部院或得之告首，或得之访闻，立行参拿究处，悔之无及。仰各抄謄传谕，咸洗旧习，共励新图可也。

本部院为严禁滥加刑罚以轸民命谕属官①

为严禁滥加刑罚，以肃官箴，以轸民命事。

照得贪酷二字，原自相仍。酷以济贪，故贪则未有不酷者。近阅邸抄，以此挂弹章、犯不赦者，比比而是。夫既为民父母，何故不以保赤为心，必欲自作之孽，致

① 原题“谕各属”(3)。

干天和，而投法网，身名俱丧，家产全抄。本部院目击心怆，实不忍嘿嘿以处此地也。今自入境以来，密访既真，风闻颇确。慈祥岂弟者，固不乏人；搏噬残忍者，亦指不胜屈。或户婚小忿而擅用大刑，或受人嘱托而淹禁狱底。且改无力为有力，以取媚上司；易仓收为库收，以希充私橐。揆厥其由，总因京债逼索，故不得不昧心巧取以应之。否则亲朋座主，等候人情，故为严刑峻罚，驱而使往。名为父母，实则寇仇。言之实堪切凿。官既无良，名实有口，未有不怨讟咨嗟而闻之于上者。

兹本部院杜酷除残，端於共事诸司有厚望焉。合行禁谕，为此示仰抚属大小官员知悉。凡有地方之责者，务期仰畏　功令，俯恤民瘼，非重大事情，不许擅动夹拶；钦赃重案，不得羁禁囹圄。田土斗争，只宜谕令和息。上司词讼，一惟依律申详。务以抚字为心，不愧父母二字。本部院闻见颇周，若系真实爱民之官，自加优异。倘执迷不悟，覆辙相寻，则巽语法语两穷，本部院惟知除害安民，恐不止惩一以儆百也。各司道刻意廉访，一有确闻，即行密揭，以便参处。才品风力，正於是觇其所长。无忽。

(6) 禁戒员役土豪六件

本道禁勾串巡役贩运私盐示[①]

为饬禁私盐、以肃鹾政事。

照得私盐横行，前已屡行饬禁。近有积年巨囤(憝)，另翻机轴，往往串通各衙巡快，借倚腰牌，巧为护符，利诱乡农，百十成群，代为挑运。一遇盘诘，则借口捉获私盐，是缉奸者反作奸，而知法者更骫法。官盐壅滞，蠹　国病民，莫此为甚。

除详请盐宪饬行衙门缉拿外，合再出示禁谕。为此示仰各城门官兵及应捕人役知悉。嗣后凡遇各衙门巡役获带私盐人犯者，细审来历，押赴该管官司投见。如来历不明，影射行私者，即将本犯协拿，解本道察究，立请大法，芟除蠡贼。法在必行，断无瞻私徇贷。

本厅戒属下遵守规条谕[②]

为申明信约事。

照得本厅御下极严而又不肯骤严，恐蹈不教而杀之

① 原题“申饬盐禁”(26)。
② 原题“谕各役”(35)。

戒也。今莅任半载，业经三令五申。每遇尔等过犯，俱从宽发落。知尔等积玩有素，改弦易辙，必由渐而来也。今日望自新而不可得，特为设立规条，以便遵守，按期比较，依限回销。责者定责，革者定革，参处者定行参处。尔等万勿以身家性命，试本厅之辣手可也。

漕运总督兼凤阳巡抚戒属下不得假借横行谕①

为严禁假窃，以肃体统、以靖地方事。

照得本部院钦承　简命，总制七省，巡抚四郡，责任既隆，幅员更广，恒恐奸徒假窃名号，穷乡僻壤，吓诈小民，鱼肉良善。政在密地缉访，严行拿究，而乃舟车所历，耳目所经，有绝奇大异而不可解者。水次之内，漕抚牌额，充塞河干；城市之中，漕抚提笼，照耀人目。此物胡为乎来？大堪骇异。从前业已有闻，今乃得之目击。无非衙门人役，用以假窃威灵，抑或标下微员，藉以虚张声势。甚至依草附木，亦且羊质虎皮。无论衙门体统，凌亵不堪，更恐假借横行，为害匪细。本应立刻严拿重处，姑念积习相沿，暂行宽宥，许与改正。

为此示仰标下各官及衙门书吏人役等知悉。从前假借本部院名色，私造船只、擅书提灯者，悉行删毁。如有倚恃旧习，观望迁延，除严拿重究外，船只货物尽行入官充饷，断无姑息。须至示者。

① 原题"谕标员胥役"(36)。谕主人职位之确定，详见考释。

登莱青道戒衙役谕①

为处分衙役之新例极严，衙役诈人之旧习未改，历陈炯戒，法在必惩，速行改弦易辙，以全身家性命事。

照得在官人役，岂尽无良？有苦读未成，不得已而流为胥役者，有家原温饱，藉之以撑持门户者，有资身无策，赖此以充衣食者。初心不过如此，岂望作恶害人？无奈一入衙门，习与性殊，日复一日，心胆遂雄。官偶一顾问，遂曰上人喜我也，事宜行止，惟我之言是听。偶一经管，遂曰事权在握也，为福为祸，惟我之力能操。从前畏法之心，不胜其嗜利之心，此后奉公之事，皆化为害人之事矣。或经管钱粮而侵挪上下，或奉行公务而妄派苛求。遇讼事则舞文济奸，奉拘题则串通卖法。至于捕役，收强窃月钱之利，借侦逃缉贼之名，失事则擒获无闻，捉人则私行酷拷，且多串贼而打诈，又藉贼口以扳诬。

诸如此类。若以刀头之蜜，其甘如饴，孰知恶迹一张，藏身无地。本道生平不为衙役所喜，硁硁执法，遇此各犯，有在本道告发者，有赴院告发者，有经两院访拿者，有府县自送访拿者，有本道随时逐事摘发出者。如青州府旧役赵某，青防厅之某某五人，益都之某某等九人，莒州某、昌乐某等，或流徙，或远戍，或绞或配，按

① 原题“警戒员役示”(37)。谕中自称本道，举青州府旧役赵某等事为炯戒，故推定谕主人为登莱青道。

律定罪，斑斑可考。囹圄桎梏，刑责追赃，恶贯满盈，天网不漏，囊橐尽倾，身为朝露。昔之零星悖入者，今则成趸而出之。昔之得人钱银嫖赌花费者，今则卖地亩、卖房屋、卖儿女、卖妻子以填之。甚至有家产尽绝，无可卖者，将身入官，派入八旗穷丁，打草拾粪，延此残喘。此是目前恶报，现身因果，欲求作一觅汉、吃一碗粘粥、呷一碗菜汤，平安无事，何可得哉！

古语云，公门之内好修行。是说你们在公门之内，日日所见，都是为官司受累之人，大则生死所关，小亦身家所系。若肯为他方便方便，不消破费己财，只少要他几文，再于同伙弟兄面前，代说几句好话，不十分难为他、作践他，便是做好事，便有无限阴功，比在寺庙里烧香拜佛，还强十倍。昔人将以前公门中人做的好事，受的报应，刻作一书，名曰《公门修行录》也。有书吏之子中鼎元的，也有皂隶平步成仙的，也有皂快之子中进士、子孙科甲绵绵的。这样讨便宜的人，也不知多少。你们可曾见过？

即使你们无此大志，不想做第一等好人，积第一等阴德与儿孙，难道不学个中等之人，免自己一身之刑戮？你们若稍存一畏法之心，不贪不恶，何至告发？何至访拿？谁人不称为良善？就使不富，也断不至于饥馁，何故遇了略略方便之人，即想论十两、论百两骗他，就遇极穷极苦之人，也逼他卖儿鬻女、典衣当物，不肯白白放过？自己诈不遂意，还要撺掇同伙之人，推班出色，分头各路去骗他。及至事发之日，鬼神不容，不惟一一追还，还要赔些打夹。纵使家藏金穴，术可通神，窟不止三，足多逾百者，一经败坏，连累一家，有甚好处？你看青州府旧役赵某，不过是府堂一名快手，何至妄自尊大，骑马赴席，前呼后拥，这里结社拜盟，那边拜兄拜弟，俨然做出个乡绅体面，人人称他为赵四太爷。他便以太爷自居，上下各衙门之事都要管到。当时何等气焰，何等威风？宁有几年，今日被访，抛下老母不管，东逃西遁，累了新兄弟坐监坐牢，受夹受打。甚至赵四太太都拿入监中，他做惯太太的人，如何受的气，也就死在监中。一个十来岁儿子，也拿到官，跟着受苦。赵四太爷之威风，而今安在哉！他当初行事之日，是你们亲眼见的；今日受这般苦楚，也是你们亲眼见的，何苦不把赵四太爷做个榜样，大家儆戒儆戒？

为此示仰各衙门衙役知悉。前车之覆，后车之鉴。各宜改头换面，洗涤肺肠，一反从前所为，倍加小心谨慎，庶身家可保，刑罚不加。若说犯罪者少，不犯者尚多，漏网者多，不漏者少。这话不然，只是你们时辰未到耳。本道如此劝诲，顽石也该点头。若再有劝化不转、仍前坏法诈人者，一经发觉，立置重典，决不轻贷。此非不教而诛也。各宜警惕。

本道禁土豪凶徒作恶害民示[①]

为严禁土豪以安良善事。

照得地方大害，除贪官污吏之外，即属地棍土豪。盖因此辈奸徒，虽立衙门之外，实能阴窃官吏之权，巧逢贪污之意，伺其嗜好之所在，或以急公奉上为名，或以颂德建碑为饵，凌良民之豪血，献若辈之殷勤。官吏一堕术中，小民难逃网外。由此而武断乡曲，以肆咆哮；横行城市，以鸣无惧。小则起词灭讼，操纵得以自如；大则窝蠹卖访，身家在其掌握。小民含冤而不敢诉，即经控告，而线索有灵，未有不引火自焚而注水加溺者。故此辈一日不除，良民一日不能安业。

本道奉三尺，抚循此土。豺狼固所当除，而狐狸亦须急问。为此示仰道属士民人等知悉。凡有前项凶徒，怙恶不悛，仍前作威作福、残害善良者，许被害人等不时抱牌控告，以凭尽法重处。倘该管有司不能察觉而揭报于前，以致被人告发而审实于后者，即为若辈穿鼻之人，定以养恶纵奸，一并揭究。各宜猛省，勿致自误。

粮道为革除积弊佥报漕船运丁示[②]

照得欲除运漕之弊，急当始于佥运。查省卫额运漕船，设丁挽运，南北往来，经年出入，其间逃亡事故者

① 原题“禁饬土豪”(52)。
② 原题“申明佥甲积弊等事”(27)。

有之。若使佥一丁即有一丁之实用，按名顶替，亦何致有积缺之患，株连之扰？乃迩来弊端百出，官识视为奇货，小民畏若探汤，一经佥运，卖儿鬻女，破家亡身，将有不可胜言者。

本道往来兹土，游宦有年，洞悉佥甲之弊有四。

凡值佥丁之时，各卫奸识访知某系运户子孙，某系食粮弟侄。或串腹党，或托故交，借佥报之名，陈说利害，勒索银钱，不餍不已。其名曰薰。

再或佥报之后，行票拘提。新丁自知不能脱逃，买嘱奸识，或捏屯快，或称赤贫，移甲换乙，捉张放李。上官被其欺诳，小民受其鱼肉。其名曰卖。

又或已佥旗丁，具有认状。发帮之后，或央情面，或行贿赂，捏以老病贫疲，假以官舍，或借称失脚落水，有不肖运官，希图包代，恣意勒索，将军牢之名代为照管，因而兔脱。其名曰放。

甚有一班世籍卫军，后家饶富，虑其佥报，百计修为，遇节则有礼物之馈，岁终又献以常例陋规。积识大张罗网，深受其贿，胜如置买田产，无论丰歉，逐年收取。其名曰烧香。

以致佥报新丁十名，实受在帮领运者，不过三二人耳。因之年年积缺，岁岁求佥。当此时艰，有仁心者，固如是乎？

本道洞瞩斯弊，虽不能救之已往，犹可挽之将来。除今佥报在即，诚恐各蠹仍蹈故辙，合行出示严禁。为此示仰省卫各帮运官及南北识字甲丁士民人等知悉，示后各宜洗涤肺肠，发出良心，上循天理。如本帮果有真正积缺与近日逃亡事故者，据实开报，以凭酌量佥补。其应佥之丁识字，务要将真正运户暨运册新考有名者，密为佥报，庶一丁有一丁之用。至于见运屯丁，如能赴北完粮，执有部单，运官不得借故详革。敢有捏报缺甲，及已佥新丁复称屯快，贫疲病废借故卖放者，定按漕法究处。再如真实运户，各宜静听。倘经佥报，即使百计夤缘，亦不能逃。倘不系运丁，如有奸识挟骗，立即击鼓喊禀，以凭拿究。本道铁面冰心，断不骫法。各宜慎之。

（7）戒异服、轻生及咨访民情九件

本县为合城斋戒祈雨示①

照得棠邑凋罢，民困已极。自夏及秋，先经螟虫作祟，四野被伤；既又旱魃为灾，千岩尽赤。倘使秋成失望，必至饥馑洊臻，贫民转于沟壑，富室困于输将。非特本县之恫 ，亦合邑切肤之患也。奈珪璧既罄，炎威愈烈。本县对临天日，忧心如焚，虔诚齐（斋）沐，步

① 原题“谕士民斋戒”(65)。

祷雩坛，引躬自责，以祈昭格。所有屠酤之禁，从来禁而未止。地方奉行挨查，反开索诈法门，无益于物命而徒累于小民，本县所不为也。

但福善祸淫，天心岂无仁爱；救灾恤难，万姓自有同情。脂此亢阳，深思隐患，诚对酒为之不欢，列珍不能下咽，而犹有饮酒食肉以为乐者，非人矣。本县诚望尔民之各自为禁，所谓以不禁禁之者也。为此示仰概县士庶军民人等，各宜涤虑洗心，省身悔过，合城齐（斋）戒，共挽天心。庶望油然沛然，立见雨珠雨粟。稍有匪类败群，故彰腥秽，此即天之僇民，王法或不及，鬼神断不尔宥也。众各观省，戒之毋忽。

本厅为玩灯应有节制示[①]

照得省会繁区，五方杂处，摩肩击毂，好丑难稽。虽时加警惕，尤虞旦夕之或弛，即巷肃街澄，尚虑柝铃之未及。近见居民以神灯为事，户悬巷设，男妇纷纭，歌唱管弦，夜分不辍。供神原属善举，祈福所以禳灾，习久成风，本厅固难禁遏。窃恐弛玩足以生奸，乐极易以致祸，倘重门深迥，举室玩赏於前，鼠窃觊觎于后，一旦乘间窃发，不几求福而致祸欤！

事起於所忽，弭患於无形。本厅从地方起见，不得不为警醒。非不知乐民之乐而故为此迂腐之言，拂民情

① 原题“绸缪未雨谕”(66)。

而挠善事也。合行严饬。嗣后止於初更时候，点烛一支，烛尽即止，各家妇女不得出闺游玩。且自七月至今，灯之趣味谅已厌足中，亦当止乎所当止。如有仍前玩忽，不遵戒谕，止图耳目之欢，罔顾地方之患，脱有不测，地方总甲及事士人等，均罹严究，毋谓本厅言之不早。

本厅戒常熟寺庙僧众不得异服示①

严申妖僧异服之禁，以维风化事。

照得焚修证果，道行可师，禅衲之中，不无高品。但能栖心淡泊，厌绝奢华，始可参禅悟道。松风桂露，时凭布衲携来；水月芦花，不惜芒鞋踏破。未有身披艳服，态习油腔，狂且其貌而能佛氏其心者也。

本厅昨偶公出，见有游僧服绮，藕碧莲红，睥睨道旁，自矜绚美。本厅见之，不胜骇愕。苏郡固属巨邦，虞山夙称名邑。即士流百姓崇尚靡文，为人上者犹当砥砺颓风，使归醇朴；何况缁流服艳，明属诲淫，世道人心，凋敝极矣。若不极力挽回，后将何底！

除已往姑不深究外，为此示仰该县寺院住持知悉。即便传谕僧众，恪守清规，布服芒鞋，僧家本等；稍涉富丽，即是素行不端之人，许即鸣官究逐。倘再隐留，一经查发，断不姑饶。法纪所在，刚断即是慈悲，本厅欲作护法韦驮，正当在此处着力也。特示。

① 原题“禁妖僧异服示”(67)。示中有苏郡、虞山之名。虞山为常熟胜地，用以代称常熟，知指苏州府常熟县。

江宁县劝民人勿轻生自尽示[①]

照得江宁一邑，粮无顽户，讼鲜刁词，风俗可谓醇矣。惟是本县莅任未及两月，见民间自缢暨投河淹井之事，数数见告。查其致死之由，非有奇冤大抑，力不能伸，亦非有势焰豪威，逼不可受；止以家庭细故，乡曲微嫌，偶尔致争，遂付生命于一掷，甚至有以衣食不敷、疾痛难忍，亦遂觅此短见者。司牧者见此，能不惄然于中！但既事关人命，无不相验之理，察其有无别故，始凭报宪。本县事务殷繁，不能一一亲理，势必委之衙属，而衙属所司又非一事，或遇别冗，势必暂停，及至勘验得实，已经暴露多时矣。目击蝇蚋姑嘬之极惨，虽孝子不能掩其亲；明知血肉縻烂之堪伤，即循吏不能已其事。既无积恨难容，又非深冤莫解，何故自弃其身，又复蹈此身后之余惨，甚为吾民不解也！

殊不知因缘果报，丝粟不爽。前生酿今世之因，今世伏来生之案。是孽皆由于自作，怨尤无损于天人。动辄忿争，突然自尽，是前世之因未偿，而后世之孽复作矣。世世沉沦，曷有其极？况疾病有痊可之时，贫穷有剥复之理，小忿小嫌，事过即解，何至自轻生命，永堕重泉，殊可浩叹！愿我民交相告诫，使愚蒙警醒，咸登寿域，享考终之福，正首丘之仁。有裨民命，岂浅鲜哉！

---

① 原题“立法劝谕等示”(69)。

本县细绎其故，凡民轻生，虽属死者之愚，实由生者之忍。使家人果能消弭，邻右善于解纷，岂致积怨丛尤，酿成此祸？自今以后，凡有自缢投河淹井等项，除真正有人威逼及用强殴打以致自尽者，自当照律究拟外，如止因前项细故，并无不解之仇，尔等家人邻右果能力为劝解，晓以因果，谕以生死大道，自然反迷成悟，乐生畏死。若复因循坐视，见死不救，从来幸灾乐祸之人，即是唆争起斗之人，本县既伤死者之难生，必恨生者之不救，从重究惩，以挽颓俗。尔民慎毋泄视，谓此罪为律文所不及也。

本道为劝募掩埋暴露尸骨示①

吴越向多火化水沦之风，司牧者以礼教董之，封阡始盛。然力艰弗举，地远弗归，与夫拘牵于阴阳干支之说者，不免暂停积以待首丘。而一时射利之徒，遂筑土为居，广招寄顿。索直不遂，则委之户外，饱饥鸢而饫众蚁，其去火化水沦也无以异。此廓除之厉禁所由兴也。

夫家稍殷而拘牵于阴阳干支之说，只须尺一檄之以理足矣。若力艰弗举、地远弗归者，无漏泽以安其魄，无资钱以给其佣，而徒为厉禁阻之，不仍委白骨于荒郊、悲青磷于永夜哉！幸抚院喻、按院方慨然以捐锾置地为己任，而本道与府县诸僚，相率从事，绅缨长者复从而扩

① 原题"募劝掩胔瘗骼"(71)。

锡类之仁，欲本道出一言为激励。夫仁人恻怛，因物而拯，期乎无憾。东坡之赠李荐，尧夫之赠曼卿，彼岂羡西伯本支百世之报，始为是善举哉！乃今之好施祟祀多方佞仙佛者，将以广福田也。彼一土木耳，相与雕镂之，丹青之，金碧宅之，钟磬奉之，以求夫介绍于上帝，宠绥百禄。至于胞与形骸，秦越相视，一付之烈日炎风寒霜冷露之场。即自为福田计，而孰妄孰真，孰缓孰急，寸地应自了了，固无俟持钵者之遍为饶舌矣。

本道执是以祗告同志，共树阴功。至卜地宜高燥，瘗椓宜标题，及受雇给金有条，请佃自封阻挠后葬有禁，愿在事员役，力行曲体焉。

本道咨讯民间疾苦示①

照得本道莅任之初，业经出示，谘访利弊。乃绅衿时畀谠言，属僚间进条议，独于黄童白叟之口，寂无闻焉。岂虑本道以人废言，不谙刍荛是询之义乎？抑为贪官污吏所慑，虑以口舌招尤，故为投鼠忌器之防？

本道熟知民间疾苦，还宜询之民间。以富贵之人而谈贫贱之事，其痛痒未必相关，犹之问耕於食禄之人，而访织于衣锦之辈也。为此再申晓谕，尔父老人等，凡有灼见时宜，举一事可以利万民，革一弊可以祛众害者，其各尽言无讳。

① 原题“谕百姓条陈利弊”(26)。

浙江巡抚为咨访民情兴革示①

照得本都院钦奉　上谕，移抚两浙，今当莅任之初，例有入境条约。惟念各院下车，无不颁布谕告，洋洋井井，沿之日久，视为虚文，何裨实政？当此同轨同文之世，律例为不刊之典则，部文为新颁之　功令，谁敢或违？　律例部文而外，无所容其条约。本部院与所属惟有凛遵　律例，奉行部文，是即本都院之条约也。

至於风土人情，地方利弊，本都院备兵提刑，两任浙中，知之甚悉。越今数载，其间今昔殊形，某利当兴，某害当革，仍应再为谘访，取所属文武并绅袍衿耆条议前来。本都院一得之见，陆续颁布。每事各行一牌，文到之日，该衙门即具遵依一纸，并填经承姓名，具文报院查考。如或本都院所行有与事体非宜、奉行有碍者，即当明白声说，如何不便遵行。本都院不执成见，再加详酌。如其所言不当，只于驳回，必不督过。如其所言果当，本都院即据来文，通行所属。总期地方有裨，不欲执独见而违众心也。

本府为愿闻己过及民间利病示②

为愿闻己过、愿达民情事。

照得人非圣贤，孰能无过？况以本府愚拙，过失更

① 原题"督抚地方事"(28)。
② 原题"闻过达情示"(29)。

多。但不闻则不知，不知则不能改，此本府大惧也。古人以万物得所为怀，本府即不敢望此，倘民有疾苦愁痛而漠不相关，何以忝颜立于民上？但不达则不知，不知则无由兴除，此又本府大惧也。

凡我境内军民人等，或得于旁观之清，或出于风闻之及，或念切维桑之急，或身在水火之中，有心岂不能知？有口岂不能言？但或以上下相隔，不能遽通。或以嫌犯忌讳，不敢入告，以致本府空白血诚，莫适措手。为此特设柜，置大门外，不问诸色人等，但是闻见本府过失，与民间利病，不论大小，悉听备细开写，投入柜中，听本府不时开览，庶几警省觉悟，勉图自效，以期仰报

圣明，俯酬民望。至于假此为由，甚至发人阴私，岂惟律有明禁，即天地鬼神，亦所不容。堂堂本府，岂为奸民指使，而与良善为仇乎？犯者访出，必罪不宥。

本县为咨访利弊示①

为咨访利弊，以便兴除事。

照得民间疾苦与地方利弊，惟父老得面陈之。古设三老五更，以取年高有德，正为咨访民瘼。今本县视事方新，一切兴除事例，合行咨访。与其谋之都邑，不若询诸刍荛。凡民有年过六旬、从未罹法者，果有真知灼见，地方何利当兴，何害当除，即于朔望日条陈具告。本

① 原题“谕父老开陈利弊”（30）。

县察其有裨，即便举行。或系难缓之事，不论时日具呈；即于道途拉告，本县亦当止马受言。但不得假公济私，及以迂阔不近人情之语相渎。

（8）乡约保甲弭盗五件

泾阳县为申严保甲以防盗示[①]

照得泾阳一县，为全省要冲，巴蜀孔道，旌盖络绎，商贾纷驰。然来往人多，则奸宄易匿；四方杂处，则踪迹难稽。况此都人士，素负殷实之名，今虽十室九空，人莫之信。本县自莅任以来，周知民隐，目击时艰，即具贾长沙之血诚，亦不敢轻为陨涕。以人尽视为昔人之泾阳，不知为今日之泾阳也。惟于劝课农桑外，急为未雨绸缪之计。

申严保甲之令，向已行之。惟恐视为具文，昨又再加严饬。但仕商丛杂之地，不同于荒陬僻壤。朝散暮集，此去彼来，一有稽查不到，即为奸宄所潜。目今劫乡劫城，处处见告。岂有向不著名之地不为强横所遗，而素担虚誉之邦反为觊觎所不及哉！

① 原题“防盗谕”（1）。

合行严饬，为此示仰居民人等知悉。嗣后各严门户，早闭晏开，刻刻以防患为心，时时以被盗为虑。庶几安不忘危，备凶得吉。尤望绅衿耆老，劝诫凡民，使之化惰为勤，变弱成勇，一闻盗警，争先捍御。有能杀贼及活擒者，本县定有赏格，断不食言。

本部院为饬属弭盗并禁讳饰谕①

为申严弭盗之方，兼饬讳盗之弊，以靖地方，以安民生事。

照得有司身寄百里，保障一方，须令四郊无犬吠之惊，百姓享燕乐之福，始于厥职无忝。今闻抚属地方，盗风弥炽，或暗袭堡寨，或明劫乡村，或要截道途，或窥视城郭。而该管印官，尸位坐观，有同木偶；该捕员役，偷安忽视，竟若罔闻。不惟漫无缉获，亦且隐不上申。迨经本部院察出行查，则又多方掩饰，百计弥缝。不曰事属乌有，则曰穿窬小盗。以明火执仗之公行，指为暗中摸索；以啸聚燎原之横举，称为釜内游魂。甚至拿获盗犯，审出供招，明知行劫有地，失主有人，赃物有据，其为真盗无疑矣。而州县等，思虑从前之未报，恐参罚之及身，因而宽假出脱，不以法绳，径行释放。是以　功令愈严，而法网愈漏；法网愈漏，而草窃愈多。此风不戢，长此安穷？非止现在之盗贼，不能化为良民，吾恐

① 原题“禁讳盗”(2)。

异日之良民，亦将变为盗贼耳。

合行严饬。为此仰道官吏，严檄所属印官，责令捕快人役，在于该管境内，不时巡缉，凡遇面生可疑之人，即加盘诘。提防既严，盗自敛迹。倘再泄泄从事，致贼生发而隐匿不报，及以强讳窃、以窃讳无者，或被失主告发，或经本部院访问，定将印捕等官，飞章参处，经承捕快等役，立置死地。迨至彼时，才知盗不可讳，上不可欺，即欲求为轻参小罚而不能也。慎之勿忽。

本部院为慎选乡约以弘教化谕①

为慎选乡约以弘教化事。

照得乡约之设，仿佛古人闻师党正之义，俾其宣化于乡，以佐政刑之不逮，任至隆法至善也。上之必年高有德、孝弟力行之贤，次亦必老成无过、端方正直之辈，俾之表率乡闾，训迪后进，善者有所兴起，而不肖者有所严惮，其于化民成俗，良非浅鲜。

本部院前在江右，极力举行，今抚此土，自合加意。乃闻此地乡约一途，尽失古意。或以衰残备数，夙无懿美之称；或以庸碌具员，每丛訾议之口。遂致匪人竞进以为荣，高士鄙弃而不屑，良法美意，澌灭尽矣。合行出示改革。为此示仰抚属各衙门知悉。此后选举乡约，必期齿德俱尊，行业无玷。隆以礼貌，免其杂差，地方之

① 原题“选乡约”（47）。

利病，乡约得而陈言之；一乡之善否，乡约得而举报之。贤良有司，不时延访，询民疾苦，以便兴利除害。本部院巡历所至，亦将进而问俗观风，敷求至理，庶先圣所云吾观于乡而知王道之易易乎！

其各实意奉行，毋以虚文塞责。文到，各具遵依回复。

本道为行活保甲以使盗贼东人难隐匿谕①

照得保甲之设，弭盗防奸，原属急务。近来加以东人藏匿，如鬼如蜮，一失觉察，下则地方邻右受其株连，上则州县府道受其参罚，贻害不小，势不得不实力举行。但人情乐於简便，苦於烦扰。当时阳明王公举行此法，犹有谓其扰民无益、幸而州县不真实举行者，何况后人视阳明不啻霄汉，岂不愿一味安静，与民休息！但利害所在，较若观火。行保甲则官民俱利，不行保甲则官民俱害。再四踌躇，欲求妥当。

每见从来奉行此法者，往往不本实心，虚应故事。不过十家一牌，书写姓名，官府经过挂之门首，官过则撤，州县官并未汇造成册。即使造册，亦绝不一寓目，不一关心，虽遵奉上行刊刻成书，徒以供覆酱瓿、充废纸之用，岂不可惜！甚至经年累月，只此一牌，并不一查，并不一换，真成故套。

---

① 原题“活保甲条谕”(48)。

本道今行活保甲之法。但以十家言，经年之中，岂无迁移来去，岂无死亡添增？若不改计详明，终系套格。今令一一开载，某家自某处移来，某人从某处移去，某人已经病死，某家增添某人，务使底里共知，行踪明白。则奸人无所容身，而遇有勾提，按册了然，不得指鹿为马，致使李代桃僵矣。至於取结，不用衙役，止须各里见年，至县带投。查点不遣坐（佐）贰，必须印官躬亲，简从无扰，详载后款，务在安民而已。

顾州县每每不肯力行者，其故有二。有一种人真心爱民，以为清查既明，姓名在册，万一有东人干连，则两邻甲长地方等，无一得免者，不如含含糊糊，犹有展辩出脱之地。此贤者之仁术也。其或不肖之人，借为骗端，指东那西，拘贫卖富，官府设陷阱以害民，吏胥张网罗而取利。小民何罪，一经牵连，有家破家，有命丧命。穷其祸源，总由保甲不明，故扳引任意耳。

倘能实实奉行，按册跟究，则盗贼、东人，自难隐匿，自难容留。即贤者不必用其回护，而不肖者亦无所肆其贪婪矣。尔等清夜自思，是为扰民、为不扰民？是为安静、非为安静？则本道一番热肠苦心，亦可见谅於群黎矣。

本道严禁赌博以弭盗源示[①]

为严禁赌博，以靖盗源以安地方事。

照得农工商贾，各职其事，财用于是乎出，衣食于是乎充。无论务本逐末，总期三时不废，而工利相资，庶几家给人足，以成熙皞之治。有等游闲无籍之徒，不循本业，专以陆博为生，每每结党成群，煽诱良家子弟，窝赌骗财。惟图己饱衣暖食，不顾他人败产倾家。不肖子弟，一堕其术中，率皆迷而不悟，不死不休，以致穷饿其父母，冻馁其妻子，亲友姗弃，邻里讥弹。且赌穷为盗，势所必至，越礼败行，何所不为？殆至犯法亡身，悔何及矣！新旨森严，设有流徙站配之典，亦无非为不肖愚民下此顶门针，以改过迁善，以自保其身命耳！尔等自思，亦何苦不学好人而甘蹈法网也？

合行出示禁谕。为此示仰阖属军民人等知悉。如有前项匪徒，即速煎洗肺肠，改图变业。如有怙终不悛，则今日之游手，即将来之盗贼，本道务绝其源，立刻严拿，从重究遣。非惩赌博，乃杜奸萌，勿怪本道行法之太峻也。

① 原题“禁赌博示”(70)。

（9）观风课试十三件

学道饬修学宫定期课试示①

为隆焕宫墙，以崇原本，严立学课，以造真才事。

窃惟尼山日月，为百代礼乐之宗，泮水芹茆，乃国家贤才之地。故
天子隆释奠之文，髦士端鼓箧之业，所以崇励化原，正始风俗者，至严且重也。近世以来，学宫废缺，教职旷弛。履其地而自忘其本，尸其官而不行其事。任泗水衣冠，沦胥蓁莽；使黉宫子弟，污漫离京。甚而秉铎经年，足不登明伦之地；束修维脯，口不谈先圣之书。于是贤士无所依归，不得不起而结社，才情无所寄托，不得不为私篇，致以社党文体鼓（贾）士君子之祸者，谕导之官不得辞其责也。本道身任名教，职在秉衡，睹此陋习，实切耻之，实切痛之。

今特行查所在学宫，有殿宇倾颓、簷庑圮坏者。仰郡县勘实估计，详报本道，捐俸倡修。其有见任官或捐资、或督工，一德可录，揭报抚按两院，褒美贤劳。凡

① 原题“初饬月课”(4)。

绅衿好义，但可捐置工料，不得滥助银钱，致生破冒。工完之日，但学官汇明申报，合行优奖。如有该学奸吏斋蠹指借脩饬、乘机侵滥者，访知提究，决不姑贷。

至於月课一条，原系教官本等职业，不烦本道详夺。但视为故事，遥授题目，假笔赝文，经时候缴，不置甲乙，无所观感，虚名难期实效。今特限每月朔望日，教官率诸生瞻谒　圣庙，兼习礼仪。初二、十六两行课试，务要师生齐集一堂，本日交卷，将课文随即封解，听本道序次选刊。一切社文，恪遵功令，尽行禁止。凡月课不到，生员或饬降罚，以次重轻，三次不到，竟行黜革。其余暇日，仍仰该学教官各就所见，或会文艺，或讲经史，设几置坐，考钟伐鼓，振励盛脩，无辍厥业。一月之终，将行过规条、试过课题，详开一单目，某日行某事，勤者几人，怠者几人，实心实政，凿凿呈报。本道考察学职，即以是分别优劣。有称职表异者，即与特题优叙；如怠毫自安，犹然故套，本道绳之以法，无辞推诿。

言念　先师庙宇，为本原重地；训育俊良，乃　熙时盛典。苟攸好勿二，上下自有同心；惟推广有条，贤愚俱成佳器。本道拭目新化，聿观厥成。有（为）此严饬，该府仍转行所属及儒学，大书告示，遍贴晓谕。毋违。

学道为川南新复通行观风月课谕①

照得守宪下车，例有观风之典；衡文造士，宜勤月课之功。蜀士自罹兵燹以来，砚田久荒，书城日堕。时即雅意作人，亦安得进流离之子而论文字哉！幸今流氛既远，多士渐归，岁科两试有人，乡会联科多隽。惟川南新复，未与盛典。乃建宫墙而勤讲课，正今日作养人才事也。虽寥寥归园之士，未备泱泱大国之风；然吉光片羽，弥钦哕凤之音，新鼎一脔，愈珍盐梅之用。惟育才者领袖其事，自应运者兴起有人。

为此示谕各属府州县官及教官知悉。今本道拟于次月某日先试官风，以概览川南之灵秀。继于每月某日，通行月课，以进观多士之就将。但令州县本教官就试本邑，以省奔走之劳，仍令分校各卷，解道覆阅，以定优劣之序。在诸生各宜专心致志，务竭刻日之长；在各官亦宜矢慎矢公，克胜父师之任。将本道乐育夙怀，作育至意，庶几可相须有成也。各图实益，勿袭虚文。

学道为甄收鼎革后诸废衿示②

为收复遗轶事。

照得文教一事，废弛易而昌盛难；人才一途，厄穷多而遭遇少。本道职任文衡，惟惧贤才终伏，文运不光，

① 原题“观风月课示”(5)。
② 原题“谕求复诸废衿示”(6)。

夙夜孜孜，自庠序而及山泽，何尝一日不三复於心。因念鼎革以后，兵荒连岁。虽大一统之规模已久，而贫书人之残喘未宁。其间或以忧困阻其功名，或以隐僻艰于跋涉。岂无怀瑾握瑜，暂同耕钓？但始因世乱而委曲保身，不谓时平而遂绝进取。告复之词纷纷，亦何忍在尔弃置？

本道已简阅诸呈，类查履历。如果幼年未受委署，从来未经考黜，情有可原者，当岁试三考后，当另示日期，出题数则，严加考试，无妨破格甄收。尔等发愤温习，以须时日。自问其才伎何如，不必仓皇道途，更废肄业，临试荒谬，扶出未便。

学政为童生赴试应由府县备办试卷桌凳示①

为科举事。

照得童生类多贫寒，办卷不无小费，更闻礼房吏书，乘其纳卷之际，刁难需索，往往有之。至于桌凳，既经考过生员，再办加添，自是足用。该县亦有故难生童，勒令自备者，尤为可恨。

夫贫士之一钱，富者之一金也，岂能堪此。除行县外，凡童生县试，即动该县赎银，府试即举本府赎银，官买坚白太史连纸，照式置办试卷及一切桌凳，仍令先试生员，次试童生，就便取给，量为加添外，为此示仰通

① 原题“科考童生示”(7)。

县童生知悉，遵照日期，径自执持笔砚赴试，不必备卷及桌凳。如该县吏书抗法，仍复生端勒诈者，许诸童生不时赴禀，以凭拿究，决不轻恕。

福建学道文会示①

照得保甲敷文，先期得士；褰帷问俗，务在求贤。惟八闽为诗书奥区，三郡尤理学渊薮。考亭夫子，万世儒宗。道南先生，二程嫡派。封章特推忠定，衍义创自西山。杨大年一代文豪，胡康侯千秋正业。群书祖蔡，重望推游，莫不俎豆黉宫，笙簧艺苑。迄乎近代，不乏名公。杨文敏补衮弘篇，田中台传灯懿矩。鹤岭三及第，鹿溪两解元。历数古今，不胜缕觌。前既若此，后亦宜然。

本道素切景行，殊深响往，幸兹承乏，可慰夙怀。但恐世变沧桑，词变榛莽。然文学本诸天性，在围城不辍弦歌。且思皇蔚起国桢，际鼎造益彰茅茹。朱乐北畿早捷，李熊本省抡元。既萃山海之灵，自应风云之会。本道借采风谣，谬司月旦，预陈茆篚，遍讶兰轺。公冗初闲，新凉正爽。疏桐引露，俨临周易以研珠；班管摇星，似映银河而散彩。纵横浩博，尽倾郝龙晒日之书；惨淡悲凉，不数宋玉伤秋之赋。拟杜子美八首，佳句定欲惊人；咏潘安仁二毛，韶光岂常恋我。各期努力，共事含毫。讵夸后夜初朝，乞云锦之机杼于帝女；伫看明年此

① 原题"观风示"(8)。

际，问天香之消息于嫦娥。药物果号参苓，梓林即登梨枣。借甲乙之题品，作子丑之先声。

本道技谢生花，固乏文通梦笔；心怜同调，敢弹清献携琴。望丝影於吴门，惧淆疋马；辨剑光于延浦，冀识双龙。庶尽一日之长，用结三秋之契。爰舒青眼，敬俟白眉。毋谓俗吏不暇文章，意殊落落；微名无关举业，篇竟寥寥。俾画壁可以点睛，即宝山不教空手。将见才华理解，罔逊前徽；甲第科名，克收后效。就兹彦会，雅应宾兴。窃附储才，仰符协运。

本县考选将才示①

为申明将才以襄盛治事。

本县择於某日考选将才，榜示数日，未见报名在簿。岂因本日考试童生，遂视文武为二事耶?太公七十二将，其中技勇冲锋之士，不过数辈耳；其余种种，全然不系武力之士。故本县仿武科第三场之义，而欲纳有志之士同日考试。虽不必搦管效文人之呕心，而一言中窾，一事当机，即足以验生平之大用。故本县示以不论学内学外，远近卒伍，三教九流，皆可入试。或先投一卷用印，或临时自备一卷，或并卷可不设立，谈高论以见一日之长。兹特先期再为申饬，多上勉旃，毋违谆谆之意。

① 原题“申明将才”(9)。

浙江学道示诸生以文章之道①

多士进取，惟文是凭。寒窗攻苦，平生精力，尽瘁于兹。然文章一道，难言之矣。一曰理，二曰气，三曰格，三者俱备而始饰以藻绩之词，乃为尽善。迩来浙省英贤辈起，出奇无穷，可谓抉文章之妙、尽文章之变矣。盖文不难于正，而难于正中见奇；文亦不难于奇，而难于奇不失正。

尔诸生行文，务须确遵传注，酌雅去浮。阐圣贤之秘奥，究性命之渊深，出以周程张朱之理，辅以班马韩苏之气，范以王唐瞿薛之格，华实并茂，奇正相生，是乃文家上乘，本道所亟欲简拔者也。其或割裂章旨，变乱体格，以怪诞为新奇，以隐晦为奥衍，以短促为简古，以繁冗为雄浑，或缀子书，或摘释典，是皆离经畔道，鞶帨虽工，概无取焉。

至于文体之坏，由于私刻之多。除试过优卷，本道拔取其尤者，亲加评阅，始授剞劂外，凡私选私刻，遵照近例，概行禁绝。又文有限字之禁，炳若日星。诸生临文，但求阐明圣学，无贵冗长取厌。如逾五百五十字者，定行不录。

① 原题“正文体”(10)。

钱塘文会示[①]

盖闻玉蕴山精，不韬光于和氏；珠藏渊薮，每焕采于鲛人。故笛奏柯亭，恒思蔡子；剑鸣园室，终遇张华。矧兹钱塘者，湖汛金牛，地传玉虎。龙飞凤舞，光兴礼乐之文；鹄峙鸾翔，世沐弦歌之化。私淑而怀往哲，苏东坡啸咏依然；望古以集曩贤，白太傅风流未邈。两峰三竺，岂徒裁云镂雪之材；孤屿断桥，应有吮墨含毫之秀。桃花新涨，既认前津；杨叶旧穿，岂忘后矢。振朝华而启夕秀，拂纸则银管千言；由夏扇以迄冬炀，拥书则牙签万轴。思运新裁於述作，愿摛壮采以篇章。莫不户握灵施，人吞畏鸟。

仆学谢雕虫，才惭复豹。雅有缁衣之好，冀效丹铅；谁无黄绢之辞，敢分琴诵。时维仲夏，景正清和。凡我群英，才多誉髦。是用朔之二日，升堂授简。俾众美之毕陈，列坐分题，虽寸长而必录。柔桑蚕市，吟成芍药之篇；杨柳烟堤，秀夺芙蓉之句。惟望橐珊瑚之匣砚，喜看南国才人，开翡翠以笔□，快识西陵（泠）名士。爰因问俗，兼乐观风。赓棫朴之诗，与其进也；结凤麟之侣，知子来之。

---

① 原题“季试告西陵（泠）士子”(11)。

学道武试示①

国家文武并重，干城之选与菁莪之育兼行，此安不忘危之意也。况
圣天子念切拊髀，加意鹰扬，更尤重於往昔者乎？

向来武试，多以故事应之。或贿通报箭之人，或代倩捉刀之手。印记可那，请托可恃，种种弊窦，不可枚举。新奉部咨，马步之外，再试开弓，舞刀掇石，试綦重也。本道按试，必逐一考验。其有膂力方刚、技勇绝伦者，始为合式。即马步粗娴而勇力无闻、以孱弱充数者，概置不录。

至折冲于樽俎，从古名将未有不读书者。固当弓马熟练，尤须策论兼长。必将孙、吴、司马、尉缭、卫公兵法，通晓无遗；车战阵图击刺之方，讲论悉备，则人人皆良将之才矣。其有身不离纨绮，目不辨青黄，武断乡曲，遇事风生，纠群攘臂，凌铄官长，是自摈宫墙，非特 功令不容，实自贻伊戚耳！敢有复蹈前弊者，从重究处。如教官不举，亦即一体揭参。

本府禁童试怀奸挟诈示②

为直告钻刺童生事。

照得一番考试，三年辛苦所系。即本府回视考童光

① 原题“砺武生”(12)。
② 原题“谕童生”(13)。

景，犹戚戚焉。富室幸进，害及孤寒。本府尝罹此厄。兹幸而出仕，岂敢以此厄人。是用专罗真才，惟文是视，即天子有诏，亦须封还，业已矢之天日。匹夫有志，三军难夺。法纪具存，何物么　，敢挠吾令！

为此示谕各童知悉，务要安心作文，静观正案。有如怀奸挟诈，故意挠乱，视本府不若匹夫，视法纪不啻弁髦者，本府偏衷狭量，实难堪此。纵此偶收正等，亦必检出涂抹。天日在上，断不食言。特此预告。

学道饬诸生自重自励谕①

南禺之山，有丹凤焉，其羽九苞，其飞千仞，则览者毋敢狎之矣，况得而罗诸！士亦有然。气节者士之仪羽也，怀文抱质，潜德以居，岂非寿然物望取重云尔哉！异日出而筮仕，正色立朝，一身侃侃，恒必由之。

然气节非它，厉廉耻，植纲常。如古人立志，不在温饱，每食不忘君父，远大自期，罔污流俗，庶几称焉。如徒嚣凌倨侮，植党害公，昂首招摇，动称义愤，夫是之谓客气，非正气也。自士习日偷，坊表扫地，蝇头所在，走如骛焉。于是柔声厚貌，献谄公地，冠盖遥临，则鞠躬长跽；碑祠上寿，则攘袂争先。嗟此青衿，有同狐媚，良足羞矣。又其甚者，结纳胥椽之欢，借盘餐以通好，滑稽舆厮之伍，笑本强而夏葵，遂使伍伯贱隶，抗

① 原题“教条之一”(14)。

颏叫呼。是可忍也，将何不至，岂非名教之罪人乎！

若乃骄兵瞋目，横气相加，藐尔孱生，饱其凌铄，定鼎初年，斯风未殄。今　圣天子垂意右文，当无虑此。唯是士必自重也，而后人知重之。今之摇尾取怜，泥首认诟，固即畴昔之一呼群吠、跃冶无忌者也，不过餍腹一脔，遂至甘心屈节耳！

本道目击颓风，痛心扼手，为日久矣。尔诸生自今，其务整廉隅，矫然自好，宁介毋通，宁方毋圆。苟风节表表，本道且改容而礼之矣。当事诸贤，皆曰此中多佳士。吾臭味也，其谁不刮目以待，何况么庛鼠辈哉！本道愿诸生为管幼安、王彦方，不愿诸生为扫门之宾、望尘之客也。诸生其善自爱。

本部院捐俸设义学以化民成俗示①

为劝民向学，以善风俗事。

照得九顶山一带，为四境接壤之区，山林丛薄之地。其俗骄悍，其民好事，跋扈嚣陵，不循礼义。自明季以至今兹，陷罔为非，不一而足。夫天生蒸民，秉彝好德，安有人而不可为善者乎？殆昔人所言，父兄之教不先，子弟之率不谨，寡廉鲜耻，而俗不长厚也。穷其所由，总由人习朴野，不读诗书之故耳！

本部院之治民，先德礼而后政刑，轻法网而重文教，

① 原题“设义学”（15）。

自信天下无不可化之人，无不可善之俗。与其令之格面，不若俾以格心。与其免首刑章，不若束身礼义。兹欲使之勉就师儒，但恐穷民无力。特捐俸银若干，以助设立义学之费。合行晓谕，为此示仰居民人等知悉。自今以往，舍尔顽梗之浇风，就吾圣贤之大道。上之明体适用，将为天下之大儒；次亦谨度束身，不失一乡之善士。无资者不必另备脩脯，有力者更或扩充糇粮。庶几朝弦夕诵，人怀拔濯之思；于以日渐月磨，里无不美之俗。本部院化民成俗之意，有厚望焉。其各熟思而审处之。特谕。

本部院禁学宫牧马示①

为严禁泮宫牧马以崇学校事。

照得文庙之设，所以尊先圣而礼前贤。教化于是乎兴，人才于是乎出。乃千古帝王必敬必崇之地，非若他种祠庙，可以兴废由人、敬亵任己者也。近闻各营养马兵丁，因见文庙之旁，悉属空地，且多青草，谬谓学圃可牧，泮池可饮，遂至驱马践食其间，以致秽气薰蒸，不可向迩。亵渎　圣灵，弁髦国法，莫此为甚。本部院闻之，不胜发指。即云事出偶然，非关有意，夫学宫何地，而可以偶然尝试！且此地可偶，则亦何地不可偶乎？

除以往不究外，合行严禁。为此示仰各营将弁知悉。

① 原题“禁学宫牧马”(16)。

以后务须约束兵丁，谕以礼法，不许匹马只蹄践入学宫门闲。如有仍前不法，纵放各营骡马于　圣殿前后牧养者，仰该学官役，一面羁絷其马，以作凭验，一面赴本部院呈禀，查系何营马匹，立拿该管将弁，治以纪律不明之罪，不独惩治兵丁而已也。特示。

（二）晚清地方行政文书杂件

以下一些文件，大都从英国搜集。第1件，朱字白纸片二，第一片写道光十八年汉、满官员人数，第二片开列各省出仕人员人数，未写年份。这是中国之近代开始时国家机构的人员规模。该件藏于英国图书馆东方部，编号在OR8207K内。第2件，福建督抚为夷务择人请以邵武县调补闽县奏，英国公共档案馆藏，原无标题，编号为F0682/1971/58。该馆藏有福建督抚在道光咸丰年间若干件上奏文书和军政情况的材料，均刻印，首行刻“探得”二字，又“禀报”二字，似是别省派出人员探访福建的动态以向本省主官报告者。本件为其中之一，未署上奏年月，从内容推测，应在道光二十九年秋冬。其时闽浙总督刘韵珂，福建巡抚徐继畬。徐以究心洋务著称，所著《瀛寰志略》为当时和后世所重，在是否允许外国人入城居住的问题上，以求“华夷相安”为主。这一件调补闽县奏，专以时有“民夷交涉”事件、该员为“华夷所信服”为言，可供研究之参考。第3、4

件系清苏松太道吴健彰拿究会首告示，和上海兴安泉漳会馆等各会馆、公所为筹设团练的文书及条款。其时间均为咸丰三年七月。该时，太平天国已在南京建都，上海的小刀会起义正在酝酿中，故吴健彰告示说："风闻匪徒结会树党，希图滋事"，各会馆准备集资团练，"保护地方"。但筹设团练条款批准后不旬日，就发生了起义，筹设团练的发起人之一嘉应公所李绍熙也成了起义者之一，此人后来曾投入太平天国又背叛太平天国。这两篇文件的抄件藏于剑桥大学图书馆，对了解起义前夕的动态很有价值。第5件苏松太道劝捐告示，英国图书馆东方部藏抄件，编号OR12593(37)，红格簿纸墨书，出示人为护道蓝蔚雯，告示末行署"咸丰七年五月初一日始"。告示内容系通告实行"月捐"，即以户为单位，每户每月至少五十文，按家资递增。时清廷要求"捐借兼行"，两江新总督何桂清派亲信王有龄整理"捐务"有起色，而"月捐"牵涉各家各户，又只盏盏之数，因而放弃。这件告示留下了清政府上海当局对无论穷富的所有人民进行搜括的记录。第6件"地方情形探报"，英国公共档案馆藏，手写一册六叶，编号F0682/1972/42。所报有广东龙川县、江西龙南县等"花子会"会众起事情况，有关于江西、广东的盐务情况，广东潮、嘉各属米价、外洋纹银之口情况等。据内容判断，呈报时间约在咸丰三年冬。第7件原无题，英国公共档案馆藏一叶(刻印)，在编号F0682/1979/69内。首行"咸丰伍年拾二月拾陆日"，正文总督"发收文"四行，巡抚"发收文"二行。但内容并无发文之记录。"协办大学士爵阁部堂叶"，即叶名琛，"抚宪柏"，即广东巡抚柏贵。这叶文书所载广东督抚一日中收文、见客都很少。第8件原无题，英国公共档案馆藏两叶，编号未记，其内容系审查由福建回广东招勇的陈冲汉其人的经历。陈原开洋货店，后学西医，与广东天地会起义者有密切交往。逃往福建后，又被福建官府派回招勇。这是当时社会动态的一个片断。原件未署具呈人职位姓名。具呈时间约在咸丰五、六年。第9件系从英国图书馆戈登文件中选录的两件鲍超等致戈登公文的封套，以略见当时之制度。该两件编号为OR2338/20，封内文书无存。形制巨大，各长约35、宽约22公分。封面封背年月日数字、到达地、收件人，均墨书，其余刻版蓝色印刷。“星飞递呈”等字样朱圈，鲍超封套正面右下左上钤印，苏松太道封套封面上下及年月上钤印。

（1）道光十八年汉满官员人数

十八年道光甲辰年季夏颁订

汉官大小官员共一万零千四百六十三名

满官大小官员共一千七百六十八名

旗下官大小官员共五百二十七名

各省出仕人员开列

本地人各省共计一万六千四百七十四名

另蒙古满洲共计三千二百九十五名

另汉军旗下共计五百五十八名

(2) 福建督抚为民夷交涉需要调补闽县员缺奏

闽浙督宪刘、福建抚宪徐会奏：窃照闽县知县孔昭慈升补鹿港同知，遗缺前经奏请以邵武县来锡蕃调补。兹准吏部以该员以闽县出缺之时，尚未引见，於例未符等因。伏查闽县地居省会，政务殷烦，为海疆兼四要缺，平时治理，本属綦难。自各国夷人准在五口通商以后，其所属之南台等处，又时有民夷交涉事件，抚驭防闲，尤为不易。邵武县来　以知县尽先补用题补邵武县，二十五年十二月初十日到任。该员操守廉洁，忠信明决，现署闽县甫经数月，不时抚绥弹押，均能恰合机宜，且为华夷所信服，以之调补，洵堪胜任。前此奏请，原因闽县一缺，必须择人而治，故为破格陈奏。

但现在候补各知县中虽有合例堪以调补之员，但非现居要缺，即属人地未宜，若稍事迁就，尤恐贻误地方。且调补之缺必须核计俸次者，原以甫经补缺之员，阅历未深，难膺烦剧，经理断难裕如，是以例内必须历俸已满三年，方准拣员题调。该员虽在闽县出缺之后，而前在邵武县任内，实已三载有余，与甫经补缺者本属有间。

溯查本年六月浙江平湖县知县缺出，曾经浙江抚臣吴　以海疆要缺，拣调乏人，将到任在出缺后之临安县范镛奏请调补，仰蒙恩旨准行。兹以来锡蕃请调闽县，应与范镛调补平湖县之案情事相同。可否仰恳天恩，俯念省会首邑员缺紧要，饬部覆核，仍准以邵武县来锡蕃调补闽县，俾资治理。该员系现任知县请调知县，衔缺相当，毋庸送部引见。所遗邵武县员缺，另行拣补。等因。

（3）苏松太兵备道吴健彰拿究会首告示

钦加按察使衔分巡苏松太兵备道吴　为风闻匪徒会结树党，希图滋事，饬营县查拿并究，劝谕改恶从善，以全生命事。

照得本道近日风闻有不法匪徒李姓者，为首倡议结会树党，勾结本地土棍及闽广宁波各处无赖匪徒，千百为群，刊刻木戳，佩带身边，暗作记认，希图凌弱暴寡，鱼肉善良，抢夺拒捕，彼倡此应，为害地方。事虽未行，迹已败露。除移营饬县，会拿首犯究办外，其听诱被纠者，皆属无知愚氓，本道体　上天好生之德，不忍不教而诛。合先出示劝谕，俾知触目惊心，作速散会解党，改恶从善，仍为良民，各安义命，保全身躯。到官自首，免其治罪；将会首擒获送官，并邀奖赏。保邻知情不首告，问罪如律。

各宜凛遵毋违，特示。

咸丰三年七月初六日　示

(4) 上海县各会馆、公所筹设团练告示及条款

为札饬核议事。

奉道宪札开：据兴安泉漳会馆董事李仙云，广安会馆谭经，潮州公所郭文志，嘉应公所李绍熙，宁波公所章圭，上邑附城董事潘仪国联名禀称：

“窃守望相助，闾阎藉以安居；联络巡逻，地方赖以安堵。且乡党閒里，尚有支更；上洋码头，可无团练？且际此逆匪扰攘，而不法匪徒，往往藉端生事。上洋为五都之市，商贾辐辏，货物屯积。若不思所以保卫之方，则抢夺频仍，商东血本攸关，谁敢复行贸易！现奉谕着广安会馆董事传集各帮董事，筹设更练，以资保卫等因。具见除暴安良至意。遵即传集闽、广、宁、上各帮绅董筹设，皆欣然乐从。诚以联设更练，无事则支更，有事则堵御。岸地则练丁梭织巡逻，互相接应；水面则水练时刻护卫，远近维持。从此匪徒敛迹，货物可无抢夺之虑；各至如归，钱银岂有劫掠之患！将见怀柔有方，而近悦远来；招携以礼，而毂击肩摩。爰将议款粘呈，联乞俯准给照承充，以资保卫。但董等切思经费浩繁，

每年不下三万金。伏祈札饬府县传谕绅商，妥为筹设。俾经费有资，而团练拟长城之固；地方宁谧，而商贾怀衽席之安。实为德便”等情前来。

查上海为五都之市，商贾辐辏，货物云屯。际兹逆匪扰攘，土匪易生。今该董等筹设更练，酌议条款，以次保卫，诚为善举，有无不周不备及应参酌之处，等情到县。奉此，除移会营汛一体巡逻，互相接应擒拿外，合行出示晓谕。为此示仰合邑军民客商以及船商字号铺户人等知悉。自示之后，尔等务各踊跃捐输，以裕经费而资团练。此系保护地方起见，毋得观望迁延，致妨善举。各宜凛遵毋违，特示。

咸丰三年七月廿七日　　　　示

一议团练首重经费。经费不敷，难以团练。今闽广宁上七帮，联设更联。七帮共设正总管一名，每月饭食洋五十元；副总管一名，每月饭食洋四十元。每帮设总目一名，每月洋二十元。十长二名，每名每月洋十二元。练丁一百四十名，每名每月工食洋八元。水勇总目一名，每月洋二十四元。水勇十长四名，每名每月洋十二元。水勇四十名，每名每月八元。舵工四名，每名每月洋十二元。

七帮共设总局，每月洋五十元。城厢内外设练馆六所，每所每月公费洋十五元。统计每月约经费洋贰千一百元。

另装造长扒艇二只，每只约工料洋三百五十元。其扒艇火炮军器及各馆军械什物，预备赔偿者不入焉。

一议联设更练，闽广宁上共七帮，须共设正总管一名，副总管一名，以专贵（责）任。七帮练丁共以三百名为率，每帮设总目一名，十长二名，练丁二十名。其十长在练丁内择取。按人地相宜，分派巡查地段。如有失事，系其帮所管地段，则惟该总目十长是问。稍有抗延，送官追究。

一议城厢内外，设练馆六所（大东门、大南门、小南门、西门、北门、天妃宫、小东门、码头[①]），则另设总巡馆一所。凡各客货物，须报明总巡馆登记，着练丁护送，以防抢夺。其水面则设长扒艇二只，用水勇四十名，日夜巡缉。客货出口，则善为护卫。其各馆练丁，遇事须听号［令］互相接应。若观望不前，唯总目十长是问。

一议所用总目十长，客帮则任会馆董事择人保举，本地则任上海绅董择人保举。由总巡馆登名注册，给发腰牌号衣，写明每帮练丁其名字样，分派地段巡逻。如有练丁不法滋事，则唯该总目、十长是问。轻则议罚，重则送究。

---

① 括弧内写八处地段，原有顿点，小字双行。

（5）上海劝捐告示

钦加升衔督办月捐总局护理苏松太道蓝　　示

各宪饬办月捐　　藉以接济军需
现督员董核议　　城乡一律捐需
每户月捐五千　　递加各按家资
次则酌分五等　　至少十分为始
旬日并收一次　　毋得观望拖迟
议捐以至收捐　　责成段董专司
捐数榜示通衢　　事乃大公无私
暂借民力助饷　　亦仍自卫乡梓
铺户虽有厘捐　　究应出自买主
亦须酌认月捐　　勿以重复推辞
各宜踊跃急公　　劝谕通告咸知
一俟军务告竣　　立将月捐停止

咸丰七年五月初一日始

（6）地方情形探报

谨将查探各处地方情形开列清折，恭呈宪鉴。

计开

一探得广东龙川县属匪徒，业已平静。查此项匪徒多系江西龙南县人，勾结龙川、和平等县土匪，成群拜会，名曰“花子会”。其始不过讹索富户钱米，继则抢劫村庄。该匪等于咸丰三年九月初间在龙川县滋事，拒捕戕官，并有欲过歧岭、东至嘉应、潮州之说，旋经歧岭之西面老隆地方有铺户商民共捐银二千余圆，招募老隆船户水手人等与贼打仗，杀贼多人，又得官兵赶到痛剿，而余匪始行畏惧，逃回江西。现在龙川行旅无忧阻滞矣。

一探得两淮盐务向在江西之峡江、万安两县设立盐卡，以杜粤盐冲销，并在赣州东关设立盐卡，以杜潮盐冲销。今江西省因淮盐罕到，民虞淡食，是以有暂撤盐卡任凭过境接济之说。如果真确，则雄赣潮赣各埠似可易于疏销矣。

一探得向来外洋夷船来粤贸易，多有买带内地纹银出洋。近来夷船每有自带外国纹银进口，是以纹银价值便宜，其进口纹银名曰银条，每条约重十两。

一潮嘉各属今年夏间被水之后，早稻未能丰收。所幸晚稻收成甚好，现在米价每洋银壹圆可买中等白米四十八斤，而潮桥行销赣盐，现在试行以盐易米之法。如赣属商客贩米来潮，卖与米行，由米行给与米价银单，扣足三个月交付现银，各商客即将此单赴局买盐，先行运回各埠地济销，广丰局随后依期持单向米行收银。似此稍一变通，则赣埠商客易於转输，而潮民又得有赣米接济。倘能源源不绝，则潮属虽遇歉收之岁，亦不致食贵矣。

一探得天津海船人称说，逆匪于九月间窜入天津，或由航海或由陆路而去等语。此系出自传闻，究无实信。其天津海船向系冬初回潮湾泊在潮阳县属之沙汕头。

一探得福建抚台尚在泉州军营。闽省银钱不能流通，官民交困。现在官设银店印用银单矣。

一探得南河督院委员赴闽省查探军情。

今寄呈闽省第一号报单一本，伏乞

钧览

（7）广东督抚发收文一日

咸丰五年十二月十六日

协办大学士爵阁部堂叶　发收文。广西拣发县韩韶海禀到。广西抚院差来投文。候补府经历王耀禀假感冒。候补府经历朱允棻禀到，由广西来。缉捕委员朱用孚、苏海俱禀知拿获匪犯庞亚监等三名交臬司。臬宪沈、广州府郭、南海县李、番禺县李俱禀知处决犯人毕。

抚宪柏　发收文。越华掌教王到拜会。候补府经历朱允棻禀到，由广西来省。佐杂各官张护、丁焕珍、王监时、吴廷杰俱禀知查街安靖。

（8）陈冲汉实在情形

谨将奉
谕饬查陈冲汉实在情形列摺恭呈
宪核

查得陈冲汉向在省开洋货店，歇业后在夷楼内学习夷医，得外科跌打诸药，带回西樵一带行医，遂与贼匪罗亚许等结交。四年，罗亚许、陈章、张光等在本村银河桥起旗，赴各乡打单。陈冲汉因与该匪交好，常到贼营说合并经手付过打单银两。自同人社学团练之后，即逃往福建，往寻伊弟陈维汉。本年由福建回籍招勇，向其堂兄福昌银店之陈凌汉借银招募前往。以上所查委系实在情形。

（9）鲍超等致戈登公文封套

提字不列　　号　自东坝大营封发

内一件

同治三年二月初四日酉时行

限　速　日　到

钦命署理浙江提督军门统领马步官兵苏博通额巴图鲁鲍　内封紧要公

文仰沿途专弁毋分雨夜星飞递至　溧阳县城

会带长胜军统领戈　行营　告投

毋许舛错稽迟擦损致干重究不贷

临投不去外封

内一件

同治三年五月廿三日移

江南分巡苏松太兵备道　公文递至

前统带常胜军提督军门戈　当堂开拆

四　中外关系

(一)"曾侯致英夷使臣威妥玛书"

本件英国剑桥大学图书馆藏，刻印品，三叶六面。首行题"曾侯致英夷使臣威妥玛书"。所加护封有手写英文：Tseng Kuo—fan to Wade，printed，probably scarce. 意谓："曾国藩致威妥玛，印刷，可能罕见。"又英文字前有"?"号。

清同治四年、五年，即1865、1866年，时任清政府海关总税务司的英国人赫德(Robert Hart，1835—1911)，和时任英国驻华使馆参赞的威妥码（Thomas F. Wade，1818—1895)，先后向清政府总理衙门提交《局外旁观论》和《新议略论》两项文件。《局外旁观论》以为，中国的"外情"如边界、传教、通商诸项，都已与外国订有条约，如照约办事，则"内情"得以"民化而国兴"；如不照办，则不免有动兵之举，国乱之灾。他提出迅速解决潮州进城问题和田兴恕问题，又提出中国学外国铸钱、造船制车、制电机等事。威妥玛的《新议略论》认为，中外能否长保和好，全看中国能否"内改政治、外笃友谊"。他恫吓说，如各国的"要务"受险，就难免干预保全，如此，则中华天下将不能一统自主。易危为安之道，在于速借新法，兴利除弊，求与外国和睦，实行遣使，开设铁路、电线，开采五金煤炭等。赫德，特别是威妥玛的文件，引起了清朝统治集团内部一阵惊扰。当时，太平天国中央政权虽已覆灭，但余部和捻军的斗争仍遍及南北，故清政府以为洋人因此而生觊觎，先发议论，日后将藉端生事；又认为威妥玛所论，“间有谈言微中者”，应如何自强及杜外人窥视，政府要求沿江滨海各督抚详慎筹划，提出意见。同治朝《筹办夷务始末》编入湖广、江西、闽浙、广东、浙江等省督抚复奏，对威妥玛等大多表示反感。剑桥收藏的这封信，则是以曾国藩个人名义对威妥玛等的批评。

这封信着重谈通商、传教两大事项。它认为，越数万里重洋往来贸易，是外朝之人所乐为，而为中国人所不愿；西国与中国通商，是攘夺中国利源利权，如借修约而更深入中国，则中国之人必将群起而刺刃于西人之腹。至于宗教，中国人历来信从尧舜禹汤文武周公孔子之教，天主教天堂地狱之说绝不足以胜之；认为西人传教，用意在于诱惑一些人当天下有事时背叛其长上。信中批评对方提出“中国能否保持自主之国”的问题，认为：中国君臣之际名分甚严，尧舜或桀纣都是民之主，西国“以民为主”行于中国，乃大乱之道；又说，通商、传教为民所不愿，而由皇上所准许，如西国欲中国不成为自主之国，对西国亦大不利。

这封信反映了十九世纪六七十年代相当多的中国人对西方的认识，是一篇有重要意义的文献。但署曾国藩之名的这封信，却为昔年和近年所编的曾国藩全集所不载，只同治九年（1870）七月初二日郭嵩焘的日记中一提及之：“录存湘乡致威妥玛书，跋其后云…”①。日记未抄录原书，所述跋文的内容，未涉及该书的原委。而次日日记云：“黄子寿枉过，疑湘乡复威妥

① 《郭嵩焘日记》，湖南人民出版社，1981年，第2卷，608页。

玛书为伪托。此言是也。湘乡举动必以理法。此书颇出常格之外，湘乡未必肯任之。"① 黄子寿，即黄彭年，是曾国藩赏识的后起之秀。这里，郭嵩焘同意黄的推测：这封信是伪托的。但他在同日日记中又认为这封信起了"折服"洋人的作用，说近年洋人没有坚持前议，"未尝非湘乡此书之力也"。这似乎又肯定了曾国藩写过这封信。

郭嵩焘的上述记载表明，他见到的曾国藩致威妥玛书是在社会流传的抄本，而不可能是从曾国藩那里得到的副本——如是后一种情况，就不会产生黄彭年提出的疑问。郭嵩焘是曾国藩的至亲好友。他对此书的真伪犹移其词，说明它的真伪的确值得怀疑。

威妥玛向总理衙门提交《新议略论》，事在同治五年(1866)正月十九日。二月十六日，恭亲王等连同上年九月赫德提交的《局外旁观论》一起上奏，请旨将威、赫的文件抄交有关督抚悉心妥议，各抒所见，以专折密陈。曾国藩其时以钦差大臣北上"剿"捻，他的两江总督并未开缺，是应该复奏的人员之一。他在总理衙门奏准此事后十天，即二月二十六日给丁日昌的信中有"闻洋人在京陈说多端，词意激切，有所谓局外旁观论者、新议论略者，逞辨寻衅，咄咄逼人"之句②，可见他已收到总理衙门抄寄的威妥玛等人的文件。但他似乎并未复奏，迟至八月，他向友人说："英使论略，至今尚未复陈"③。同治朝《筹办夷务始末》并无曾国藩的复奏。

一年多以后，曾国藩在类似的问题上发表过明确的看法。同治六年(1867)九月，总理衙门以中英天津条约将于翌年修订，

① 《郭嵩焘日记》，湖南人民出版社，1981年，第2卷，609页。
② ③《曾国藩全集》，岳麓书社，1994年，第28册，5624、5879页。

担心对方在修约时提出的问题，可能多是威妥玛等在上述文件中已提出者，于是奏请各有关督抚就预筹修约事宜，各抒己见，“以济时艰”。曾国藩这次有复奏。其主要内容是：五口、三口及长江通商，使中国商民之生计日蹙，小民困苦无告，所以他认为对请觐、遣使、开拓传教等项，都无须力争；但应“为民请命”，反对洋人行盐、设栈、小轮船入内河、创办电线、铁路。他说，这些条目事关民生，如“因此而致决裂，而我以救民生而动兵，并非争虚誉而开衅，上可以对天地列圣，下可以对薄海苍生，中无所惧，后无可悔也。”① 这一奏章泄露于外，在上海被英国人称为好战主张，曾国藩自己则以“为民请命”而自鸣得意。

曾国藩上述主张，与剑桥所藏致威妥玛信件内容是有出入的：认为通商对中国不利，两者一致；但对威妥玛《新议略论》提到的借新法开设铁路、电线，开采五金煤炭等项，信件几乎未着笔墨，而这在曾国藩的复奏中却是“为民请命”的重点。复奏中认为不必力争的传教问题，信件中又大加反对。十九世纪六十年代，西方国家已胁迫中国就通商、传教两大项订立了条约；修订条约，意味着向中国提出更深入、具体的要求。曾国藩和当时许多官僚、士大夫对付外国的共识是：条约要遵守，条约以外的不轻给予②。曾国藩复奏所反对的正是以前条约未规定的事项。致威妥玛信件中也说，“通商、传教二事，事之已然者也。”很难认为，曾国藩会就“已然之事”与对方大事争辩。

中英天津条约修订谈判在1869年1—9月举行，10月签

① 同治朝《筹办夷务始末》，卷54，六年十一月壬申。
② 参见《曾国藩全集》，第28册，5792页。

约。谈判中，英国商人欲望甚高，而英国政府则实行“局部”修约的方针，以不致动摇清政府的统治而妨碍英国的长远利益为重，因而条约并没有取得设铁路、电线、开矿、内地设货栈、驶轮船等权利就签订了，但最后也未加批准①。从清政府应付赫德、威妥玛的说词、筹备修约至谈判、签约，历时三年。清政府要求各地方大吏建言，以专折密陈，可见不欲泄漏于外。曾国藩预筹修约的密奏，因曾密咨李鸿章等数人而被外国所知，不得不自请议处。剑桥收藏的致威妥玛书，有“至十年换约之说，将来西国必有别情，所以遂其欲者而后已。”又有“他日换约，去所不便，择其便者”等语。这是明白表明此信是为修约而发。政府对修约正在密议阶段，曾国藩以封疆大吏却致函敌国使臣表态，揆诸古今政制，极无可能。剑桥藏件的护封上在一行英文字前加有“?”号，这应是收藏者甚或威妥玛自己对这封信究竟是否曾国藩所写持有疑问。至于郭嵩焘以为这封信“折服”了英国，所以在修约谈判中英国不那么坚持前议，这是由于他完全不了解英国外交之实际，是全无根据的猜测。

还可以找出怀疑这封信的本证。信的开头有如下一段：“别来八载，怅各一方。足下翔武于天衢，鄙人蠖屈于海上。缅想光仪，末由接近。顷有人自都门来，盛传足下至总办衙门，亲递《新议略论》”云云。“天衢”，意为帝京，“足下翔武于天衢”，指 1860 年英军侵入北京。这一段话说，曾国藩与威妥玛见过面，距写信时已有八年。又最后一段：“往者因苏返沪，获奉咨言。”从这几句，曾国藩在“因苏返沪”时还收到过威妥玛的信。然而，正是这些题外话暴露出了极大的疑问。曾国藩自

① 参见丁名楠、余绳武等：《帝国主义侵华史》，人民出版社，1987，第 1 卷，205—211 页。

咸丰十年起两任两江总督，并曾兼任通商大臣，驻地历在祁门、安庆、南京，却从不在上海，所谓“鄙人蠖屈于海上”，全非事实。据曾本人日记及其门人黎庶昌所编《曾文正公年谱》，曾国藩只在同治九年（1870）七月直隶总督任上办理天津教案时见过威妥玛，此前没有相识和通信的记载。“因苏返沪”一句，曾国藩到苏州、上海，只同治七年（1868）四月一次。这是为了查阅外海水师事宜而离开南京督署的一次水路旅行：二十四日从南京登舟，经扬州、金山、焦山、丹阳、常州，五月初三日到苏州，初十日到上海查阅轮船洋炮工程和吴淞口、狼山、福山各营，其间有英、法领事来见及回拜，并没有收到威妥玛来信的记载①。“因苏返沪”的“返”字和“蠖屈海上”一语，都显示出伪托者误以为曾国藩驻节之地是上海。

这封信中还有“赫君论中国有云：试问中国能常为自主之国否?”之语，然后引出一大段反驳文章。实际上，这一问句出自威妥玛的《新议略论》而非赫德的《局外旁观论》。这一参差，暴露出作此信者手边并没有威、赫二人的文件。可以推测，这封信是知有威、赫二人贻书总署之事、不满西方国家假通商传教以入侵中国者所写。其人假托曾国藩的名字，但并不确切了解曾国藩的行踪事迹。

尽管这封信非曾国藩所写，但仍很有研究价值，它反映了十九世纪六十年代中国一部分士大夫对外国通商、传教两大端的态度。这封信强烈反对外国侵入中国，这在当时许多中国人中会有共鸣。但它的论说却反映出深重的传统观念。它固守“崇本抑末，贵农贱商”，固守“尧舜禹汤文武周孔之教”；又以

① 据黎编《年谱》、《曾国藩全集》日记。

曾侯致英夷使臣威妥瑪書

威君足下別來八載帳各一方足下翔武於天衢鄙人蟄居於海上緬想光儀末由接近傾有人自都門來盛傳足下至總辦衙門觀遍和議論略總稅司赫復著有局外旁觀之論連篇累牘各數千言中外情形反復議論苦心人讀之無不毛髮悚然憤愧無地使乎使乎愛我中國亦何厚乎然僕竊怪公等工於代謀工自謀則拙也明於較人而料己則闇也又怪中外情形雖甚浹洽而揆之於理終有所隔閡而難通也足下在我國多歷年所近駐京師日閱邸抄朝廷動靜四方奏報無不周知竊觀而欲使借以自強又恐他日不能守信倉猝有變緩不濟急與赫君所論中外情形大略相同弟名為公論實使私智多方恐嚇無所不至噫亦太甚矣惟[illegible]國有家者凡舉動必準人情合天理不徒恃強取勝也公等云云似六合之外別有一理請[illegible]治之今有世家大族[illegible]廈連雲修葺已久稍稍損壞有此屋居者覷覦有年矣務[illegible]國有多盜臨於通衢我將償居[illegible]候允否強立契券而據之他日又印爾垣墉剝落盜賊[illegible]所[illegible]不堅葢甚不堪治爾力不任吾將助爾爾之家則即吾有爾無與也敢問足下此何理也如公所論不肯與不能之事一則強之使從則別有能者起而攘奪何以異於是且足下亦知中外人情有同有不同乎論通商中國帝王崇本抑末貴農賤商[illegible]貿關津之征所以懲其黷貨無厭而使之重去其鄉也通海通番曩有例禁今越數萬里重洋往來貿易外朝之人樂至中國中國之人不願至外邦此情所不同者中外絕異非可強而致也至商賈營什一之利權子母盈餘以蓄妻子養身家此又人情所同中外一致非可歧而視也自西國與吾國通商凡可以攘吾之利源奪吾之利權者悉載條約惟恐不盡西國得矣中土之人何所賴乎五十年[illegible]約之說將來西國必有別情所以遂其欲者而後已平心察之其所必欲者乃我中國所必不能行之事信如斯言中國自西自東自南自北將皆有車轍馬迹焉中國五嶽四瀆天之所設地之所限遂西人之欲則必有大力者一舉而平五嶽填四瀆[illegible]平無不快意肆志而後已

曾侯致威妥玛书书影

为中国之必能自主，是因为“在德不在力”，“皇天眷命我圣清，入主中夏，世世相承，靡有失德。……国家深仁厚泽固结人心”。此等颇为陈旧的见解，在当时亦有其代表性。所以这是晚清洋务早期一篇重要的思想文化资料。

以下是剑桥大学所藏这份文件的全文。

威君足下：别来八载，怅各一方。足下翔武於天衢，鄙人蠖屈于海上，缅想光仪，末由接近。顷有人自都门来，盛传足下至总办衙门，亲递“和议论略”，总税司赫君复著有局外旁观之论，连篇累牍，各数千言。中外情形，反复议论，有心人读之，无不毛发悚然，愤愧无地。使乎！使乎！爱我中国亦何厚乎？然仆窃怪公等工於代谋，而自谋则拙也；明於料人，而料己则暗也。又怪中外情形虽甚浃洽，而揆之於理，终有所隔阂而难通也。

足下在我国，多历年所。近驻京师，日阅邸抄，朝廷动静，四方奏报，无不周知。越俎而欲使借助自强，又恐他日不能守信，仓猝有变，缓不济急，与赫君所论中外情形，大略相同。第名为公论，实挟私智，多方玩愒，无所不至。嘻，亦太甚矣！

仆闻有国有家者，凡举动必准人情、合天理，不徒恃强取胜也。公等云云，似六合之外，别有一理。请设以明之。今有世家大族，广厦连云，修葺乏人，稍稍损坏。有比屋居者，觊覦有年矣，猝语之曰：尔有多屋，临於通衢，我将赁居。不候允否，强立契卷，入而据之。他日又曰：尔垣墉剥落，盗贼充斥，曷不坚茨？曷不扫治？尔力不任，吾将助尔，尔之家即吾有，尔无与也。敢问阁下，此何理也？如公所论，不肯与不能之事，一则强之使肯，一则别有能者，起而攘臂，何以异於是！

且足下亦知中外人情有同有不同乎？论通商，中国帝王崇本抑末，贵农贱商。货贾关津之征，所以惩其黩货无厌，而使之重去其乡也。通海通番，曩有例禁。今越数万里重洋，往来贸易，外朝之人，乐至中国，中国之人，不愿至外朝。此情所不同，中外绝异，非可强而致也。

至商贾营什一之利，权子母盈余，以畜妻子、养身家，此又人情所同，中外一致，非可歧而视也。自西国与吾国通商，凡可以攘吾之利源、夺吾之利权者，悉载条约，惟恐不尽。西国得矣，中土之人，何所赖乎？

至十年换约之说，将来西国必有别情，所以遂其欲者而后已。平心察之，其所必欲者，乃我中国所□（必？）不能行之事。信如斯言，中国自西自东自南自北，将皆有车辙马迹焉。中国五岳四渎，天之所设，地之所限。遂西人之欲，则必有大力者一举而平五岳，填四渎，荡荡平平，无不快意肆志而后可；则必尽中国百千万亿人民，供其役使，百千万亿货财，入其藏库，百千万亿土田宫室苑囿，纳其赋税，百千万亿精灵血肉、飞潜动植，服其声教，娱其视听之数者，万取万胜，必万万无不可而后可。

如有万分之不可者，则我中国之人必将群起而刺刃於西人之腹。财货金宝，西人知爱而不知恶，必自取腐肠之药饵，附骨之痈疽。土田宫室苑囿，西人知入而不知出，必尽驱纳诸罟获陷阱之中。精灵血肉飞潜动植，西人狎而玩之，慢而侮之，必相视如仇雠，跬步之间，房闼之地，造次颠沛，无不相与为难。

凡此数者，何也？不准人情，不合天理，必然之势也。深怪足下徒见西国目前有形之利，而不见他日无形之害如是其大也。

论传教，尧舜禹汤文武周公孔子，此数圣人者未尝执迷人而语之曰：尔必从教。自天子至於庶人，自古至今，无不从者，出乎尧舜禹汤文武周公孔子之教之外，即入乎禽兽之中。人而不欲为禽兽也，则必从尧舜禹汤文武周公之教。仁之至，义之尽，天理人情之至，无一毫矫强於其间。夫是以不言而信，不待劝而自成也。

天主一教，西土教士，奔走四方，学习国语，开设讲堂，不过劝一信字。故其教名曰信天主，必其中有不可信□道矣，即返之於己心，亦必有不堪自信者矣。夫不可信而求信，己不能信而强使人信，则必不能信也。无论不信，即千万人中或有一二信者，大抵佣工平民，村妪社妇，至愚下贱耳。亦有桀黠莠民，败其行检，乡里不齿。无所得食，串入彼教，以图生活。然且教士耳目所不及，则亦面从腹诽，阳奉阴违。盖秉彝之德，出于自然，发于天性，天堂地狱之说不足以胜之也。

中国异端之害，昔有杨墨，今有释老。释近墨，老从杨。杨氏之教，世土（主）故崇奉之。汉唐以来，释教渐盛。佛氏，一大智慧人，所传内典，经中国文人才士为之润饰，奥旨微言，往往而有中才以上，受其牢笼。老氏籍系周士，官柱史，教以慈俭清静、不贪为宝。世主用之，天下以治。若夫天主教，明季始入中国。利玛宝（窦）、南怀仁诸人皆习天算地舆之学，其所著七宝等书，切实言之，理近儒者，故当时士大夫乐与之游。今之教士，其来者尚有如利、南辈诸人乎？所谓教，皆荒谬浅陋，又不晓中国之教，又不愿中国通人为之润饰。开堂讲论，剌剌不休，如梦中呓语，稍有知识者，莫不捧腹而笑。夫以二氏之教，广传精微，尚无卒引人出乎古圣先王之教之外，况其教远不如二氏，欲行之于中国，乌可得耶？

然而西人之必欲行其教于中国，其用意自有在矣。中国不吾信从，彼固知之，于是有术焉。施小惠，使餍其口腹，行小善，使震其耳目。从而诱之以获福厚报，使迷惑其心旨，变易其肺肝，溺焉不返，不顾利害死生，惟吾说之是从。天下无事，均可伏戎；天下有事，入吾教者云合响应，竞起而畔其长上。呜呼，是祸中国也。知其为祸，故愈不信从，非人之禁之使不从也。仁义中正之途，人人者深。君臣父子兄弟夫妇朋友之序，确乎不易。天堂地狱之说，果不足以胜之也。一言以蔽之曰：中国尧舜禹汤文武周公孔子之教，一日不行，彼行是教者，岂不大愚乎哉！

通商、传教二事，事之已然者也。更有未然之事；则仆之所尤可怪者矣。赫君论中国有云：试问中国能常为自主之国否？斯言也，他人不解，仆则解之。泰西各国，政有三等。故称中国为自主之国，鳃鳃然使自审其将来之能与不能。将恶我中国，而利其不能耶？抑爱我中国，而惟恐其不能而望其能耶？然吾中国，从未有不能自主者矣。五帝官天下，其传贤也，君主之。三王家天下，其传子也，君主之。秦以前天下为侯国，侯国各有主，天子为诸侯主。秦以后，天下为郡县，郡县各有在（主），天子为郡县之主。仁如尧舜，民之王（主）也；暴如桀纣，民之主也。君臣之际，名分甚严，恩礼甚重。名分严，故君为主；恩礼重，故世戴一主。如使西国民为主、又民共为主之政，行于中国，此大乱之道也。

或谓苍鹅出典午中，白雁来天水外，万一有变兴戎，将来不能自主殆此耶？又大谬不然之论也。中国之所以常为自主之国者，在德不在力。以力行之，虽强必亡；以德行之，虽弱必昌。晋政不德，骨肉相残，非五湖（胡）所能灭也。江左偏安，所谓弱矣。以苻氏之强，亦萌图报之志，淝水之战，国亦旋亡。赵宋南渡，康王孱弱，肤马临江，兵气不扬。元祖起自漠北，定鼎燕京，不务修德，以力经营，不及百年，天命以倾。天人之际，皆可睹计。迨于明祚将终，皇天眷命我　圣清，入主中夏，世世相承，靡有失德。皇上冲龄践祚，两宫母后慈训有加，亲王夹辅，群臣辑睦。小丑跳梁，渐次扑灭。海内喁喁望治，国家深仁厚泽固结人心者，一百余年矣。岂如往昔毡裘之君可同日语哉！

然且谓之不能，赫君之意直谓将来西国协力以攻中国，中国地方瓜分五裂，如是而不能常为自主之国矣。呜呼，哓哓者不可若是其易也，是利有中国之不能自主也。盍亦思中国之不能自主之大不利于西国乎？今者通商、传教之事孰许之？我皇上许之，海内人心固有所不欲也。虽不欲，而上有天子，又有天主之命使，与西国使臣共主条约，普天率土，莫敢不遵。此中国能自主之明教大验也。假令天子一诏曰：今日两国条约所载，有不便于尔民者，余一人不能自主，惟尔百姓任自为之。百姓素痛心疾首，积深怨于西人，闻是诏下，虽三尺童子亦将肉袒披发，荷戈执挺而前，与西人拼命於一日。燎原之火，不可灭也；鸷鸟之击，不可避也。其它非中国臣子所忍言。及是时，天下英雄尘蔽而起，既念所主，为患更属西国。奈何而欲我中国将来不能自主也？

昔者有唐，吐番、回纥连翩入寇，中自携二，更变唐盟，钞略辎重，狼狈而返，各有离心，势如连鸡，莫敢先动。见利忘义，同室相攻，首为祸胎，卒以灭亡。夫治乱之机，中国之乱有中国之法以治之。强者弱之兆，西国之强，举事不当，而弱之者至矣。仆深怪自谋拙而料己暗者，正谓此也。

窃思高明之见，必不出此。或者异邦之人纷纷聚论，若有此说，公等传述所闻，俾我中国君臣知所儆戒，以天理人情斟酌尽善，他日换约，去所不便，择其便者，务令彼我之间，均获利益。诚如是，则中外相安，永保无疆之休。若逞其私智，乘机窃进，务要以必不能行之事，从此外国生事，中国多事，一治一乱，天下事未可知也。仆不佞，往者因苏返沪，获奉咨言，相知之雅，钦佩弗谖。愿效忠告之义，不避忌讳，无所逃罪，谨以附闻，伏维鉴谅，并使赫君知之何如？

（二）和合闲谈

《和合闲谈》一篇，原件藏英国剑桥大学图书馆未编号箱，墨书红格簿纸三叶，簿口印“青芸室”三字，不著撰人及年月。簿眉一处有另书批注云：“此与曾中堂议论相同”。称曾国藩以官位而不以谥号“文正”，说明批注作于曾国藩在世之时，即同治十一年（1872）二月以前，该篇正文应作于较此稍前。

《和合闲谈》要旨约有三点。一为鼓吹中西和好。认为康、雍、乾三朝对外不一味用柔，也不一味用强；两国讲和为西国和中国古代圣君贤相良将常有之事，不为失体。二为洋务交涉不可磨挨，能办的，爽快答应，不能行的，抵死不允。三为学习西国“教养”之认真，使人人自奋自爱，不埋没人才。其重点则在鼓吹和好，以为中西双方应各取其长、各弃其短，推诚相与。

中国进入近代、特别是第二次鸦片战争以来，如何对待入侵的西方国家，在官僚士大夫中屡有和战两方面的议论。郭嵩焘是求和避战论的代表者。他认为，战与和二者须因时度世，慎妥运量而定。强则可战可守可和；中国贫弱，应以和为主，不可骛虚名而速祸①。当同治七、八年清廷讨论修约之时，恭亲王主和，醇亲王主战，曾国藩参与廷议并主稿，依违其间②。此篇《和合闲谈》可能即写于中朝士大夫为修约而各发议论之时。关于对西国的交涉，曾国藩以为首贵“信”字，“小事不妨放松，大事之必不可从者，乃可出死力与之苦争。”③《和合闲谈》有几行云：“彼此相处，能行的，快快答应就办，就是吃了亏，从不反悔，把‘信’字做足了；如有不能行的事，婉言相告，细细说知，无论如何，到死也不行。”此处有人眉批：“此与曾中堂议论相同。”但曾、郭意识到一个强大的异己力量的入侵和进迫，因中国之贫弱而避战求和，而《和合闲谈》作者认为中西双方是平等相处的朋友，这是作者认识上的一大缺陷。但作者认为“洋人比中国好，只在‘教养’二字认真”，认为在西国，不论读书人、当兵人、做工商的，只要有才力、有本事，就有养有教，不会埋没，而中国无养无教，有本事的人穷死，无才的人富贵，所以缺乏人才。在19世纪六十年代，作者不从器物而从人才教养方面作比较，与冯桂芬“人无弃才不如夷”之说相似。

以下是《和合闲谈》的原文。批注者于认为警策处加有旁圈，今从略。眉批则括注于相应段落内。

---

① 《郭嵩焘日记》(一)，393页。湖南人民出版社1981年版。
② ③《曾国藩全集》第29册，6716、6301页。岳麓书社1994年版。

中国四千年前，尧舜之时，地方只有现在十八省一半。到秦、汉始通西蜀与桂林、象郡，到唐方通云南。当春秋时，江、浙、闽、广尚称蛮夷，此外不必说矣。就是北宋，也就窄小之至，甘肃、直隶、滇、黔，全在化外。即元代疆土最大，亦只在西北，而不到西南。所以海外风土，全然不知。

今中西大通，为三皇五帝以来未有之境界。中国的道理，西国人尽知；西国人道理，中国人也大半知道。两下里正好各取其长，各弃其短，推诚布公，如一家人。不但西国可得中国好处，就是中国也得西国好处。彼此至情至理，说得明明白白，永无嫌疑，同享太平，同受安乐，岂不是一大美事！

中西之不能相通者，总是两下心路未合。中国有中国风气，有中国难处，外国有外国风气，有外国难处。全在彼此互相体谅，不要一事勉强，一言虚假。譬如朋友相处，总是一片至诚，年复一年，自然融洽。

我朝康熙、雍正、乾隆三位圣主，是何等英明，何等慈仁，何等信实！并不一味用柔，亦不一味用强，总是说老实话，行信义事。凡遇与外人交接事，必要问明原故曲折，谁是谁非，一丝不错。若是中国错了，严办自己等人；外国错了，亦必详详细细与外国说明，叫他心服了，公共办理。所以西北各国，无不拜服，中外皆

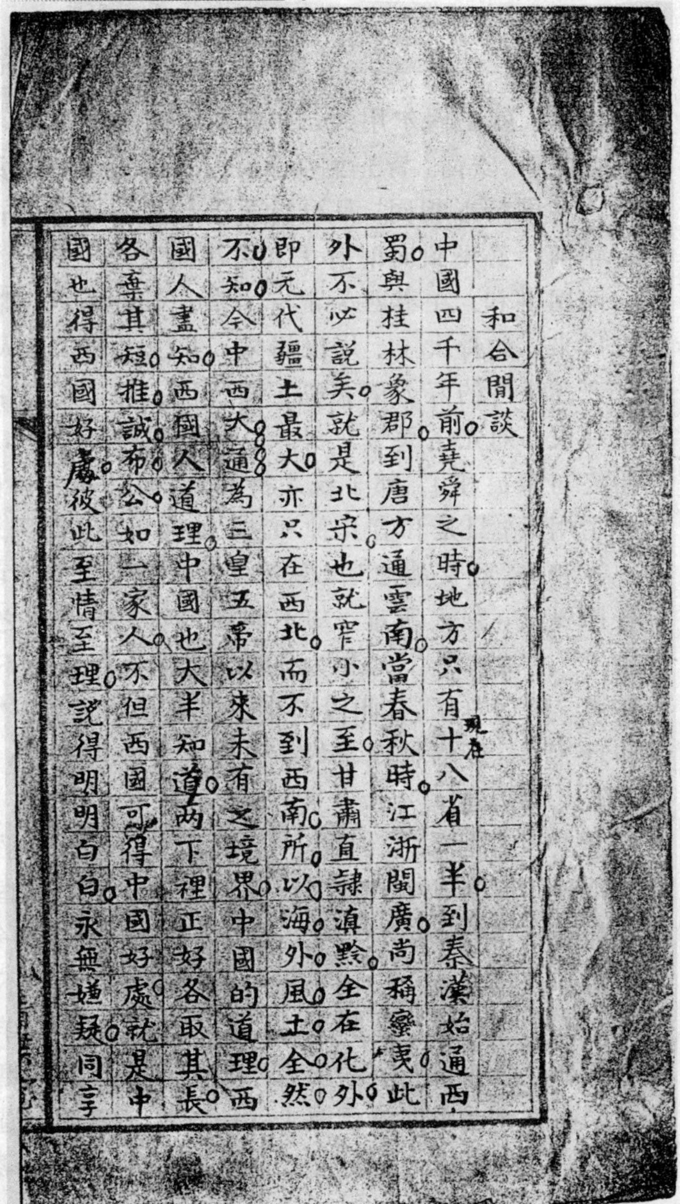
和合閒談

中國四千年前堯舜之時地方只有十八省一半到秦漢始通西蜀與桂林象郡到唐方通雲南當春秋時江浙閩廣尚稱蠻夷此外不必說美就是北宋也就窄小之至甘肅直隸滇黔全在化外即元代疆土最大亦只在西北而不到西南所以海外風土全然不知今中西大通為三皇五帝以來未有之境界中國的道理西國人盡知西國人道理中國也大半知道兩下裡正好各取其長各棄其短推誠布公如一家人不但西國可得中國好處就是中國也得西國好處彼此至情至理說得明明白白永無嫌疑同享

《和合闲谈》原稿一页

太平无事。就是偶尔用兵，如乾隆年间之准噶尔、大小金川、缅甸、安南，皆先剿后抚，但过得去即行罢兵，正与泰西各国情形相同。只可惜西洋与我们通迟了；若在一百年前，必不致时时有失和之事也。

两国讲和，在泰西为常有之事，不为失体。即中国上古以来，尧舜太王、周汉唐宋，开国之君，谁人不讲和！千古流传的好人诸葛亮、郭子仪、司马光三个，就皆主和议。刘先主兵败东吴，也算不共戴天之仇，诸葛亮始终与东吴和了。郭子仪之待回纥，司马光之待西夏，何尝主用兵？只是和有几种和法。如在事前，两国求好，是一等和法。到交战之后，是第二等和法，皆无不可，只有各样要挟，强人所难，却不能和。今人皆把和之一字看错了。主战者既不知和为何事，就是主和者亦不知和为何事，所以难了。（此段前半之上有墨书眉批："两国讲和息兵，是爱惜彼此百姓，仰体上天好生之德，并不由于彼此荣辱也。"）

世上现有两等人。一等人看得洋务极怕，似乎洋人全不讲理，只能事事答应。一等人总以洋人为外国，一句话都听不得。此两等人皆不知洋务者也。又有两等人。一则明知外国富强，中国不敌，偏要说好看话，不但不怕他，还有胜过他。一味大话，欺哄上司。一则洋人来商量的事，明知可行，偏要说不行。今朝磨明朝磨，不问自家曲直，也不问外国是非，一味推三阻四。逼得洋人气了，仍然答应，还要自己夸口，说幸尔（而）磨挨，若爽快允了，还不止此呢！至死不悟，真真无法。

殊不知洋人说话，最是信实，最是爽快。彼此相处，能行的，快快答应就办，就是吃了亏，从不反悔，把信字做足了；如有不能行的事，婉言相告，细细说知，无论如何，到死也是不行。是与否，一言而决。如此待洋人，洋人久而相信，便省了多少事。(本段之上有墨书眉批："此与曾中堂议论相同")

洋人比中国好，只在教养两字认真。不论念书人、当兵人、做工商的，只有（要）有才、有力、有本事，不怕没人养；有了养，又肯教，所以人人自奋自爱，不冤枉埋怨（没）一个人。我们中国，既不养，又不教；有本事人可以穷死，无才的人可以富贵，所以人才皆坏了。

（三）中西风气比较谈

《中西风气比较谈》一篇，原件藏剑桥大学图书馆未编号箱。墨书红格簿纸三叶，簿口也印有"青芸室"字样，但墨书字迹与上述《和合闲谈》不同，可见作者非同一人。

本篇原无标题，不著撰人及年月。但篇末提到"扬州、镇江的事"，说地方官府"竟不知传教二字乃通商条约所有，反说行教该在上海，何以到扬州来，以致生出事端来。"作者以此为例，认为官府应熟读通商条约和万国公法，才能办洋务。扬州教案事在同治七年即1868年。该年英国传教士戴德生（J. H. Taylor）到扬州租屋传教，不久发生法国育婴堂剖取幼儿脑髓、挖幼儿眼睛的流言，引发群众驱殴教士事件，戴德生转到镇江，租给民屋者也遭殴打。英国驻上海领事麦华陀（W. H. Medhurst，与乃父伦敦会传教士麦都思完全同名）率兵船到镇江、南京要胁，两任江督曾国藩和马新贻完全接受了对方的条件。由此可推测本篇作于教案发生后不久，约1868年当年或次年。

本篇从生活、伦理、办事方式等方面比较中西之不同，对中西风俗多有褒贬，如认为西洋讲仁义而不讳言利，中国怕言利而不甚讲仁义，是外国好实、中国好虚。做生意，中国人敏，外国人稳。外国人办事，严、简而宽，不浪费精神才力，中国人多浮文，在委曲繁褥上费功夫。中国民风最不好的是懒，最好的是省，如能去懒学勤，就能富强百倍。虽似互有褒贬，但主要是对西风西俗多有称美。

尤值得注意的是本篇提出了应向西方学什么、不学什么的方案。其言曰："外洋风气我中国必要学者，养官养兵养士之厚，法令之简，治民之恕，交各国以情，恤穷苦人以恩，此都是好处。惟火轮船炮，万不必学，万不能学。"这里，作者对西国的人文政治推崇备至，而对火轮船炮却不予重视，这在当时是相当独特的看法。

在洋务早期，曾国藩、李鸿章等人多认为西国的优长在于坚船利炮，而在人文政治方面，夷狄不知礼义，远逊于中国。以后到七、八十年代和九十年代，许多官僚士大夫才逐渐认识到中国欲求富强，还须学习西方的政制、人文。"洋务运动"历时三十余年，其主旨，前后大有变化异同。曾国藩时期还只认识到仿制船炮器械以备御外侮①，而对创办轮船、铁路、电线等新式交通工业，则力持反对立场——不仅反对外国人办，也反对中国人办，以为兴办这些事业，将使外夷或豪强占夺内地商民、负贩穷民的生计②。恭亲王等人在朝主持洋务，六十年代期间关注的重点是外国传教、输入鸦片和领事司法权等问题③。六十年代而对西国的政教文化如此倾倒如本篇者，可谓仅见。它与曾国藩等人的见识迥异。作者力主学习西国政教文化，但同时又认为中国以农立国，与西方以商立国不同，造船造器赶不上外国，不如自藏其短。这可说是又一种特别的看法。

作者提到的曾与往还的梅神父，应是梅德尔（Mathurin Lemaitre）。梅德尔，法国耶稣会士，1846 年来华，历在上海传教，曾署理江南教区主教，1863 年死于上海。由此可以推测，作者可能居住于上海。

以下是《中西风气比较谈》的原文。

我尝说玩话，以中国土产之多、人才之众、法律之密、文教之盛，只是少一个厨子而已。譬如鸡鱼肉鸭都有，油酱酒醋多全，既有厨子，又有火夫，只是不肯好

① 同治八年（1869）二月廿七日致李鸿章："中国讲求炮械，创造机器，阁下实为开山祖师。仆欲恢振其绪，造船绘图，翻译文字，次第兴办。量移此路（按：其时曾已移督直隶），不能兼顾。仍望阁下宏此远谟。"见《曾国藩全集》，第 29 册，6716 页。于此可见曾国藩心目中的洋务要图。

② 同治六年（1867）十一月初三日复马新贻，见《曾国藩全集》，第 29 册，6462 页。

③ 1869 年英国公使阿礼国离任时，恭亲王对他说："把你们的鸦片烟和你们的传教士带走，你们就会受欢迎了。"文祥对他说："撤消你们的领事裁判权条款，那末商人和传教士就可以在任何地方和一切地方；但是要保留它，我们就一定尽量把你们和我们的纠纷限制在条约口岸。"见马士：《中华帝国对外关系史》第 2 册，241 页引据赫德、丁韪良。

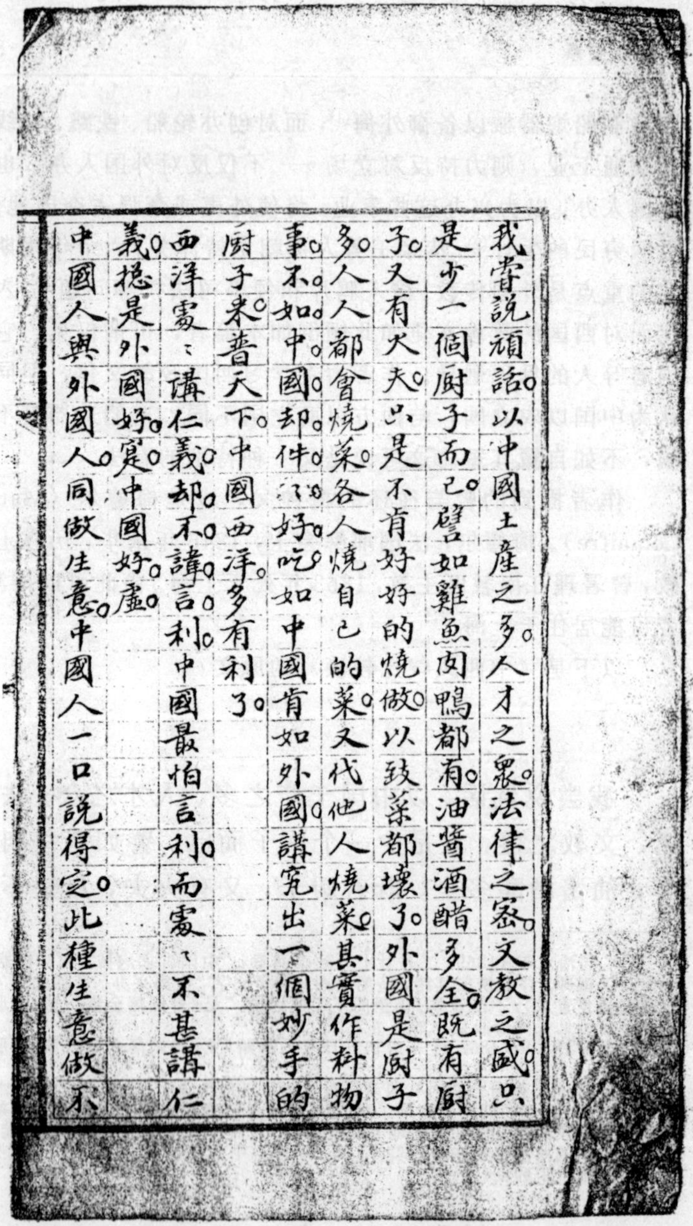

我嘗說頑話。以中國土產之多。人才之衆。法律之密。文教之盛。只是少一個廚子而已。譬如雞魚肉鴨都有。油醬酒醋多全。既有廚子。又有大夫。只是不肯好好的燒做。以致菜都壞了。外國是廚子多。人人都會燒菜。各人燒自己的菜。又代他人燒菜。其實作料物事。不。如。中國。却。件〻好。吃。如中國肯如外國講究出一個妙手的廚子來。普天下。中國西洋。多有利了。

西洋處〻講仁義。却。不。講言利。中國最怕言利。而處〻不甚講仁義。總是外國好。寔中國好。處。

中國人與外國人。同做生意。中國人一口說得定。此種生意做不

《中西风气比较谈》原稿一页

好的烧做，以致菜都坏了。外国是厨子多，人人都会烧菜。各人烧自己的菜，又代他人烧菜，其实作料物事，不如中国，却件件好吃。如中国肯如外国讲究出一个妙手的厨子来，普天下，中国、西洋，多有利了。

西洋处处讲仁义，却不讳言利。中国最怕言利，而处处不甚讲仁义。总是外国好实，中国好虚。

中国人与外国人同做生意，中国人一口说得定，此种生意做不做。外国人必要想两三天方定，是中国胜于外国了；然中国人说了，每多反悔，或中途失算，外国人虽要想两三天，却事事想得周到。故中国人占了敏字，外国人占了稳字。

外国办事在简在严而又能宽，所以人之精神才力皆一点不浪费，都是实在功夫上。中国委曲繁重，有多少浮文，一个人在世一日，在浮文上要去了七八分，所以做事就差了。待人不能宽，却又不能严，所以号令不能行，家与国都是一样。

外洋风气我中国必要学者，养官养兵养士之厚，法令之简，治民之恕，交各国以情，恤穷苦人以恩，此都是好处。惟火轮船炮，万不必学，万不能学。中国造船造器，工料全无，此四样徒劳无益。须知泰西以商立国，与中土以农立国不同，况数千年泛海，人人皆以海为家，近数十年方有轮船，此是何等阅历！中土事事不趁手，又怕用钱，如何赶得上？不如自藏其短，各用其长的好了。

中国书本虽多，外国人不必多要看，只有十三经廿四史，足够了。其余诗文集及各种书，皆无大用。惟佛书不可不看，四十二章经、金刚经、坛经最好。

天主教书，从前法国梅神父送我十几部，问我那一部好。我说多好，但我心服只有两句。他问那两句。我说内有二句说，就是没有天堂，我也要做善；就是没有地狱，我也不作恶。此两句果能做到了，就是中国的圣贤仙佛。所谓在止于至善。又云诸恶莫作，众善奉行，三岁孩儿说得到，八十老翁做不到也。

中国的风气，最不好的是懒，最好的是省。譬如中土一间房子，要住几个人，西洋几十间房子，住一个人；西人吃一天，中国要吃十天，西洋养一人，中国可养十人。如西洋能学中国的省俭，不要十分奢华，还要富强哩！中国能学西洋的勤，中国也就富强百倍了！

中国近来也知学外国语言文字，却不知中外官场，先要把先后三次各国通商条约及万国公法读熟了，就好办洋务了。虽不能人人皆能，若一府一县之中，佐贰闲曹有一个实在熟的，到了洋务交涉，连府县都不外行了。即如扬州、镇江的事，竟不知传教二字乃通商条约所有，反说行教该在上海，何以到扬州来，以致生出事端来。我看此事最有关涉，最为紧要，必须办的。

（四）英国草拟的“中日北京专条”稿

1984 年春我在伦敦英国国家图书馆发现了一件英国驻华使馆起草的“中日台湾条约”草稿。

1874 年 5 月，日本政府藉口琉球漂民在台湾被“土番”杀害，出兵侵入台湾，烧杀焚掠当地居民，企图霸占台湾的“番地”。清政府以福建船政大臣沈葆桢为钦差办理台湾等处海防兼理各国事务大臣，赴台巡阅，并经理战备，又由总理衙门与日本公使交涉。日本竭力企图否认台湾东部“番地”属中国版图，中国大臣则据理据事实驳斥，指日本出兵征台为侵越。9 月，日本以内阁参议兼内务卿大久保利通为全权办理大臣来华。双方经多次争辩，最后在 1874 年 10 月 31 日签署协议三条，即中国承认日本出兵为“保民义举起见”；中国抚恤被害漂民之家银十万两；日本撤兵，留下所修道路、房屋，中国给银四十万两。这一条约被称为“中日北京专条”。

在双方交涉中，大久保利通始则从各种角度无礼地以“番地”是否中国版图相质询，而在僵持之下，继则透露有“两便之法”，日本可撤兵，由中国自行查办，但日本为此费尽财力，中国应使日本不致空手而回，索要“兵费”至少 200 万两。清政府不接受给费的名义和数目。至 10 月 23 日，大久保作出决裂姿态，恫吓要中止谈判，定于 26 日出京；日本仍认“番地”为无主地，要继续用兵。据事后恭亲王奕䜣等奏，这时英国驻华公使威妥玛（T. F. Wade）往来穿梭传话调停，从中说合，始得议就条约①。1984年我在伦敦英国国家图书馆东方部发现的“中日北京专条”草稿，与双方最后签字的条约内容基本相同。由此可见威妥玛与此事的关系实际不只是调停。

英国图书馆所藏条约草稿编号OR12918，正文两页淡蓝色洋纸，铅笔书写中文，多有圈改处。装入一信封，上印“ON HER MAJESTY’S SERVICE”（“女王陛下政府公事”），下印“H. M. LEGATION，PEKING”（“女王陛下政府驻北京使团”）。信封中部有钢笔书写英文，略云：此系中国和日本关于台湾的协议草稿，由Wm. 于1874年10月26日晚起草，据自威妥玛先生据大久保利通特使的意见所写的英文稿。按Wm. 应是William Frederic Mayers，时任英使馆参赞的梅辉立，当时称为“汉文正使”②。正文背后还有有关中国付款、日本退兵期限的铅笔字。此草稿有几处修改，但原文与修改处都可以看清。所修改者，有的是将文意改得更为平和、中性。如对日本出兵“中国不指以为不是”句，原作“中国不指言责为不是”。对被害之家，中国议给抚恤银十万两，“议”字原作“愿”。对生番“中国亦宜设法妥为约束”句，“亦宜”原作“亦必宜”。这篇草稿是根据威妥玛与大久保商谈后所写的英文记录而拟的中文稿。以上这些修改，应是梅辉立自己或威妥玛所作的修饰。后来到剑桥大学任教授的威妥玛也深通汉文，五、六十年代他就担任过梅辉立的职务——汉文正使。

英国之介入此次中日纠纷，似非偶然。早在日本征台侵略

① 同治朝《筹办夷务始末》，卷98。

② Meyers汉文名梅辉立，字映堂，著有关于中国的著作多种，1878年卒于上海并葬于上海。见曾纪泽：《大英国汉文正使梅君碑铭》。

军启程之前，英国驻日公使巴夏礼（H. S. Parkes）就向日本政府表示了关切和异议，接着美、俄、意、西各国公使也都向日本质询①。大久保到北京后，他和中国总理衙门都将双方往来文书通行照会各国驻华使臣，争取国际同情，“而英国使臣威妥玛尤于此事始终关说，意欲居间”②。当大久保威胁要在10月26日出京后，中国大臣请威妥玛设法转圜，并告以中国愿以十万两抚恤、四十万两补偿道路设备费为条件换取日本退兵③。威妥玛乃于25日访大久保，当晚大久保回访威妥玛，同意中国所出的费用和名义，但要求中国承认日本出兵是保民“义举”。这样，10月26日，在英国驻华使馆就形成了上述威妥玛、梅辉立所拟的文件。

威妥玛、梅辉立草拟并修改过的条约稿，在日本方面亦有记录，内容文字与所见的英国图书馆藏件完全相同④，但与五天后签署的正式本有一些差异。正式本序文云：“照得各国人民有应保护不致受害之处，应由各国自行设法保全。如在何国有事，应由何国自行查办。”此段两句，后句为草稿所无。这必是根据中国的要求而加入的，具体表明了中国对台湾的主权，意思是台湾“生番”杀害漂民，应由中国自行查办。前句是说日本人有受本国保护不受侵害之权，加上了后句，使中日各自的立场、权利有所平衡。这是定本与草稿最重要的不同。序文又加有“今与中国议明退兵并善后办法”句，使日本撤兵明确写入约中。关于日本的“义举”，草稿作“日本国此次所办义举，中国不指

① 东亚同文会编《对华回忆录》，胡锡年译，商务印书馆1959年版，43—48页。

② ③九月辛酉（10月31日）恭亲王等奏，见同治朝《筹办夷务始末》，卷98。

④ 见《日本外交文书》第7卷，310页“附属书”。

以为不是”，正式本对前半句改作“日本国所办，原为保民义举起见”，在语义上将“保民义举”只作为日本的主观意图。再次，中国议给的四十万两，草稿系作为“日本国修道建房及在该处各项费用”之款，正式本中删去“及在该处各项费用”，更明确地指明这只是补偿“修道建房”之款。另外，草稿第三条有中国付款办法：先付一半，其余一半妥立凭单，然后日本撤兵。正式本则另列一凭单，专载付给银数的名义、数目，写明付清和全撤的最后日期。中国原提出先付十万抚恤费，四十万待撤兵后付；日本则要求先付后撤。议定的凭单也是双方的妥协。

大久保利通是当时日本内阁的核心人物，征台行动的实际主持人。他力主台湾“生番部落”是清政府政权所不及的“无主之地”，这是日本为漂民被杀径自出兵报复的主要根据。但经过几个月的争辩，由于清政府的坚持，也由于英、美等西方国家都认为台湾属于中国版图，在这一点上他失败了，日本失去了径自出兵的根据。当然，日本争得了出兵是“保民义举”之说辞，讹诈得一笔可观的银两。“在何国有事，应由何国自行查办”与承认日军侵台是“保民义举起见”，实际上是矛盾的，这是清政府的妥协。总的说来，日本未能达到把“土番部落”作为殖民地的目标。但日本得到了台湾以外的另一个收获，即把琉球人称为“日本国属民”。琉球早已两属，甚至日本在1872年曾片面宣布中山王国为日本之琉球藩，但清政府一概懵懂不知。沈葆桢、李鸿章都提出过琉球人非日本人，琉球之事应由该国自请中国处置。总理衙门在辩论中也曾提到这一观点，但在交涉全过程中不占分量，全未坚持此一立场，可谓不得要领。

以下抄录英国所拟稿及原信封。

ON HER MAJESTY'S SERVICE
original draft of agreement between
China and Japan in the Formosa. Draw
up by Wm. on night of 26 Oct. 74 from
English draft taken down by Mr. Wade
from the Highcommiso Okubo's
H. M. LEGATION suggestion
PEKING

说明：以上信封，灰白色，大写字系印刷于上，小写字钢笔手写，中译如下。

女王陛下政府公事
中国与日本关于台湾问题的协议初稿，1874 年
10 月 26 日晚梅辉立起草——据自威妥玛先生据
大久保利通特使的意见记下的英文稿。
女王陛下政府驻北京使团

以下为协议初稿正文。初稿被圈改、删改的字，今以括注说明。

惟因各国人民有应保护（“护”原作“全”）不致受害之处，宜由各国自行设法保全，且以台湾生番曾将日本国属民等妄为加害，日本国（“国”原作“政府”）本意为该番是问，遂设义举遣兵往彼，向该生番讨责。今议数条开列于后：

一　（所有前举，此四字被删去）日本国此次所办

义举，中国不指以（“指以”原作“指言责”）为不是。

二　所有前经遇害难民之家，中国议（“议”原作“愿”）给抚恤银十万两外，又以（“以”前原有“愿”）日本国修道建房及在该处各项费用银四十万两，亦议补给。至于该处生番，中国亦宜（“宜”前原有“必”）设法妥为约束，以期永保航客不能再受凶害（“以期”前原有“俾免不致再为滋害”）。

三　所有此次往台（“往台”原作“遣兵”，又“遣”旁原有“义”字，被圈去）之举，两国一切来往公文，彼此撤回注销，以为将来罢议之据（“为将来罢议之据”原作“示和谊示罢议之念”）。其所议给银合共五十万两，内将一半先行立为交付，其余一半亦即妥立凭单，一俟此项银款付交及凭单给过后，遂将日本在台之军师立行撤回国。

说明：正文之次页背面有若干文字，行款不规则，似右侧几行从右读，左侧几行从左读。现照原竖式抄录，被圈删之字，以旁圈标明。

彼此定局商明定局议讫立明
专条画押为凭
约据日本国即将在台之军师撤
退回国
亦愿一面
之后之时之日同日
后者既谓未定日期文字
请问其后尚为时日多少
收银头批之后以及凭单之后

（五）上海民人驱逐外国人强筑马路通告

本篇原无题，土纸墨书原件一叶，英国剑桥大学图书馆未编号箱藏。

本篇内容是上海县北郊民人为反对外国人掘田地坟墓强筑马路的通告。上海于道光二十三年即1843年开埠。1845年苏松太道宫慕久与英国驻上海领事议定“上海租地章程”，英国人首先在上海县北郊获居留地，即英租界。英租界以后历有扩充，美国、法国也先后获得各自的租界。1854年英美法三国领事自行订立租界租地章程，成立“上海工部局”（法国后退出，在法租界内自行成立“公董局”），大规模开展修筑道路的工程。租界当局的市政建设，虽具有近代性，但与当地中国人常引起激烈的冲突。这类冲突，在中国人方面是具有反抗殖民统治的性质的。

本篇通告未署年份。从下一篇“义士号令”来看，外国人在租界筑路，早在工部局成立前就已开始。通告的年份大约在道光末年、咸丰初元。以下是通告原文。

字告上海北门外二、三图内有田墓之家得悉：

尔我之祖坟田地，今被夷人强筑马路，方数十里，以石灰打印。现在起本乡数百余人周行开垦。凡吾同图被害之家，只宜并力持械出逐，不可坐视。若被毁去坟墓，悔之无及。准于二月初一日为始，候其动作，皆听鸣锣为号。

特此遍告。

字告之后，或宁波人、广东人、本乡人相帮夷人掘田地坟墓开马路者，现今齐心公议，鸣锣奋杀。

（六）大清国忠勇众百姓义士号令——通知丑夷告白

本篇为红格簿纸抄件，英国剑桥大学图书馆未编号箱藏。

本篇号令声讨外国人自通商以来种种损害中国百姓利益的

大清國忠勇衆百姓義士號令通知醜夷告白

醜夷醜夷尔試攬鏡自照尔雖能言之畜生與禽獸無異我衆百姓与尔講情講義尔須不能曉解惟尔等斬而殺之即爾完納了事入入内通商以來妄作妄為肆行無忌以烟土害我們姓命以夾板船奪我們利輭千鯨吞蚕食得一步進一步強租硬佔毀掘坟墓闖入城建鬼楼不計其數今且要開馬路築馬場入松江起天主積惡貫盈罪至滔天上天震怒命我

大清义士斩杀夷人号令

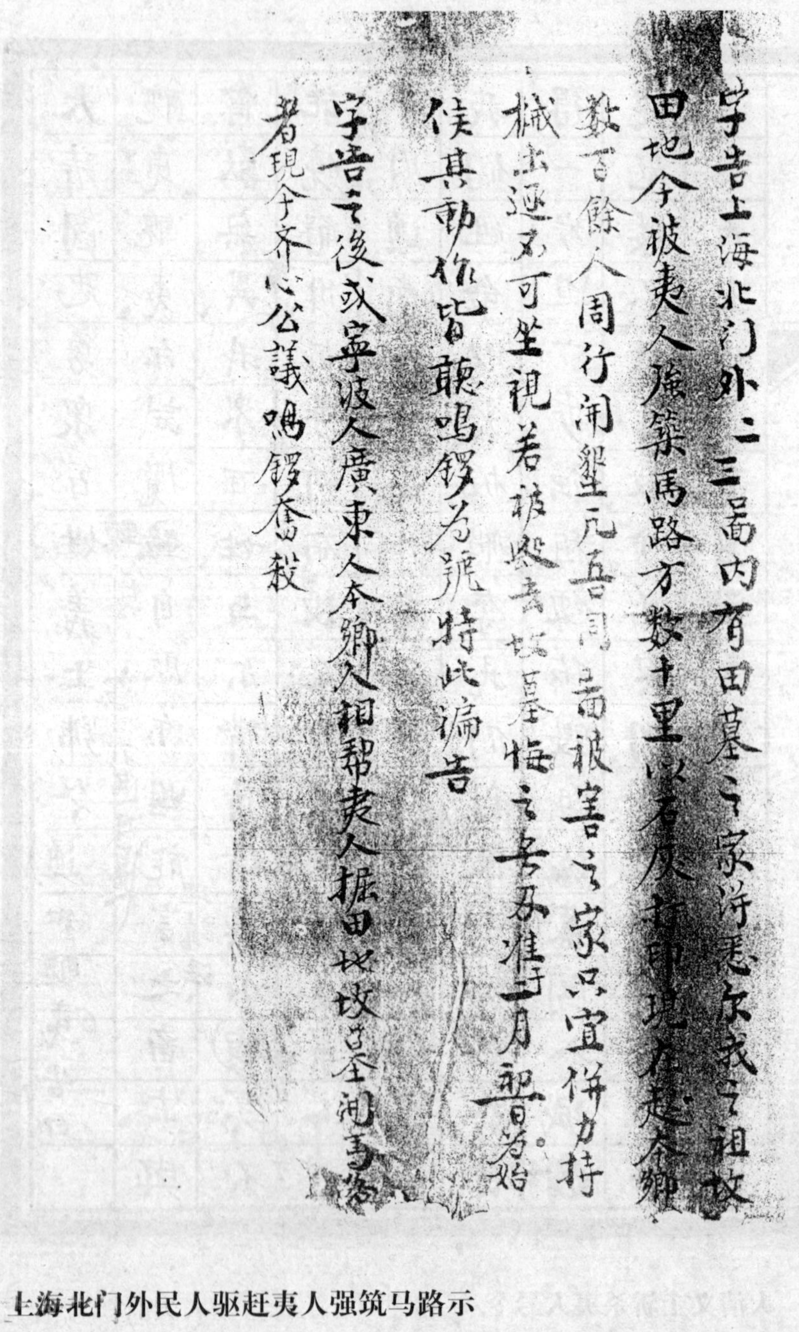
字啓上海北门外二三啚內有田墓之家并悉众我之祖坟田地今被夷人強築馬路方数十里以石灰等物現在趕本鄉數百餘人同行閘鏨瓦吾同啚被害之家只宜併力持械出逐不可坐視若被毁去坟墓悔之無及准于一月晉日為始俟其動作皆聽鳴鑼為號特此諭告
字啓之後或寧波人廣東人本鄉人相幇夷人據田地坟墓潤事為者現今齊心公議鳴鑼奮殺

上海北门外民人驱赶夷人强筑马路示

作为，其中有“今且要开马路，筑马场”之语，可知也是指上海之事。本篇末署咸丰元年六月。英国人组织“跑马总会”，在上海首次开辟跑马场，就在咸丰元年即1851年。从这篇号令可以看出，由于开马路、筑马场而造成平毁坟墓庐舍，久已是上海民众抗争的问题之一。至于号令中谴责外国“以烟土害我们性命，以夹板船夺我们利源”，则是更重要的冲突。

这篇号令对外国抱有极大的仇恨，而其武器则是“神炮”，称“众百姓义士，督率神炮无数，见夷即斩，斩尽乃止”。从这里可以看到五十年后义和团运动的影子。

以下是这篇号令的原文。

丑夷丑夷，尔试揽镜自照，不过是能言之畜生，与禽兽无异。我众百姓，与尔讲情讲理讲法，尔冥顽不能晓解，惟有将尔等尽斩而杀之，即完结了事。

自尔等入内地通商以来，妄作妄为，肆行无忌，以烟土害我们性命，以夹板船夺我们利源，鲸吞蚕食，得一步进一步，强租硬占，毁掘坟冢，闯入城中，建鬼楼不计其数。今且要开马路，筑马场，入松江起天主堂，积恶贯盈，罪至滔天，上天震怒，命我们众百姓诛之。尔自以为得计，欲比禽兽中之虎狼，自我众百姓观之，直以尔为笼中之鸟，釜中之鱼，牢中之犬羊耳！一旦众怒齐发，将尔等一尽而杀之，吾恐尔等无噍类矣。

特此告白，并抄粘号令，通谕知之。

计抄众百姓义士号令四条

— 众百姓义士，督率神炮无数，见夷即斩，斩尽乃止，总不使一夷留遗，久污中国土地。至或欲生擒或欲斩首，俱听义士临时号令。

— 众百姓斩夷，原为保卫生灵、固守地方起见。自夷以外，不得乱伤一人，乱扰一家。违者，义士先行自杀。

— 义士号令，暗定日期，即用掩杀扑灭之法。所有我中国人民，有在丑夷处，入夷教、读夷书及与夷贸易、为夷使唤者，俱先陆续退回，各归本业，仍作我 大清国忠义百姓。倘仍贪利，不知退避，本义士神炮一到，玉石俱毁，追悔无及。

— 义士号令森严，赏罚最公。所有斩尽丑夷之后，将丑夷家财物件，一概作为奖赏。

咸丰元年六月 众百姓

同具

（七）黎庶昌致宫岛诚一郎诗和函两件

黎庶昌，贵州遵义人，同治初年入曾国藩幕，光绪间两度充出使日本大臣（1881—1884，1887—1890）。使日期间，在学术文化方面结识日本朝野文士，任修史官的宫岛栗香即宫岛诚一郎是他最早认识和交情最深的日本友人。除诗文相知外，对中日联合以防欧俄东侵也多有共识，故黎庶昌自以为他们二人“无复畔岸，于天下事知无所不言，言无所不罄，其于亚洲天时人事地利之故，亦筹之悉矣”。(《养浩堂诗第二集序》，见《拙尊园丛稿》卷六)以下一诗是黎再任使臣与宫岛重逢时所作，相信两人的友谊是金石之交，历久不渝。一函是黎再任使臣期满回国任川东道之初自重庆所寄。两件均日本国会图书馆收藏，在“宫岛诚一郎文书”中。函中提及的令少君，即宫岛栗香之子大八，因黎之介绍在华从著名学者张廉卿（裕钊）学。梁川先生，即榎本武扬，亦黎之旧识，时出任日本外务大臣，黎以为“两国交际益重，此诚东方之幸”，仍以国事为念。但此后不四年，中日甲午战起，中国遭受了空前的失败和屈辱。宫岛诚一郎向日本天皇献诗祝捷，有“我马方今饮鸭绿”、“禹域山河尽荡平”等句。黎庶昌在战争期间捐饷助战，“每闻战状，辄痛哭流涕，常或终日不食”，精神失常，三年后去世。

以下是诗、函的原文。

（1）黎庶昌赠宫岛诚一郎诗

索居离别已三年，握手相逢一惘然。
信有断金能砺石，可曾沧海变为田。
扶桑浴日花争绶，枫树成林叶媚烟。

与子麹町区咫尺（双行小注：使署在永田町），
更联情话早樱天。

宫岛栗香，余之旧交也。三年前在此过从甚密。丁亥冬日重莅东京，相与道故，宛然如昨。书怀奉赠，即希政之。

黎庶昌

（2）黎庶昌致宫岛诚一郎函

栗香先生仁兄大人阁下：

阔别以来，瞬逾一岁。比审道履绥愉，企颂无已。

弟以上年七月自上海溯江西上，至宜昌易民舟，驶行四十四日抵重庆，才千数百里耳，而其难如此。中间又遭覆舟之厄，敝眷棺柩逐流而下，顷刻百里，幸而救起无恙。弟又回籍一行，以故迟至敝历腊月十四始接印视事。川东地广人众，事体繁难，不如在　贵国时之多暇矣。

闻梁川先生为外务大臣，两国交际益重，此诚东方之幸，弟为之额喜。令少君在襄阳曾否回国？张廉卿先生处久无信来，去岁曾有一缄，亦尚未报。

手此略布近状，即颂

台祺不宣

愚弟黎庶昌顿首

正月八日川东道署

五　军　　事

（一）广西金田会众抗拒官兵副将阵亡奏

本奏稿英国公共档案馆藏，编号FO682/391，有版刻封面，署道光三十年十二月二十七日由驿三百里具奏，未署奏稿人职名。经与哈佛大学东亚研究中心1975年出版、David Pong编的《A Critical Guide to the Kwangtung Provincial Archives》查核，具奏人是两广总督徐广缙。此奏稿在第二次鸦片战争中连同广州总督衙门其它档案落入英国。北京军机处录副可能也已佚失，因而中国第一历史档案馆编的《清政府镇压太平天国档案史料》不载此件。

此奏历述道光三十年十一月广西桂平金田拜上帝会众阵毙清方副将、巡检之战斗。太平天国起事之初有发生过“迎主之战”之说。此奏对是否确有“迎主之战”，提供了研究考证资料。

以下是该奏原文。

奏为广西桂平县属会匪抗拒官兵，伤亡将弁，现咨提臣

向　带兵驰赴剿办，恭摺仰祈

圣鉴事。窃照广西桂平县属之金田村，屯聚会匪多人，先

经署广西抚臣劳　　咨会副将李殿元等带兵驰抵思旺墟驻扎，十一月二十四日黎明，有贼匪三千余人由金田蜂拥而来，该副将等督令弁兵开炮轰击，伤毙贼匪数十人。该匪旋分三股扑回，放枪抗拒，伤毙兵壮十余名并烧毁帐房草寮，兵勇力不能御，退至官村，该匪等拥至思旺墟，适巡检张镛带同团练防御，该匪等将团练冲散，并将巡检张镛及家丁蒙升戕害，巡检印信亦即失去，该文武退回县城防守。二十五日，参将成安等督带兵勇赶至，匪已窜回金田，经巡检浦锌侦有零匪在公简地方藏匿，带同团练往拿，格毙匪党数人，擒获贼目朱士俭并其子侄朱兆凤、朱兆全及夥匪黄德、李亚九等共五名，解交平南县讯明，录供禀送署抚臣劳　　核明，饬即就地正法。

二十九日，贵州署镇远总兵周凤岐派令文武员弁督带兵勇团练直抵贼巢，分路攻击，该匪约有万余人蜂拥而出，兵壮开放枪炮，击毙贼匪数十人，忽有数贼手执红巾披发持剑率匪拚死直扑，副将伊克坦布亲督官兵力战，杀毙贼匪甚多，该匪等恃众围裹，我兵众寡不敌，该副将奋不顾身，往来冲杀，立时阵亡，把总潘继邦、刘洪海、保定清、何其庄、杨万福，外委王兴、黄建勋等上前救护，亦均被戕，千总田继寿、外委彭昌镛各手刃数贼，力尽被害，兵勇均有伤亡。署总兵周凤岐从后督兵赶援，枪毙贼匪数十人，且战且退，该匪尚敢乘胜近袭，我兵施放连环枪炮，伤毙贼匪一百余人，夺获大炮刀矛藤牌一百余件，拒战一日一夜之久，贼始遁去。

臣查该会匪等胆敢纠聚多人抗拒官兵，戕害副将大员并伤毙官弁兵勇，实属罪大恶极，深堪发指。现经署抚臣劳　　飞咨提臣向　　亲督楚省官兵由横州驰往剿办，谅能激厉兵勇，设法进攻歼此丑类。所有此次堵御不力及阵亡各员弁，业经署抚臣劳　　会摺请旨分别办理。臣仍严饬在事文武随同提臣向　　认真实力剿捕，务将此股会匪迅速捕除净尽，不得稍事松劲。合将会匪抗拒官兵、伤亡将弁及咨请提臣带兵往剿缘由，恭摺由驿驰

奏，伏乞

皇上圣鉴训示。谨

奏

（二）献议效法汉高明祖勿眷恋武昌一隅（残文）

此篇残文半叶，原无题，英国图书馆东方部藏，在编号OR8207K一册内。文中遣责时弊，献议效法汉高、明祖，勿眷

恋武昌、偏隅自足，以成帝业。这些内容，使人联想到太平天国初起钱江在武昌向洪秀全献策之说。学者有否定此说者，此篇残文足资进一步考镜研究。

以下是该残文原文。

方今天下以利为治，上下交征，风俗之坏亦已其……已久矣。纳贿捐赂，靦然民上，缙绅之途，亦已污矣。而……士抱名负节伏处草莽之间者，亦已困矣。磅礴郁勃……必宜有真人起，孰不欲去其旧染之污，拭目而观新命之鼎……置调度。欲成帝业，愿勿他图。夫草茅崛起，缔造艰难。先必包括宇宙之心而后有旋转乾坤之力。知民之为贵，俾民则与知贤之为宝。求贤则治，如汉高祖之宽雄大度，如明太祖之夙夜维勤。一旦天人合应，顺时而动，莫可明喻。否则眷恋武昌，预怀得寸则寸之思，割据一方，偏隅自足，以至因循岁月（下缺）

（三）金陵被陷记

“金陵被陷记”原件，木版刻印一大张，英国剑桥大学图书馆未编号箱收藏，原题之下有双行小字：“愿同心者抄传各省，使天下预知贼毒，早为防范。至嘱至嘱。”是身在南京太平天国治下一个多月而反对太平天国者所作，旨在宣传太平天国的残暴，但其中也透露了太平天国占城之初的若干举措。如太平军多次宣告“不杀百姓”，破城后“沿途喊曰：是百姓皆闭门”，被杀者多仍沿街行走者。太平军每晚鸣锣于街：东王有令，百姓不必惊慌，各安各业，并出示不许弟兄抢取财物。后令百姓投降，男女分馆编组，参加各项劳作。这些记载颇可研究参考。大抵太平天国以南京为天京，城内举措与所占领的其他城市有别，除朝内军中各官各将分踞各馆外，留在城内的民人也别男女分为各馆，实际上废除了家庭和个人的财产。数年后宣布恢复家庭，但是否仍有民人在城及他们的生活，则不得其详。文末附“澄清子”言，称“愚民谓贼不淫掳杀掠，甘受其谣惑”；此件作者“野渡子”之言可破此谣惑云。野渡子、澄清子的真实姓名均无可考。

原件曾经折叠，有少数字已不可识，今以缺字符号代之。全文经分段、标点，原双行小注改为括注。

吁嗟乎，粤贼杨秀清之攻陷金陵也，荼毒生民，惨不堪状，而其实皆由民自取。祁方伯曾出示云：江南富者吝财，贫者惜力。此二句道破江南风气。若使人民同心，富者早捐财，贫者早效力，预为团练，以助官□之不逮，安见城不可保、家不可完耶！乃民无勇义之心，自贻祸害。及贼入城，或一家搜出银数十万，或一家搜出银十数缸，试思此时富者能保耶否耶？或全家掳为贼兵，或全家掳为贼使，试问此时贫者能免耶否耶？

予困城中月五日始脱难，悉见流离苦况，特详述焉。一则望天下之人，踊跃团练，以挫贼锋；一则望天下人洞察情形，勿为贼惑。

贼当未入境之日，先有奸细在城，布流言，贴伪示，皆云不杀百姓，其时百姓多信为然。吁，信以为然，受惑也而即受害。正月二十八日，贼逼城下，省垣各门皆壅土堵闭，出入不得。贼攻城自南而北，又遍告于人曰：不杀百姓。并令百姓照常贸易。贼购什物，倍其价以与之。见有乞丐，辄掷钱数百，而百姓更信为然矣。噫，贼之惑人在此，贼之害人亦在此，百姓被其笼络而不知矣。二月十日，贼在仪凤门外十数武静海寺内，暗掘地道，用地雷火炮轰塌城墙一丈余，纷纷上城，我兵开数炮而杳然逝矣，旗兵战数合而各奔内城矣。城匪下□沿途喊曰：是百姓皆闭门。其未及知与街巷行走者皆被杀。可怜一日之间，尸填街巷。十一日内城陷，□旗男女老幼俱杀尽。又并令人各将眷属另船带去。妇女上船后自溺无数。贼王知之，复将女船追回，□归城内。

越日传言，进贡者可免差。于是贡财帛者有之，贡猪羊者有之，冀免差也。孰知贼即视贡之重轻以分人贫富而搜掳焉。至十四、五日后，则不论贫富，挨户扣门，劫取财物，虽贫家升斗之粮，亦必掳去，或将百姓合家逐出而为贼馆。数日内，通城铺户一空。由是有合家自缢者，有合家自溺者，有合家闭门自焚者。

贼见每晚四方火起，即鸣锣于街曰：东王有令，尔百姓不必惊慌，各安各业。并出伪示，不许其兄弟（贼称其兵皆曰兄弟）抢取财物。百姓之心遂少定。无何令虽出而掳人如故，且曰不降者三日后令杀，降者有衣有食，无所苦也。是时百姓志虽不降，奈无食何，因而伪降者过半。贼于是按二十五人为一牌，督以司马，每饭之先，有贼造赞美经十数句，着人端坐诵之。四更促起，任其驱使，或抬尸，或抬米，或抬炮，或抬火药，或筑土城，或造贼穴。力不胜者，日受鞭挞而死。迨闻向经略大兵入境，贼又驱百姓出城。以不能战辞之者，贼曰：不须尔等战，但守营作饭可耳。噫，岂知一出城而即为前队也哉！

至民之老者，呼名牌尾，驱之上城，击柝与劈□□□等事。民之幼者，十岁至十四五岁，多掳去为子。妇女则不许母子夫妻同室，谓男归男，女归女，亦以二十五人为一馆。夫一馆，则使人居住焉可矣，乃南则逐之使北，北则逐之使南。贼率党乘隙复搜。吾见沿街……①老妇则龙钟潦倒，行屡蹶矣，鞭迫刍而敢不前。少妇则保抱婴孩，几欲死矣，徐顾后而复不忍。呜呼，谁无父母，谁无儿女，目睹此景，能不潸然。

二十日后贼王有令，将民间女子逐归北城三条街居住，沽名惑众，不许贼党经过此街。忍心害理，不准百姓母子夫妻相见，合二十余人为一女馆，饬令广西悍妇

① 约缺六七字。

大脚者管束，搜掳亦无所不至。每名妇女日发糙米四合，其不能自行肩取者，则使自乞焉。三月望，是□大雨，贼又将南门自为女馆未归其管束者数千人，□赶出城，投河死者十之七八。尤可恨者，城内百姓□𬞟罄矣，而人犹不敷贼用，复令住馆女人抬砖抬米。夫以江南柔弱之风，男子尚无膂力，乃使女子挑□，其不死者几何耶？诚可痛也。

予□□月余矣，见城内逃出者，非借购菜而远飏，即假刈草而他逝，日来□有数万之众散栖附郭村墟，藉延喘息。所幸者，向经略大兵云集，各村墟未遭其毒，皆向经略荫之也。其少远经略之乡，田中豆麦菜子以及牛羊猪鸡，贼犹结党来取焉，则省城以内，凡人与物，盖无一而非贼有矣。

予以目击此情，身受此苦，举以为天下告。愿天下同心，富输财，贫勇出力，各城各乡，自相团练，上以保国，下以保□，勿蹈吾江南故辙也，是即作者之厚望焉。

野渡子记于屏山之轩

澄清子曰：呜呼，野渡子之言，可谓彻底道破□□矣。奈何犹有愚民谓贼不淫掳杀掠，甘受其谣惑，信其诈伪，以为办礼进贼，便可安然无事□□□□说者不惟开门揖盗，抑何愚而且悖也！贼自粤西窜出以来，衣食之资，船物之众，使非掳掠，何□□□各省荼毒之苦，昭人耳目，不待烦言。现在盘踞金陵，亦可算为巢穴，若果不害百姓，何竟惨杀□甚，而况窜游之地耶？我　圣朝二百余年，豢养生成之德，不为不厚，待士之恩，不为不重，自祖宗以至一身，何非受　国家之恩泽？当此之时，亟应图报，何不将办礼送贼之银□，备置器械，预为战守，村村连络，人人团练，行坚壁清野之法，互相守望救助，使村野无所掠，不出□月，必自坐毙，何难灭此穷寇。若虑贼众，独不思虽多□不过数千，其余被胁暂从，每多逃散，故得地而不能守，掳人而不为用，似此乌合，何能抵我一县百万数十万人民之众乎？以此思之，可奋勇无惧矣。

况众志成城，齐心一力，万无不胜。故连络防练不但为忠义□□□上报　朝廷，下卫里阎，而实系自保身家性命之至计。设如各处愚惑，送礼被掳而死，则终为乱贼、为丑鬼。愚因野渡子之言，毫无一虚，兼以身受其害，故不禁潸然愤痛，详加赘述。惟愿各州各邑共发天良，一里一乡尽行团练，切莫信贼诱惑，待至被荼毒之时，父母妻子兄弟离亡惨掠之后，再行连天叫苦，虽万悔无及矣。此祷，切切毋忽。

（四）太平军两次攻占杭州亲历记

本件原题“论杭州一再遭发匪陷城故事”，红丝八行纸墨书

29叶，剑桥大学未编号箱收藏，不著撰人。从文中可知其人在第二次太平天国攻克杭州后曾被太平军俘获。察其文意，当是杭城中人亲历目击所记。

太平天国庚申十年即咸丰十年（1860）春二月，忠王李秀成从间道袭浙江孝丰、武康，两三日间经狗葬、良渚，直抵杭州武林门外，咸丰十年二月廿七日破清波门入城，引动包围天京的清朝江南大营分兵来救。三月初三日撤出杭州，又从间道急返南京，与诸王会合大破清兵，江南大营遂被消灭。这是李秀成本人也是太平天国军事上得意之笔。

李秀成自述及清朝官私文献对此役均有记载，本篇主要情节与人、时、地均与其他文献相符合。其突出者，记杭城首次被太平军攻占前的民风及绅民昏昏如醉的奢靡情状，细致入微，是极好的背景资料。又记太平军先锋抵武林门后清方的部署及太平军破城情况等，也为他书所不载或所不详载。另记太平军退出后清兵向百姓称“非吾等打败发匪，尔等身家性命安得存全”，以致“兵民抢夺（财物）约有十日”等情况，不仅透露了清军的风纪，而且也说明了清军的腐败使李秀成得以安然回军天京，攻破江南大营。

太平天国第二次攻克杭州是在辛酉十一年（1861）冬。清方文书多记时在十一年十一月廿八日，或云巳刻，或曰辰刻。本篇记太平军“仍由馒头山旧道而进，其时十一月廿七日破城”，微有出入。根据李秀成“自述”，他为等候天王御照赦免满人，破城后四日尚未进攻满营。但破城时被俘获释的浙江布政使林福祥在次年二月却称“二十九日太平军攻扑满营，十二月初一日破之。”今之史家据林福祥说以为破城后数日未攻满营之说为不确。而本篇则说：太平军破杭州后第七日始破满营，将军、都统、旗兵均自缚火药桶自殉。并说有营外观者，见有47处火头。又说只有钱塘门一带旗兵不愿殉难，自开城而逃。言之凿凿。凡此均足供治史之考镜。

篇中记杭城被围困两个月中因缺粮而民人倒毙和人相食、人食尸的惨状，令人触目惊心。篇中称抚台王有龄无恻隐之心令民人食观音土，又记忠王李秀成晓谕说，恐伤人命，不忍以炮火攻城，希官绅献城，太平军“立誓封刀，并带粮食而进”；破城时“果不开刀，随带薄粥盐菜，沿途施舍。城外大庙，亦设粥厂。”作者被掳后，“至鼓楼湾帽铺内，有发匪云：快饮薄粥。”这些记载，实为难得之文献，也可见作者的某种属意和观感。

以下是该篇全文。

首次在咸丰十年，岁次庚申，二月廿七日黎明破城。先将风俗谣传并设防御大略记录一二。

杭州向称出过三仙二佛繁华胜地，城中难寻空地。东西二大街市面热闹，除三拨营在东小教场，在西二大空地，其余巷街充满房屋，皮昆连桥大街、荐桥大街、清河坊大街，皆是购买食物聚处，俗称推背街。南北大街分上中下三段。并满营中丁册，约称百万。

先在咸丰三年发匪攻破南京，杭州大为震动，城中百姓纷纷逃避，约有十分之四。后传闻天王洪秀全坐落南京，俟攻破北京再制服南方诸省，所以各处尚觉太平，杭州逃难之人复原。到咸丰八年，谣言倭子造反，宁波已破，乍浦已到，传闻外国兵丁在民间秋毫不犯。为此杭城逃避之人不多。于是谣传发匪所为，奸杀过度，喜食小孩之肉，男女人等闻之惊惧。因数年以来，仍然太平气象，官民谣传，作为老僧（生）常谈而已。

杭州城中奢华过分，男女服式时样翻新。又称为月华君、百蝠裙、明暗八仙裙，非需百工一条不可。又女袄名为百花袄，满西厢、满罗汉，绣工必需数百工。又男服春夏秋冬单夹皮棉之外，每日应天时阴晴晨暮更变，随气象之色而更换耳。城中每日不是台戏，即是堂戏。每年中各庙之神圣诞无有间断，迎神赛会无奇不出。温元帅之日，年年五月十六出会。更或有紫微（薇）、乌龙、东岳等名目不一。绅民昏昏如醉，忘却发匪作乱之要事也。

先于咸丰九年夏间先到衢州，缪梓在衢州守城甚好，未破而退。十年二月十九日，忽有如败兵者由梁渚、苟庄而来，欲冲进钱塘门，幸而守城满汉兵丁看出情形，即时闭城。而发逆遂退转武林门外大街杀人，以后遂至昭庆寺，意图攻城。抚台遂传令将钱塘门至昭庆寺一带民房烧毁尽净。不料忽于咸丰十年发匪逼近杭州，由常、玉山一路而来。城中官绅设防，用三丁抽一之法，民人皆要守望相助，大街小巷挨户门首插尖角小旗，一面青边白心，内写“协力同心”四字。高脚灯笼一管，亦号以上四字。竹钉枪一枝。日间上城墙数次。城上有插府（抚）杭四营守兵旗帜。各城门八旗兵丁，弓箭刀叉旗帜。

城上炮台，各安大炮。城齿皆挂竹牌，以防火箭。夜间，民团均须上城助威。城上及城中街巷灯火照耀，犹如白日。不料发匪逼近，探马报称已至富阳，城中官民惊惶，抚藩臬学台道台运台将军集议，抚台坐城观战，学台巡城，各司道弹压民团，上城助威。前有招募西湖水师营兵作为前锋，外调张玉梁统带小队营勇作为二队，臬台随带福建、广东招集蚱蜢汀骁勇作为三队，抚杭四营分半一千二百人作为四队，其余各城门站威。满营八旗兵丁分半八百人作为五队，将军压阵，都统守营。陷城之前数日，探马又报发匪到六和塔、乌龟山安营。城上瞭望，满山皆插大小旗。发匪不常出队，沿山环绕，并未越至江干抢掳，是以城门不闭。

十八日，城中愚民依旧按例至天竺山观音殿行香宿山。十九日，城中各官照古理出队迎战，前锋已至洋泮桥，发匪即率队冲突而来，未战溃散，压队之将军，直脚飞跑而回城内，至营门吊桥，因吊桥年久朽污未修，以致马失前蹄，插入破孔之中。将军随马而下，靴落马镫，帽坠河中，即有人说，将军已跌三段矣。自此，城门紧闭，吊桥抽起，照旧守城。

发匪当时拔营至馒头山驻扎，用大城河船两只，合覆于地，用江山所掳开煤矿之工人凿通地沟暗道于凤山门至清波门居中，土名黄泥潭，用棺木装火药，塞大炮台之底。城中军民人等如入梦中，毫无知觉。不料二十七日，于清晨勃然轰炸，炮台守台黄岩兵欲放大炮，炮炸台毁，一时死伤三百余人。发匪就此而入，后由三门而进，霎时间上城，皆有发匪杀人放火，各街乱闯，耳中但闻鬼哭神号之声。当时旗营五小门之外，折毁近城房屋，恐防发匪藏匿。发匪亦即各要口筑土城，均用棺木、箱笼、大厨等物为之。每日掠取金银宝物，强奸妇女，又不攻打旗营，亦不越过众安桥之界。因下城锡箔铺机坊二业中人齐心，亦筑土城抵御。因此钱塘、武林、艮山、大平四门之人受害者少。

如是者数日。忽于三月初三日闻得发匪尽退，城中胆大好事之人见富家屋内无人，即随手牵羊取物。旗营中知之，尽出所有之兵掠取民间，不分大小店铺、贫富居民之家，无物不要，口称非吾等打败发匪，尔等身家性命安得存全？如是者兵民抢夺约有十日。抚台罗遵［殿］破城时吞金而亡。杭州府麟趾策马携女冲出城外。运司缪梓被发匪杀于本衙门口太平社前，剖尸剜肠，掷于运司河内。臬台段光清逃避无踪，后闻逃至绍兴城中。贫民游手好闭（闲）之辈，登时家中雇有奴婢，轿马出入，居然有显著之荣。遇难之富室并平常之百姓，事后反避远乡僻井，以致市面寥寥。所有侥幸而富之人，不数月之间即见其显出现形，剃头、抬轿、作工、乞丐及狱中逃犯、官家隶役等辈，皆守原职，城中景象太平，所有避难诸人纷纷仍归故里，安居乐业。此乃发匪首次陷城之事，大略如是。

克复之后，满营未破，张玉（国）梁克复杭城，城中有瑞将军作主。段光清从绍兴回杭，将军即委彼暑（署）潘（藩）司，后因未守而逃被参。段光清在宁波官声甚好，有段青天之称；可惜遭了发匪之乱，人称之天青缎矣。未破城之先，城外每夜有火光通宵。破城之后近营门亦火光通宵，每日黄昏后即见有火光矣。

又将二次发匪复陷杭城大略情形记录。说杭城复遭匪困，自癸亥[①]九月下旬由萧山而至钱塘江畔，又由下河塘西大关而进。发匪用意，竟非一日之功，而官场所得惊耗，隐而不宣，以致绅民绝不知之，所以民间仍然照常嫁娶、庆寿、交易，异常热闹。於登亥[②]年间民所见者，外兵过境如梭。亦闻得抚宪王有林[③]委胡雪岩将牙厘局所存之银，出外购粮，以供军民之需，而官场早知发匪逼近杭城，或先暗使家眷而出，此次城中官民并无设防之意，为此，一得以上凶信，即将十门紧闭，用土袋塞堵，坐以待毙而已。故此合城人民只有官场眷属暗由坠城而出。城上不过满汉兵弁数人，绅民不得坠城而出。所有发匪已知各官守城不战，即迁营围之近城四方各要隘，诸匪至近城乡镇掳掠数日，出令安民，仍然交易往来。惟城中久困无粮，苦况情形不堪，言语形容仅可道及十之一二。城中向无积蓄之粮，故逐日所需之

① 应作“辛酉”，即咸丰十一年，太平天国辛酉十一年。
② 应作“辛酉”。
③ 时浙江巡抚为王有龄。

粮由长安运至湖墅珠儿潭米行，城中各米店每日贩就，故此城中贫富均摊不满五日之粮。目今亦然如此。然当时兵民各受饥馑，营官反令兵卒持刀向民索取粮草搜罗食物为名，以致翻笼倒箱，掳掠金银宝物，甚至天幕地板折损，无所不至。

缘此富室贫民屡受饥饿之苦，初则可购药材南货等物充饥，既则可购苎麻、草根、甘露、浮萍、杂草饱肚，再则家中所有皮箱、钉靴，凡属革类者，浸入水中，以待进口。更有枕中豆壳、米壳，煎汤饮之，惟酱园中喂猪之二酱并杂油可取代食。此时，日无雀鸟之音，夜无犬吠鼠扰之声。街上行人不分老幼，颈（筋）骨已倒其半。欲以金珠掉换可食之物，惜乎！往来之人不能昂首相见，以致对碰倒地蹶之，自不能起，傍人亦无力助之。不多数时，伸手躺脚，拍口呜呼，环视者不以为怪，明知彼此先后而已。

如此凄惨情形，抚台无怜悯之心，仍然出示安民，说即日大兵可到，粮食已至钱江壁子门外；今有观音显圣梦示，在艮山门内有观音土，其色苍白，可暂充饥。于是乏食者搬取而回，以油酱烹烧，其味大可适口。凡食之者，安卧不得而起，魂归阴府矣。不下万千百人，遭此荼毒，不忍言状。街中所见稍有壮实者，人陷之为细作，取刀而杀之。予见于羊坝头西北拐角空地，为首割取者，向业点心生意，素识之，割取手脚股肉、剖腹取心肝肺而回，不多时，全身已不见矣。又见三桥趾庵堂后河门首有一老尼，手持柴刀，旁有瓦罐，在河边不知刷洗何物。有一同窗呼予快来观之，予即视之，乃一人首，不见发辫，只见老尼以剪刀剪去皮毛后，以柴刀劈之，入罐而进。此乃初见食人之始也。

城中却有通匪之人，每日发匪有中王[1]之晓谕，谕及不忍以炮火攻城，恐伤人命，尔等官绅兵民献城者，立誓封刀，并带粮食而进，决不食言。官等拒之不允。如是者延至半月，发匪无奈，仍由馒头山旧道而进，其时十一月二十七日破城，共计围城两月有余。

匪入城时，果不开刀，随带薄粥盐菜，沿途施舍。城外大庙，亦设粥厂。破城三日后，城中所有老弱男女，驱之城外粥厂。

城中满营，第七日破之，营中旗兵官弁，将军、都统预出号令，发出火药，每家兵丁给发三斤，官弁衙门每给一桶，将、都二衙门，每给四桶火药，候发匪破营时将军号炮一响，众家齐放火药，彼此身殉。此时营外观者见有四十七处火头，所以营中变为瓦砾之场。只有钱塘门一带旗兵不愿殉难，自开城而逃。不料发匪截路，死伤凌辱者不知其数。故于克复后杭城旗兵第存三十一人耳。

发匪进城时，予遂被掳，至鼓楼湾帽铺内，有发匪云：快饮薄粥。见有被掳者六十余人。至夜间，另有一

① 即“忠王”，李秀成。

房，呼之一一而进。梁间挂绳索一条，即将所掳之人将两手足大指缚住，面向地，抽索而起。或有未捆而招出金银藏於某处，或吊打实有藏者。如此半夜之中吓诈吊打已有四十余人，惟裁缝、小孩概不受辱。内有本铺一喑者，吊之甚久，发匪揣其店中所有银洋，尽托彼藏之，故只一人管店，不致露风也。次日，发匪随所招之人起藏之物而回者有之，或受刑不住讹招者亦有之，仍然发辫绳索穿之，拴于柱脚。至夜间，发匪中有善者释之。至第三日，所在者不过十余人而已。因中王出令，令老弱男女尽驱逐城外。

此次城中发匪并无烧毁。房屋皆择大产居住，小屋拆之代柴。三日之后，城乡出示安民，城中发匪欲出城取什物，各署均给牌示，须执牌与守城者，回时仍将此牌收回。中王当即坐落苏州，杭州全归听王把守。过三月，调至嘉兴，杭州调桂王[1]署理。发匪所为者，或城中无粮草，不[2]常往乡掠取食物等等，俗名谓打抽风。城中缺柴，或至近城孤庙、乡间房屋拆毁而回，名曰打柴火。所有城中发匪，无差不得擅自而出城门，关防甚严。有所进者，盘查详细来历，才得入城。城中日暮时，必先诵赞美诗句，名为敬天福。匪首蹲上位，堂中两旁排列位子，老匪新匪务须至堂，分列两旁。堂中设案桌

① “桂王”，应指“归王”邓光明，与听王陈炳文同为忠王李秀成部下。
② “不”字疑衍。

一张，皆挂桌帏，案上签筒笔架俱全。匪首出声，众匪随之。词曰：

赞美上帝　为天圣父
赞美耶稣　为救世圣祖
赞美真神　风为圣灵
赞美三位　位合一真神
真道启谕　世道相同
能救人灵　享福无穷
智者踊跃　极至为福
悟者心悟　天堂路通
天父宏恩　广大无边
不惜太子　千降万劫
人知悔改　魂得升天
杀尽妖魔　天子万年

即将此诗编为暗号，每日更换其中字句，或一二字，或一句或二句。人若见之问及今日有何口号，答者一半，问者亦须一半。杜防奸细混入其中。出兵号亦然如是。此号出于一王之口，众头目听令而归，即授于属下，男女老幼无不知之。设有王谕出兵，大头目择隙地登台宣讲道理，谓此次出差，尔等务须奋勇，得胜而回可得奖赏，或给凭照，匪称妃子，准尔等配妻之据，匪号称为贞人奶奶；更有金银宝物分赠，升官进爵，享受无穷之福矣。出队时亦须敬天福，或杀人祭旗而出。匪首升官，所称不一而足。或称司马、百长、军帅、旅帅、通政司，皆有文武之分。其上或称某天侯，或称燕，或称福，或称御，或称安，或称曹将、主将、天将，其上或称某天侯，属天王所管。

匪时风俗，难以言尽。服式男女均系绿黄色者重之，头目可用黄绸包首，着长袍，穿龙靴。平等者红绿短衣，赤足麻草鞋，须用布扎腿，冬夏黑色单裤。女人服式如常。王之服式，黄绸巾裹首，拖至脚后，黄袍或绣龙图。王妻匪称王娘，又以黄巾包额，边缀珠宝，短黄袄绣凤，裙亦绣凤，不论颜色，足登凤鞋。男女皆拖鞋而行。王娘出临，用黄巾兜轿杠上，前后或立童女八人，多少不定。适逢新正，王府以及属下居住署宅，门首均贴春联，彼此道贺，即不相识者亦可往来。供客皆用茶点。最喜行灯，扎出异样灵巧，各式不一，或小孩歌唱跳舞，或高跷显技，或旋绕高低，或隐或现，奇妙不测。尽春季而了，各得其赏。所有最可恶者，匪云若不食人肉者不猛勇。故人肉暗搀在杂肉之中，使人食之。更有取人心熬油谣传。人心最喜金银，有藏者以此油点之，火花射於所藏之处而可得之。匪之所犯，不循天理人情，虽横行十三省地界，一旦忽然涂地之结局也已！

（五）曾国藩、曾国荃、胡林翼等军务函件八通

以下八封信中的1、2、3三件，据自1993年10月我访问俄罗斯莫斯科和圣彼得堡时，会见的多位学者中一位送给我的清人信件的原件照片，他当时介绍说原信粘贴在一本中文旧书上，希望我加以考释发表。遗憾的是，当时他没有名片，我的俄文不行，记不准他的姓名，只能在这里遥致歉意和谢意。

三封信中的两封，署名曾国藩写给“鹤翁”。从内容来考订，“鹤翁”应是李孟群。李孟群，字鹤人，河南光州人，太平天国起义时任广西州县，与太平军对敌。咸丰四年（1854），曾国藩奏调李孟群率湘军水师至江西九江，不久回援武昌，署湖北按察使。其时湖北、江西战况密切相关，从第二信中曾国藩希望他“少留会垣”之句看，其时他在南昌。咸丰九年，李孟群在安徽被太平军俘杀。曾国藩写这两封信仅具月日，未署年份。从信中所说江西樟镇、新淦、抚、建、吉安的战事，可大致确定其一作于咸丰五年十二月十六日，其二作于咸丰六年正月初五日。咸丰五年秋冬，太平天国石达开部会合来自广东的天地会起义军大举进入江西，克瑞州、临江等府州县，至次年初春，又克吉安府，大破曾部大将周凤山，清军溃守南昌。这两封信透露了赣西人民“靡然从贼”的情况和曾国藩以保省城为根本的战略。曾部陆军原由塔齐布统领，塔死后用广东罗定协副将周

凤山，函中所说“周协”、“周将”即是。曾国藩对身当大敌的周凤山并不放心，于是又派“间关微服徒步七百余里”来会的彭玉麟，即函中所说的“雪琴观察”去主持军务。但不久，周凤山仍溃败，石达开随即占领抚州、建昌。第三信不署收发信人，笔迹与曾国藩不同。信中以为：札调回援不可缓，应由署抚速调罗军回师。罗军，指曾国藩部罗泽南一军，咸丰五年入鄂南作战。署抚，指署理巡抚、江西布政使陆元烺。江西巡抚陈启迈于咸丰五年六月被曾国藩劾罢，新巡抚文俊于十二月始到任，此前由陆署理。文俊字秋山，第二函述及的“秋山中丞”即指文俊。“莘翁”指字莘农的黄赞汤，时以前刑部侍郎督办捐输，黄是江西吉安人，故曾国藩信中说他关切桑梓，但并未怂恿援吉。筱浦，即防守皖南的革职江西巡抚张芾，字小浦。骆、何、张，似指湖南巡抚骆秉章、浙江巡抚何桂清以及上述之张芾，三人均与江西军务饷事密切有关。

第4—8件，均据原件或原件影印件。第4件是曾国荃于咸丰十年五月初一给曾国藩的复信。四月廿八日，曾国藩奉署两江总督命即日写信给乃弟，征求对军务的意见。曾国荃对军务和用人行政都提了建议。这是一篇相当重要的史料。5、6、7、8件，系胡林翼、曾国荃和杨载福给“礼堂”的信。礼堂，亦作理堂，满洲正白旗副都统多隆阿字，为胡林翼部骁将。这四封信都有关于庚申十年、辛酉十一年清军进攻安徽桐城、安庆太平军的动态。第5件署九月，述及多隆阿派兵护收晚稻事。清军于辛酉十一年七月占安庆，未到晚稻收割期，故定此函在庚申十年。第6件只署十五夜，其中述及太平军有假扮清军偷挖枞阳堤埂等事。按清军在枞阳河筑堤，事在咸丰十年冬，此函似应作于该年十一或十二月。第7函署二月五日，述及陈玉成趋舒城、英山、霍山，按此事在十一年初，这封信当写于十一年。第 8 件情事不显，署闰三月三十夜，姑亦附于十一年。

（1）曾国藩致李孟群

鹤翁仁兄大人阁下：

昨致公函，想蒙垂察。比审荩勤益茂，调卫多绥，至以为慰。

贼势全注江西，与丑年之皖、寅年之鄂相等。而粤东新附之匪，其跳踉凶丑之态，益足以震心骇耳。是以赣水以西各属之民，靡然从贼，迫胁者十之七八，煽惑者十之二三，非果无良也。赣水以东之民日夜望官兵往拯，如望云雨。周协一军仅四千人，西渡则恐其东窜，故论者有先顾抚、建之说；北剿则恐其南萃，故论者又有先援吉安之说。鄙意目前急务先卫省城根本之地，次保抚、建完善之区。顾抚而稍迟剿临，犹之可也；舍临而径先援吉，则断不可。周协一军不宜分兵，不宜离省太远，此二者，弟等所当主持者也。至于取道之迂直、开仗之迟速，听周协相机行之，弟等有不必遥制者矣。

阁下伟裁硕画，园通无滞。应否如斯，乞与中丞及莘翁诸君子卓夺。唇齿之邦、将伯之呼，唯楚省可以乞师，浙省可以乞饷。弟昨已飞函浼告，顷又闻筱浦中丞在徽劝捐,钱近百万贯之多,拟即走书挪借四五万金,免开春饥溃决裂之虞。阁下与骆、何、张三公者夙缔至交,更望飞鲁连之书,定毛遂之盟,一请不应,至再至三。国藩亦当垂叠陈乞,必小有得而有已也。

盐税一案,本谓裨益不浅,不意四局初创,烽警纷来,遂使吴、饶两局,足音跫然,万安并不克创立。惟新城一局,商旅如常,务祈长公、宝珊综理其事,鸡口之积,利益宏多。想公忠夙抱,苟有关于储峙,不以巨细而或遗也。

顺请

台安。诸惟

荃鉴不一

愚弟曾国藩顿首　十六日

(2) 曾国藩致李孟群

鹤翁仁兄大人阁下:

两接惠书,并承嘉贶多珍,拜登之余,益深感纫。新岁敬谂台候万福,至为忭慰。辱示友人论说一篇,极中肯綮。

秋山中丞来咨,以周将进攻临江,由新淦渡河,诸多未便,饬其仍由樟镇进剿等语,与鄙见相合。周协之

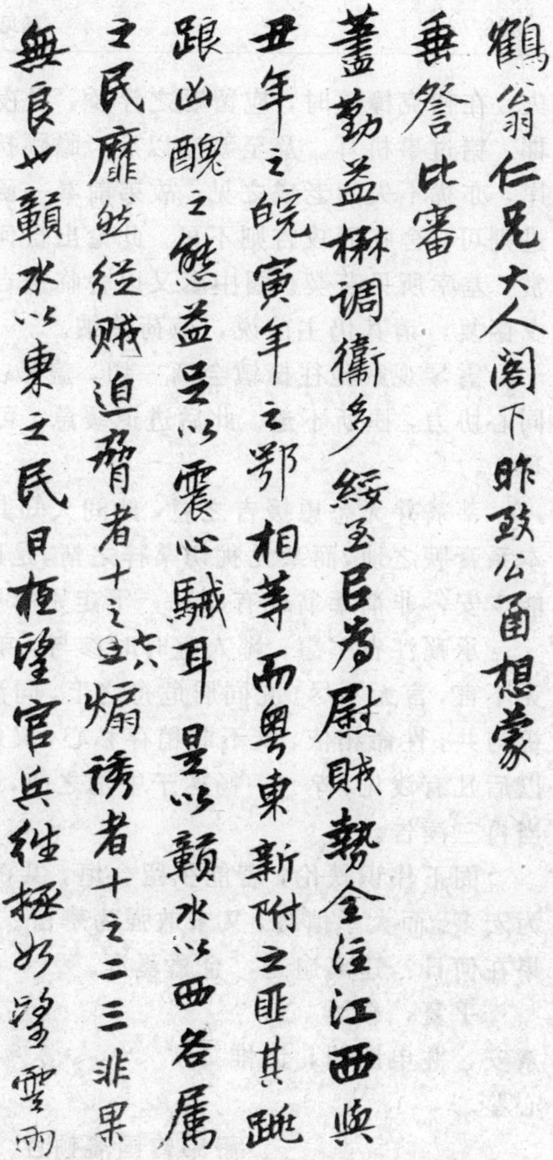
鶴翁仁兄大人閣下：昨致公函，想蒙
垂詧。比審
藎勤益楙，調衛鄉綏，至以為慰。賊勢全注江西，與
丑年之皖、寅年之鄂相等，而粵東新附之匪，其跳
踉凶醜之態，益足以震心駭耳。是以贛水以西各屬
之民，靡然從賊，迫脅者十之六七，煽誘者十之二三，非果
無良也。贛水以東之民，日極望官兵，維拯如望雲雨

“曾国藩致李孟群”手迹

失，在初克樟镇时，应留贼之浮桥，星夜修补，迅剿临郡，错过事机耳。及至新淦以后，瞻顾抚、建，重惜东岸，亦犹不失为老成之见。故弟前奉一函，谓顾抚而缓进则可，舍临而攻吉则不可。此论出自何手，经阁下鉴赏，差幸所见苻契。嗣中丞又以舍临援吉见询，即于除夕函复，请其仍主前说，谅荷鉴纳。

雪琴观察驰往樟镇会商一切，盖彭、周至好，可以同心协力，匡所不逮。此后进退缓急，可由彭、周主持耳。

莘翁并无怂恿援吉之意，此间久知其深。特以吉郡本系膏腴之地，而莘兄犹切桑梓之情，是以鄙怀眷眷，不能少安，非谓莘翁或有所私，下走别有所闻也。

承嘱江省军事，鄙人宜时时参与。弟素性坦直，知无不言，言无不尽。况同居危舟之上，同涉大海之中，祸福与共，性命相依，既不敢稍存私心，又何肯略分畛域？以后凡有浅见，皆一一畅达于中丞之前，或不遽施行，亦当再三渎告。

阁下伟识轶伦，若能少留会垣，共济时艰，裨益尤为宏多。而大孝慎终，又未敢强为攀留。未知泷冈卜吉，果在何日？违离逾远，企慕奚涯。

手复，载颂

素安，并申谢悃，诸惟

心鉴。

愚弟曾国藩顿首　正月五日

(3)

荣示敬悉。昨散后所商，深中窾綮，鄙意只在速行速成，再迟恐无及耳。

至所言札调回援一层，尤为署抚必不可少必不可缓之举。发廷寄时只知宁州有警，今事局已至此亟，则署院理宜于接奉字寄，赶即飞报危迫情形，谆请罗军回剿。否则坐误事机，谁执其咎，岂能以谕旨为解免之地乎？(此二事均未向署院说，亦未函致)

统乞垂察不宣

名正肃

以上所说，惟想费神与当事诸公速商，侍言无益，谅邀鉴察也。

(4) 曾国荃致曾国藩

伯兄大人左右：

昨夜得廿八日申初信，知

兄已奉两江总督之诏，喜甚慰甚。闻命即行，自是正理，但宜急与官、咏两帅商定安置北岸诸路，并商调随行之军，然后启行渡江徐进耳。谨将垂询之件照对于后：

江之南岸分三路进兵，路路皆须劲旅，每路极少亦须万五千人。兄驻扎在第一路二路之间，声息更易联络，第每路要一擎天柱，除鲍春霆为满意之选，此外实难其人。北岸之将有希庵、理堂可恃，又有咏公贤主人主持一切，可以无忧矣。南岸全恃老兄一人主张。三路所应管地方又极宽，大致规模必先预定。今既骤难得三统将，则徽州、宁国一路，以鲍为柱；广信、衢州、严州一路，以沈幼丹、张凯章为柱，幼丹主坐防，兼筹饷，凯章主征剿。池州以至芜湖，别无法可想，衹得调萧庆翰速来，杂用韦志俊，并新近来援池州之贼想乞降于韦而厚庵尚未允准者（按此句有小字旁注：以其无饷也）。此一路用此等人，杨、彭尚能时常照料，必不有误，此地理所谓借局借材借饷之文章，而终能得其死力者也。第杨、彭饷力不充，两江总督应办协济，地方官不能不如此，非复昔日之为客矣。

又目前各枝皆不满万人，七寻八凑，一年之内必须充满万五之数。饶防，陆路则严责成于刘仰素，令其整顿营务，不可稍假以词色，水路则请雪琴派一妥人整顿，饶防现有之船炮，不教仰素兼管，恐其精神照料不到也（按此数行有小字旁注：任星元即可。即咨商江西巡抚会札雪琴总统，由雪琴陆续换营哨官，但用其饷与船炮，不劳而获两百号有用之物矣。防地若久无仗打，即可由雪琴更调换防也。以任星元统管饶防水师，派一得力文员帮办任所管之水营，或另升营官可也。此着办到，于江西大有裨益。）次青本一好柱头，而平江勇别有风味，骤难兴办，且尝苦太久，不忍复以兵事累之，且幕中亦须健者了事。劭荃亦可立一大柱，且令其召募土人五百或一千，日事训练，悉仿湘军成法，即在池州一路与萧翰庆会办，此收明年之效也。

都直夫江北之行实在无益，不去□好，可省分湖北兵力饷力。江北另简放钦差一层，心中有指名可请之人否？保全下河七属及盐场之利，其任亦不轻，若能得人亦极好事，不知吴竹如可胜任否？但其资格尚早，圣意或不属耳。旗人朋友有可胜此任者，则指名奏请必准矣。

（中缺）

霆字全军，咏公必许。官帅虽有难色，而不好不肯。此军阮带往南岸，则希军万无接剿皖城之理，须留为活军雕剿援贼，可以兼顾商、固、英、霍诸路也。安庆一军，亦万不可全撤，酌量抽动，尚无不可。若枞阳既复，有人守枞阳，则可多撤开几百人矣。现在彭杨已派水师率韦志俊打枞阳，若其得手，则此两日有消息耳。官帅颇虑兵力四分，纷驰远援，一则大军后路有空虚之虞，一则鄂围无锁钥之固，遂有专保疆域不谋剿皖之意。殊不知不谋进剿，万无能堵疆圉之理。惟患安庆不得，若得安庆，则江北水陆皆有住脚之地，并可取高屋建瓴之势，将来共谋金陵耳。安庆好守，得水师三营、陆师二千人，便可稳守三十年耳。

弟之行止，心无成见。若留在皖，则在皖；若派开在外，一二百里外亦去；若派在身边同住一营，亦来。三者随　兄施行，弟不拗令也。以上皆垂询应对之语也。又弟心中所欲言者几条，朴实数语，祈　兄采择施行。

一、此时总辖两江，除江西可以设法，外此无完善地方可以着想。是　兄之后路根本，纯在江西。江西尚有可为，即为江西撤退无用之兵，添置有用之营，便可筹出一大款矣。谋浙谋苏，皆为江西保外门户，江西原可不自管兵事，概交里手总管。应请奏明，不动声色，将江西军事洗涤旧染之污，而重加整顿，此强兵富兵之头一着工夫，不可少也。前咨湖南添万数千人来江西合办，如无人来，则有钱来亦可。

一、江西实缺布政司，一时尚难到任，或特保黄南坡到江西署司道，专任筹饷之事，必有大益。盖湖南一涓一滴皆南坡所筹，有成效可睹也。应请专摺特保，以提倡人才。

一、张小浦、普承尧实为败类，应专摺特参，请　旨置之勿用。此二事皆为节省有用之饷起见，祈速行之。

一、湖南如有可带千人五百人者，可即日办札令其召募成营，来九江听候调遣（按此行有小字旁注：以添四五千人为度，若能择一立柱子之人更好。咨函与骆，硬问他要军械帐棚及招募之赀，必答应无疑），但营哨官须召募湘人及郴、桂、宝各处之人。长沙朋友难以当勇，不可招也。如须营官，请问可靠者保荐，总以先曾带勇、业有成效者为宜。

一、赵玉班尚可立一小柱，有□宾可以任战事，更济之以玉班小有谋略，则亦得力之军也。可奏咨调之。左季高既回去，省城军事亦无须玉班也。

一、此次既肩荷重任，利害在所不计，遑计怕人议论乎？掀天揭地做去，不怕人，别人自怕我。　圣主之前，无话不说，应保之人，无一不保，应参之人，无一不参，办得三年，定有转机。如气机不转，则　兄亦成当代第一伟人矣。切不可学近年笃于趋时，仿若无盐效西施之颦而终不似也。

一、各处小事概不管，专留精神以图远者，以图大者，则利及于国计民生多多矣。

刍荛之见，有当有不当，伏祈一概施行，即不当者亦当矣。手此敬叩

大喜。即颂

勋安。　　国荃谨草呈上　　五月初一日午正

一、沈幼丹赶紧奏请起用。

一、张凯章宜赴玉山，一路进浙江，不宜在景镇作防兵也。　又复

（5）胡林翼致多隆阿

礼堂仁兄大人麾下：

廿一日得十九日

书，具悉壹是。晚稻初成，留七营以护刈获，居民咸拜公赐，遗爱可风。天降淫雨，寒湿侵人，清恙乍痊，尤宜重加保卫。良医一节，已两次函告总局，即请锺、何二君前来诊视。仁兄以一身系三军之命，总祈为国自玉，是所至祷。援贼尚无确耗，俟晴霁后审察情形，弟意总是讲战讲守，不围不攻。如何出奇制胜，悉听

尊裁。至于围兵攻兵，则不敢从命，围则牵缀兵力，攻则伤耗兵气也。尚祈

采纳。此请

台安。　　　　弟制胡林翼顿首　　九月廿一日

廿三日到

（6）曾国荃致多隆阿

礼堂老兄大人麾下：

顷据湘后营盘获贼探蔡必达，系湖南邵阳人。据供：四眼狗令同谢玉贵、张得贵、胡得胜（均湖北人）、张得魁（江西人）等六人，假穿吉字中营亲兵、湘勇长夫三色号补，至枞阳偷挖堤埂。又狗逆现由黄州制办官军旗帜号褂，已造吉中营号补数百、韦志俊昌营号补数百云云，大约分三路来援安庆：一由桐城而窜枞阳，一由黄梅、广济而出太湖，一由石牌而走洪家铺等语。又十三日拿获本地奸民穿永瞻后营湘勇号补者，据供系贼给予，欲令买办油盐，伺隙送入等语。又贼目张潮爵遣一贼来濠边诈降，并使数十贼故意尾追，以免官军疑惑，其实令其伺隙纵火，以乱军心也。比经湘后营刘南云、李吉人讯明，已仍令入城，以破贼计矣。

现在贼情诡谲异常，极宜严密防范。顷已函告枞阳水陆各营，一体严拿密防，以杜奸宄。顷接 咏帅来函知武汉已有准备，想可无虞也。又接祁门来函，抄呈台览。此叩

勋安　　如弟国荃顿首　　十五夜

（7）杨载福致多隆阿

礼堂仁兄大人戏下：

初三四先后奉到

惠函并各抄件，敬悉下游之贼复又上窜，狗逆率党趋舒而递窜英、霍，诡谲百出，无非图解皖城之围。然吾辈宜审察贼情，防微杜渐，毋堕其计，谅该逆亦不能逞也。南岸军事，建德业经陈余庵会同水师攻克，率所部以驻守该城。春霆连捷，扫荡一路，现扎下隅坂，不日即可移扎张家滩矣。知念附及。肃此恭请
勋安。诸惟
凯照不一

愚弟杨载福顿首　二月五日

初九日到

（8）胡林翼致多隆阿

礼堂仁兄大人阁下：

三十日接廿六日
赐书，敬承
所训。刘车龙虚名冒饷，何堪复任营官。微
老兄言，弟实限于闻见，具佩
忠心实心公家之事，知无不言，亦不使春霆误用贪鄙，卒以败事。如
兄之忠谋直道有几人哉！如此则天下事何患不实，又何患盗贼不能平！当即札撤停招，以承

盛意。即请

台安

弟胡林翼顿首

闰三月三十夜

四月初三日到

（六）李鸿章致戈登函、札和批复

伦敦英国图书馆藏“戈登文件”(Gordon Papers) 很丰富，其中的中文文件有关中国近代史料者，向达先生于三十年代抄录多册，在1950年开明书店出版的《太平天国史料》一书中公诸于世。该书还收录有萧一山先生早年发现曾经发表的少量戈登文件。1984年我在伦敦获见该馆所藏各戈登文件，除校核向、萧两先生已发表诸件外，又发现戈登文件一册，编号为OR12914，为两先生所未录。该册共分17号。其第2号清江苏巡抚李鸿章与英国将军士提佛莱关于“常胜军”的协议十六款，第13号攻占苏州赏给戈登头等奖牌并银一万两，此两号文件同见于“戈登文件”另册，已由向先生自另册发现，抄录发表，而该册其余各号，大多是李鸿章对戈登禀报的批示和一些杂件，均未在国内公诸于世，其中若干件的内容颇有关于当时的战事和李鸿章同“常胜军”的关系，富有史料价值。如李鸿章批示告诫戈登不应听命英国将军柏郎，而要听从他的调遣，就很明白地表现了他既要利用“常胜军”以镇压太平天国，又不愿这支军队掌握于外国人之手，失去控制。又如他批示戈登，不同意戈登与白齐文往来，表明他认为白齐文受过清政府的官职，既归降了太平天国，就应捉拿归案，不容谈判。为苏州杀降事，戈登与李鸿章曾公开翻脸，后经赫德调停解决，此册包括的一件批函，说杀降时戈登已回昆山，并未与闻，李也无从和戈商量。其实李杀降时，戈在苏州。这件批函说明了“调停”的一个结果：为戈登洗刷责任；编造一个谎话，给李一个下台的台阶。

这一册中有一件给戈登的信，发信者只署“名正泐”。从文中内容来看，可确定是李鸿章所发。但为吴汝纶编李文忠公朋僚函稿所未收。写信人说，他剿捻成功，七年秋拜协办大学士，本年正月履湖广总督新任。这正是李鸿章的履历。称“本年正月”，可知此信作于本年即同治八年、公元1869年。信中说，现在中外和睦，决无战争，“万一如阁下来示有出师对垒之事，……如台旆远来，想能为我出力用谋也。”据此，是戈登先给李鸿章写了信。戈登何以会在那时提到中国会有出师对垒之事？因未查到戈的来信，未能确知；估计而言，可能是因其时新疆战乱、中俄存在矛盾而发。十年后中俄议约，崇厚允割伊犁大片土地，引起朝野愤慨。戈登于1880年再次来到中国，设想助李鸿章组织军队与俄打仗。此事终未实现。但同治八年的这封信，有助于了解1880年戈登再来中国的事。

除“名正泐”一件外，以上各件原都附有英文，系为供戈登了解而由当时的英国翻译梅辉立所译。很奇特的是，本册中还有一种太平天国的簿册“报销底簿”。“常胜军”在1864年攻占常州时虏获了太平军的兵册等多种文书，此册“报销底簿”大约也是其中之一，但被搀入了戈登自己的文件中。今将除向、萧两先生已发表者之外的文件，略依时间先后编次，并酌加标题。原件旁注戈登禀件的摘由，均已采入标题，不另注明。“报销底簿”则已编入另书。册中还有鲍超、程学启、周兴隆残函三件，内容多是客套语，此三件及曾国荃等人的名片，均不录。以下是李鸿章给戈登的札、函、批共11件。

（1）为旨准授予中国总兵职任札会带常胜军戈兵官

钦命江苏巡抚部院李　为

恭录咨行事：为照英国兵官戈登接带常胜军，请旨暂假以中国总兵职任缘由，经本部院于同治二年二十五日在上海行营由

驿附

奏，抄片咨行在案。兹于三月二十二日准兵部火票递回原片，内开议政

王军机大臣奉

旨另有旨钦此。同日并准议政王军机大臣字寄同治二年三月初十日奉

上谕：戈登接带常胜军奋勇明白，此次复力克福山，著即授以中国总兵职任，仍著李　传旨嘉奖。常胜军积习太坏，并责令戈登严加约束，以期消患未萌等因，钦此。合行恭录札知。札到该兵官即便钦遵。此札。

同治二年三月廿九日

（2）批会带常胜军总兵戈登拟将各排勇丁移扎外跨塘禀

十一

兵部侍郎兼都察院右副都御史江苏巡抚部院李　批

禀悉。现拟将各排勇丁扎至外跨塘，俟发饷后即率全队移扎前进，协攻苏州。该兵官奋勇图功，实堪嘉奖，已札催贾守早解饷银前来，并饬李总兵领解煤炭帐房等件，以资应用。西路各军由江阴乘胜进剿无锡，该兵官与程提督会攻苏州，贼势衰怯，当可得手。本部院引盼捷音，即行驰入苏城督筹布置也。此缴。　八月十二日

会带常胜军戈总兵

（3）批会带常胜军总兵戈登乃复脱轮船可否租买禀

初七

兵部侍郎兼都察院右副都御史江苏巡抚部院李　批

查蟋蟀轮船留于上海亦无用处，应即辞退交割清楚，以节縻费。至乃复脱轮船现经梅翻译议雇，俟每月雇价若干，具报酌核饬遵。缴。

八月十二日

会带常胜军戈总兵

(4) 批会带常胜军戈总兵应听本部院调遣会攻苏州

十一

兵部侍郎兼都察院右副都御史江苏巡抚部院李　批

来禀具悉。海生轮船交程军门应用，足见该兵官力顾大局，和气公忠，殊堪嘉尚。蟋蟀轮亦留之无益，徒縻军费，应即送沪辞退，以资节省。奈福脱船现经梅翻译议雇，如租价不贵，可即照办。现在各路攻剿得手，贼势正衰，该兵官宜及时合力图功，副余厚望，不必候柏提督回苏方可会剿。常胜军系中国兵勇，该总兵系中国官职，为中国之将，食中国之饷，应听本部院调遣。倘苏州克复，本部院当即来省，该总兵仍带兵回驻昆山再候调派可也。缴。

八月十二日

会带常胜军戈总兵

(5)批会带常胜军戈登等勿与白齐文往来

初一

兵部侍郎兼都察院右副都御史江苏巡抚部院李　批

据禀均悉。白齐文如果诚心投降,何必如此做作。既系甘心从逆,奸诡百出,戈总兵乃英国体面兵官,为中国带兵剿贼,本部院素所倚重,即应严为拒绝,勿与往来,以免部下人等有勾引情弊,且坏戈总兵声名。我辈带兵总以打贼为重,一意招降,便使逆贼看不起,或中贼诡计,慎之慎之。五龙桥贼营是否攻克,即以庞发一营分守何如,或就近会商程军门妥办。　缴。　九月初一日

盐鱼萝卜干前已购齐,交来弁解回,计已到营,希转告梅翻译知之。又批。

会带常胜军戈/李总兵

（6）为克复苏州旨准奖赏功牌银两札戈登

太子少保兵部侍郎江苏巡抚部院李　为

恭录札饬事：为照本部院于同治二年十月二十六日由驿具

奏督军攻剿苏州城垣贼势穷蹙内应官军入城截杀克服省城一摺，于十一月十四日准　兵部火票递回原摺，内开议政王军机大臣奉

旨另有旨。钦此。同日并奉十一月初四日内阁奉

上谕：李　奏督军攻剿苏州克复省城一摺，览奏实深欣慰，权授江苏省总兵戈登带队助剿，洞悉机谋，尤为出力，著赏给头等功牌并赏银一万两，以示嘉奖等因。钦此。又奉十一月初四日

寄谕：此次攻克苏城，戈登甚为奋勇出力，著李　传旨嘉奖。本日已明降谕旨，赏给戈登头等功牌，并赏银一万两，以示嘉奖。所有银两著李　筹款赏给。外国本有宝星名目，所有赏给头等功牌即可仿照办理等因。钦此。除将头等功牌另饬会防局仿办札发外，兹本部院遵

旨速筹银一万两，派记名道潘绅赍往转交。合行恭录，札发札到，该总兵即便

钦遵，将发去银一万两查收具报。此札。

同治二年十一月十五日

（7）批会带常胜军总兵戈登为苏州杀降事来函

初四

太子少保兵部侍郎江苏巡抚部院李　　批

来函具悉。前赫德面称，苏城伪纳王投诚后因其不肯剃发，挟众要求多立营头，保举大官，本部院按照军令立予正法，原系万不得已之举。彼时戈总兵先已调队回昆山，无从晤商，亦无由获知，实与该总兵无涉，须将此情形缮给告示，饬发来昆，俾众共知。昨已拟就示稿寄交赫德阅看，斟酌定后即行缮发，决不致误。以后攻剿各城，迂有贼匪实系真心投诚，无论何省人民，均应禀由本部院资遣回籍。惟贼中广西人现已无多，皆系老长毛贼首，须防其假投降，内怀奸诈。如果诚心归命，尽可贷其一死，遣散安置也。此复。

正月初四日

会带常胜军戈总兵

(8) 批头品顶戴戈登为请调郭松林到常州禀

初八

太子少保兵部侍郎江苏巡抚部院李　批

来禀阅悉。贵镇克复溧阳,业将投诚难民分别遣散,并查封贼遗军火仓粮器械,报数充公,足见办事认真,可嘉之至。前次大浦降众四五千人,久留营中,断不可靠,务即设法妥为资遣,布置严守,以防贼匪复来窜扰。至金坛守贼亦有投诚之说,郭松林早经禀报前往招抚,因常州久未克复,尚须添兵协助,已调郭松林移军北向,并力援剿。贵镇以郭军不严,欲调他往,正与本部院之意相合。惟郭松林去剿常州,该处有大股援贼牵制,断难再守金坛,李道处亦暂无可以分调之兵,贵镇如必欲收复金坛,只好分守金坛、溧阳两处,俟常州克复,乃可有兵接守也。贵镇明白大局,此时总以守住溧阳、缓进他处为稳妥之著。此复。　二月初八日

頭品頂戴戈登

太子少保兵部尚書江蘇巡撫部院李 批

來稟閱悉 貴鎮克復溧陽 業將投誠難民分別遣散 並查封賊遺軍火倉糧器械 點數充公 足見辦事認真 可嘉之至 前次大浦降衆四千人久留營中 斷不可靠 務即設法妥為資遣 布置嚴守 以防賊匪復來竄擾 至金壇守賊亦有投誠之說 郭松林早經稟報前往招撫 因常州久未克復 尚須添兵協助 已調郭松林移軍北向併力攻剿 貴鎮以郭軍不嚴 欲調他往 正與本部院之意相合 惟郭松林去剿常州 該處有大股援賊 常劉難再守金壇 李道處亦暫無可以分調之兵 貴鎮如必欲收復金壇 只好分守金壇溧陽兩處 俟常州克復 乃可有兵接守也 貴鎮明白大局 此時總以守住溧陽 緩進他處為穩妥之著 此復 二月初八日

李鸿章批复戈登守住溧阳缓进他处

(9) 送交已故程学启军门旗帜复戈登

十六

太子少保兵部侍郎江苏巡抚部院李　　批

程军门与　贵镇共事最久，兹因伤故，悼惜同深。已照会

统领刘、王提督将其打仗时所用蜈蚣旗二件即速送交，俾带回外国留作想念，足见　贵镇笃于朋友之情也。此复　　三月廿六日

会带常胜军戈镇

(10) 为分拨洋枪批会带常胜军戈登等

太子少保兵部侍郎江苏巡抚部院李　　批

禀悉。该粮台现有收存洋枪二百五十杆，如可合用，即交福山总兵郭镇营查收分拨，候行郭镇并军械所知照。此复　　四月初三日

会带常胜军戈、李总兵

(11) 李鸿章函戈登

戈军门阁下：前陶尔参将回籍，属其殷勤致候。兹接
来函，知陶尔已将鄙言转达，备承
注念一切。情真意笃，患难之交，在远不遗，尤征
古道，感荷曷胜。藉悉
督办沿江炮台，
荩绩益隆。令妹获配马医生，比邻而居，俱称顺适，至
为欣慰。
弟於同治六、七年以
钦差大臣督剿捻逆，转战山东、河南、直隶等省，仰托
朝廷威福，将士奋勇，屡歼著名首逆，所有胁从各匪，投
诚归顺，均已破格宽宥，解散数十万众，保全实多。
七年秋间，功成入觐，仰荷
殊恩，忝拜协办大学士之职，仍统水陆兵勇，於本年正
月已履湖广总督新任。刘军门铭传最为出力，谋勇
兼优，蒙
恩锡封一等男爵。郭军门松林加一等轻车都尉世职。惟
杨军门鼎勋於七年六月在营病故，殊堪悼惜，已沐
特恩赐谥祠优恤，足慰忠魂。现在中外永敦和睦，各守
疆圉，尚以德化，决无战争，此我两人所共愿者。万

一如

阁下来示有出师对垒之事，弟惟有统率劲旅，谨慎调度。如

台旆远来，想能为我出力用谋也。前存常胜军旗帜仍照常收储，每一展视，如见故人之面，聊慰七万里相思。至黄马褂一节，查我

朝龙兴之初，惟亲郡王大臣有功者得赏穿黄马褂，嗣后平三藩、平青海、大小金川、准部、回部、新疆各路大臣多邀

异数，近亦惟统兵大臣暨有功大将得蒙恩赏。自咸丰年间用兵以来，通计不过数十人。泰西名将帮助中国者本少，惟

阁下忠勇勤劳，独拜宠赐，诚为千古美谈。愿益勉立勋名，终始如一，鄙人与有光荣矣。专此布复，并属好税务司将此函意代翻英文奉达。顺颂

勋祺，诸惟

鉴照不宣。　　　　名另泐

（七）嘉善庚申纪事

本篇原无标题。1979 年我在桂林第一图书馆首次获见此

册，文内署赵△△，无题，而封面标签作“赵氏洪杨日记”。数年后我在美国耶鲁大学图书馆无意中亦获见此册，文中内容、文字、署名及封面标签与桂林本完全相同，显然它们的来源相同。

这篇记载之所以引起学者注意，是由于罗尔纲先生早年在其《天朝田亩制度的实施问题》一文中引用了记太平天国时期浙江嘉善一地主意图收租的一段话说：“以长毛之威，不怕租米不还也！”罗先生注称据《赵氏日记》，并说明：“按《赵氏日记》为一未刊抄本，此据简又文从浙江文献展览会抄录本，原题作《赵氏洪杨日记》。”这是一段很有研究价值的史料，但在建国后出版的有关太平天国的各种史料书中，都未见刊出该日记的全文，因而学者未能窥见全豹，加以通盘利用。我两次获见该日记，实在是一件幸事。

这篇资料主要记庚申年（1860）七月、八九十月太平军占领嘉善县期间，太平军、清军和官府、土匪、民间社会、地主儒生和作者家庭的各种情状和动态。全篇分日记、信稿及恢复嘉善城事略三类。从文中看，作者赵姓，系一文生，即无功名的读书人，似以教书塾为业，家有田地数十亩。太平军初占退出时，此人曾率乡勇入城，杀过太平军一人，而不久太平军再占嘉善，此人即出入乡官局所，与闻“收租办赋”之事。“收租办赋”虽为太平天国普遍的政策，而从这篇记载看，太平天国守将对这批曾与他们为敌的“衣冠人物”的尊重和这批人物的作用，确实也是所以形成这一政策的不可分割的因素。在篇中所记庚申十年太平军占领、出入嘉善的几个月中，除了由于战事引起的各种后果外，社会的动态究竟有无变化或引起了怎样的变化，是一个很需要深入研究的问题，对此，这篇记载正是难得的资料。

所见的这篇资料原无标点，是传抄本，抄的质量很差，错字很多。究其原因，可能是由于这份传抄本所据的底本，系用行草书写出，而抄手水平底，认错抄错了一些字，以致一些语句难以卒读。我在整理中尽可能对这些处作了校正。大致有三种情况：一种是可以确定的错字，迳予改正，不加注明，以省篇幅。这主要是一些词语中的错字，如“如瓶解藩”，“解”迳改“触”；“举世范范”，“范范”以意改“茫茫”，“公和雨就”，以意改“公私两就”等。另一类是原错字不删只将改正的字括注于后，以便于读者可以对照并自行判断。如记太平守将对一主要乡官谈话有句：“你一州胆怯，二州恐妖朝复兴，然妖朝断不能复兴矣。”我认为“州”为“则”之错字，才能意思明白，于是括注改“则”。还有不少字句未能改正，只好仍旧。其中有的不能文从句顺，标点亦难尽正确，谨特说明。

日 记 赵△△

前阙（原注）

廿八日，雨，即晴。饭后衡峰、石安、自卿来。芝卿至陈家浜，包妈亦去。闻松江复失，朱家阁亦被焚掠。闻昨日七里店有贼四五十人冲来，乡人鸣锣始散去，已烧房子一所。

廿九日，晴，午后雨。饭后子昭、衡峰来千油。午，飞青来，偕至局中。后至庙瘘吃茶。鲍荆山、程梦飞、夏冠卿、谢老渭、赵三相、五弟诸人后至，同过蔼卿、石安、达夫，适大雨，后至家。父亲因病不过东。后过东，至公和，遇古龄。蔼卿、小顺先至馆。是日颖士在馆，朱加翁自章练塘归，云练塘贼欲进贡银四千，云朱家阁已被占住，朱泾亦罢市，甚警，善地提船已止。闻颁兵。孔病甚危，兵到善地，病者十余人。

三十日，晴，在馆。饭后，石安、达夫来倒铜旗，至酉刻去。午后贯珠来。午后至青龙庄，夏冠卿、沈滨斋因有难民欲过，无护身符出来查故也。夜又至青龙庄。

七月初一日，雨，申刻大雨。所驻之兵据云到余杭。闻西门尽行动身，所过间有提船、据人、掳人。午后，至石聚兴打铅丸，后至达夫处，与石安、颖士铜旗，酉刻归。夜，晓秋有疾，至孙屋看治即返。

初二日，晴。饭后至公和遇达夫，后至聚文吃茶，遇荆山、啸月、兰坡、如山、镜秋、广涛诸人。后遇闵心斋谈及贼事，据云前获蒋姓系份□，浙江人，被掳已二月余矣，始被提问何业，云能写字。贼云彼处写字甚多，不用，迫胁使贡，辞曰不能，贼欲驱逐，适患病，故延至今，病稍愈乘间而逃。云禾郡贼不过二千，贼势甚衰，连日西南二门打仗，互有胜负。贼中自云此处不能守，欲退云。又后至张守然处谈片刻，偕丝客吃中饭。后至西林福星庵，即归。至公遇达夫、石安、可仪。后至局，遇荆山、梦飞、蔚卿、涧泉、文匡，适刘协台有信来与蔚卿，自杭州发来，云贼窜过余杭，刘大人扎苦口，在武林门外，后遇贼退奔，追至临安班师云云。又闻七里店局已散。后偕大鹏同过东，芝卿、自卿归，四表妹亦归。

初三日，午后，闻杀盗（原注：下阙约三页，记四、

五、六、七日事）渡河。与其渡河而遭焚掠，莫若先拨舟迎之，告以故，或可免。四姓许诺。即令石有闻拨大舟三只望对岸摇去。岸上贼数千，正欲觅舟寻舟，见之大愤（喜?），即令逐一渡过，石有闻始告以四姓来迎之故。贼首姓刘，允许先给旗四面，令插四家，且曰明日我弟兄有五万来，即合三舟接尾搭一浮桥，并令图中供饭一顿，图中民皆允许。后贼渡河，云：受汝等供给，尔图中并不相犯，即令石有闻领路。石有闻心中欲救多民，领至七八里，忽足痛不能行，倒地云：此去非我图中矣。贼等即放火杀人，呜呼！此非数乎！

初八日，晴，有雨即止。饭后至达夫处，遇子贻，偕进城，后至家祭祀，吃赛福酒。后至局中，邑令及各司事俱在局。与午花稍有口角，不欢而散。是日探子云，城中放火，七里店乡人全无，西门似打仗，不知胜负。

初九日，晴。是日探回云，乡人云明日西北门打仗，七里店下首烧至，下首乡人杀死十四人，偷猪八只。

初十日，晴。午拿获奸细六名，杀四名。午后至西聚元吃茶，后至同善会编号旗。后至局，探未回，后与沈澹斋、夏冠卿、程梦飞小饮，遇钱师候。后至李茂卿处访声甫，为缴捐事。后即至馆。

十一日，晴。闻西塘失守。

十二日，晴。饭后进城至局，邑令及各官众司事皆在，共议防敌计。遥望西与北，火光甚。至西，遇蔼卿，偕至东，后至局。有难民数百，自福星庵泊，经县令押出境。复乡勇来报，福星桥了台望去，有数十号椒湖船扬帆而来。副府及邑令率司事乡勇至西关，枪船已近市稍，船中亦开枪，副府先逃，望仓桥而走，诸乡勇皆溃散。余申刻过东，但闻西门枪炮声不一。酉刻望见西门烟头已起，望东逃出，接尾船亦接尾而逃。余乘李老文舟至燕桥港关照家眷，即趁顺昌舟至塘古桥上岸走去。望西门火甚大，即至袁宅。闻火自至金家桥起。至小寺，城已失守。子刻父亲乘舟至滩西浜。至天明，诸友皆散，惟剩余及谢、蔡二人。

十三日，晴。火仍未熄。行中诸友皆散。余嘱蔡、谢二人在家看守，余即至燕桥港，子昭来谈。午后余即乘舟又至行中，捐钱数十千。孙老培、陈老品亦来。但闻城中炮声不绝。是日长毛东门不出来。余回舟至寓。是夜仍有火光。

十四日，晴。寅刻闻各处喊声，长毛四出。寓中诸家眷皆乘舟。先，沈尧至街上探信，云长毛已出，余即同家眷仓卒乘舟，同冯舟至港中退避，但见四面避难者不一，幸贼即去。午刻回舟至寓，朱加翁来云，行中已上，彼由窗洞而出上屋，孙培礼、潘双庆、周五礼、谢朝奉皆上屋，幸贼不见，贼去始逃。即乘舟同朱加翁及家眷至王家墟岳母，遇远泉舟，后由私路至千金港李老文处停泊。适彼处亦甚惊惶，是夜船中暂宿一夜。

十五日，晴。黎明乘舟至枫泾，始欲至滩西浜，路遇人云，东栅外抢劫甚多，朱加翁即上岸，故不去，即回舟至东板桥，又见逃者纷纷，喊声不绝。有人云，旗已插上小桥，此处必到，余即回舟暂避。适遇冯二叔乘小舟来探信，始知彼家眷在金家村，彼此通信后即分手，余仍至李老文处停泊，是夜仍宿舟中。午刻差双庆、双尧至滩西浜，写信与父亲要船一只。子刻，双庆、双尧放小枪船来。

十六日，晴。饭后货过船，即乘老文舟同双庆至袁宅，已被土匪抢空。余至书房搬书，至燕桥港吃点心，后又至袁宅翻物。后谣言又起，即回至寓。

十七日，晴。饭后乘老文舟出来至袁家，遇父亲。陆芹堂、许春绿来，彼等即装货回去。余至青龙庄，适两学及沈清斋皆在。朱佑人、鲁双兄、孙文匡、陆友金、许钱泉带勇数十人拟进城，余同朱佑人带勇数人先至。江家桥已烧断，后鲁双兄等陆续而来，余即乘木过渡，同鲁双兄争先进城。至亭桥，已烧断，城门桥亦已烧断。至来津桥，由下塘而遇，隔岸望见城隍下岸火烧甚盛。余等由花园弄桥过而至县西。至敦源当，瞥见长毛数人由当门而出，余即奋勇而前，声言杀贼，拿获一人，腰束红绢，即行杀死，余皆望西而逃。余追至费家，招呼后队。孙文匡等皆云，未知虚实不敢冒险。余祇得随众回兵，至县前见有伪示，即行揭去。后出东门至罗星桥，遥望孙家桥有土匪船百，人约数千。乡勇等在罗星桥放枪，乡舟仍然不退，余等遂退。是日城中余匪未尽。西门尚有船停泊。乡勇进城约四十余人，每名乙千文，章老师所许。

十八日，晴。叫舟两只，一子照乘至街上，一余乘至远泉处，捐钱六十千文，即至青龙庄。后顾午花船亦来，招勇廿八人。同鲁双兄，适陈左仪来，亦同去。谢渭川亦同去，带勇数十人，长驱而进。哨至西门外市稍，贼匪已遁，正值土匪抢物，即时赶散，一邑肃清。将西北南门紧闭，拨勇严防。城中尸骸遍地皆有。南门有陈范金守住，西门自吊桥烧起，直至跨塘桥。西城中火弄至费家桥亦被烧。后请鲁双兄、金秋田率勇守城。是夜共卅六名，每名七百文，日间巡哨亦每名七百文。余、子昭、左仪、午花回至青龙庄，等至酉刻，各官皆不来。后土匪船由孙家桥叉出，遂散。是夜左仪在寓安歇，子昭写禀亦在寓安歇，子刻始睡。

十九日，晴。饭后余乘舟至青龙庄，适高大叔船二只在胡祥太停泊，余又至屠栈，昨夜已被抢，欲放舟去载米，后至青龙庄等至午刻，午花舟亦来，后孙元匡、徐老师、王八兄、徐文兄皆来，议论纷纷。余即回至寓。后闻午翁嘱高大叔守城，官仍不至。子昭船至窑上寻家眷无恙，午刻始回。拟将原船去载米，摇至塘上，遥望土匪船如蚁，始回。

二十日，雨。余叫舟二只，一放至屠栈，一余自乘。雨甚大。至屠栈，晓秋亦在，匆匆不及细谈。余即乘舟由南城门进，路上浮尸甚多，至家，大门亦坍，余叫木匠修好关上，周回察看，四叔不知去向。后即回至屠栈，由西门而出，望去吊桥至庵桥一带已烧去。回至屠栈，遇父亲正欲进城，余云不必去。父亲即至管家浜探婶母等下落，余即乘舟至东路，遇午花，即将伪示付伊。各官仍无下落。余即押米至寓，共上六十五石。适余家眷已归寓。后子昭来打听消息。城中午花仍嘱高大叔守城。

廿一日，雨。饭后偕四叔、朱包妈、陆元升、双庆、王五孔乘舟至屠栈，遇晓秋、春绿、贯珠，后至城由东门进，至家遇范机重搬物，适燕乐堂有人抢米，即将吓退，随即将大门紧闭。父亲亦乘舟同沈将来，各处关闭，后见太平河有浮尸一个，四叔不知下落，未知是否。后即由水西门而出。陈左仪、高大叔约同善会不果。即至屠栈，遇鲍副爷。朱佑人言青龙庄等齐。余至下塘。父亲是夜宿孙宅，余即至燕桥港，李老文船来即去。余午后不出门。

廿二日，晴。饭后偕子昭至袁宅，同父亲至由东水门至家。杨梅、乔碧岩同大姆姆、三婶母、盛四观亦来，各至家大略收拾。盛四观十五日进城被刀砍，幸不至重伤。午刻由水西门而出，至袁宅遇晓秋，后金秋田来，邀同至青龙庄，元匡、复堂、李肯堂、鲁双兄及二学、四公、鲍副府皆在。周兰舟父子适在招勇，闻大云寺有兵来，余即至寓，余人大约亦散。前十八夜守城共乡勇卅八名，内连秋田处三名，每名发过三百，是日金秋田付洋七元（一千八百），钱八百找钱，鲁双兄给发。

廿三日，晴。寅刻内子及冯宅宋春乘舟至金家湾避兵。辰刻遥望燕桥岸兵过，陆续不断。闻程小樵被枪伤，陆小鸿弟子四人被掳，姑媳投河而死，吴晓波杀死，孙兰坡一门皆被掳去，金梦渔、鲍镜秋亦被掳，程梦飞被掳，钟西平一门不知去向。河中浮尸甚多，廿一、二日，好善者逐渐捞去，皆大功德也。十二日西门进来，在西门杀约三百余人，燕桥头高五观妻金氏投河而死。乡村及城中掳者约千余人，死者亦千余人。闻枫泾进贡幸免，张泾汇被烧约十家，施、王当亦被烧。贼十一日至西塘，由长春塘乘舟而来，船约数百号，至十二日申刻城遂失守。后闻西塘已投降，有长毛公馆二个，窑上进贡幸免，各家皆插黄旗，上写奉旨安民。余在寓。至酉刻兵过始尽，掳乡人挑担，此队人马有平湖乡勇领路而来。据乡勇云，平湖已先复，知县带勇五十余人进城，皆被杀，即此队官兵也。平湖县中火烧较加善为甚，城中更甚云云。酉刻子昭来谈。是夜乡人到街上甚少，城中大约又被抢不堪矣。双庆、礼四来云，船已到金家湾无恙。

廿四日，晴。卯刻起身，见兵陆续回平湖，仍由燕桥而去，昨兵不知多少，有从章典史桥而来，未识是贼是兵莫辨。巳刻有兵到寓，余同高姓二人款待，宅中余皆避去，幸兵即去。后兵陆续由燕桥而过，幸不来。午后又谓兵由井铃桥来。午刻李文兄父子同谢朝奉来舟，接父字要余到浜，余即回信云无得不去，即交洋枪一杆于李文兄子手。是日乡人街上不去，故未知消息。未刻张五弟来云，四姨妹巳时身故，即写信与远泉节哀并慰岳母。闻王家竹兵不到，又闻吴理庵十五日身故。

另记一本

八月廿四日，晴。饭后子昭来借旗至千窑镇。闻昨日枫泾金佐泉带小奏及黄对去贺陶长毛升官，又闻长毛传地方李老良去。午刻李文翁自滩西浜来，父亲有信要余到浜，即回信，沈双尧来即同去。午后偕二叔至王家竹，遇贯珠谈片刻，后遇远泉，至岳母处，约廿六日放舟去载回。至唐子昭寓，未回，即回寓。夜至李良翁处谈进贡事。

廿五日，晴。在寓闻西塘进贡归，云及钱粮约十一月办，长毛亦无语，仍旧要立师旅等帅。午刻，沈双尧寄晓秋信，来吃中饭后即去。

廿六日，阴雨。饭后趁舟至子昭处，子昭自千窑镇归去，碰见叶霍卿，已封师帅。在局中甚忙，仍欲午花出去，彼已到城二次。窑上因有天宁唐长毛欲来滋扰，故请城中姓何长毛带领四五十人至窑弹压。后闻高浜亦被长毛滋扰，即来请窑上长毛去弹压。午刻岳母来寓。午后乘舟偕子昭至梅下浜午花处谈片刻，适有西塘舟来，李馥斋有信欲午花出去云云，余即归寓。酉刻朱加翁来谈。

廿七日。饭后春绿等吃早饭后去。寄碧岩信一封。午刻岳母同朱妇桂元玉远泉处上文套。余至子淦处谈片刻即归，后至薛浜爱藏寓。是日爱藏至育婴堂师帅局进贡，约三千数百文。姓谢手给令旗，上写奉令要（安?）民师帅印，又告示一张，并谕爱藏假名陆于其为局长，因力不能管摄，愿做司马云。是日各处墟头皆各家写田进大贡。

廿八日，晴。饭后偕子昭乘舟至北燕桥浜、王家浜访章老师不遇。遇孑芝生云已搬去，在朱泾曹家浜。后至蟾香寓偕吃茶，遇徐银甫谈片刻即归。许春绿、王妇自陈木浜来，翻米卅石。写信与晓秋。

廿九日，晴。饭后春绿等开船去。昨三叔同李老良至育婴堂局，为进贡事，后至高姓局问。西永安坊各家七百八十元。昨遇徐银甫云，浦石安于十八日身故在姚家浜，徐砚庄十五日身故，周□亭亦故，孙文、石菖甫似不皆故。吴颖士在芦枯杨家浜。昨春绿云，杨梅乔碧岩弟廿八日到西浜。又闻父亲患疟疾。午后至子昭寓不遇，后至梅下浜午花处，云廿七日至千窑镇遇霍卿、沈云岩等，廿八日霍卿等至城未有回音。照午花心，大约肯出来。回至子昭寓谈片刻归。午前汪老协来买衣，谈及栈中事屋等事。

九月初一日，晴。在寓。潘双庆冯宅做。午后春绿、朱老相舟来搬米，汪老协拿衣来。是日闻大堰方老长去进贡。

初二日晨，大米十一石解长式石，饭后许春绿、朱老相同去，汪老拿衣来即去。

初三日，晴。饭后偕子昭同舟至午花寓，后唐苹洲、陈馥堂来。午花昨至城中云：初，长毛着西塘师师朱子安请午花出来，逼之再三，午花终不出去，后适陶长毛升官，西塘人又代出主意，写顾、唐、陈、沈手本去贺，所奇皆替身，闻贺礼外贡洋乙百余元，后午花亲至窑上始知其细。而长毛要彼，口来之言果确。后窑上师帅沈云岩、叶霍卿，枫泾师帅金佑泉皆来请午花，受逼不过，于是始出。至城东水城门由接官亭渡，已钉满舟，自东来不能过，由油车港至南门始能过。午花舟由西水城门口进，遥望沿城房屋已烧尽，一望了然。城墙坍处，用人家棺箱及衣箱实土其中，修补甚密。雉堞皆用榴木，木上钉橄榄钉，城下皆木叉，系绊马索，人不能行。西门惜字庵边沿城皆绊马索，回龙桥已折断，西门外焚烧殆尽矣。初进西城内，城门下皆打床铺，看守甚严。城中公馆共四十五处。东北二门防堵最为严密，西门有加兴一路，故不甚防。至大平桥东一带，房屋门窗皆已拆去，门板见有绝断。至学前，栏杆俱已折断，内作杂作之场。至学东陈老龙屋中，即陶长毛之公馆，其中陈列甚华，进见陶长毛，敬之如上宾，云：久慕大名，出来甚好。其幕友屠姓、何姓待亦甚厚，邀至花厅吃大烟。午花始云：进贡事小，办粮事大，加善风俗，取租办赋。即请长毛三日内发二十区告示，着乡民赶紧砻米还租，然后业户取租办赋。长毛甚乐从，即请午花进城安民。午花云，余一家亦不能成市，如一同归城，又恐良莠不一，余不敢说。长毛应许十余家绅，其搬回，先付旗一面，上写奉令搬家，不准拦阻。许其同工人四人进城。城中看守甚严，闲人不能进城。又对午花云，你一州（则）胆怯，二州（则）恐妖朝复兴，然妖朝断不能兴矣，你到来正好了结。又云，前十二日到来西门，惟有枪五挑，一挑只放三枪，二枪不放出，即行逃散，如此防守，亦自不量力矣。汪老协来，是日宿夜。

初四日，晴。饭后子昭在大堰偕贯珠、达夫至甘田浜吃茶，回已午后。闻大鹏已至北港远遁矣。陈品翁来为进贡事。滩西浜王妈来领女走，余不遇，故信未寄去。接父亲信。

初五日，晴。饭后偕子昭至午花处，适午花至千窑镇，不遇。后至仰高寓，后出浜遇馥堂，即回寓。午刻，滩西浜舟来，朱水村朱加翁来工人四人，吃点心后舟及工人先去。接晓秋信，欲提稻。加翁至张泾汇。姚老福同朱水村来吃夜饭。李工人同潘双庆至梅下浜，偕子昭同去。适午花由窑初回，谈片刻即回寓，时已更许。

初六日，晴。晨起偕子昭至午花处，潘双庆至梅下浜后即回家。舟人冯九叔及顾宅二人即同午花领先明妹同舟至城，由水西城门进，至午花屋内，少刻至子昭屋，看后至自屋，门面已拆去，内屋尚好。即出城，遇叶霍卿舟至城，余舟即回至午花寓，后回寓。申刻闻长毛数百水陆并进至枫泾，夜遥望东北火光甚大，大约枫（按此处应有缺字）申刻，塘口乡人逃者甚众。是日，余偕子昭、午花等辰刻同舟由小里港至西城门，沿途遥望城上雉堞皆用橘木上钉钉，短堞上用板堆乱砖，沿城脚用木乱横，使人寸步不能行。城上每远二丈许一了台，插旗甚多。南门至西惜字庵、九华庵与顺昌俱烧尽，沿城俱烧尽。舟泊西接官亭，两面俱堆土城，余由屋内穿过进小城，门内即有床铺，即小长毛，口气苏州人，验明路凭然后放进。至朱春园屋，即看城陈公馆。至大水龙，龙锡已被抄去。至自己之屋一带，门板及地挞俱已不知去向，店间收拾甚干净，大门口惟柜一只。至厅上，台桌不知去向，惟屏门尚未动摇。至厨灶下，吊水挞子不知去向，碗盏厨面台及衣厨皆在，地皮亦未动摇。至柴间，尚未动摇。至中间下门窗俱全，至后埭下门窗俱全，楼上厨箱床尚未动摇。燕乐堂门前墙门开着，不及进看。城中防守甚严，即欲搬什物，断不能矣。苦示大（原注：三字照原文）当中墙门堆杂物甚多，范机云做公馆，其余上下岸门窗顶被拆如马风栅矣。申刻闻塘口有长毛船过。是夜朱加翁及杨大礼、李工人（老庚）过夜。

初七日，雨。晨起杨大礼、李老庚（舟人）、内子及冯家眷两舟至大堰。余在寓。是日逃者甚众，因长毛塘口过故也。闻长毛欲至松江，所过者皆加兴来也。申刻，内子等回寓。

初八日，雨。杨大礼、李老庚清晨内子及冯家眷等两舟至大堰，余在寓，申刻回。余偕子昭乘舟至午花寓谈片刻，约明日至善。亥刻，闻长毛已至唐古桥北，余舟冯舟遂乘夜至大堰。

初九日，雨。清晨吃饭后由大堰至梅下浜午花寓，问加善消息不果。遥闻炮声不绝，午后回至大堰，冯舟亦来，申刻后回寓。是日据云长毛皆过东，加善长毛弹压，故不吵闹。是日闻长毛陆续过西，所掳之人被善城长毛查出放还，沿途皆守住不许进浜港等因。

初十日，雨甚。初拟至西塘，因雨甚不果。是日炮声不闻。初八日申刻，有本城长毛数人在罗星湾吃茶，正在买衣，有数长毛来耳语，即同回去。后即有拿旗枪长毛数百人由陆路而来，水路船只接尾而至，初亦不知何处去，后见有本城长毛数人在罗星桥摇旗，谕长毛不许上南落北，只许由塘直去，故是骚扰尚好。然半塘泊船，上岸者甚众，其意欲寻饭菜。至张泾汇，幸有谢庭珊在大桥摇旗。是夜至枫泾，即有火光。初，枫镇进贡后，皆想长毛终不到矣，故搬回者甚众。不料平仓遇灾，落河而死者不下千余人，掳者数千余人，界河桥南恍甚多，北尚少，因长毛非加善一路，由千金来者皆大船更多，故四面围住不能走脱。初九日长毛回，满载而归，有一船甚重，被沉在罗星湾港，长毛弃船而走，於申刻始退尽。岸上长毛内有被掳者，至育婴堂喊冤，经蒋长毛、谢庭珊释放有三百人，然船中不能走者不知凡几。今长毛在枫约三百余人，大约欲近镇抄抢故也。午后偕子昭乘舟至午花处谈片刻，约明日至千窑，即返。

十一日，雨。平明吃饭后乘舟同九叔、李老庚偕子昭至午花寓。偕六叔、张不礼、沈二礼开船至千窑镇，途遇沈荫岩，谈片刻，彼即到梅下浜。余仍到局中，遇霍卿、钟老鼎，余人甚多，皆不认识。谈及取租办赋事，约十四日到千窑局议，邀同顾菊圃、钱仁圃、沈雅川、王丹木等及记书方谢黄沈凌议事。窑上长毛有姓胡弹压，率领卅余人，市甚兴，尚为安静，卖衣服者甚多，致有载棉花来买者。局中现造门牌丁册。留午饭后即回至午花处，云沈荫岩已来过，拟明日午花亲身进城会长毛。余偕子昭即回寓，已黄昏矣。午刻钱蔼卿来，不遇而返。时滩西浜舟来，汪老协及舟人，晓秋信来，即下答复。

十二日，雨。汪老协乘舟至街上，闻屠栈因不贡已封。后李文翁来趁舟，舟工人共六人，郭大观、夏大观、朱四观、李老庚弟兄又一人，吃早饭中饭后开船，午后归。蔼卿进贡事，至大堰寻王明教不遇。至顾贯珠寓，子昭同去，谈片刻又至远泉寓，与岳母谈片刻即归，已酉刻矣。

十三日，雨。饭后午花信来相邀，偕子昭、舟人冯九叔至午花寓谈明日至千窑镇，午刻回云浜寓。唐莘洲至梅下浜，余偕子昭同回寓，议局中条款。申刻远泉来，谢子昭趁舟去。

十四日，雨。黎明偕子昭同舟至千窑镇，午花偕六相、岭先先在，时饭后，等至午刻，黄谢亭、凌云巢，沈老金因病遣子来，钱仁圃、上项钱苗渔同夥计来。又遇盛衡仙、陆志辰，午刻与黄、凌及沈应岩、叶霍卿议开局公事，收议单发门，钟老鼎吃午饭后即开船，同午花多多中议事。是日局中胡长毛亦来，年约三旬，人甚柔善。回至寓已上灯时。接晓秋及父亲信，为进贡事。舟来不果。

十五日，阴。饭后舟来，至戚家浜与晓秋、春绿、飞青商进贡事，并付催租示谕一张及条议一纸。晓秋等舟先开，飞青留午饭，后适有谣言兵来，即开船回寓。

十六日，雨甚。在寓。

十七日，雨。饭后偕子昭、舟人冯九叔至梅下浜，适黄谢亭、凌云巢、沈应岩皆在寓。后沈应岩偕午花进城，黄、凌回去，余偕子昭至王家竹买纸货等物。遇贯珠父子谈片刻，远泉留中饭，至魏家坟浜遇子名。后至梅下浜，将货交代城中来归，因天晚即归寓。

十八日，阴晴，巳刻雨。饭后偕子昭同舟，舟人冯九叔、须大礼。午花寓谈昨日午花进城事，拟二十日局中打扫，廿二日开局，局设罗星台。午后回寓答晓秋信。是日雨甚至天明。

十九日，阴。饭后姚老福、郭九礼舟来驳饭米及伙食钱。闻陆又兴棉花四百余包被贼卖去。饭后飞青来，为进贡事，因北边未去故来商议，恐菜子被买情。午后孙二兄来云，孙德翁于十八日故。来取钱乙千、米五斗，黄二礼同来。是夜雨至天明。

二十日，雨，东北风甚大。饭后偕子昭同舟，舟人冯九叔、须大观，至下浜口遇顾大叔舟，同至罗星台。看屋后至袁宅，由屋后至东内吃中饭，后至午花寓。是日沈荫岩约不来，与午花谈片刻后回寓，已酉刻矣，书房中已不堪。是日，市河间有船只，上塘有二三长毛往来罗星台，和尚五众皆在。雨至天明。

廿一日，细雨后晴。饭后至梅下浜，偕子昭、午花等至罗星台，等至巳刻，沈荫岩郎翻椅子台子等项来。后胡姓长毛同谈姓二人来。沈荫岩亦来谈片刻，午后各散。余到下塘，春绿、汪老协来，后至范宅，遇晓秋，为进贡事。传闻北边有烟头炮声，即开船回寓，已酉刻矣。是夜西北风，至夜半忽变雨。

廿二日。晨至大堰远泉处定材，付洋三元小亭处拿表清与处买茶叶一洋、炭一洋，即回。偕子昭至寓，工人吃饭后，至罗星台打扫一切。后午花舟来，后谢老渭来，后胡长毛带兵来，后黄昌、凌云巢偕夥友罗老奇、夏老应、方老鼎等十余人来，至局议事。午后余乘舟至顺昌车看栅回，适有人往东逃，据云姓张被掳人，舟至罗星台，忽见胡长毛等来追被捉，逃人被枪击死。末后倪厨买办来吃点心。是日玉馥与青山来，夏文山、六叔等皆至局，酉刻各散。塘上遇李文翁云，滩西浜来，父亲有病，叫余去。又午后有陈再翁来云，陈攀五病，因伊寓中不能容，恳暂住车中云。

廿三日，晴。饭后偕子昭至罗星台。吴长毛已设卡。李青山、馥与、顾岭先、夏文泉、浦仰山已来，彼等吃早饭。舟人冯九叔、须大观。晨周五观、姚老福来云，陈攀五已故车中。余即着周五观等至大堰买材，云要廿五日。午后有亲丁午刻已载至车中。局中午后姚五权来云买材等项，即回去饭。午花来，黄昌等亦来，其友同沈九权进城翻册子。后陈馥堂来，后金佐泉来，晨谕廷三来请安。午后托午花至吴长毛卡进贡帖，为袁宅进贡事。未刻吴长毛自城中出来拿告示来。黄昌等已开船，余同午花等亦开船。是夜李青山、浦仰山、沈九相住宿罗星台。余偕子昭至戚家浜，飞青至，留夜。后遇潘胜率，为进贡事谈片刻，回寓已戌刻矣。冯家桥四叔粜米已回。

廿四日，晴。晨至局，舟人冯六叔、九叔。局中李青山、潘仰山、沈大兄皆宿夜，顾岭兄、夏文泉已来。余同子昭吃饭后见上塘已设卡。后凌云巢、顾午花、黄谢亭等来。午后至师帅局。归贴告条。同姚老福去，师帅适不在。薛广涛来。申刻归寓。夜朱加翁水村因至新里粜米，泊舟河埠。

廿五日。清晨偕子昭、舟人冯九叔、须大观至局。后午花等黄昌凌云巢来。午，各地坊及差役来，发告示谕单及传请各大户学地保到卅八人，差到九人。午至车中与晓秋谈，汪老协来拿去旗一面、卡票一页，饭后差周五礼至栈。祺天福告条不动。回来已酉刻矣。

廿六日，晴。晨钱蔼卿来，留早饭谈片刻，约廿八日出来。子昭来，同舟商议一切，蔼卿即去。余同子昭到局，舟人潘双庆、须大礼。至局，皆未来，即写各粮往领凭，东西发贴。饭后黄谢亭、凌云泉等来，午花来。午刻汪云渠师帅来拜。饭后姚老福来，云车中工人因病昨送死在舟中老已到彼处后发信与晓秋着人看守栈屋等语。午后江成和同龙权来，为伊子掳去，欲托沈九叔领出。是日，地方来五人，即给谕单及请大户单。陈馥堂来，钱耕山、朱老玉来。同浦四进城看屋即回。申刻午花等陆续回去，局中惟谢老渭父子及顾浦许三人在局。余偕回寓，已酉刻矣。

廿七日，雨。饭后偕子昭至局，李馥斋、凌云巢寻来。李安权来。约伊初六日来。闻青浦已退出。扎网浜舟来翻物。寄晓秋信。午后即回寓。夜，舟至子昭寓，设(议）禀稿。

廿八日，晴。饭后偕子昭、舟人冯、须二人至午花寓商议禀稿，随即至局。风闻青浦已退出，石门长毛败仗，苏州亦在攻打。凌云巢等来，为凌黄夥租冯九叔屋，价每月乙千四百文。午刻借冯舟玉而翻棕垫三件，舟人徐三礼、九老相。午后吴长毛来谈片刻，为开车事。钱老和、李夥二人来，沈荫岩来，即进城，托伊至陶公馆说公事，取回账簿十五本、绿布账簿八本之红账十二本并竹册三捆。申刻闻夏老池、谢老渭父子、顾老洪同舟至寓。余又至朱宅与李良翁为开车事，归已夜。

廿九日，晴。晨夏老池等人来，即走至罗星台。余偕子昭到局，舟人须潘汉。午花来，闻官兵各处皆打胜仗，心甚惶惑。后沈荫岩父子来，荫岩后到城去。午花至吴长毛卡。后屠二室等来。午后余偕子昭至戚家浜与飞青谈，遇潘老胜，发晓秋信，归寓已酉刻矣。

三十日，辰刻雨，即晴。晨朱五礼舟来，即载子昭出来，此舟系局中所叫，余乘舟，舟人冯须。至局，午花已到局，饭后即发谕，着屠二室、郑老宝至西塘传朱子安贡洋，又传谕思四、迁西两区地方。午刻根珊来。沈荫岩昨住宿局中。吴长毛云，屠栈要人看守。午后同姚五权、周五、郭九观至栈，适吴长毛于谈公桥碰见。余同沈荫岩即去察看，栈中尚好，惟西边通孙新泰屋有壁洞，即行堆瞒。余偕沈吉人至育婴堂小坐，见谕师帅在局发路票，随即回寓。李春山来。申刻午花先回去，余偕子昭同回朱五观舟，载谢老渭等。

十月初一日，晴。饭后偕子昭至局。午后偕长毛至栈察看，为栈中看栈人有长毛进来不许看说，余偕吴长毛同郭九、姚五权至栈，又有长毛骑马三人同进察看。后到谢师帅局不遇，偕吴长毛传谕先生们照应屠栈等情。是日陈大鹏父子来，地方差俱来，叶霍卿来。余偕子昭回寓已酉刻矣。是午滩西浜多（舟）来寄信两封。

初二日，晴。闻贼兵过境至东境。晨，盛四礼来对租账。后偕子昭到局，午花、云巢等后来。饭后闻贼兵已到，惟见上塘有长毛被守卡管住，不许过罗星桥。午后余乘舟至札网浜晓秋寓，芝卿、汪老协亦在，谈片刻，为屠栈事。后回寓，至孙家桥，闻贼兵已过上塘，不为所感。随即出来，闻贼兵皆在大寺桥来出。余回寓已上灯时矣。姚五权来。

初三日，晴。晨闻长毛皆泊青龙庄至罗星湾油车港停满，闻有沿塘上岸。余不出去，后偕子昭至午花寓，彼舟至油车港，闻炮声即回，适陈馥堂亦在寓。余回寓已未刻矣。

初四日，晴。鸡鸣时闻锣声喊声不绝。寓东及内子二舟，丑刻下船，至大堰上去。天明余起来，但闻炮声不绝。辰刻有信来，城中长毛压出塘上矣。饭后偕子昭步行至局，午花等已在局，后高大来。午后午花偕沈荫岩进城，凌云巢来，后朱馥与叶霍卿、孙春台来，薛西泉来。酉刻偕子昭、顾老洪、夏达翁回寓。是夜叶、朱、沈在局，寓夜局中，云昨日船自舜家桥至大寺桥泊，足约一千余号，幸吴长毛弹压，局中是以不扰。闻各处师旅帅局皆被扰散，间有抄抢，被吴长毛听知，皆正法。高姓被扰，正法长毛一人，七人被逃，二人送进城正法。夜至顾老洪寓谈片刻即归。是夜遥闻炮声，火光不见。昨日胡长毛巡哨至乌桥浜，遇见船皆逃去，有十余只。长毛撑重载一只进城，据闻即范遇伯船，船中书籍及钞洋衣服约值千余金。

初五日，晴。晨闻西南炮声不绝，巳刻余偕子昭舟至局，闻昨戌刻长毛船四十股之二，余皆被朱泾官兵炮打死。闻是役朱泾炮有百余尊。长毛惟四事，至卯桥即被轰击，后队遂退回，沿塘被抢一只。局中沈荫岩、朱馥与叶霍卿是夜皆走。午刻闻喊声不绝。据云至加兴，请治下败兵皆泊寺桥之西沿城。是日黄谢亭、程干与来，余偕子昭申刻回寓。夜至北，顾老洪、夏老进处谈，叫朱五叔船，明日子昭西塘去。

初六日，晴阴。饭后乘舟，舟人须冯趁舟。谢少圃至局，午花已在局，高大豆、老双等凌黄偕夏砺堂、姚老心、陈老和等来，陈笠山来，沈九叔、郎蓉斋来。申刻汪老协来，嘱伊进舟。至执照已来到乙百张。酉刻同老迟、顾老洪、谢少圃回寓。后汪老协同唐四礼、杨大礼、夏二礼住宿。夜至北，谈片刻即归。

初七日，晴，东北风。饭后发晓秋信及寄父亲信。余独乘舟至局，午花已在局，后陈左仪、薛老仁来，凌黄及先生们来，顾贯珠来，吴长毛至局。沈蓉斋云，袁姓栈中菜子，吴长毛已追数次。午汪老协来云，晓秋、春绿、飞青刻至大堰，即回至戚家浜等。余即偕老协放舟至戚家浜，适晓秋未回，吃中饭后遇陆老坤，适晓秋等回谈漕事，后彼同汪老协、春绿即开船回滩西浜。余同飞青谈，约明日到局。遇伯为抢船事，托余追还，写有细账。余即开船，至申刻即回寓，时酉刻矣。

初八日，晴，东风甚大。饭后至局，唐子昭、李馥斋在局，午花后至，后子昭、馥斋同舟至西塘。后范飞青来报田。后杨与屏等来，凌云巢来，与蓉斋商范遇伯被抢事，闻已散完。后吴长毛来。余偕谢老渭父子同舟回寓。是夜岭先往局。

初九日，晴。饭后到局。午刻晓秋舟来，同汪老协、陆芹堂等。局中范遇伯等来，未刻回寓。后又至戚家浜寻晓秋舟不遇。与飞青谈。是夜宿戚家浜，与孙达斋等谈至亥刻。

初十日，雨。平明放舟回寓，后至王家竹远泉处买柩材。顾小亭、贯珠等来谈片刻，张鼎元处买纸头账簿后回寓。杨香栗舟来，钱蔼卿舟昨日来过夜，后偕至舟中谈片刻，子昭亦在。汪老协舟来，叫舟三只驳菜子。余偕子昭舟先行，率领进卡。先至吴长毛公馆谈，后即着载长毛同去驳菜子。汪老协、朱水村、夏老仁、陆芹堂亦在公馆，与吴长毛谈。到局。午刻，长浜张静山等来，是日黄凌等亦来。后雨甚，如意船先回北，后等船齐同至寓。汪老协夜回北。是夜二载菜子因雨甚不上。夜半偶患寒。

十一日，阴雨。饭后子昭来，余因病不出去，即写信叫自舟同姚老福、朱水村至练薄。午后三舟齐来上菜子，因上不下，又租一屋上起。夜，陆芹堂、汪老协在寓。

十二日，晴，西北风甚大。晨上起余菜子后，汪老协、陆芹堂同去北。夏仁翁来，如意船同夏老仁仍回北。午刻汪老协同陆芹堂同二载菜子来，午后上起，汪老协又舟至卡上买酒。

十三日，晴。饭后汪老协、陆芹堂同船驳菜子，余偕子昭坐小账船至范飞青处借洋，后偕至局，同沈蓉斋至卡，为菜子事。午又至卡，为周五礼被锁事。局中粮户来者甚众。余午后即回，适菜子未上好。夜，东舟回寓。

十四日，晴。饭后至局，子昭、馥斋后来。午后至札网浜，适晓秋病痢，至寓谈片刻，回寓已上灯矣。适子昭回，又谈片刻去。

十五日，晴。饭后至局后，船来驳菜子，共五只，其一只借戴长毛驳菜子。黄谢亭、砺堂等来，子昭午刻来，因蔼卿来，行李归彼故也。午后至飞青寓借洋七十及找零洋。吃夜饭后回寓，已更许，又至北寓即归。

十六日，晴。晨请夏迟翁看洋，留饭，后偕舟至局。后汪老协来，后局中飞青等来。余午后即回寓，子昭是日不出去。

十七日，晴。饭后至局，汪老协来，为陆义兴菜子讲价不成。余午后回寓。

十八日，晴。饭后至局，午李安权来，午后子昭来，同舟回寓。

十九日，晴。饭后偕安相永丰桥上岸，余至局。昨吴长毛至一里泾抢船两只。午，张姓来，顾菊圃来。是日吴长毛至上港，沈九叔、顾菊圃同去。陈大鹏谕军帅张静山谕师帅札谕已到。午后偕子昭、室森弟同至飞青处，即回寓。顾设留养局收租，拟分南北，北边设桃风庵，南边设放灯庵。

信　稿

廿四日午刻接读慈谕，领悉一切。男前写信晓秋，各处着人看守，亦不过为彼设施，主见要晓秋所定，皆亦势所必然，岂男故为多事？总之，男素性刚直，不怕人怪，必有小人串唆，以致有不必费心之谕。以后袁宅之事，男不管账可也。

至於加善，坐馆先生不下数百人，男思谁家先生与东家同住，惟晴山兄处坐落深乡，安堵无恐，师徒一堂，可羡可慕。来北之谕，男非为屋惜，现在而论，逃难露宿者有人，此屋较之已如天堂矣。但男在北与在南，伙食开销总一样。惟思现在既已设局，长毛办事有人，以理而断，决不再来滋扰，即使骚动，亦将付之天命，男思如在数中，断不能迳迳，亦不能幸免。所寻之屋，袁老均已住定，甚好。租金伊出，不必再寻。近闻城中房屋，现在各绅董拟写捐进贡，以免付之一炬。自家之屋或进贡，或听彼烧毁，祈示下。男思凡事必须通盘打算，不可执之一见，照目前而论，自然北边甚好，男前在浜，尚且有失照潮说。但叶落归根，断难终年漂泊。倘长毛果真过年，租米断然不收，总归于饿死，亦非男一家。但思长毛既催设局，必有章程，当使吴越一家，即可到城探听。语云：畏首畏尾，身其余几。当此之时，随天所判而已。晓秋亦不必来寓。肃此谨禀，顺请金安。

碧岩贤弟文九（几）：自前月廿二日晤后，匆匆不及细谈。弟在北兄在南，所谓天各一方，不知何日再能聚首。前闻弟到滩西浜，始知三大妹病势沉重，未知近日痊愈否？练塘胡云泉甫订丝萝，又弹别鹄，三大妹八字前曾请去，亦既六合，今欲再续鸾胶，兄思此亲大可对得，望转禀三婶母大人裁夺。惟胡府急欲结亲，一月之中即要迎娶。兄思病后之人未知能支持否？即赐一言，余容再议。

谨禀外祖母大人尊前：孙自别慈颜，倏经二月有余，虽隔一方，无日不神驰左右也。

自嘉兴失守之后，与晓秋表弟同守家园，局中事务，孙实代晓秋效劳。七月十二日申刻自局中回馆，钟长毛已至，疑信参半。晓秋表弟即同舅母表妹等乘舟而去。孙亦叫舟到燕，到港时已黄昏，将船交与外孙媳妇以作避难之计。陆芹堂虽系帮忙，倒坐大船逃避，孙即步行回行，遥望西边火光冲天甚近。时孙父亲尚在行中，后因徐妈等有船来搬物，孙即教父亲先去，行中之事有孙管摄。当此之时，晓秋表弟已去，行中皆系夥友。孙之所以不去者，念外祖母平日之恩及晓秋表弟平日相待甚厚，故想倘能保全，藉以报德。是夜彻夜不眠。至十三日清晨，火光未熄，炮声不绝，行中夥友陆续而去，新来外更先去，后许春绿、朱加翁同去，后季老坤去，后孙老培去，后陈老品去，后王老相同外更胡大去，后孙德翁去。行中惟剩孙及内更谢、蔡二人，彼等亦欲去，又无寓处，孙嘱彼：汝等既无寓可栖，曷若仍守行中，倘贼来逃至孙寓可也。二人应许，孙即至燕桥港。午后孙仍不放心，冒险乘舟又至行中，时孙老培、陈老品已回来，但闻城中炮声不绝。是日探听长毛至新当前即回去。孙见此情形，知难保守，故於槅中掮出钱卅千文，仍嘱孙老培等小心看守，孙即回寓。十四日寅刻，闻各处喊声不绝，长毛四出，孙同内眷乘舟暂避，午后长毛去尽，始回寓中。朱加翁来云，行中长毛已到，彼上屋而逃。孙又乘舟同内眷及朱加翁至千金港李老文处宿夜，彼处亦甚惊惶。是夜船中暂宿，至黎明开船，欲至滩西浜。到枫泾，路遇人云，东栅外抢劫甚多，孙又不敢前去，随即至千金港，是夜仍停泊李老文处。午刻叫潘双庆来借小枪船，子刻到港。十六日辰刻，孙五权来云，长毛已退。孙即乘舟至行中，时已午刻。遇德翁云，昨已被土匪来抢，孙即至，出房搬书至寓。后又至行中，潘双庆、李老文各借豆一石归孙德翁客斛。孙不料土匪再来，又不敢擅专，故不搬取。十七日饭后又至行中时，父亲及陆芹堂来搬物即去。孙见西厅之豆已被土匪抢完，惟地上尚余余粒，孙叫潘双庆扫取，约一斛之多。余计物虽剩，奈孙船小不能搬载，惟拿碗瓶二个、蚊帐根一根。二十日另叫舟至屠栈，晓秋亦在屠栈，翻米六十余石。已后孙日日至街上，行中已被土匪抢劫一空。孙到家中，亦被抢一空。虽家家如是，言之痛心。

孙惟念外祖母之恩及晓秋表弟平日相待甚厚，故孙冒险数日至行中探望，事虽无补，孙亦苦心。不料有人言孙亦乘乱搬取物件，则孙与土匪一类矣。不白之冤，闻之可恨。故特细禀。孙本欲到浜面禀，因孙屋幸不被烧，愈远愈难照料，故不来浜。今有丁二泉公准于初三日大座，县中有主，土匪稍可弹压。俟准理一切后再到浜面禀可也。专此谨禀。

九月十一日复晓秋　　晓秋表弟：阅汪协翁来接读手谕，藉悉一切。兄自善城失守之后，极当远处赁居，祇因无钱使用，寄寓亲舍人家。不料附近城垣，以致被匪抄抢。后闻贼匪已退，土匪甚多，为合邑计，欲请官入城，不料官兵又至，抄抢甚于长毛，各官皆束手不出，是以不果。官兵去后，土匪更多，是以请丁公权篆。兄岂国（图）邀功于一旦哉，亦为合邑生民计耳。贼匪又至，人皆谓官之故耳，则平湖知县已逃数次，今又到任已十余日矣，何长毛不去？即自长毛复至之后，抄抢四出，乡民争先进献，始得安静。兄万不得已之苦衷，可为知者道，难与俗人言也，今为阁下细陈之。

自善城失守之后，避迹乡村，因思此地县小民贫，贼匪不能久住。十七日冒险进城，非欲邀恢复之功，探知故庐尚在，如鸟之恋巢，此犹一己之私耳。不料初五日官兵猝至，抄掠更甚于贼匪，各官远遁，村区百姓复遭蹂躏。官兵去后，土匪踵至。见此情形，苟有人心，辄皆发指。于是请丁公权篆，皆为合邑计，出于公愤也。新官初到，长毛复至，人皆谓设官之故。然则平湖之汪公，还座数日，方有□□（按此处原空二字）人来云，现已开征钱粮。皆因乡人臆度之语，因不足凭。

初八日长毛四出，乡民争先进贡，各区除南门外稍为安宁。后闻午花进城，有取租办赋之议。兄思当此之时，各佃存心叵测，苟如此议，靠田吃饭者尚不至饿死。“据议皆次收租，无论向例，摇讨限收，各业户送票至局，由局盖戳发旅帅等，着佃亲送到业户处。”故历布以闻。后偕午花进城探望自己房屋，此则公私两就耳。

兄先不知贼情，近测然办的事情，公私之间又非与送往迎来有大谬不然者。兄自七月十三日寄寓亲舍人家，腰无分文，於阁下处乘险掮出卅千文。尊处驳米之开销，工夥之支取，用之大半，兄逐日开销，前日到浜时用已罄尽。曾有细账在家严处，谅已阅过，家严又不付分文。后有局中余钞发乡勇，余钞十余千，暂且移用至今，亦已告罄。兄之皮货，家中俱已抢完，所剩惟破狐狸一件应支。家严皮货亦在家中，谅亦抢光，以后隆冬，年近六旬之人何以御寒？适有汪协翁拿来皮货二件，谋诸内子，尚藏数洋，是以购之，预办老人御寒之计。至闻苏州人货珠拿寓中，未有之，寓东买亦有之，兄看多不看，何以有挑让之说？即使有钱，断不置此饥不能食寒不能衣之货。兄一介寒儒，又适因举世茫茫，谁为乐土？进退两难，如羝触藩。兄之所以不惮烦者，亦求乡间安静耳。阁下高遁深乡，不顾土匪之远近，贼船之往来，身有余钱尚欲买珠媚妾，兄所不解也。

前日提稻，始则逢盗，继则遇雨，仅收一半，幸工人不被掳去。初六日夜杨大观、李老庚、宋老加来后，连日天雨，兼之贼船过甚多，些不出去。十一日至车中，姚老福、周五观等在车，嘱伊等田中提到之稻，又沟放水。村中姚五权不知去向，栈屋已被贼封，闻欲进贡故也。

晓秋表弟阁下：兄之所以在与者，亦不过顾此胜局，公私两就耳。长毛去则办去的事情，长毛不去则办不去的事情，死生有命，断不能如鼠之避猫也。今观长毛如此防堵，□（按原空一字）计久驻，且目无清朝之意，特写节略一纸附闻。果能照此取租办赋章程，兄不过数十亩田耳，为阁下计，出入甚大矣。长毛三日后发告示，再议取租章程。以长毛之威，不怕租米不还也。先此奉达，聊以解忧。

昨日闻有嘉兴逃回云，有白头兵自京来，已将南京围住，指日克复，苏州亦将克复。惟善有持中进献人见汪家桥寻土城，似欲久住之计。但苏州、南京克复，则蛇无头而不行。又闻杭州连获胜仗，善城似难久驻。尊处本有勇数人，侄等再招募数十人，各执器械进城巡哨，白色头为号。尚祈老伯大人逐日遣人打听，侄亦遣人打听，务祈互相照应。侄思此等人断无久驻之理。余俟面谈，是否？即候玉旨。

师台大人尊前：自别尊颜，又逾六日，谅玉体定占勿药矣。近闻城中贼势甚属猖獗，沿城民房被烧殆尽。据闻金陵京兵已经克复，此信果确，巢穴已空，贼匪谅难久据。门生志图恢复，苟有一隙可乘，即当飞禀共商一切。前月十八日所发乡勇经费，有细账一纸，兹特呈阅。但此项门生暂时移挪，约彼一月为期——已逾期，前途已追数次，门生又力不能垫，因思局中余款暂时移付，倘日后诸司事有言，门生自当另觅捐款补还。前嘱办牺牲之洋，望一并先付洋卅元，即交阿宝观信工须大礼为感。余钱九百九十八文，日后来领可也。

九月初一接读手谕，藉悉一切。今来米十三石，希即查收。

谓翁先生阁下：不晤已月余矣，谅文和定清吉也。前日顾午花先生因被迫不过，曾进城，许取租办赋，约初九日邀同□（按原空一字）鼎翁、黄树翁、凌高及阁下等司事等在罗星台议事，适逢加兴长毛又至，是以不果。初十日偕至西塘，会同叶、朱、沈师帅等拟即日到城议事。望阁下见字明即到梅下浜午花先生处共议一切，万勿有误。因午花先生所嘱，故特走笔。

九月十五日。昨日来舟，兄适往千窑镇，是以不果，今日神疲，懒於行动，不能面谈一切为歉。前日收租之议，兄因至戚关心故物权报。照尊谕云云，竟以兄为多事。兹抄局中条款一纸附阅，尊处之田若不到局报明，独少之说恐不免也。然此皆彼此戏言，何足挂齿。为阁下计，先将限票誊清，以备取租之事，最为紧要。追枪之□，兄和淘司□处已经说过，彼被抢家伙四百余千之数，尊枪亦在其内。兄要彼催还，彼云人家枪失去甚多，俟后再议。砟祸一事如此，天雨，人力难施矣，俟天晴后再为设法可也。

恢复嘉善城事略

贼之始至也，由长春塘水路而来，初不过数十号船耳。乘其未停泊时，率勇御敌，以逸待劳，未必不能胜也。计不出此，俟其停泊后，足令及副府等率勇出城，众寡不敌，副府允田仓桥而遁，于是足令亦退，新勇皆溃散，贼即放火杀人以示威，善城遂失守，时七月十二日申刻也。

余知事不可为，遂暂避近城乡下，至十三、十四日，望见火光冲天，尽夜不绝。余见此情形，不胜痛恨。奈兵勇散处，一时苦难招集，直至十五日午后，探得城中贼匪陆续南窜，十六日辰刻，余同唐子昭至东门外之青龙庄，意欲搴旗招勇，适典史沈教谕、徐训导先后递至，共图恢复。而东北乡下一带，土匪由水路而来，船约数百，人约数千。余招勇未集，力寡难支，竟为所阻。随即同唐子昭寻觅知县、汛守下落至十余里之多，苦无踪迹。十七日复集青龙庄，余同朱佑人、鲁双全带勇数十人，猛抵东城下之江家桥，已被贼匪烧断。余即取断木填河，率勇过渡，争先进城，其时火犹未熄，余奋勇向前，声言杀贼。至县署西数十步，瞥见长毛数十余人从敦源典铺而出，余即率勇手杀数人，余皆望西而窜。余正欲西追，奈后队胆怯，佥云未知虚实，不敢冒险，随即凯旋。而知县、汛守（按此处原空三字）落十八日刻（原注：约缺六字）勇十（原注：约缺八九字）子（原注：约缺十字）数十人随同（原注：约缺七字）进城哨至西门外市梢，贼远遁。回至城中搜杀余匪，一邑消清，即将四门紧闭，拨勇严防。以上情形，县书谢世涵事事目睹。是夜鲁双全、金秋田率勇守城，而各官仍无下落。呜呼！余等实出公愤，急思恢复，冒险进城，而地方官员实有责成，转若置之度外，此余所不解也。

恢复嘉善城事略

为恢复孤城据实声禀事。窃△△自七月十二日申刻嘉善失守暂避城外，至十三、十四日望见火光冲天，昼夜不绝。△等见此情形，亟思报效，奈兵勇散处，一时苦难招集，直至十五日午后，探得城中贼匪陆续南窜，十六日辰刻，△等即至东门外青龙庄，意欲搴旗招勇。适典史沈教谕、徐训导先后递至。正在共图恢复，而东北乡下一带土匪由水路而来，船约数百，人约数千。△等招勇未集，力寡难支，竟为所阻。文生赵△唐△随即至乡寻觅汛守，苦无踪迹。十七日复集青龙庄，文生赵△同文生朱△及武生鲁△带勇△人猛抵东城下之江家桥，已被贼匪烧断，赵△△奋勇而前，声言杀贼。至县署西数十步，瞥见长毛数十人从敦源典铺而出，赵△△率勇手杀数人，余皆望西而窜。赵△△正欲西追，奈后队胆怯，佥云未知虚实，不敢冒险，随即凯旋。十八日辰刻，顾△△同子△△带勇△人，文生赵△唐△陈△武生鲁△共带勇△人，随同局出谕△长驱进城，哨至西门外市梢，贼匪远遁，回至城中收杀余党，一邑肃清，即将四门紧闭，拨勇严防，以待公祖大人回署安辑百姓，以上情形，县书谕△△事事目睹。△等不敢希图奖励，实出同愤，故先将恢复事略，仰呈宪鉴，激切上具。

（八）1859年大沽口之战英军人员亲历报道

1856年10月，英国藉口亚罗号事件，突袭广州，至次年4月，英政府派额尔金为专使，率远征军侵华。法国也以马神父事件为口实，派葛罗为专使，联合侵华。侵略军于1857年攻占广州。这就是第二次鸦片战争的开始。1858年，清政府被迫订立天津条约，同意公使驻京，增设通商口岸，传教、游历得人内地，修改税则及赔款等条款。1859年，英法公使率武力准备进京换约。此时，清政府已在大沽口南北炮台严密布防，要求英法使节另从北塘登陆进京。6月，两国公使以及以英国为主的舰队到白河口，英国海军司令何伯受命扫除大沽口的防御工事。

大沽口清军乃给予沉重打击，击沉4艘，击伤6艘，英军死89人，伤345人，何伯受重伤。清政府方面，也阵亡提督史荣椿等人。这是第二次鸦片战争中的一件大事，也是中国近代史上的一件大事。

对发生在1859年6月25日的大沽口之战，中国方面的记载都比较简略，对敌方伤亡、损失情况，或夸大、或缩小，不甚了了。西文中颇有较详的私人记述和官方文书。但如本篇出于当日英军参战人员之手而今以中文形式保存于英国国家图书馆者，似为仅见。本篇1984年我在英国图书馆东方部发现，共5页，在编号OR12593册内，为该册之56—60页，竹纸墨书中文，第60页只写有半页，文意未完。首页以“北河新闻”四字开篇，段落之末自记7月1日写于英国兵船上，下一段又自记7月3日写于英国兵船上。写作时间均在大沽口战后一周左右，英船全部撤离南下以前。全篇不著撰人，但文意、语气表明，显然是身在行间的英国人所写。按篇首有“主将康茂来尔，在英国兵船非欲来号寄来不乐之信。下文所说者，俱确实之词”等语。篇中又写“我闻有船欲至上海，故不及再书。倘上海有新闻，亦请寄我一阅。”由此可断定，此信是从北河战场寄往上海者，其内容有据自英舰主将之信件者。

英军人员极不可能用中文写信，这篇报道何以会以中文的形式保存于英国？篇中有如下几句：“下文二信谈及此事，一封在昨日新闻纸上已经录出”。按清朝钦差大臣两江总督何桂清于咸丰九年六月十六日即1859年7月15日奏称，上海新闻纸已刊有英军受创之事，经苏松太道译出，特附呈皇帝，所附呈的译文600余字，其中意思和某些文句，与本篇的前两段相近。但两者意思相近之语句，文字并不相同。如两者都提到英国受打击后必将报复，倡言要占领南京，何桂清译呈稿此句为："可将现中国之兵赶去盗匪，居南京之城"；本篇此句为："南京亦随手可得……亦可抵御不能驱除长发之兵"。何桂清奏将译呈稿中此句理解为英国人要赶走南京的太平军；他以为这是英国人的饰词，实际是要和太平军勾结报复①。而本篇中的话则是：南京不难得到……清军既不能驱除太平军，英军自亦可抵御它。此外，本篇报道的内容大部分为何桂清译呈稿所无。可以猜想，英国图书馆这篇中文文献是北河战场英军人员寄给上海而被译为中文者。何桂清奏呈者，只其中的小部分，而且译文与本篇不同。

此篇对大沽口之战英舰英军遭受打击的狼狈损失之情状，历历如绘，报道较忠实、详细。所记重点在6月25日下午2时至黎明3时英军扫除清军防御工事、登岸和受打击、撤走等情况，又记26日沉船、救船以及二三日后将受伤之船拆毁等行动。对25日前的活动，清方炮台、拦河物等布置，也有较具体的记述。另一些记录亦多富有价值。如大沽口之战的起因，本篇承认何伯率舰队北上，就"预备征战之事"，英国明知大沽口已设防，但命何伯强行开路，"从此战争起矣"。本篇一一记明进入白河的英国舰船的名称，见于篇中者有兵船炮船14艘之名，还有一艘文书船，并记法国参与行动的舰名、人数。又记英国舰船受伤损失情况及最后沉没4艘船名。记英军海军司令何伯受伤，亦较明晰，先是"弹伤臀股"，其旗舰也被炮击，"敝坏不堪"，乃移至一大舰继续指挥，但该舰又被击中船桅，"何伯跌下有八尺之悬，折断肋骨"，于是又移别船，此船次日也因伤沉

① 何桂清奏及译呈稿，见齐思和等编：《第二次鸦片战争》(四)，167—169页，上海人民出版社1978年版。

没。可谓狼狈之至。

篇中对船舰官兵名字，均从音译，并在名字旁划有直线符号，文中“钦差薄罗司”，即英国驻华公使普鲁斯（F. W. Bruce)，水师提督即何伯（J. Hope)。何伯之旗舰“泼六浮”号，英文为“Prover”，他最后撤至“康茂来号”，英文名“Comorant”。其他人名船名之原文，未予考查。

现将该篇全文照录如下。

北河新闻　主将康茂来尔，在英国兵船非欲来号寄来不乐之信，下文所说者，俱确实之词。因紧要之信，故先行写出。倘有后信当陆续叙述。

外国前月廿五日水师提督麾下之兵，搴拔拦河之桩木时，北河炮台上即开炮轰击。从此两相接仗，因拦河之桩坚固，敌兵之势悍劲，自与中华战征以来所未有者，故暂时歇手。此敌兵，人言从满洲亚摩江来者，所放之炮势，玲（灵）变有力。在英国兵船非欲来寄来之信，各霹雳震惊。此地人民，向来人言中华国政孱弱，倘英国钦差进城议和，必来迎受等语。即反此之言，仅或有之，然不久即止。故此处人民久望中外和约定当。如是观之，亚细亚人之言语，不足体贴。和约上年已曾歃血定当，报仇之日，势所必至。英国人谋成报复之期，自有权力为之，我侪亦望据理而办。广东已在我等手下，南京亦随手可得，即用泊此各路兵丁，也能充捷，亦能抵御不能驱除长发之兵。俟后设法与国家从事。

我英官同通事上岸，至华官处传报，英钦差持和约将至来京，交送和约，遵前定章程要拔去拦河之桩木。岂知华官情形傲厉，云此物不能拔去，且我手下无人可为此事。我英官即告彼曰：倘三日内不拔去此桩，我等自去拔之。见炮台内如无兵然。我等前次至彼处，见有旌旗飘荡，此番则一无所睹，寂静无声，炮门俱已遮盖。

下文二信是谈及此事。一封在昨日新闻报上，已经录出。外国七月初一日在北河英国兵船书此。

前月廿五日，中华盟约之事，乃徒费光阴，毫无成就。水师提督扯旗号於泼六浮兵船，挈同炮船名离、年无老、康茂来、恶怕顺、爿忒勒、失他邻、福来司忒、掐司忒来、暂他厮、秏探等，驶至北河炮台相近停泊，欲去拦河之桩木。恐中华人拒敌，故我等先已预备於日间二点钟时，除失他邻、爿忒勒之外，俱将至彼处，因失他邻等二只炮船，搁浅於南北两滩。泼六浮、恶怕顺已停泊，末后一只，前去拔起头排铁桩。内中两只拖带泼六浮、恶怕顺过此头排铁桩，又欲过第二排拦河桩木，即昨晚经领事官稍毁者。将欲过此而不能过去之时，不料上面一炮已击至船上，忽开无数炮门，势实利害。泼六浮即招呼离，过桩即（接）应水师提督。岂知泼六浮、恶怕顺、离即时退下，因上面炮势猛烈。退出桩时，乃三点钟一刻。炮船泼六浮上伤死甚众，即委员至利受付船上招援，奈潮水未便，不克驶前。幸花旗水提军，愿来拖带，近至炮船，於四点半钟时，敌兵炮稍缓，即传令利受付船上军兵上岸，又令福来司忒、恶怕顺、土哀还载兵至年无老船上屯扎。水师提督在先已弹伤臀股，其船亦敝坏不堪。水师提督即拔自己旗号至恶怕顺船上，安身於大船之上，指挥攻击，又被一炮击着其身之桅，甚至其跌下有八尺之悬，折断肋骨，大受惊惶。移时即离恶怕顺船，载至康茂来船上住歇。

五点钟三刻，数只小船，皆集于年无老船边，向左边炮台上岸，离炮台约有六百码路程。上岸之处，淤泥有齐膝之深。睹吾军爬越甚是难阻。上岸之兵，内中有冲突而前者，其时炮台上周围放击，利害异常。又放西瓜炮、火箭、鸟枪，甚属凶狠。以前之路尚可行走，至此则迂沟堑，十尺宽、五尺深，此时之兵并无别计，只得跳下沟堑而过，火具尽湿。有兵头领兵五十名，过第二条沟，近炮台约有廿码路程。其时船主隙得回尔、万失地、副将勒门等三人已受伤，将令已归主将康茂来尔守副派克。交九点钟已是黄昏时分，此时上岸之兵所屯之地甚不稳便。五十名兵与官在第一条沟内，第二条沟内有一百五十名。此时死伤无数。除一百五十名相悬之外，别无救兵。此刻在彼之兵火已湿，洋枪已敝，人亦劳苦。官虽饬兵攻进炮台，然已无可如何，人亦少，力亦竭，即使近至炮台，亦不能抵挡数千敌人。当前差官往后军中问如何办法。后军长回云：惟救兵不能调遣。人皆以此令为可从。将受伤者，二三人一联络，扶至后队，限一时辰回船。此等兵丁尚有可嘉，从此沟至彼沟，一一找寻，恐受伤者遗弃。痛哉！惟我苦兵，仆地不起，幸受伤者，安然回船。

其时船主会力司手下小船，装受伤及上岸之兵，於晚来一点钟时尽行下船。炮时布阵甚整，依时而放。不多时，离与掐司忒来尔疲敝不堪，沉於水内。耗探亦于本日余至明晨方沉。夜间三点钟时，水师提督与受伤兵所屯之康茂来船，搁在炮台之对照，自思黎明时敌人必向之而击，所以暂且弃敝此船，待明晚或少轰击，再图拖出。泼六浮与失他邻亦搁浅不动，亦恐轰击，故移兵离船。

至廿六日晨，知此数船皆不堪用，炮船亦无所用之，日间呼木匠权且修葺，见失他邻浮动之时，船中二伙长即击断锚练，趁潮而出。夜间，船主会力司欲效法拖出康茂来及泼六浮之船，惜乎不能为力。康茂来船上之人已于十一点钟时自欲弄出，上面南北两炮台上忽然开炮，看其情形，必要陷下。所以主将华忒好司传令，如果无望，可舍之。于是此船上之官及兵见水至船舱，即载之别去。约半点钟之久，其船即沉，船头先下。其夜，人欲拖出泼六浮船，因船中水满，炮伤之处亦多，所以不能拖起。

天明时，见昨日所沉于炮台滩下之掐司忒来尔船忽然氽起，仍然收归。日间敌人从滩上至泼六浮船上纵火焚烧。是举也，免我等自为之。

二三日之后，出司劈克船上之小船，将击伤之船尽行拆废。

我闻有船欲至上海，故不及再书。倘上海有新闻，亦请寄我一闻。我等在北河尚停数日。

又有北河英国兵船寄来之信，是外国七月初三日书此。有许多兵船于六月十八日叙（聚）在北河口，预备征战等事。我侪在兵船内，决不料华官如此大恨，攻敌我侪。英钦差与华官曾有差人书札往来，书中之意现未明晰，待述于英国新闻纸上，可以尽知其细。揆其意，必是华官向钦差薄罗司云：尔等从别地而进，是当迎接进京，因此河已阻塞不通，不能进矣。薄罗司定欲从此河而进。路逢可开之处，必以船冲开，其责归于水师提督，从此战争起矣。于二十四日，英官兵及法兰西船名屠且勒上之兵六十名，下小船拖至中国商船上，以中国商船为遮炮之计。其日预备欲攻炮台，但炮台极其坚固，似欧罗巴人之法。其炮亦然。有大炮台三座，上有二十四磅及五十磅弹珠之炮。本不联络，中搭帐篷接着。炮台一在南滩，一在北滩，形如鼎足，所以船到港口，其炮门贴对船头。此外又有二三座炮台，在战时亦相轰击，然亦无益。

其港内有四排桩木，极是坚固。最后一排离炮台约有六百码路程，于廿四日夜，有一主将前去稍可拆毁，因上面开炮而走。六月廿五，即礼拜六，炮船暂那厮、掐司忒来尔、离、耗探、泼六浮、失他邻、恶怕顺、爿忒勒、福来司忒，文书船回回，年无老、康茂来船等，排列阵势。爿忒勒近头排拦河桩木，在河口之北首。其余诸船多向南行。恶怕顺船领泼六浮即水师提督所标旗之船，二点钟时驶上，欲冲过前面头排拦河之桩，因其桩甚固，不能冲脱，用铁器揕住一处，拖脱少许，捱过其桩，意欲拆毁第二排桩木。此时吾等思华人欲放我船平安而过，岂知少（以下原缺）

六　造反者文书

(一) 上海小刀会起义文献和义和团揭帖

英国剑桥大学图书馆未编号箱藏有上海小刀会起义文献多件，其中一部分已见于1959年上海出版的《上海小刀会起义史料汇编》。以下选录的8件，均红格竖式簿纸墨笔抄写，其中两页，簿口刻印“三益号”字样。按我在英国图书馆东方部所见上海敦利栈1843—1844年的外贸文书簿册，钤有“三益号”戳印，它是一家开设在上海大东门的老字号。由此似可说明，这些抄件应是起义时的原抄件。第1件刘丽川安民告示，与上述《汇编》所收第一篇基本相同，文字稍异；《汇编》篇写明“发贴大东门”，而本件写明“发贴北门”。由此可以了解，当时的告示并非版刻，而是手写；发贴大东门、北门的告示，抄写者不同，因而产生了一些文字差异。第3、5、6件，《汇编》亦收入，但与剑桥藏件有署衔、文字详略之不同。这些篇和另四篇都足供研究之参考，尤其是第4件刘丽川照会大西洋国领事未士啤，请不许清兵入境，第7件林阿福为反清复明并招商的告示，更值得注意。大西洋国即葡萄牙，未士啤，其名的英文写法为T. C. Benle。这件致外国的照会，刘丽川自称太平天国招讨大元帅，署太平天国年号，而其他告示，出示者署“大明国”。这一点也是研究起义军与太平天国真正关系的一个补充材料。

义和团揭帖一篇，原件藏伦敦英国图书馆东方部，在编号OR5896内，原题“增福财神告白”。

（1）刘丽川安民告示

大明统理天下兵马大元帅刘　为出示安民各安生业事。

照得除暴安良，为民非所以害民；锄奸去佞，戢乱非所以扰乱。城厢内外，勿得惊迁。士农工商，各乐本业。方今童君尽暗，贪官污吏，布满市朝。鞑夷当灭，明当复兴。本帅兴仁义之师，顺天应人。为此先行晓谕，勿致纷纷迁徙。已严饬兵丁，不得取民间一物，不得奸民间一女。违者重究，各宜凛遵毋违，特示。发贴北门。

（2）刘丽川四言句告示

大明国大元帅刘

商民铺户
各宜开张

如有抢夺
立即处斩

（3）刘丽川禁听信谣言各安生业告示

大明国统理正（政）教招讨大元帅刘　为剀切晓谕事。

本帅奉天征讨，歼除暴虐，以救生民涂炭，所到之处，秋毫无犯而正人心。乃有不法匪徒，意欲掳掠民间，谣言英商兵集浦江，欲与本帅攻打等语，煽惑愚民。今接准英商照会，内开此事与彼两不相关，即所到兵船，防备浦江流匪抢夺，非有他意。业经该领事诚恐吾邑民人听信谣惑，各生迁乱，因此彼此晓谕，使民各安生业，有所厚望也。

为此出示谕绅士民人各号店铺等知悉，各宜照旧开张、毋得迁延外，饬地方小甲严访密拿布言恶棍正法，店户仍旧生业，曾已谆谆致嘱，毋得再延。本帅令出法随，决不姑宽。自示之后，各宜凛遵毋违。特示。

大明元年八月十三日　　　　　　　　　　　示

（4）刘丽川照会大西洋国领事请不许清兵入境

太平天国统理政教招讨大元帅刘　　为移会事。

照得本帅一向荷承福庇，情深桑梓。即前进上海城之时，屡蒙关照，铭感尤深。但刻清兵到上，一路经过在松江、乍浦等处奸淫掳掠，实为残暴，以致百姓相与为敌。现在到上两日，所有百姓惊被扰害，生意不通。即午施炮攻城，已经败退。然恐复来，而所有城门关闭。诚恐入到洋泾北首贵地抢夺，为此特札奉恳
大西洋领事官大人即饬贵部兵船驻扎浦江北首，不许清兵入境；倘有清兵到来，即行开炮击逐，庶无他虞。若藉鼎力而一统安宁，所有贵国饷税，一概豁免。

为此，合行移会，须至札者。

右移
大西洋国领士官大人未士啤

太平天国癸好三年八月廿九日　　　　　　　　　　移

(5) 大将军蔡、潘、徐、张安民告示

大明国大元帅刘麾下大将军蔡、潘、徐、张[①] 为出示安民以靖地方事。

照得暴不除则民不安，乱不戡则邦不靖，故民为邦本，本固所以邦宁也。乃者贪官污吏残虐不道，已彰天道，尔等指日共庆升平。为此，出示晓谕，凡士农工商，各安本业，毋得怀疑观望。本将军军令森严，如部下兵有不遵号令、奸淫抢劫等情，立即重究。各宜凛遵毋违，特示。

八月初九日

(6) 林阿福为反清复明并招商告示

大明国统理军务兼署上海县事副元帅林　为出示晓谕反清复明招商事。

上顺天道行事，下察民心集众，以灭除满夷。追思

① "蔡、潘、徐、张"，即蔡士良、潘启亮、徐耀、张汉宾。原抄件中，四字合占一格，依次自右而左。

大明汉帝，何等衣锦服饰，足征堂堂品格，器重流芳万世。惟胡不知坐朝问道，著班如马，形状可见，岂非人类顽夷，贻臭千年！于今兴义灭之，俟　皇上降旨，再谕百姓，更装明服。

从古兴戈，首重军粮。兵精粮足，方能踊跃成全，并有历来可考。至於上海弹丸之邑，所产甚微。不但军饷可需，而百姓尚未敷食。向来幸有常熟等处卖买运申，无忧其米。本帅既任沪渎，深忧米珠薪桂，虽军饷已足，惟民户未敷。为此出示，仰士商备加运申，并各处生业云集而来，一与国有幸，二百姓无忧。毋须故违，特此通知。

大明元年八月十一日

（7）林阿福禁抢劫、禁迁徙告示

大明国政教统理军务事总副元帅林　　为出示晓谕。

奉　大元帅饬令，兴义灭胡，剪除贪官污吏之徒。不取民间一物，不损一草一木。城厢内外，阖邑士民等各安其业。贸易者照常经营，居住者无得迁徙。

本帅风闻民间纷纷搬运，度想非善策。况当兵兴之际，诚恐乡里居民贤愚不一，尔等盍弗安居乐业，免致后悔莫追。凡有抢劫等情，送官究处，立即斩首。即有红白布兵勇在外滋事者，可指名具控，如法惩办。本帅令出法随，决不宽宥。自谕之后，再有迁徙等情，立即重治。切切，特示。

大明元年八月十一日

(8) 林阿福共扫妖氛晓谕

大明国政教统理天下兵务总副大元帅林　为誓扫妖氛、赞襄义举事。

窃维天下溺犹已溺、天下安犹已安，往古圣贤靡不皆然。本帅兴师除暴，救民水火，皇天后土，实鉴此心。自贼兵犯境以来，经今数月，击之则退，败而又来，所谓必死之寇不可恩信结也。况夫怙恶不悛，行师无纪，昼则纵情掳掠，夜则恣意奸淫，市肆居廛，焚烧殆遍，腴田沃壤，蹂躏奚堪。甚至戕善类等瓜蔓，视人命同草芥，哭声动地，怨气弥天。罄南山之竹，书罪靡穷；决东海之波，流毒无尽。闻者已为心伤，见者能勿发指！际此倾亡危急之秋尚然如此，平日之天人厌弃概可知矣！

我　主大明世胄，帝室宗亲。因亿兆之失望，复宗祖之洪基。前已定鼎金陵，兹将观兵黄浦。本帅用彰天讨，会剿有期。为此晓谕中外军民人等，或近附城郭，或远处乡村，或衔君父之冤，或抱身家之愤。痛深入骨，仇岂忘怀？倘能砺矛锻刃，称干比戈，同扫妖氛，共襄义举，本帅有厚望焉！若仍狡兔三窟，首鼠两端，匪特昧几之先，必至贻诛於后。往者不可谏，来者犹可追。试思华夏之区中，本是谁家之天下！

癸好三年十一月

（9）义和团揭帖

增福财神告白

药天主教耶苏期（欺）神灭圣，不遵佛法，怒恼天地，以（已）赵云下降，神兵八百万，扫除外国洋人。系有细雨，不久口（刀）兵滚滚，军民有灾祸。佛门义和团上能保国，下能安民。见帖速传六张，免一家之灾；传十张，免一方之灾。如见帖不传者，必有刀头之罪。不平洋人，不下大雨。

如有吃洋人毒药，用神方：

乌梅七个　　杜仲五分　　毛草五分

（二）广东天地会黄锡培供词

本件英国公共档案馆藏，编号 FO682/318/1。首行之前有“十一月初三日守备孔继尧解”字样。结合供词内容，可知是咸丰四年即 1854 年黄锡培参加广东天地会起义不久在战斗中被俘，由清军守备孔某押解至某处所作之供词。供词虽简单，但可见会众成分、活动之一斑。以下是供词原文。

黄锡培供：年三十岁，番禺县市桥村人。父亲已故，母亲吴氏，年六十八岁。并无兄弟。娶妻邱氏，生有二女。平日在咸鱼船上佣工。本年十月初二日在群带路灯笼洲地方拜会，共伙三十人，胡亚深为老母，陈锺为舅父，拜后各散。即于十月初八日在群带路投入贼首陈锺伙内，共有贼船十六号，派小的在八号头人陈亚四船上管带。十月初十日随同在增城新塘圩焚劫一次。三十晚在二虎河面被官兵打败。小的凫水欲逃，即被官兵在水面拿获解案。小的实只拜会从贼、随同焚劫一次是实。

（三）洪仁玕亲书自述等七件

太平天国干王洪仁玕被俘后，清江西巡抚沈葆桢曾上奏朝廷，请示“应如何办理之处”，随奏呈送了“各该逆节次供词暨洪仁玕亲笔供单同所作诗句并签驳李秀成口供原本”给军机处备核。“各该逆”指干王洪仁玕、恤王洪仁政、昭王黄文英。沈葆桢同日又另折奏称俘获幼天王洪天贵福审讯后，随奏“将臣及南昌府许本墉所讯供词并护解委员沿途收其自写笔迹咨送军机处备核”。可见以洪仁玕而言，他留下的有节次供词、亲笔供单、诗句和对李秀成供词的签驳。本世纪五十年代初，中国史学会主编出版中国近代史资料丛刊之二《太平天国》八册，其中第二册“诸王自述”章有“洪仁玕自述”一篇，注称据《逸经》第20期刊出，而其最初的源头是一册南昌胡氏旧藏的清刻本，其中收有洪仁玕、洪天贵福、洪仁政、黄文英四人供词各一篇（据张秀民、王会庵编《太平天国资料目录》及各该王自述编注）。这是洪仁玕牺牲后百年间迄止当时人们仅见的一篇供词。至六十年代，萧一山先生出版其新著《清代通史》，于卷下第一编中引录了洪仁玕、洪天贵福的一些为《太平天国》所不载的供词，云据在台北的故宫博物院所藏原件。萧先生的书使我们对洪仁玕、对太平天国增加了不少了解。但读者只见片段，未窥全豹，不无遗憾。1994年1月我应台北中研院近史所陈三井所长之邀，在台访问研究一个月，使我有机会获见了沈葆桢奏中提到的洪仁玕、洪天贵福等人的各种材料。这是我那次访问在学术上主要的收获之一。我现在能够将这些珍贵的历史文献提供给同行研究，除了萧先生的书的指引之功外，要深切感谢台北的近史所和故宫博物院给予的便利，感谢林满红、魏秀梅、庄吉发诸教授给予的帮助。

就洪仁玕的供词说，台北故宫博物院文献部实藏七件。他被俘后，先在席宝田军营有一件“问供”，一件“亲供”。被解送到江西首府南昌后，在南昌府有三件“问供”。随后由沈葆桢提讯，有一次供词。这六件文献中，在席营的“亲供”，原题签“抄呈伪干王洪仁玕亲书供词”，已非亲笔。沈葆桢提讯的一次供词，原题签“本部院提讯逆酋供”。此篇多次称“老天王”、“小天王”，对他们多有称美之词，叙事用语、口气，都似亲笔自述而经清方抄录者。在洪仁玕、洪仁政等在南昌府讯问时答问、清吏笔录，都标称“问供”，都改易了语气，自称“小的”。而沈葆桢衙门的这次供词，文字与前不同，它可能是一篇洪仁玕自己所写而经清吏抄录的供词。

除以上六件外，还有一件亲笔书写的供词，即胡氏旧藏清刻本中的那一件，也就是《逸经》和《太平天国》中的那一件的原本。原件上未注明写于何地，但文末有“廿七日亲供”五字。这五个字应为清吏所写，廿七日也应是清方所用历法的廿七日。洪仁玕于清同治三年九月初九日被俘，时为太平天国历甲子年八月廿七日。如果“廿七日亲供”五字的廿七日是天历的廿七日，则这五个字应是洪仁玕所写，但其笔迹与正文不一。天历八月廿七日（即清历九月初九日）及稍后，洪仁玕均在席宝田军营，他在席营已留下了一则问供，一篇三四千字的“亲书供词”，不会再有另一篇几千字的亲供。洪仁玕于清历十月廿五日就义，他在狱中经过的廿七日只有清历九月廿七日。九月廿七日他已在南昌府，他在南昌府的首次问供作于九月廿七日，第二、三次问供作于九月廿八日。根据以上这些经历和情况，这篇不著地点的亲笔供词，应写于南昌，时为九月廿七日。这篇亲供虽然已几次发表，但以传播最广的《太平天国》本与原稿对照，错字、脱字、衍字等达五十余处之多，其中颇有损害原意之处。亲供原稿自称“本藩”，提到天王、幼天王、主、上帝等处，都空格或提行出格，在在显示了他站在敌国大臣的立场。这是今天唯一存有原稿的洪仁玕亲书供词，现特据原稿重行刊出：保留原空格格式，括注原被勾去但可看清的字句。

这些供词作于不同的日期和地点。所述之事有重复，似各有侧重，合起来看，它们提供了关于太平天国、关于洪秀全等的许多珍奇史料。其尤重要者是叙说他本人在己未九年(1859)春到达天京后的许多事情，可以使我们了解太平天国朝内政治的若干重要情况。如他到京后不二十天即连续升封三次，为精忠军师干王八千岁，而宿将不服，众口沸腾，洪秀全不允他辞职，乃齐集众文武，命他登台受印。洪仁玕登台演说，又建议先后升封陈玉成、李秀成等为王，局势乃定。但其时朝中多有派系，他的权力实很有限，洪秀全对他的信任亦有反复。这些，在供词中多有披露，学者可从中得到许多前所未知的结论。还值得重视的是供词中述及的他和李秀成的关系。如对于庚申十年春破清朝江南大营、直取苏、常及对解救安庆的战略之异同，尤其是对进取上海的异同，已经不是个人意气之争。洪的供词屡次提到他主张与上海洋人“妥议通商和好章程”，而李秀成自恃兵强将广，不愿议和，进军上海以致失败。这是关系太平天国全局的问题，供词提到的事，值得认真深入研究。天京被清军攻破后，幼天王洪天贵福逃出，时在京外的洪仁玕前去会合，其后两个月的战斗和活动，特别是太平天国内部诸事，供词尤为最重要的史料。当然，它们不是在正常环境中的正常写作，欠准确处自所难免，如他于戊午年离香港去天京，误写作己未年；甲子年重阳日为天历八月廿七日，而清吏录供误为八月廿九日。这些，读者必能自行注意。附带说明，起义者被俘后的供词，在1949年革命后的新中国，每以自传、自述等词称之。其实“供词”一词，从我国辞书对“供”字释为“受审者的陈述”来看，是一个中性词。本篇标题、题解对这两个词都予使用。

以下是各篇自述的原文，已酌予分段和标点。缺字或辨识不清处，以□标识。

(1) 在席宝田军营之一——问供

问据洪仁玕供：身是广东花县人，年四十九岁，系洪秀全的兄弟，封开朝精忠军师干王。今年由湖州保幼天王从湖坊分股走泸溪，出新城，一路只剩得五六千余人，合昭王统下共有万余人。行到古岭杨家牌地方，大兵追到，我军失利被擒，求速杀。若要细说根由，请给纸笔另供。所供是实。

(2) 在席宝田军营之二——亲书供词
(原题"抄呈伪干王洪仁玕亲书供词")

甲子年重阳日在豫(按:应作"赣")省广昌邑南失利,被红顶陈营官擒获受鞫。适有降卒二名证予是干王,并在途次多有被掳男妇老少亦一见而知我是干王,但不敢称呼,暗自垂泪而已。间有低言劝予改装,又有失言竟称我为千岁者。予心忖之,谅难隐讳,转念一经直认,必不能生存保主,何以仰副老天王重托幼主圣意?辗转之间,不胜悲泪,况此刻又有证之者,乃直言不讳。而陈营官即令手下以绳索束手膊,给言要我捉出天王,即行释放,且赏银一千两,保以红顶云云。予泣曰:劝主投诚,非人臣事君之道,况言捉乎?况吾身为天潢王弟,当今幼主王叔,开朝精忠军师总掌内外军国大政,何能如此受辱?事到如今,要杀即杀,毋能辱也。陈营官见我不屈,乃虚礼欢容,请我上坐。予直斥曰:既以束缚待君子,又以虚礼请坐,何诈伪乎?

遂传令解到席大人麾下,予直当中朝外坐下。该陈营官入内禀知。有顷,席大人出见,以礼待之。予曰:足见麾下大人大量,超出众人,能以君子待君子,吾今死得明白矣。遂解缚起身,亦以礼相待。席大人曰:今捉一人，不肯认为祐王，予既杀之，徒死不得其名，不如尔直认为善。予答曰：非欲沽名，惟忠臣不事二君，烈女不嫁二夫，国存与存国亡与亡而已。吾前在广德州时，众同寅共扶幼天王同来，吾长子亦到，有贺之者曰：殿下之嗣君亦到，足见千岁鸿福，实属非常之喜事。予斥之曰：吾所喜者，喜其奉主前来，倘主不到，虽来吾必怒之矣！此是伊之分内事也，何足为贺乎？吾今直认为天朝王爵大臣，止知为臣本分，不知他人如何自处也。况前岁面受老天王遗诏赞襄内外，云：朕爱弟文才，博览各邦，通达天文风土，弟当注述六部则例及各事有益者，后当尽心辅助幼主，无忘朕命，钦此。予即跪谢圣恩，奏云：弟果有用，固当扶我主，亦当扶幼主，况弟今年四十有余，倘得天佑遐龄，必鞠躬尽瘁，求主宽心，勿令弟心如焚也。今忆前诏，言犹在耳，忽负遗命，致失幼主所在，不能追随保护，抚心自问，无以对我老天王，实为罪耳，何敢卖主求荣乎！即解我到北京，或杀我以全我臣节，无遗憾也。

予自少读书，粗知春秋大义。前者吾天王於三十一岁即留须发，游幸天下，与予筹划大计，欲先定南京为开基根本，倚长江之势，握镇江之咽喉，控安庆之上游，先取南七省，次征川陕而东，则大事成矣。殊於癸丑定鼎后，并守镇江、安庆，未定南方即行扫北，似失机宜。及至已未九年，予因七旬又二老母逝世，为子道终，始进天京，以尽臣道弟道。三月十三日到京，封干天福，继封干天义护京主将。四月初一日，改封九门御林开朝精忠军师干王，赐福千岁同八千岁，登朝出入八炮，妻封王娘，子封嗣君，府称天府、称殿，另赐龙章凤诏一道曰：朕意诏干胞知之，敬爷敬哥总无空，老父大兄锡光荣，得到天堂享天福，福子福孙福无穷。朕念胞为朕受辱者屡矣，果然志同南王，历久弥坚，诚为板荡忠臣家军师，可为万世法，但报胞以干天府王爵，子孙世袭，永远光荣，胞其靖共尔位，毋忘朕命，钦哉。但因初□□□□□□自恃扶主之功，不服爵居其上，及圣诏诏明，又见予登堂论道，侃侃而谈，一切文臣珍重者无不叹服，乃悉言曰：孔明进而关张不服，韩信将而樊哙有言，此等不足以阻殿下也。予恐军心散乱，具本屡辞，蒙诏：风浪暂腾久自息。予作有履历及天文理势、资政新篇，各皆心服。毕竟武官众口沸腾，予见众将中唯陈玉成忠勇超群，乃保奏王爵，旨准封为英王，诏明内事不决问干王，外事不决问英王，内外不决问天王，众心翕然懔遵。俱服节制。於天王万寿前，封李秀成为忠王，李世贤为侍王。而忠王即具禀求示以行征之策，予以兵要四则答之，末言目今定策，不能形诸笔墨，祈为细心推行可也。旋即由江浦回京，踵府三次求教当攻取之策。予见其求教心切，乃答曰：本军师前在粤东时，知天京四面被围，乃不避艰险生死，直造天京，欲有以救之耳，岂贪禄位而来乎！今京都被围，止有江北一线之路运粮回京，何能与敌争长？为今之计，可潜师远出，攻击其背之虚处，彼外无余兵相救，必请围京之兵以救之，度其离京既远，即行撤攻潜回，约定英、忠、侍王合解京围，此必有建瓴之势也。忠王曰：果如此，足见殿下妙算矣，倘解围后，又将何以进取乎？予曰：有策，一指点间可知矣。请弟思之，我天京南距云贵两粤，西距川陕，北至长城，俱约六七千里之遥，惟东至苏杭大海，不及千里，乘胜而下，一鼓可成，那时地广库丰，吾得□□□□买用火轮船二十个往来长江，上通荆楚，下通闽粤，发兵一支由江西进两湖，发兵一支由江北进荆襄，武昌得，则长江既为我天京之保障，南方可传檄而定矣。然后操练兵马，安抚良民，自川陕而东，则无粮以应北京，其势必危，吾事济矣，弟其留心忽忘可也。

忠王即回府具禀谢指教之恩，次晚又来禀求将浦口、江浦二处兵马撤去。予曰：若撤此二路，兵去，则一线之路既断，江北之粮不能进京，其势必急迫，若请安省英王之兵去，又恐安省有急，若如弟高见撤兵，未审京内粮饷足支几久也？谅弟必筹之熟矣。忠王曰：吾必遵殿下长策，远击虚处，求兄宽心，求主勿虑，吾誓报我主知遇之恩也。若虑粮乏，可问赞王，足支三年也。回府后，又具禀求宽心勿疑。吾批之曰：言如是，行如是，事事有济。伊又着人面谢，懔遵十字而行也。即行备办缨帽号衣，伪装敌兵模样，一路前行，不曾走漏。直至杭州城门，地方官出迎，言某官老爷败兵回城，众亦信为实。及近城门，众欲动手抢马，遂觉而闭城门。不能直进，乃掘地垅而入，城中大乱而散，唯内城死守不下。谅京围之兵既撤，遂约攻湖州之侍王返旆解京，以烟火为号，英王由太平关取上河头关而下，侍王攻燕子山背而入，忠王剿淳化镇下路一带。於庚申三月二十六日，遂大解京围，会议进取之策。英王求解安省之围，侍王议取福建，唯忠王执遵吾之前议，进取苏常，然后分兵进取江之南北，两路直到湖北会归。议定奏主，果如所议。遂大破丹阳、常州、苏省各郡县。唯上海县未下，碍有洋行，恐伤和好。

我天王知予在外洋四载，熟悉各邦洋人情性习俗，而洋人亦知予识其举动礼仪及天文地舆历数物理，必能和酌妥议通商和好章程，乃降诏令余往苏邀洋人来会，颇能如议。而忠王自恃兵强将广，取上海如掌中之物，不依所议，云我天王江山可以打得来，不能讲得来也。众洋人知不能和乃去，仍多有保护洋行者。而忠王遂发师进取，见是空城，遂掠取洋楼物件，被洋人伏兵杀起，出其不意，败回苏城，此刻始信吾议，然究不肯认错也。

辛酉十一年，各王据守疆土，擅支粮饷，招兵自固，图升大爵，致调点不灵，安省少援。正月初一日，奉诏招兵渡江，又蒙诏交尊王刘庆汉统往黄梅、广济，以解安围，予奉旨回朝掌政。冬月，安省失守本章触怒天王，革去军师、总裁、王爵，旋念各爵方命缓援，论罪降级有差，升复予之原爵，不复军师，以昭炯戒。壬戌春，因章王奸猾把持内外，凡事瞒上自专，致外省郡县粮饷少入，天王贬章王出苏、浙催粮援京，罢其掌朝政之权，仍复予军师之职，总掌朝政。惟章王前以柔猾和众，及至此时，众不以伊为重，闭城不纳，粒饷不得。余即令京内各府楼第耕种禾豆，捐金采买，分派五大军各守城头，众兄弟各爵日夜勤劳，战守耕读，倚天王如泰山，毫无自危自惧。其中粮食勤耕自俭，尽足自养自固。无如各处援兵苦京外无粮，按兵不动。乃蒙我天王诏予偕恤王洪仁政、赖王赖桂芳、誉王李安邦四人出京，催兵解围。癸亥年十一月十六日出京，到无锡、常州，与护王陈坤书、然王陈时永会议，并文催金坛、句、溧、宜兴、广德、湖州等处，令侍王、堵王等除守土外，由太平关下攻头关而丹阳、句容，即由石埠桥取下关，先得水路以通运漕，京粮有资。彼曾九虽守雨花台等处，谅亦无妨。殊侍王因溧阳内变，宜兴亦变，堵王因乌镇内变，遂隔断杭嘉，牵制肘腋，不能援京。而丹阳不肯□□□□□□□欲下攻江阴、无锡，取足兵粮，乘胜援京，虽杀死洋鬼头子□顿，鬼兵千余，得洋炮无数，究得失均半，终无济援京之举。丹、常内变日生，常州先失，遂欲尽撤丹阳之兵，会合广德、湖州以援京困，于四月十八日到湖州大会同僚，始知侍王、听王、荣王、康王等退守杭、嘉等上游江西。故与堵王誓师郊外，俱愿援京，每恨京外无粮，欲待八月新谷之兴。

殊四月十九日老天王升天，二十四日幼天王继统登基，至六月初六日被官兵攻开城垣，混入京内。忠王人朝迎接我幼天王□垅口飞奔而出，直到广德州。众臣朝觐，悲喜交集，鱼水情浓，共议战守良策，会合各省大队，欲再兴大业。殊军无战志，逐远士疲，在宁国墩堵王受伤升天，人心寒惧。□威平因偕王兵变，不能渡河，转撇上流而渡，半渡被截。连日疲劳，及至石岭杨家牌等处驻跸时，三更月落，忽闻鼓角齐鸣，人不及甲，马不及鞍，各自奔前。予寸步保护我幼天王前行，只因人马拥挤，声声叫人让主先行，又声声叫人回头拒敌，殊乱军无战志，徒唤奈何。及至玉山口，路窄逢桥，前阻后追，我独在后桥上横倒下马，众由桥上而过，被余伤头流血，遂由桥上跃马而过，落荒独行，实欲追上幼主，越山而逃。因人众路窄，至晓被获。

今蒙大人爱我斯文一脉，不即加诛，且优礼相待，令吾无容身之地矣！吾思人生天地间，忠孝二字必尽其一，方可成人。吾既不能尽孝，今又不能尽忠，上负老天王之托，又致幼天王存亡未卜，下不能节制众王，有何颜面偷生片刻乎！至幼天王之驻跸，自有皇天安排，我若能知必与俱矣，岂可疑□□谎言以诳人乎？祈为详情，毋庸赘说也。

(3) 在南昌府之一——亲书供词[1]

本藩洪仁玕承　列位鞫问起义至今一切情由，姑举大略复问。恭维本藩自幼读书至廿八九岁，经考五科不售，习经史天文历数，遍游各洋避祸，实因我　主天王庚戌金田起义，各宪严查，不能家居也。辛亥年游广西，到浔州蒙圩，寓于古城侯姓之家四十余日，不能追随我　主天王，不遇而回。癸丑游香港，授书夷牧。甲寅游上海，洋人不肯送予进南京，其上海城内红兵不信予为　天王之弟，乃在夷馆学习天文历数。是冬返回香港，仍习天文，授教夷牧。坐火轮船四日到港，吟诗一律："船帆如箭斗狂涛，风力相随志更豪。海作疆场波列阵，浪翻星月影麾旄。雄驱岛屿飞千里，怒战貔貅走六鳌。四日凯旋欣奏绩，军声十万尚嘈嘈。"一连四年在香港。己未年，洋人助路费百金，由广东省到南雄，过梅岭，到饶州蔡康业营。

八月与　天朝辅王在景德镇打仗败，弃行李一空。由饶到湖北黄梅县，知县覃瀚元请予医其侄头风之症，得有谢金，在龙坪办货物下江南，於三月十三日到天京，

① 本件末有另笔迹"廿七日亲供"字样，而文意似未完。文中原抬头另起或空格处，今一律作空格。

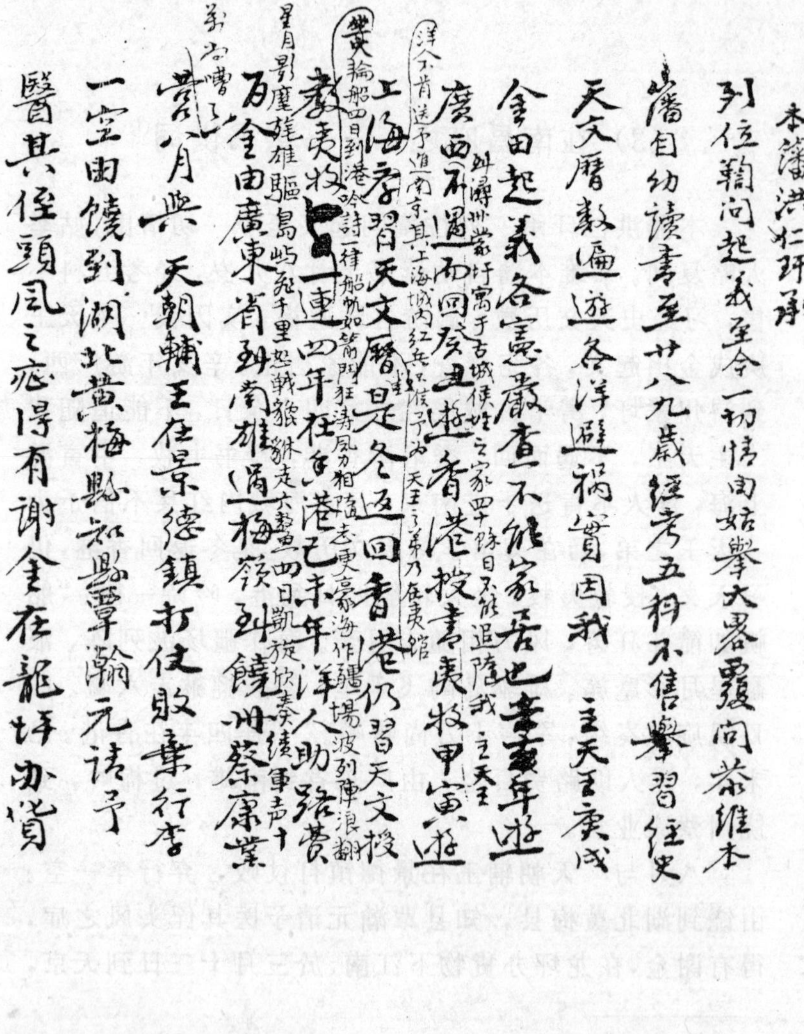
本藩洪仁玕承
列位鞫问起义至今一切情由始举大略覆向恭维本
藩自幼读书至廿八九岁经考五科不售举习经史
天文暦数遍游各洋避祸实因我 主天王庚戌
金田起义各宪严查不能家居也辛亥年游
外游洲崇圩寓于古城侯姓之家四十余日不能追随我 主天王
广西府过而回癸丑年游香港投书夷牧甲寅年游
洋人不肯送予进南京其上海城内红兵不信予为 天王之弟乃在夷馆
上海学习天文暦算是冬返回香港仍习天文授
火轮船四日到港 吟诗一律 船帆如箭斗狂涛风力相随志更豪海作疆场波列阵浪翻
教夷牧至一连四年在香港己未年洋人助路费
星月影麾旄雄驱岛屿飞千里怒战貔貅走六鳌四日凯旋欣奏绩军声十
百金由广东省到南雄过梅岭到饶州蔡康业
营八月与 天朝辅王在景德镇打仗败弃行李
一空由饶到湖北黄梅县知县覃瀚元请予
医其侄头风之症得有谢金在龙坪办货

洪仁玕亲笔自述

蒙我　主恩封福爵。二十九日，封义爵加主将。四月初一日，改封开朝精忠军师顶天扶朝纲干王。予因初到，恐将心不服，屡辞未蒙　恩准。予原意只欲到京奏明家中苦难，聊托恩荫，以终天年。殊我　主恩加叠叠，念予自少苦志求名，故不避亲贵，特加殊封。

予自受命以来，亦只宜竭力效忠，以报知遇之恩。己未冬，与忠王议解围攻取之策，悉载前帙。辛酉年出师徽浙，催兵解安省之困。四月交兵数万与英王，统往黄州德安一路；因与忠王会剿失约，章王在桐城败绩，遂致安省不能保，而北岸陆续失陷。予因众军将机错用，日夜忧愤，致被革。皆由章王林绍璋内外阴结而务财用，私议苏杭归忠王（按：以上五字被勾去，但可看出），各守疆土，招兵固宠，不肯将国库以固根本。又章王奉命催粮不力，众只留为实自之用，遂致敌人买通洋鬼，攻破苏、杭、丹、常等郡县，京粮益缺，而京困益无所恃。殊我　主於癸亥年恩锡顾命，嘱扶我　幼天王，予于此时三呼万岁后，不胜惶恐流涕，恐负　圣命遗托。于去岁十一月奉　旨催兵解围，身历丹阳、常州、湖州。殊各路天兵惮于无粮，多不应命。至今年四月十九，我　主老天王卧病二旬升天。京内人心望援不至，本欲弃城，而李鸿章揣知其意，於六月轰开京垣而入。我　幼天王与大臣忠王等万有余人出京，一路平安到广德州，君臣大会，悲喜交集。因湖州军乏军单，恐难建都立业，故议到建昌、抚州等处会合侍王、康王，再往湖北会翼王、扶王等大队。殊至…闻……又至……（按：删节号处，原有删略点而未写字），又予因前承　诏旨顾命，自宜力扶　幼天王。叹予在石城，隶也实不力，黑夜惊营，君臣失散，此诚予之大罪，致此成擒也。但思人各有心，心各有志，故赵宋文天祥败于五坡岭，为张宏范所擒，传车送穷北，亦只知人臣之分当如此，非不知人力之难与天抗也。予每读其史传及正气歌，未尝不三叹流涕也，今予亦只法文丞相已。至于得失生死，付之于天，非吾所敢多述也。

本藩与　老天王原是五服宗潢，巷里相接，长年交游起居，颇有见闻而知者。我　主天王长予九龄，予只知其　天亶圣聪，目不再诵。十二三岁经史诗文无不博览。自此时至三十一岁，每场榜名高列，惟道试不售，多有抱恨。丁酉年圣寿二十五岁，在广州领卷考试，由学院前街转至龙藏街，偶遇一长发道袍者，另有一人随侍，手持书一部九卷，未号书名，敬赍递献，面嘱云："功名二字，尔应大受，切勿忧，忧必病。"言罢飘然而去。我　主持回试馆，喜与众友谈论场内诗文，无暇观览。殊此科揭榜不售，心中忧愤，在舟吟诗云："龙潜海角恐惊天，暂且偷闲跃在渊。等待风云齐聚会，飞腾六合定坤乾。"回家果得一病，不省人事。三月初一日病笃，乃召父母伯叔及王长兄王次兄到伊御榻，垂泪云："今余必不久人世，有负父母兄长教育大恩矣。盖予魂游天堂，目见无数天使，身穿龙袍角帽，在路傍陈设礼物，迎接予魂到一所，见是金砖金瓦，辉煌无比，张挂文字，尽是规铭宝训。予亲读后，即有二三天使，剖换衷肠。又有老妇携予到天河洗浴，嘱云：‘不要与众人顽弄，致污己身’云云。有顷，见一位金须黑袍高大老人，赐一剑一印，垂泪对予云：‘吾召秀全来此，令尔知天下人尽是我生我教，尽是食我食，衣我衣，即眼所见，耳所闻，都是我造的，卒无一人知恩谢恩，反将我所造的物认做木石偶像之恩。世人何无本心，一至于此？尔切勿效之！’嘱毕，即命予放胆行之。既所见如此，必不生矣。”述毕此情，忽生惊恐之状，而王长兄次兄以为其神困惫，乃放倒御榻上。此时我　主又见一龙一虎一雄鸡来至榻前，遂又翻身起坐榻上。众人只见怆惶若此，未知所见为何也。及晓，鸟语喧哗。乃吟七绝一首：“鸟向晓兮必如我，太平天子事事可。身照金乌灾尽消，龙虎将军都辅佐。”吟后，忽东窗红日射入御床，遂一身麻木，毛骨悚然，即昨夜卧不能起之病，亦不知消归何处矣，应验“身照金乌”一句诗也。

此时匍匐起来出卧室，见父亲及乡邻族老人等，俱云：“我是太平天子，天下钱粮归我食，天下百姓归我管”，并述　天父如何教导等语。众人不知所谓，咸以为癫狂也。一连四十多日，所言所行，都言打江山杀妖魔的话，众尤不知所指耳。此时吟诗云：“手握乾坤杀伐权，斩邪留正解民悬。眼通西北江山外，声振东南日月边。展爪似嫌云路小，腾身何怕汉程偏！风雷鼓舞三千浪，易象飞龙定在天。”又吟剑诗云：“手持三尺定山河，四海为家共饮和。擒尽妖邪归地网，收残奸宄落天罗。东南西北效皇极，日月星辰奏凯歌。虎啸龙吟光世界，太平一统乐如何！”至四十余日，性灵复元，默然静思，慨然大志，以为　上帝必不我欺。所到结交以诚以信，坐立行止肃然，以身正人，戒尽烟花酒僻等事。凡举监缙绅人等，各皆叹其威仪品概，故所至皆以身率教。凡东西两粤，富豪民家，无不恭迎款接，拱听　圣训，皆私喜为得遇　真命天子也。

在龙母庙毁偶像题诗云：“这等断非神，愚顽假作真？太平天子到，提醒世间人。”又梦日诗云：“五百年间真日出，那般爝火敢争光！高悬碧落烟云卷，远照尘□鬼蜮藏。东北西南勤献曝，蛮夷戎狄尽倾阳。重轮赫赫遮星月，独擅贞明耀万方。”又因土人说六窠庙十分灵显，　主询其信堪舆，打死母亲以葬，且出入喜男女和歌，得道为神云云，故题诗斥毁云：“举笔题诗斥六窠，该诛该灭两妖魔。满山人类归禽类，到处男歌和女歌。坏道竟然传得道，龟婆无怪唤家婆。一朝霹雳遭雷劈，天不容时可若何！”又闻甘王庙日夜显身，庙祝不敢亲在庙内奉祀，土人有敢议者，即行作祟，其家不安，必得祷祝方止。且降迷童子，攀知县（按：“县”原写作“悬”）轿杠，该知县许以龙袍，才肯放去。我　主偕南王冯云山行二日到象州，亲临该庙，果然人人称说该庙灵赫，乃入庙拆其真衣木像，题诗云：“题诗草檄斥甘妖，该灭该诛罪不饶。打死母亲干国法，欺瞒　上帝犯天条。迷缠男妇雷当劈，害累人民火定烧，作速潜藏归地狱，猩身那得挂龙袍！”又见有吹吸鸦片烟，劝戒诗云：“烟枪即炮枪，自打自受伤。多少英雄汉，弹死在高床。”又时将　上帝造化天地山海万物，令人知保佑大恩，俱由　上帝也。盖人生天地，眼无三光之明及五行之火，虽泰山湖海亦不见；其眼光非由己光，是天之三光扶助也。鼻之呼吸，刻不能不与天气相通，若半刻不呼，必死无疑。口食之米菜等物，耳通之风声，性灵之降，自维　皇上帝，无一不是　上帝保佑世人，刻不能少。何世人忘本瞒天，不识生命之源，反说自己本事得来，何其被妖魔菩萨迷蒙至此？即古圣贤总有功德於人，不独当念伊功，且当实力效法，何世人一拜便了，竟不学尧舜孔孟之德，独冒为其徒可乎？常将此等天理物理人理，化醒众人，而众人心目中见我　主能驱鬼逐怪，无不叹为　天下奇人，故闻风信从。且能令哑者开口，疯瘫怪疾，信而即愈，尤足令人来归。故於癸卯、甲辰、戊申、己酉等年，与南王往返粤西数次，俱有树立。

至庚戌年，因来人温姓富豪欺人，与土人争斗，而贵县知县准土人与来人相杀起衅。即有张家祥、大鲤鱼、陈亚贵、苏三相、李士魁等寇，打邻劫乡，相率为祸。而拜　上帝之人，俱不准其帮助。只令凡拜　上帝者团聚一处，同食同穿，有不遵者即依例逐出。故该抢食贼匪被官兵逐散一股，即来投降一股。惟恐　天王不准，故

严守　天条规律，不敢秋毫有犯。　天王劳心，即将博白、贵县、象州、金田、花州各来扶　主等队，俱立首领，编以军帅、师帅、旅帅以下等爵，男女有别，虽夫妇不许相见，故所至无不胜捷。且有东西南北翼五王为之谋猷，有李开芳、李开明、林凤祥、罗大纲、陈承瑢、秦日光等为统兵之将，一时风云会合，非人力所能为也。且东王蒙　上帝降托，能知过去后来，令人钦服之至。且东王能代人赎病，至耳聋流水，口痖流涎，二月余之久，众有疑为废人者，殊后有一日即开口病愈，每有所言即验应。而西王萧朝贵蒙　天兄降托，即能大获胜仗。故当时所战克者，皆西王蒙降托之力也。

又细推其在金田起义之始，固由历年神迹所致，乃众心坚如金石。又因当时拜菩萨者忌恶拜　上帝毁其所立偶像，因各攻迫，日聚日众。凡有攻仗，皆有　天助神奇。贵县白沙兄弟被山尾村抢去耕牛，十余兄弟追杀至该村大胜，该村人演戏旺其菩萨，又看戏人自惊，自相践踏。该村数千家，从无人敢欺者，被十人打胜。又博白、鹿川等处团聚数千兄弟，路经半月到金田，象州亦被迫团聚数千到金田。此时　天王在花州胡豫光家驻跸，乃大会各队，齐到花州，迎接　圣驾，合到金田，恭祝　万寿起义，正号太平天国元年，封立幼主。次则移跸到大黄岗，数捷。次则移跸到东乡象州，转至武宣。闰八月初一日入永安州，镇守过年。壬子春，弃永安到新回，一路艰险，屡战屡捷。到桂林，围攻多时不克，弃围过湖南等处，大招士马，一路士民乐从，秋毫无犯。攻荃州，下之。南王冯云山中炮升天。一路势如破竹。因伊未在阵中，不能细述。

又发西王大队直攻长沙，而秦日纲、陈承瑢等队陆续进发。前队正在大获胜捷，破进外城，攻围正急，而内之士民亦目见张惶搬迁。殊西王在敌楼上装束异常，窥伺城内，忽被流星炮弹中伤升天。而　天王、东王即速催兵前来接应，幸得保荃无事。乃在河心孤洲用诱敌伏兵计胜捷，溺死清兵不计其数。乘胜弃长沙不围，直捣益阳，杀赛妖头，获舟数千，得古人遗下红粉不计其数。渡湖到岳州，下武昌，乘势席卷，声势甚大。此时两湖兵将，望风归顺，在　天王万□前破汉阳、武昌。祝寿后即发兵虚攻黄州，得而不守，撤兵回省。而江南陆建瀛得闻此消息，即离南京城，统兵尚游。田家镇接仗，数万兵将，一鼓瓦解，孤身回南京闭门固守。

癸丑二月，天兵到南京，由仪凤门攻入，不半月而平定，即发兵下取镇江，上取无为运漕镇，守安庆，复湖北，下扬州，后乃发兵扫北。虽所到以威勇取胜，究系孤军深入，数月之间，北京日夜戒严，各有准备，覆没忠勇兵将不少。

此后幸东王律法森严，兵势迭有兴屈，难以远征。甲寅、乙卯年（原小字旁注：不记真）大破向荣（按“向荣”二字被圈去）何钦差。丙辰年，破东门向荣。是年七月，东王升天，北王亦丧。丁巳，翼王远征，国政不能划一。戊午年，乃封陈玉成为前军主将，李秀成为后军主将，李世贤为左军主将，韦志俊为右军主将，蒙得恩为中军主将兼正掌率，掌理朝□，稍可自立。惟被张家祥四面筑长城围裹京都，仅通浦口一线之路，车运北岸粮米以济京用。

己未年，予由粤东到　天京。我　主天王念予少有聪慧，升封各爵。继封英王、忠王等，各有奋兴之志。忠王三次面求画策，予曰：“此时京围难以力攻，必向湖、杭虚处力攻其背，彼必返救湖、杭，俟其撤兵远去，即行返旆自救，必获捷报也。”乃约英王虚援安省，而忠、侍王即伪装缨帽号衣，一路潜入杭、湖二处。因忠王队内贪获马匹，未得入城，即被紧闭城门。复经开挖地垅，攻入杭城，惟鞑子城未破。料围京之清兵撤动，此刻重在解京，不重在得地，忠王即约侍王由小路回师，后果大解京困。英王破头关而入，侍王破燕子山而入，忠王兜杀句容一带，三月廿六日解围。

四月初一，登朝庆贺，且议进取良策。英王意在救安省，侍王意取闽浙，独忠王从吾所议云：“为今之计，自天京而论，西距川陕，西（按：“西”应作“北”）距长城，南距云贵、两粤，俱有五六千里之遥，惟东距苏、杭、上海，不及千里之远。厚薄之势既殊，而乘胜下取，其功易成。一俟下路既得，即取百万买置火轮二十个，沿长江上取。另发兵一支，由南进江西，发兵一支，由北进蕲黄，合取湖北，则长江两岸俱为我有，则根本可久大矣。”乃蒙　旨准，即依议发兵，觉为得手。及取苏、常等郡县后，英王如议进取蕲黄，忠王由吉安府绕取兴郭州等县。殊忠王惮於水势稍涨，即撤兵下取浙江。英王因忠王既撤，亦急於解救安省，遂失前议大局之计。后虽得杭州等郡，而失一安省为京北屏，大有可虞之势。殊忠王既抚有苏、杭两省，以为高枕无忧，不以北岸及京都为忧。故予行文晓之曰：“自古取江山，屡先西北而后东南，盖由上而下，其势顺而易，由下而上，其势逆而难。况江之北、河之南，自称为中州鱼米之地。前数年京内所恃以无恐者，实赖有此地屏藩资益也。今弃而不顾，徒以苏、杭繁华之地，一经挫折，必不能久远。今殿下云有苏、浙，可以高枕无忧，此必有激之谈，谅殿下高才大智，必不出此也。夫长江者古号为长蛇，湖北为头，安省为中，而江南为尾。今湖北未得，倘安徽有失，则蛇既中折，其尾虽生不久，而殿下之言，非吾所敢共闻也。”后忠王复以“特识高见，读之心惊神恐。但今敌无可败之势，如食果未及其时，其味必苦，后当凛遵”云云。此后鞑妖买通洋鬼，交为中国患，亦非力所强为谋之耳。

（4）在南昌府之二——原题“南昌府提讯逆酋供”

据洪仁玕供：年四十三岁，广东花县人，父母均故，兄弟四人，长次均故，三兄仁琅，小的第四，娶妻张氏，生有三子，长子桂元，年十四岁；次子兰元，年九岁；三子芝元，去年生的。小的读书，屡试未售。伪天王洪秀全及这伪恤王洪仁政都是堂兄弟。那伪天王的儿子名贵福，诞生时有群鸟集於屋上飞鸣数日，众人皆知。伪天王因要把他儿子取名，小的就预写纸条多张於筒内，用筷钳起，得天贵二字，伪天王不知何意，改取贵福二字。

去年十一月，小的往丹阳、常州催兵救援南京，把家小留在南京。嗣因丹阳、常州难守，就到湖州府。现随幼伪天王来江西，由新城到石城高田地方，本月十三日，小的被官兵擒获，幼伪天王亦被官兵冲散，现在驻扎何处，小的实不知道。是实。

九月二十七日

（5）在南昌府之三——原题同上

据洪仁玕又供：小的素习经史历数，知识天文及风雨的事，因地方官严拿不能家居，带家小于癸丑年到外洋香港地方。那香港系英吉利所属，有两个夷长理雅各、詹马士二人在那里，名为叫人学好，其实为他国中办事。小的到香港本为避祸隐身，并用意在夷人风土，并不为名利计。小的在夷馆中教中华小孩，系读唐书。那教夷人小孩，则听夷长教读番书。在香港共有七年，中间到过广东东莞县医卜一年，并到上海教读二年。

嗣闻堂兄伪天王洪仁坤即洪秀全已在南京建都。他既创业于前，我何妨续之于后，就要前往南京找寻伪天王。其时那夷长理雅各已回本国，那詹马士劝小的不必前往，小的不听，把家小仍留香港。那詹马士想到南京等处开礼拜堂，就交结小的，送给盘川。小的就从香港动身，走南雄州梅岭、赣、吉到江西省，至饶州府，遇一不记姓名勇丁，他说想做生意没有本钱，小的带有金叶，就叫他往湖北龙平等处贩货，夥同前往南京售卖。那勇与黄梅县覃汉元同乡，带小的往见，那覃汉元与小的长谈，知是读书人，要把小的荐去办笔墨，小的含糊答应，就独自往南京。行至安徽辰塘河地方，有堂兄伪天王派了伪赐福侯黄玉成在那里驻守。小的向他通了姓名及投奔伪天王的来意，并在衣襟中夹缝中取出自己履历交给。那伪赐福侯带小的於己未年叁月入南京，见了伪天王，彼此悲喜交集。

伪天王询知小的在外洋多年，见识甚广。其时伪东王已升天，伪北王被杀，伪翼王又出京，正无人办事，就大喜，当时叁月就封小的为干天福，是月贰拾玖加封为干天义兼九门主将衔，至肆月初壹日就封小的为开朝精忠军师顶天扶朝纲干王。那时南京自伪东王死后，翼王出京，一切军务系伍个主将做主。那伍主将看见伪天王未及壹月，封了小的王爵，均有不服之色。伪天王就传令到教堂齐集众臣，令小的登台受印。伪天王对众吩谕，京内不决之事问于干王，京外不决之事问于英王。小的见众人不服，原不肯受。伪天王称说，风浪暂腾久自息。于是小的登台受印，对众说了些道理，并把东王的制度从新议论了一回，又把从前的案件批详榜示。众人见小的万人之前谈论无错，就称小的为文曲星。

那年南京被张国（家）祥围困，仅有一线浦口之路可通无为州粮道。伪忠王问计於小的，小的叫伪忠王往攻湖州、苏州之虚，则张家祥必撤大兵往救，京围自解矣。伪忠王就弃了浦口，假扮官兵，带了五六千到杭州，用地雷轰塌省城，满州城不能破，败出。伪忠王由小路回京，走句容，原意不在得疆土，而在解京围。张家祥闻杭城失守，撤兵解围。那李世贤由燕子矶及伪忠王之兵都到南京，放火为号，南京出兵夹攻，以致张家祥於三月二十五六大败，退扎丹阳。

那上海本有夷人，伪忠王带了二千人想破上海，被夷人空城计败回。伪忠王於庚申年五月破苏州，小的想与夷人和好，亲到苏州，夷人因闻伪忠王有洋人只好打不好和的话，以致不能得上海。至那年八月小的转回南京。那广西老贼都是开国的功臣，各顾自己，不顾大局，见小的言语公正，都想推小的出京，而伪忠王、伪英王又不能依小的计议，以致今日之败。

小的到了南京，夷人把小的家小从香港送到南京，小的酬谢银二千两。是实。

九月二十八日

(6) 在南昌府之四——原题同上

据洪仁玕供:去年十一月间,官兵围困南京,其时苏州城亦被官兵收复,伪忠王李秀成转回南京,伪幼天王就叫小的亲往丹阳、常州二处催兵,救援南京。那丹阳系伪英王陈玉成之叔伪燕王陈世永驻守,那常州系伪护王陈坤书驻守。小的到了丹阳,兵力不足,不能分兵救南京,旋常州亦被官兵收复,并闻伪侍王也弃了溧阳,走湖北来江西,丹阳孤城不能守,小的们全军就於今年四月从丹阳到湖州府,原想待至八月割了新稻,分兵解往南京救援。不料小的接到伪幼天王文书,知伪幼天王带了数千人弃了南京,於六月十八日到了广德州。小的知伪幼天王到广德州,各物均未随带,就连日办了绸缎等各样贡物并米几万石,於是月二十八九亲身解到广德州,见了伪幼天王。

在广德州住到八月十八日,伪幼天王因闻伪康王汪海洋、伪侍王李世贤在江西抚、建一带,就带了小的动身来江。原想从徽州所属威坪地方过河,不料将到威坪,伪偕王谭体元手下的几千人投降官兵,因此小的们打了败仗，不能过河，就湾走威坪上廿里□□渡地方渡河，被官兵半渡截杀，贼中死了一万余人。及至到了抚、建，那伪康王、伪侍王已往瑞金去了。伪幼天王闻伪扶王陈得才在陕西，就想追到康、侍二伪王，同往陕西，就同小的前往瑞金。重阳日，贼之八月二十九日到石城。席营在后，以为小的们业已去远，派了一百余人到小的们旧营，其实小的们只走了十里，当即转回把那些勇赶走。小的让伪幼天王先走，自己回马杀转。有伪堵王黄老虎的侄子黄十四绰号小老虎，素来打仗奋勇，当日因人马困乏，不愿打仗，小的向他跪求，於是黄十四带了贼众赴山林埋伏，官兵杀至，被他杀死了十余人。离伪康王只有六、七十里。黄十四在前开路，伪佑王李远继保护伪幼天王行走，小的断后。行至石城的高田地方，人困马乏。小的原想连夜由小路行走，因无百姓向导，想等到四更再行起身。不料至三更时分，无人守卡，官兵猝至，人不及甲，马不及鞍，小的逃走，至山夹处不能行走，致被捉获的，是实。

九月二十八日

在江西巡抚衙门——原题“本部院提讯逆酋供”

洪仁玕供：年四十三岁，广东花县官禄埠人。祖籍嘉应州，八岁读书，二十二岁以后训蒙，考过四、五届，未曾进学。老天王是我堂兄，长我九岁。他从前也是读书讲究文章，我少时从他受学一年，当时只是为人忠信，未见奇异也，考到三十四五岁也没进学。后来得九本书名《劝世良言》，书内说这拜上帝的道理，他天生聪明，从此大彻大悟。那道理就是《书经》内说的，惟皇上帝降衷於下民，若有恒性之意。乾吾父也，坤吾母也，故称天父。人都是天生的，耶苏头一个发明天理，故称天兄。虽敬奉耶苏，却与外洋的天主教、辨真教微有不同，究竟与孔孟敬天畏天一样道理。

老天王本名仁坤。是年大病，梦上帝叫他作秀全，命他云游天下，日后为太平天子。我从此也学拜上帝。老天王云游湖南各处，我舍不得老母，未能随他。老天王金田起事时，有知县下乡查访，因无实在形迹，就瞒过了。我怕家里坐不稳，到广西寻他，他望湖南去了。我想学了本事将来辅佐他，就回广东到香港洋人馆内教书，学天文地理历数医道，尽皆通晓。洋人知道是老天王之弟，另眼相待。住香港四年，故与各头目多半相识，其国中体制情伪，我亦尽知。

后来老母死了，我由南雄过梅岭来江西，至饶州，有水师哨官郑姓是我同乡，请我办文案连教读，住了几个月，郑哨官回广东去了。我到湖北黄梅县为覃知县的侄儿医好了病，得了许多谢金，那知县看我做的诗，说我才学好，荐我到罗田县办书启。罗田县也是广东人，因他尚未到任，我听见张家祥围天京甚紧，放心不下，遂将所得谢金假办货物，搭船到天京。

老天王见我才学异常，大加赞赏，封为干王，总理朝政。外洋人就把我家眷由轮船送来。那陈玉成打江北，李秀成打湖北、江西、苏、杭，都是我的计策。我本想与外洋连和，取武汉、荆襄，扼得全个长江，再由四川下陕西东向。那李秀成偏要与洋人为难，我将洋官都请来苏州讲和，被他闹散了。他又贪乐苏杭，不顾江北，天京事就弄坏了。

今年老天王因援兵不到，命我亲身来召堵王。不料老天王升天，天京破了。幸小天王出来，也是绝等聪明，我看一行书，他看三行了。出湖州时有十二三万人，到石城时不过万人，广老二三千，三江两湖的七八千，都打零星四散了。我伏侍小天王寸步不离，我被擒后不知何处去了。那昭王的印是未发给他的，先发的有双龙无双凤。南方主帅的印是小老虎黄十四的，我们极重此帅印。若未给帅印，虽封王爵亦无多兵。我鞠躬尽瘁，只求速死。是实。

（四）洪仁玕亲书绝命诗

清江西巡抚沈葆桢同治三年十月十三日奏称，“将各该逆节次供词及洪仁玕亲笔供单同所作诗句并签驳李秀成口供原本，咨送军机处。”1994 年 1 月我在台北获见这些文献，其中的亲笔诗句，尤为珍贵的文物。

洪仁玕被俘就义前所写诗句，简又文先生于其大著《太平天国全史》（1962 年香港出版）介绍过 1865 年《华北先驱》发表的英译本，称之为绝命诗，并以为中文原本似已失传。不数年，萧一山先生在台北出版其新著《清代通史》，下编引录了洪仁玕的这些诗句，说明原件藏于台湾。但书中的抄录有错字。我当年曾试将英译文回译为五言诗，对抄录中的问题也作过一些推测性的研究。现在获见原文，有了可能作出进一步的考释。

洪仁玕于太平天国甲子十四年八月廿七日，即清同治三年九月初九日、公元 1864 年 10 月 9 日被俘，至 11 月 23 日就义，时为太平天国历十月十一日，清历十月廿五日。洪仁玕在被囚期间，凡亲书之供词均以太平天国历记时，所以诗句末所署之“廿七日”，必应是太平天国历的廿七日，即八月廿七日，或九月廿七日。八月廿七日晨，洪仁玕被席宝田部陈姓营官所俘，陈以绳索捆缚他的手。他斥责陈：“要杀即杀，毋能辱也。”后被送到席的大营。席以礼相待。于是写了近三千字的亲笔供词。其中说：幼天王和他的这支太平军，原拟“会合各省大队，欲再兴大业”，“殊军无斗志，逐远士疲”，连遭挫败，致被突袭而与幼天王失散，自己被俘。他责备自己说：“吾既不能尽孝，今又不能尽忠，上负老天王之托，又致幼天王存亡未卜，下不能节制各王，有何颜面偷生片刻乎？”这一天，他必然是心潮起伏而感慨万千的。他已抱了必死的决心。这些寄托自己的意志和抱负的诗句很可能就是在这一天、被俘的当天写的；“廿七日”就是八月廿七日。无论是八月或九月的廿七日，都不是洪仁玕的就义之日，但他的决心和命运在八月廿七日已经确定，简先生称之为绝命诗，是恰当的。

绝命诗共五行二十句。这些诗句充满了华夷有别的攘夷思想，而这是忠于太平天国的原则的。太平天国是以农民为主的下层人民推翻清朝统治的运动。在意识形态和政治要求上的特点是，浓厚的宗教色彩和强烈的汉民族意识。华夷有别的古训在中国近代的开始阶段仍有其重大影响，由于统治民族满族无能和在外敌前丧权辱国，太平天国的汉民族意识在当时仍有其合理性，是它的革命性质的主要表现之一。诗句首先指出华夷有别是春秋之大义，而今人受北狄之迷惑而忘却本性，颠倒了文物纲常；北狄用中华之人力物力，欺骗中华之人自相残杀，这是豪杰之士的千古感叹。显然，这些诗句是在谴责陈营官、席宝田、沈葆桢、曾国藩等为清统治者效劳而镇压太平天国者。在太平天国诸领导人中，洪仁玕是此种意识表现最为强烈者。他受过基督教的训练，是比较纯正的教徒。但在临终前写绝命诗，无一字谈及宗教，而只是对推翻清朝统治的大业未能实现，抱无穷的遗憾。这对我们认识洪仁玕其人其思想，很有意义。

诗句的第二、三行，主要抒发自己的志趣抱负。他为实现“攘夷”的志愿而在六合之间到处求索，包括他不辞千万里之遥从香港来到南京，但英雄之辈难求，徒使他有白头之叹。这两行八句诗，与他自己在三年前所作诗《二月下澣军次遂安城北吟于行府》基本相同，仅少数文字有差异：如“志在攘夷愿未酬”，原作“志在生灵愿未酬”；“世间谁是英雄辈”，原作“斯民长官谁堪任”。三年前到遂安，是洪秀全命他带兵出征，他在途中所写的诗。他当时作为太平天国朝纲之首领，注意的是救民、是对民之长官作考察。这些年来他的抱负并未实现。现在

"攘夷"的根本大业失败了，所以他将三四年前写的八句诗稍加改易，作为绝命诗的一部分。这似乎蕴含着他对太平天国的一点失望。他在被俘期间所写的驳李秀成供词的亲笔文书中（见下一篇），对李秀成、对陈玉成、对林绍璋，对洪秀全，都有程度不同的批评；在几次供词中都谈到了他的思想、策略不被理解和执行的情况。这可能就是他感叹"世间谁是英雄辈"的由来。

但洪秀全是仍信任洪仁玕的，将身后的事托付给他。洪仁玕也自矢必当"鞠躬尽瘁"，尽忠于天王、幼天王。被俘的那晚，在敌军突袭中失散了幼天王，他自责"此诚予之大罪"。他每自比为文天祥，称"予每读其史传及正气歌，未尝不流涕三叹也。今予亦只法文丞相已。"从严华夷之别的思想和以文天祥自况的气节，可以看出中国的历史文化传统在这位基督教徒身上影响之深。

两行八句中的第二句有"七旬苗格德难侔"语，"七旬苗格"是一典故。《尚书·皋陶谟》记帝舜在位时，三苗逆命，派禹往征，以军力威胁之而不服；舜"乃诞敷文德"，以德服之，"七旬有苗格"，即过了七十天，三苗自服来朝。这是说以德服人，御之有道。以下的"德难侔"三字，在三年前的诗中，"德"作"策"。他肯定地认为"七旬苗格"是最好的治国方略，只可惜实行此道的"德"或"策"难与古圣人相比。洪仁玕这一感想由何而发，现难悬知。有某些可能是指他在太平军攻取苏州后主张同外国"和酌妥议通商和好章程"，而李秀成"自恃兵强将广，取上海如掌中之物，不依所议"，导致洋人助妖，造成太平天国最大的祸患。这是他在几次供词中谈到的一种认识。当然不能肯定这句诗就是指这件事。就这句诗本身来说，它本是可以解释的；《清代通史》误作"七月苗格"就不可解了。英译把"七旬"译作"七十"不错，可见英译者见到的抄本并未误写为"七月"，但译者不懂"七旬苗格"的典故，又可能由于把"苗"字误认为"母"字，致把"苗格"译为"母亲"，这就不知所云了。

《华北先驱》在发表诗句的英译文时还有"补遗"（Addenda）四句，英文是：

And now in parting one word more,
One pleasurable thought outpour.
Though our kingdom's passed away,
It will live again another day.

台北所藏的诗句原件上没有这四句的原文。简又文先生回译上述四句英文的后两句为：我国祚虽斩，有日必复生。现试全译四句：

临终有一语，言之心欣慰：
我国虽消逝，他日必复生。

以下是洪仁玕绝命诗全文。

春秋大义别华夷，时至於今昧不知。北狄迷伊真本性，纲常文物倒颠之。

志在攘夷愿未酬，七旬苗格德难侔。足根踏破山云路，眼底空悬海月秋。

意马不辞天地阔，心猿常与古今愁。世间谁是英雄

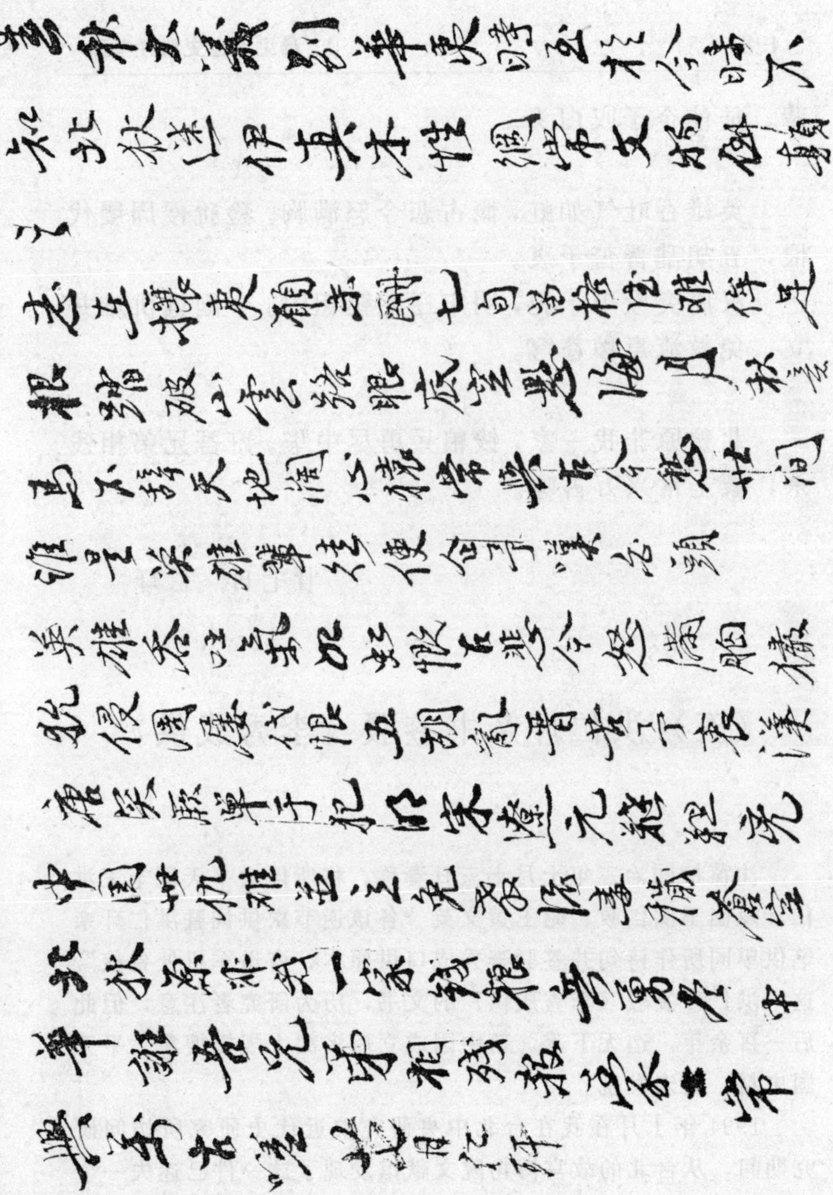

洪仁玕亲笔绝命诗

辈，徒使企予叹白头。

英雄吞吐气如虹，慨古悲今怒满胸。猃狁侵周屡代恨，五胡乱晋苦予衷。

汉唐突厥单于犯，明宋辽元鞑靼凶。中国世仇难并立，免教流毒秽苍穹。

北狄原非我一家，钱粮兵勇尽中华。诳吾兄弟相残杀，豪士常兴万古嗟。

廿七日　仁玕

（五）洪仁玕亲书签驳《李秀成供》

沈葆桢同治三年十月十三日奏称，将所俘太平天国干王洪仁玕及恤王洪仁政、昭王黄文英“各该逆节次供词暨洪仁玕亲笔供单同所作诗句并签驳李秀成口供原本，咨送军机处备核”。这一洪仁玕签驳《李秀成供》的文书，历为研究者注意，但此后一百余年，迄无下落。新中国成立后多次大规模搜集太平天国史料，均未发现。

1994 年 1 月在我在台北中央研究院近代史研究所访问研究期间，从台北的故宫博物院文献馆发现了这一件已迷失一个多世纪的重要文献。

台北收藏的沈葆桢案卷中有一件在馆方目录中标题作“论忠品性之毛病及坐守苏常嘉等郡情形”的文书。此件原无题，文中自称本军师，又有“辛酉冬革予军师王衔及正总裁之职”等语，显然是洪仁玕所写。文中述及太平天国晚期军中朝中不少事，对忠王李秀成等颇有批评。此件首句以“第十七页三行”始，接着以“〇”符号隔断，然后叙事。“第十七页三行”必是指某书的第17页第3行，而从内容来看，所指很可能就是洪仁玕被俘前两个多月已被曾国藩杀害的李秀成供词刻本的页码行次。当年沈葆桢呈送军机处的是洪仁玕“签驳李秀成口供原本一本”。“签驳”，即就《李秀成供》有关段落签附反驳意见。“原本一本”，必是将洪仁玕的签驳文书（以下简称“文书”）粘附于《李秀成供》刻本进呈。但后来这一“文书”与《李秀成供》原本脱落，致后之文献整理者不明其性质，只好迳以脱落了的“文书”中之意思标题。当时我作如此推想，虽尚未与《李秀成供》校核，但已几乎肯定这就是学界闻名已久而迄未面世的洪仁玕签驳李秀成供的文件。

李秀成於太平天国甲子十四年六月初六日，即清同治三年六月十六日，公元1864年7月19日天京城破时携幼天王洪天贵福突围。幼天王脱走，自己则因奸人出卖被俘，二十天后被曾国藩杀害。在这期间，李秀成写了几万字自述，曾国藩杀李秀成后，即以“各处索阅逆供者多”为由，迅速删改付刻，不旬日就印成《李秀成供》一册，分别呈赠军机处和各有关的地方大吏。幼天王走至安徽广德州，其时洪仁玕在浙江湖州，即去广德州会合，拟议入江西会合侍王李世贤部入湖北，据荆襄，以图长安。但入江西后，到处遭追击，军心又不固，至太平天国甲子十四年八月二十七日，即清同治三年九月初九日、公元1864年10月9日在石城县杨家牌遭夜袭，洪仁玕、幼天王等先后被清军席宝田部所俘。洪仁玕在席营、在南昌府、在沈葆桢巡抚衙门都有详略不同的自述，或亲笔，或清吏笔录。沈葆桢必是由于某种动机将曾国藩送给的《李秀成供》交给洪仁玕看，然后洪仁玕写出了签驳意见。

曾刻《李秀成供》今已罕能见到。幸1936年北京大学校长蒋梦麟将曾刻本影印，才得以流传稍广。我取曾刻影印本与上述台北藏件校核，该藏件首行首句以“十七页三行”始，以下为“将滁州交李昭寿镇守一段原是”句，接叙滁州守将交替原委及李昭寿与忠王的关系等；而《李秀成供》影印本17页第3行文字正是“我军失利退守来安，仍回滁州，后将滁州交与李昭寿镇守”，完全相符。由此可以肯定，上述台北藏件就是洪仁玕签驳《李秀成供》的文件，可谓毫无疑义。

这篇“文书”对李秀成的批评约有以下数端。

（一）批评李秀成徇私情以李昭寿镇守滁州，说滁州原有守将，李秀成因与李昭寿“有八拜之交及亲谊内戚之情，调换镇守，众议沸腾。”

（二）批评“苏、常调守迭更，用人不当”，“苏州守将谭绍光不服军民，以致杭、嘉各专己见。”

（三）批评“坐守苏、杭、常、嘉等郡，……将该地钱粮拓兵自固”，并批评侍王李世贤、章王林绍璋、辅王杨辅清亦然。

（四）壬戌春曾国荃进逼天京，批评李秀成赴援迟缓，又“欲自获全功而于侍、辅未到齐前进攻”，致受损失。

（五）癸开夏雨花台失守而不及救，“反行下游放师苏、浙”。

（六）王长次兄为忠正之人，洪仁玕为才学之士，而李秀成不认不信。

（七）批评李秀成“于得胜时细述已功，毫不及他人之策力，败绩时即诿咎于天王、幼西王、王长次兄、驸马等。”

洪仁玕在直接批评李秀成的同时，也批评了其他一些人，并连带述及一些重要情况，其要者有：

（一）批评章王林绍璋为“佞人”，对安庆失守负有罪责。

（二）批评英、忠、章王忌洪仁玕认真负责，而洪秀全不能公平处理。

（三）述及王长次兄、幼西王等虽居高位，只是对亲臣、功臣之后的荣宠，兵粮之权都在李秀成。

由上可见，这篇“文书”虽现存不过一千字，但涉及的问题既丰富又重要，而且是我们过去不知或不详细知道的。

如关于李昭寿。太平天国戊午八年（1858）三月，李秀成克安徽滁州，将滁州交李昭寿镇守，自己与部将陈坤书等驻全椒，拟打通江浦、浦口，以救援在围困中的天京。而李昭寿却於九月即以滁州叛降清钦差大臣胜保，不久又勾引其同类、太平天国浦口守将薛之元叛变，对太平天国造成很大损害。对此事，李秀成曾追悔自己“目不识人”[①]，并且知道自己对李昭寿“重情深待，……我手下各人不服”[②]。这与洪仁玕的批评可互相参证。但李秀成与李昭寿有戚谊及八拜之交则为过去不知。李秀成以私情而调动守将，自然是一个错误。李昭寿原非太平天国中人，甲寅四年聚众起事，为捻之一支，旋败降于清皖南道何桂珍。至丁巳七年又杀何而归太平天国。其时石达开出走远

① 李秀成谕李昭寿，见《太平天国》第2册，神州国光社1952年版，694—695页。

② 《忠王李秀成自述》影印本，20叶上。

征，陈玉成、李秀成招引皖北捻军以增强力量，支撑危局。但捻与太平天国并无共同信仰和理想，李秀成与之八拜结交、联姻，其用意可能是为了团结李昭寿，但事实证明这是一个错误和失败。

关于苏、常守将迭更、用人不当、谭绍光为军民不服的批评。这是我们所知甚少的问题。太平天国庚申十年（1860）四、五月，李秀成等以消灭清江南大营之余威，连克丹阳、常州、无锡、苏州、嘉兴等地。六月进军上海无功，八月李秀成回苏州后，将苏省军民各务交与陈坤书接任，自已即策划进军江西、湖北，至辛酉十一年（1861）岁末才回苏州。其间，除陈坤书外，谭绍光、陈炳文、邓光明、廖发寿等都曾分别或先后在苏、常、嘉、杭任首将，如何更迭及更迭中引起何种问题，已难详考。陈坤书原为李秀成部首席大将，受命代管苏州和全省事。但当李秀成於辛酉年回师浙江、克复杭州回苏州时，他却不在苏州。李秀成在供词中指责他纵兵扰民，所以离开苏州去常州，又用银钱买通得封护王，以脱离李秀成的管属。谭绍光於壬戌十二年秋起为镇守苏州首将。其时苏州城内太平军将领各有自已指挥的部队，有的人官爵与谭相若。谭之不能完全掌握局势，从后来苏州失陷时谭为叛将刺死可以得到说明。李秀成“自述”称慕王谭绍光和叛将纳王部永宽“少年结怨至今”，他们在平时也必然积不相能。洪仁玕的签驳“文书”称因李秀成“用人不当，致吴江先误，隔断苏、杭”。按1863年苏南战场紧急时，吴江失守，苏州南路援绝。吴江失守与“用人不当”的关系，以及“杭、嘉各专已见，不遵忠王号令”的事实，均为今所不详，有待细考。洪仁玕的这些批评都值得在以后的史事研究中认真发掘。

关于壬戌年回援天京迟缓及贪功冒进失利事。壬戌十二年(1862)春，李鸿章以上海为根据地，由“常胜军”配合，反攻苏、松。李秀成从苏州出战并反击，包围松江府城。正当紧急关头，曾国荃从上游而下，占安徽巢、和、芜等地，进犯天京，逼扎雨花台。天王洪秀全急诏李秀成回援，而李秀成却建议由苏州解粮回京长期坚守，然后再战曾军，自己并不回京。在一日三诏严催下，李秀成不得不于八月回援天京。行前他两次召开会议，有听王陈炳文、纳王郜永宽、慕王谭绍光、堵王黄文金等参加，议定会合侍王李世贤、护王陈坤书，共十三王，号称六十万人（实有十余万)，会攻曾军。但此战目标虽是解围天京，战线实分三处，即“北扑金陵，南扰宁国，中犯芜湖金柱关”①，直接在天京城外作战者主要是李秀成和李世贤。二李在南京城外与曾军大战45日无功。李秀成贪功冒进失利之事，则为过去所不知。洪仁玕此段批评的重点应是“诏谕严催”而李秀成奉诏迟缓。李秀成有自己的战略思想，认为应待师老敌疲再战，而回援迟缓则是事实。

关于雨花台失守而不及救，反行放师下游苏、浙的批评。李秀成回援天京无功，受洪秀全严命进兵江北，实行“进北攻南”战略。但皖北严重缺粮，征战不利，而天京城外的重要要塞雨花台却于癸开十三年（1863）五月因守备疏忽而失守。李秀成奉诏急返，渡江时清军已占沿江及江中要塞，李部损失惨重。李秀成留守天京。但此时李鸿章、左宗棠大肆进犯，苏、浙危急。天京和苏、浙俱紧迫，李秀成要求去苏杭救援，“奏三求

① 见曾国藩《水陆迭胜力保芜湖金柱关折》，同治元年九月十二日，《曾文正公全集》，奏稿卷17。

四，亦是不从”①，最后有条件地允他出京。看来洪仁玕对李秀成此举是不满的。

洪仁玕说，他原来心存厚道，本不想对自己人有什么指责，但看了《李秀成供》，“得胜时细述己功，毫不旁及他人之策力，败绩时即诿咎于天王、幼西王及王长次兄等”，他认为不公平。关于李秀成得胜时据为己功的品性，在他被俘后的自述中亦颇有流露，如叙述丙辰六年救镇江之役忽略主帅秦日纲即是。至于败绩时的责任，洪仁玕提出了对太平天国研究很重要的一个问题：“兵粮之权归谁掌握？”他说，幼西王、长次兄等爵位虽然尊显，不过是对亲臣和功臣之后的荣宠，“岂有尺寸疆土粮饷得归亲臣及功臣后乎？”李秀成曾指陈，洪秀全第一重用幼西王，第二重用长次兄，第三重用干王，第四重用驸马，然后才是陈玉成和他。洪仁玕提出了另一种考察太平天国用人得失的思路，值得研究者注意。

洪仁玕在“文书”中对章王林绍璋的批评，用语是更为严厉的。洪仁玕指斥他“内则蒙蔽不奏，外则阴结私行”，是“佞人”。林绍璋，广西人，参加金田起义。甲寅四年（1854）因湘潭丧师革职，至戊午八年（1858）李秀成保举出任地官又副丞相②。庚申十年（1860）封章王，参与处理朝政。其人“无本领”，为清方所周知；但李秀成则认为他“勤劳”、“能吃辛苦”③。李、林可能较接近，故洪仁玕认为李秀成信任“佞人”，以“柔猾之言为之耳目”。

① 《忠王李秀成自述》影印本，56叶上。
② 《忠王李秀成自述》影印本，18叶下。
③ 《忠王答辞手卷》，见罗尔纲《李秀成自述原稿注》附录，中华书局1982年版，360、362页。

洪仁玕具体指责林绍璋的一件大事，是辛酉年安庆失陷时的表现和责任问题。安庆是太平天国首都南京的重要屏障，又是英王陈玉成主管地区的首府。庚申十年（1860）春，太平天国正向下游苏、常胜利进军时，曾国藩军却从上游进逼安庆。至辛酉十一年（1861）春，太平天国几次救援无功，安庆周围要地尽失。天京方面派出干王洪仁玕、章王林绍璋等率军赴援，他们取道江北，由江浦、全椒、和州、巢县、庐江抵安庆以北的桐城。该年5月，英王与干王、章王等的援军同敌军在桐城安庆之间的挂车河等地大战数次，均未得手[1]。是年9月，安庆失守，陈玉成退守庐州，次年5月至寿州被诱执不屈死。林绍璋在安庆失守中的责任，洪仁玕给予了很重的谴责："章王畏罪，弃江北不守不战，私自回京，哀饶生命，又求英王阮（原）其不力之愆。"林如何弃江北不守不战，情形现难确知；清方的史料和今人关于太平天国战史的专著均未涉及。残留的太平天国文献史料只揭示，当洪、林等赴援抵桐城之初，议定经练潭与在安庆城外的陈玉成会合，会击挂车河之敌军。而林绍璋却临期致函陈玉成以军粮不继为由，说欲"移营鱼塘岗"。陈玉成得讯，立即於四月初二日（即5月13日）专人送去复函，痛切陈词。其中有云："……且殿下身居王位，如何酌议军机反复无定，将官不能用命，且而殿下之兵，一战未开，即行自退，如误大事，是殿下一人所误也。"又说："总之，国土生灵，皆是真圣主之国土生灵，兄等不过辅佐之臣，祈殿下察之"，要求林绍璋

① 参据张一文：《太平天国军事史》，广西人民出版社1994年版；徐川一：《太平天国安徽省史稿》，安徽人民出版社1991年版。

照前议，“万无更移”①。但林绍璋不待陈玉成复信，已经移营。这封信所揭示的除林绍璋某种责任外，更显示出太平天国在军事指挥上不能集中统一的弱点。

“文书”说，这年冬洪秀全将陈玉成、林绍璋、洪仁玕俱革职。这里婉转地批评了洪秀全。“文书”中有“英、忠、章王等俱忌予认真直奏”之句，称颂天王“圣鉴不爽，屡知章王之奸”，但接着说洪秀全的处置却是“辛酉冬革予军师王衔及正总裁之职，并革英王、章王等之不力也”，两方各打五十板。而且，洪秀全“旋复章王林绍璋之爵，不准王长次兄及予干与朝政，内则专任章王、顺王掌政，外则专任忠、侍、辅王掌兵。”这段话虽未加一字之贬，但对处理不公之批评却是跃然纸外的。

洪秀全以何理由斥革三人？“文书”没有详说。但台北收藏的他在席宝田军营的亲笔自述说，辛酉年冬月，“安省失守本章触怒天王，革去军师、总裁、王爵”。洪仁玕既认为林绍璋对安庆失守负有大罪，本章必然对林有所责备。这触怒了洪秀全。英王陈玉成、章王林绍璋之被斥革，“文书”说是由于“不力”。“不力”自是原因，但对陈玉成则似乎还另有缘由。陈玉成退守庐州后，壬戌十二年（1862）正月他给部将的信中说：“至去岁耘天燕之案，曾经兄直奏回朝，致触圣怒，复命敬王、畏王捧圣诏三道、圣旗一道，责兄前退太湖，复退安省，又失挂车河之约，致章王退桐城、庐江、无为等处，皆罪在兄。现已荷蒙圣恩，出以赏罚革黜。”同日致另一部将函中说：“今兄因偶见朝中办事不公平，兄在庐郡具本启奏。现下不以本章为然，小

① 太平天国辛酉十一年四月初二日英王陈玉成致章王林绍璋书，见《太平天国文书汇编》，中华书局1979年版，249—250页。

事酿成大端。"① 可见陈玉成之被斥革，与耘天燕案、与具本启奏朝中办事不公有关。耘天燕案，其情由现已无可考。首席大将因此案、因朝中办事不公而上谏，洪秀全不悦，遂至二罪并发，将安庆失守之事也一起算帐。在上述陈玉成责备林绍璋的信中，我们见到因移营而失会击挂车河之约的是林绍璋。洪仁玕的"文书"也指责林绍璋放弃江北不守不战。而洪秀全的圣旨却说失挂车河之约和造成林绍璋退却之责在陈玉成。当时情况可能很复杂。这使陈玉成心灰意懒。李秀成述及此时陈玉成的心情说："英王见势如此，主又严责，革其职权，心烦意乱，愿老于庐城……愚忠于国。"② 陈玉成因奏事被斥革。洪仁玕也因奏安庆事被斥革，而且不得与闻朝政，原由他主持的外交事务也移交给了林绍璋③。这些大约都是辛酉年冬的事。但时而不久，情况又大有反复。据洪仁玕在席宝田军营亲笔自述说：次年春，林绍璋被贬出京，而洪仁玕则恢复军师之职，总掌朝政。这一起伏，显示了当时太平天国朝中急速的派别斗争。洪仁玕在"文书"中，在其他各篇"自述"中留下的一些朝政纷纭的记录，使读者感觉到了太平天国失败的一些内在原因。

这件"文书"述及的一些朝政变动情况，意外地有助于澄清一些具体问题。洪仁玕撰著经旨准颁行的《诛妖檄文》、《钦定英杰归真》等书均署辛酉十一年刻，而他本人在书中的署衔却有"钦命文衡正总裁开朝精忠军师"和"钦命文衡正总裁开朝精忠又副军师"之别。从这件"文书"说"辛酉冬革予军师王衔及正总裁之职"，可推知革去军师即是降为"又副军师"。王

① 陈玉成致陈德才、致马融和谕，见《太平天国文书汇编》198、200页。
②《忠王李秀成自述》影印本，46叶下。
③《太平天国》第2册，853页。

定安《贼酋名号谱》记洪仁玕名号为“文衡副总裁”，看来也非错记：革去正总裁即是降为“副总裁”。但从两本书的署衔来看，革去军师与革去总裁似非同时发生。壬戌春，洪仁玕复职。这一波折是短暂的，革去王爵一事未见如同革去军师、总裁那样在文献上留下印记。也许革去王爵只是“革留”，所以“干王”之称不必改动。上述陈玉成信中说到天王对他“赏罚革黜”而信上钤英王之印不改，大概也可作如此解释。

洪仁玕指责忠王、侍王、辅王等各坐守某某地，在各该处征钱粮、招兵马以自固而不顾根本。这确是太平天国丙辰六年洪杨内讧后至晚期而逐渐形成的普遍、严重的问题。洪仁玕到天京后，见到此种弊病之端倪，提出了“禁朋党”、“赏查由朝廷”等策，但无效果。曾国藩称太平天国各王各将各有“分地”。这虽不能说是拥兵割据，但朝廷和地方的关系已不如前期那样指臂相使了。中央天朝仅天京一隅，自须各地支持。壬戌十二年（1862）林绍璋被贬后的任务是赴苏、浙“催粮援京”。洪仁玕说，林被人看不起，各地“闭城不纳，粒饷不得”。癸开十三年（1863）八月因苏杭事急李秀成被允准出京征战，“文书”以为李秀成此次出京是“亲身下苏浙催解兵饷”而收效甚微。洪仁玕自己也以军师之尊而于癸开十三年（1863）出任“捐库征粮使”去各地征粮银①，可见天京之困窘。李秀成初克苏、常、嘉后曾向天京输送金银财宝和物资，得到天王嘉奖，其后也颇有向天京输粮银之记载。但天京与各地区间经常性的财政经济关系如何，虽资料稀缺，的确值得注意研究。

洪仁玕对李秀成的批评，多归结为李秀成“品性的毛病”：

---

① 见北京大学文科研究所等编：《太平天国史料》，开明书店1951年版，192页。王庆成：《太平天国的文献和历史》，社科文献出版社1993年版269页有校正。

变更不一，变迁不常。滁州 守将换为李昭寿，苏、常守将迭更，用人不当，由此；“谕令催兵催粮，一无复奏”，也由于“平日变迁不常，临急号令不验之咎”；“苏州、抚（无）锡”叛降于清，“即忠王亦几几不免，皆因忠王变迁不一之咎所致也”，也归结为“变迁不一”。“变迁不一”是“品性的毛病”，这似乎是一种缓和的批评，但实际上很难中肯。如苏州叛变（无锡无叛变献城事，应是误记）的发生就难以归因于李秀成的品性。李秀成的号令不验也应有其他更深刻的原因。这篇“文书”的突出处是它提供了很多新事实、新看法，另一个突出处则是使人感到太平天国存在着深重的内部问题。在中央和地方的关系方面，忠、侍、章、辅诸王将该地钱粮拓兵自固；而诸王如李秀成对地方佐将，也是“临急号令不验”。在人事方面，洪仁玕、李秀成、林绍璋等人之间重重对立，而洪秀全的处置，看来却是“变迁不一”，不能驾驭自如。太平天国晚期中央领导薄弱而无方，互有厚薄亲疏之别在所不免。洪仁玕新到天京而骤封王爵，众功臣宿将曾多有问难、不服，洪仁玕被俘后的一些供词曾详述此事①。李秀成为不服者之一。李秀成被俘后，问官记其答词说：“伪干王所编各书，李酋皆不屑看也。”② 洪仁玕说，李秀成不信他是“才学之士”，李秀成也承认不屑看他的书，这的确是李的偏见。而在洪仁玕，他在这篇“文书”中，在其他“自述”中，对李也不乏过分之词。如上述壬戌年解围天京之战中轰地垅而自伤多人一事，遽责李秀成是为了贪全功不等侍王、辅王到来所致，似是小题大做。侍王路远，到达较迟，辅王则

① 洪仁玕到天京后被洪秀全封为干王，陈玉成、李秀成等五主将“均有不服之色”，洪秀全乃大会群臣，命洪仁玕登台受印。

② 《忠王答辞手卷》，见罗尔纲前揭书，365页。

在宁国作战，虽有配合的作用，并无直接到天京城外作战的计划。又责李秀成不及救雨花台之失，其时李秀成正因“进北攻南”战略不利而南归，不可能来得及回救；而且雨花台之失，责任其实在天京方面[①]。洪仁玕“文书”说王长次兄洪仁发、洪仁达是“忠正人”，而李秀成则指责他们无才情，无算计，又搜括民财[②]。事实究竟如何？当时，“洪氏之党”与李秀成、李世贤等的确已各有成见，而且在国家危急之秋还难以同心同德。今之历史研究者不应是洪秀全的史官，以洪秀全的是非为是非。现在发现了洪仁玕的这份文书，当然也不应以洪仁玕的是非为是非，或反过来以李秀成的是非为是非。惟有以科学和客观的态度分析文献史料，才能对太平天国的认识更加深入。

这篇“文书”系洪仁玕亲笔书写，多有修改和添加，笔迹与沈葆桢卷中洪仁玕的其他亲书诗文一致。文中批评李秀成“欲自获全功”，“全”写作“荃”，这是太平天国的避讳字。叙林绍璋不守不战，私自回京，“又求英王阮其不力”。“阮”应为“原”的别写。按李秀成自述原稿（影印本）有“秉直心院”、“我心自院”等语，曾国藩改“院”为“愿”。从文意看，这一改动是对的。可见“院”是太平天国对“愿”字的别写。“原”、“愿”可通。洪仁玕、李秀成之将“原”、“愿”别写为“阮”、“院”，可能基于某种避讳的制度，当然现在尚难确定。

这篇“文书”，从《李秀成供》第17页第3行李秀成以李昭寿守滁州事讲起，内容相当广泛。天王重用洪氏亲族，《李秀成供》在23页谈到，而这一篇“文书”已解释驳斥及之。“文

① 雨花台之失系清军“乘贼不备而入”。罗尔纲先生认为：“守塞的将领固罪不容诛，而总理朝纲的干王洪仁玕实应负其咎”。见前揭书292页注7。

② 《忠王李秀成自述》影印本，7叶上、下。

书”最后一段批评说，“今观其传”，李秀成于得胜时自矜其功，失利时诿过于人。这句话的文和意都似系概括全书而言。由此，这篇“文书”虽标有“17页3行”，看起来是对“17页3行”而发，实际内容却是就《李秀成供》的全部发表批评。如作此理解，则此篇“文书”应即是沈葆桢咨呈军机处洪仁玕签驳李供之全部。但曾刻李供达59页。以李秀成叙事之多，以洪仁玕所居的高位及与李秀成的关系，批评似应不止此。且通篇只首行首句有“某页某行”字样，虽连类而旁及其它许多事，但不大可能对其它各页的事已无话可说；很可能还有其它的以“某页某行”开头的另一些签驳意见，因与《李秀成供》原本脱离而佚失。所以，可以猜想现存的这篇“文书”也许只是原文书的残件。但无论它是全件还是残件，它都有很重要的文献史料价值。

以下是“文书”的原文。为便于阅读，现酌量分段、标点。原为示敬而空格之处，仍予空格。涂抹处，仍可看清而有必要者加以括注。个别辨认不清处，依估计字数以□号标出。

第十七页三行〇将滁州交李昭寿镇守一段原是，但滁州原守之将甚妥善，忠王念李昭寿同姓，且有八拜之交及亲谊内戚之情，调换镇守，众议沸腾。忠王坚原将出征而任李昭寿。盖忠王品性之毛病，原在变更不一，多有贻误。即苏、常调守迭更，用人不当，致吴江先误，隔断苏、杭。而苏州之谭绍光不服军民，以致杭、嘉各专己见，不遵忠王之令。而　朝廷差章王到苏、杭各郡办

第十七頁三行○將滁州交李昭壽鎮守原是已、但滁州原守之將甚
妥善而忠王念李昭壽同姓且有八拜之交及親誼內戚之私
調換鎮守衆議沸騰忠王堅原將出征而任李昭壽
蓋忠王品性之毛病原在變更不一多有貽悞即蘇常
調守失更用人不當致吳江失悞陽澄蘇杭而蘇
州之譚紹光不服軍民以致杭嘉各處已見不遵
王之令而朝廷差來王到蘇杭各郡力糧矣
天京閉城不納皆由忠侍王在外專擅非本王掌之
為之耳目不認信王長次兄為忠正人不信本軍師為才之
之士因此忠王屢多非上推罪之言實不知己多更張
信佞人之過也推而言之忠王之坐守蘇[illegible]

·洪仁玕签驳李秀成供

粮务，各□闭城不纳，皆由忠、侍王在外，专靠章王柔猾之言为之耳目，不认（按：“认”字由“信”字改）王长次兄为忠正人，不信本军师为才学之士。因此忠王屡多非上推罪之言，实不知己多更张，信佞人之过也。

推而言之，忠王之坐守苏、杭、常、嘉等郡县，与侍王之坐守句、溧、荆、宜、广德，辅王之坐守宁郭、池州等处，章王之暗守芜湖、繁昌、南陵、秣陵、丹阳等处，各将该地钱粮拓兵自固，任朝内　诏谕催征，毫未见各省郡县多进粮饷以固根本，迨至安庆失陷，英王升天。章王畏罪，弃江北不守不战，私自回京，哀饶生命，又求英王阮其不力之愆。那时英、忠、章王等俱忌予认真直奏，殊知　圣鉴不爽，屡知章王之奸，内则蒙蔽不奏，外则阴结私行，故于辛酉冬革予军师王衔及正总裁之职，并革英王、章王等之不力也。旋复章王林绍璋之爵，不准王长次兄及予干与朝政。内则专任章、顺王掌政，外则专任专任（按：衍一“专任”）忠、侍、辅王掌兵。

殊自壬戌春，曾、鲍两军下困天京，而忠王明知难以为力，诏谕屡催不动。而章、顺王权在忠、侍王之下，哀求不来。予以苏、杭及天京与长江大势顺逆情形详细陈说，始行□悟。至壬戌七八月间，始行援京。又欲自获荃功于侍、辅王未到之前，即行轰发地垅。殊知垅未清，营内反行自伤不少，叠攻不下。陈坤书又攻太平关不下，而忠王始行渡江，破浦口、江浦、和州而上。因攻无为不下，撤兵上游英、霍山、凤阳等处。因无粮自困，于癸亥春夏间狼狈返师。欲下攻扬州不克，其军十去六七。而雨花台失守，又不及救，反行放师下游苏、浙，欲换蓄锐精以援京困。此时忠王在京而　天王不肯放伊下苏、浙，并降诏与忠王，谕令催兵催粮，一无复奏。皆因忠王平日变迁不常，临急号令不验之咎。卒至忠王力求亲身下苏、浙催解兵饷，虽有些饷粮，亦难解涸辙之困。于癸亥秋冬之际，竟有苏州、抚（无）锡等叛将献城与李鸿章，即忠王亦几几不免，皆因忠王变迁不一之咎所致也。

今观其传，于得胜时细述已功，毫不及他人之策力，败绩时即诿咎于天王、幼西王及王长次兄、驸马等，虽世人不知内事，而当时兵粮之权归谁总握，谅内外必闻之者。若论爵之尊□（以上六字用墨笔划去），西王长次兄之尊，天王不过荣亲亲功臣之后而已，岂尺寸疆土粮饷得归亲臣及功臣后乎？天下亦共闻而知，不待予之细辨也。子原存厚道，不肯自毁，诚恐阅者不揣其本而齐其末（以下约还有六个字，不能辨识）。

（六）洪天贵福亲书自述、诗句等九件

—

下面刊出的太平天国幼天王洪天贵福被俘后的自述、诗句等材料9件。它们在原档中共12个编号。其中他亲书的“十救诗”部分诗句，与太平天国刊本无异，现予略去；其余的，以类相从，归纳为9件。因档案有缺佚，两篇不连接的纸，可能原属一件；所以9或12可能都不是本来的件数。

9件中7件是洪天贵福亲笔书写。非亲笔的两件——在南昌府和在巡抚衙门的供词，从每件中有两人以上笔迹和语气来看，它们似也是洪天贵福自己所写而经书吏分投抄录者。在巡抚衙门供词一件，《太平天国》据胡氏旧藏清刻本编入，但有错字，今据原稿刊出。

洪天贵福的自述中有许多独特的史料。对洪秀全家庭的情况，逝世原因和日期，李秀成等带他冲出天京和途中的战斗，随同出天京的将领和诸王名单等等，他都提供了有力的依据。举洪秀全去世日期一事为例，李秀成亲书自述作四月廿一日，洪仁玕自述作四月十九日，曾国藩入天京亲讯宫女后记洪秀全死于四月二十日。这引起许多考证。洪天贵福说死于四月十九日，并具体说死于四月十九日夜四更。这就明确地解决了问题：十九日、二十日都不错，廿一日之说是记错了一天。尤重要的是关于洪秀全对古书态度的记载。洪天贵福记，洪秀全称古书为“妖书”，不准别人读，而他自己，曾下令从杭州取来大量古书，看完一本，就焚烧一本。这是洪秀全从建都南京后实行排斥古人古书政策的一个证明。晚期太平天国朝政多有紊乱。洪天贵福供词中提到一个名叫沈桂的人，被称为“沈真人”，似是不僧不道之人物，洪天贵福继位后，根据他的建议，封六主帅：忠王李秀成为大主帅，记王黄金爱为副主帅，顾王吴如孝为东方主帅……此事未见于其他的文献，其重要性不在于这样的分封，而在于使今之学者得知有这样一位沈真人在朝廷能起这样的作用。洪天贵福所记洪秀全和他自己在宫中的生活，看似琐屑，实很重要：他一天要四次向洪秀全写本章请安，每食饭要感谢上帝，七日礼拜赞美；九岁就有四个妻子，就不准与母亲、姐妹见面；只允许他读“天主教的书，不准看古书”；直到十六岁登基，从来没有出过城门。洪秀全的诏旨中提到过有一只鹦鹉能说“亚父山河，永永崽坐，永永阔阔扶崽坐”。亚父就是上帝，崽就是洪秀全和他的子孙，这是一名清朝的降官特意训练的鹦鹉，进贡给洪秀全，而洪秀全却以为这是“瑞鸟”，载之于诏旨；洪天贵福在供词中也一再说到这只青鹦鹉能够说什么话。可见他们父子对这件事的重视，由此也可窥知一些他们的心态和洪天贵福受到的教育。洪天贵福在诗句中，在巡抚衙门的供词中，吹捧清朝皇帝，表示不乐于当长毛，愿去读书考秀才。同样的诗句写了两遍，第二遍写于天历十月初六日。即清历十月二十日，是他的就死日。这说明，他第二遍写完诗句就被凌迟处死了。

以下是洪天贵福自述、诗句等的原文，已酌予分段、标点。文字均照录不改。

(1) 洪天贵福亲书自述之一

四月初十日，老子起病。是天，他出来坐殿，我乃看见，后我总未见他了。十九日老子死毕，是遣女官来葬的。葬在新天门外御林苑东边山上。

六月十六日午时，官兵攻破城池，我在楼望见。我乃下楼出到荣光殿，忠王乃入朝带我出。他从垅口到芳山被擒了。尊王带我从淳化镇到广德，总是养王吉庆元带路。吉庆元带我们走，他欲带我去建平，我知是错路，又被我晓得时到广德。昭王在四安，是日昭王即上来见我。后几天，干王、恤王从湖州来见我，干王、堵王他们会议来江西会李侍贤大队。乃在广德出城，昭王带我出，养王开路。我们一路总未打仗，祐王一路亦打仗，堵王一路亦打仗，共三路人。堵王在宁郭墩炮打伤死了。后在一处，三路兵合为一路。

到开壹县离城不远，昭王统兵欲去攻，却见路不好走便回头了。后到威坪，闻得威坪有官兵，昭王、偕王、养王、扬王统兵去战不利，后乃回程从一处去，我不晓地名，到一处有大河，离徽州不远，有官兵抵住他们，打败官兵便过河。我们过毕河，首王范汝增未过河，官兵炮船又来了，将首王打散，有万多人未过河。后到一处离屯溪不远，亦有官兵来，我同尔们相遇，尊王叫我骑马飞跑，他们在后同尔们战，尔们未战便去了。后上一大山，我在山上见官兵来战，在山下养王、扬王并不战，马尽丢了，官兵追有七八里，追到石营盘便不追了。第二天行在路，亦遇官兵来同我相遇，我跑上山，山无路的，干王他们队伍回马枪打走官兵，我过山去方会得干王。那回我甚危险，同官兵只隔一小山。到开化县次早，官兵有千多又来了。入了城，花旗同尔们战胜乃回。一路来到离河口不远，亦有官兵来。偕王（下缺）

（2）洪天贵福亲书自述之二

（上缺）六月时，我闻得垅口响，我就上楼看，却见官兵入城，上城内小山，又见顾王吴如孝统兵来敌打不利，我乃下楼，同光王、明王到荣光殿。我要出朝，守朝门之女官不畀我出，后忠王同黄享乾侍卫两人入朝，忠王言能救我出城，我乃同忠王出朝。忠王畀白马，我坐骑到忠王府，忠王乃齐兵欲去太平门交战。临到太平门时，忠王又率众回，欲出大南门，后又细思南门外有雨花台，正是多营盘之处，乃回头上西门城上，却看西门外尽是水，又不曾出。东门、南门官兵总上了城，我们乃去清凉珊，各王议俟头更时冲太平门垅口出。后冲垅口出，从淳化镇去直至广德州。未到州时，在半路遇一河，有炮船抵住。尊王、养王、巨王及各王亲率人交战，官兵既败，乃得过河，养王儿子吉连旺阵中死。到广德第二日，巨王洪和元自己愁他父亲，乃吞烟死。到有几天，幼西王萧有和亦病死。

在南京时，保封王封官，均是王次兄勇王洪仁达、吏部天僚干王洪仁玕、吏部天官慰王朱兆英三人保封的。凡封王封官，总是他们议诏稿进，乃降诏封的。我登大宝后，沈桂议封六主帅，忠王李秀成为大主帅、记王黄金爱为副主帅、顾王吴如孝为东方主帅、刘逢亮为南方主帅、吉庆元为北方主帅，西方主帅记不清是谁人。沈桂、黄金爱、吴如孝、刘逢亮均未出南京。

老天王死毕，埋在新天门外御林苑东方岭上，不用棺木，是使女官葬的。老天王的父亲名叫洪镜扬，有个细亚妈在南京未出。老天王有八十八个妻。我有两个弟，一个光王洪天光，一个明王洪天明。我有三个伯，王长兄信王洪仁发在西门跳水死，王次兄勇王洪仁达未出城，来到垅口被官兵拿了。忠王李秀成带有壹百多人，从石牛石马处到芳山被官兵拿了。独恤王仁政伯到杨家牌，亦被官兵擒了。

出南京是尊王带我出来的。时尊王用长枪系长白带，我骑马跟紧这白带走。我两个弟天光、天明，在南京未出。祐王李远继在杨家牌被官兵杀了。尊王刘庆汉被官兵拿到杀了。南京有千多王未出。

天朝内有一青鹦鹉，所住是银笼，他会讲话。鹦鹉唱云：亚父山河，永永崽坐，永永阔阔扶崽坐。

（3）洪天贵福亲书自述之三

读过天朝十全大吉诗、三字经、幼学诗、千字诏、醒世文、太平救世诏、太平救世诰、颁行诏书。前几年，老子写票令要古书，干王乃在杭州献有古书万余卷。老子不准我看，老子自己看毕，总用火焚。我见书这多，老子不知，我拿有三十余本，艺海珠尘书四五本、续宏简录卷四十二卷四十三共二本、史记两本、帝王庙谥年讳谱一本、定香亭笔谈一本，又洋人之博物新编一本，还有十余本书。自我登基之后写票要有四箱古书，放在楼上。老子总不准宫内人看古书，且叫古书为妖书。

朝内有一个鹦鹉会讲话，天天唱云：亚父山河，永永崽坐，永永阔阔扶崽坐。

我有四妻：姓侯，安庆人、姓黄两个，广西人、姓张，湖北人。

我有两个弟：光王洪天光、明王洪天明，两人均十一岁。

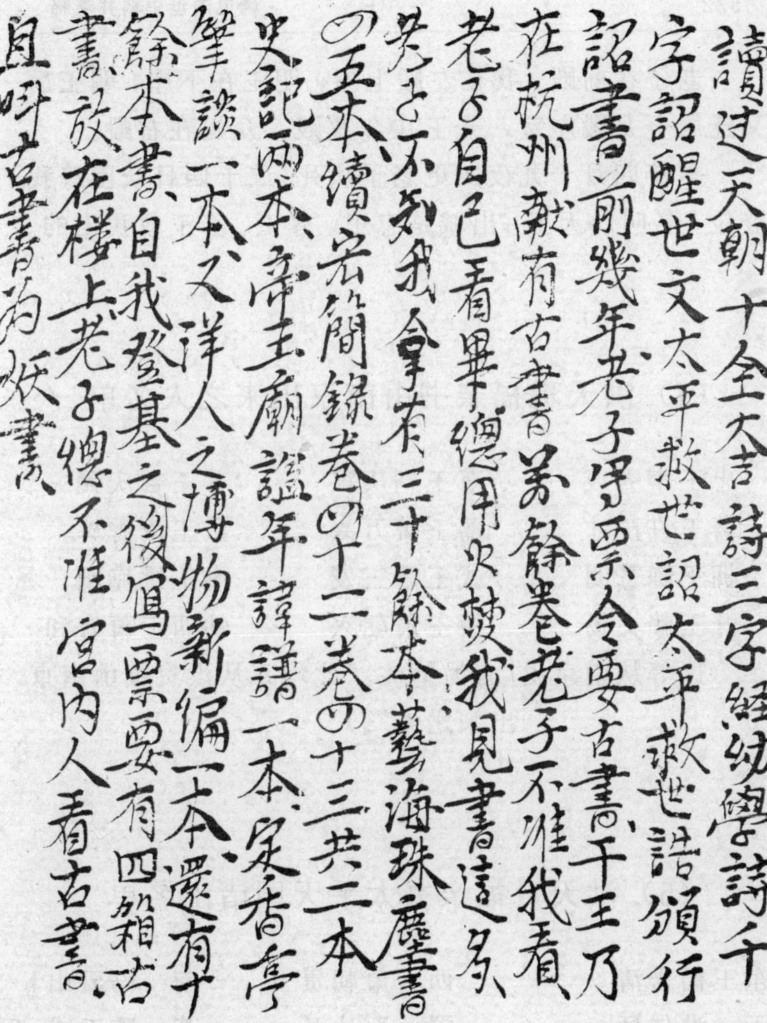

讀过天朝十全大吉詩三字經幼學詩千字詔醒世文太平救世詔太平救世語頌行詔書前幾年老子寫票令要古書千王乃在杭州献有古書萬餘卷老子一不准我看老子自己看畢總用火燒我見書這多其亡不知我拿有三十餘本藝海珠塵書四五本續宏簡錄卷四十二卷四十三共二本史記兩本帝王廟謚年諱譜一本冥香亭筆談一本又洋人之博物新編一本還有十餘本書自我登基之後寫票要有四箱古書放在樓上老子總不准官內人看古書且叫古書為妖書

洪天贵福亲笔自述

老子在前殿，我在左殿上屋，明王在下屋，明王后又迁居金龙殿左室，光王在金龙殿，众妈在右殿。

本年四月十九夜四更老子病死。二十四日众臣尊我登位，名叫幼天王。出城是忠王、尊王、养王救我出的。

(4) 洪天贵福亲书由南京出来之人名单

忠王李秀成	尊王刘庆汉	养王吉庆元
著王许茂才	藩王黄万兴	浓王李秀辉
拥王陈赞明	式王萧三发	虔王姚克刚
开王赖文扬	模王萧朝兴	幼西王萧有和

这等从南京出(有另笔注:“此均系从洪贵福由南京出来之人”。)

(5) 洪天贵福亲书太平天国诸王名单

东王杨秀清	西　萧朝贵	南　冯云山
干　洪仁玕	翼　石达开	英　陈玉成
忠　李秀成	赞　蒙时雍	侍　李侍贤
辅　杨辅清	章　林绍璋	豫　胡万胜

顺	李春发	循	魏超成	依	张兆安
卫	洪仁闻	匡	赖文鸿	襄	刘官方
奏	苗沛霖 后封赖世就			请	李开芳
求	林凤祥	祝	卢文从	嘏	卢　六
覲	黄秉忠	宗		服	
事		护	陈坤书	顾	吴如孝
扶	陈得才	对	洪春元	勤	林始发
	黄得用	补	莫仕睽	敬	林大居
畏	秦日南	爱	黄崇发	恤	洪仁政
恭		庆	秦日庆	贺	秦日来
望	黄文安	祐	李远继	祜	
孝	胡鼎文	学		慕	谭绍光
来	陆顺得	趋	黄章桂	慰	朱兆英
戴	黄呈忠 西方主帅			就	黄盛爵
报	秦日源	顶	萧朝富名功贵	直	林得英
善	陈观意	守	方海宗	从	陈得隆
奉	古隆贤 后黄朋厚即小老虎十四			保	洪仁山
相	陈潘武	启	蓝成春	沃	张洛行
导	陈仕荣	遵	赖文光	听	陈炳文
堵	黄文金	铭	张立超	心	侯贤提
首	范汝增	随	杨柳谷	跟	蓝仁得
念	方营宗	恋	赖玱永	怀	周　春
感	陈　荣	誌	陈志书	记	黄金爱
肺	罗大纲 死九江	腑	朱锡坤		

颂	张善超	播	练顺森	愉	宾福寿
扬	李明成	欣		赓	
歌		讴		捧	
重	黄四福	有	黄盛乾	喜	
如		是		云	
养	吉庆元	为	侯裕宽	视	黄享乾
问	孙茂升	潮	黄子隆	会	蔡元隆
享	刘蔚鸠	献	黄玉秀	尊	刘庆汉
归	邓洸明	荣	廖发寿	凛	
乐	谭应芝	劝		拱(?)	刘水建

(6) 洪天贵福亲书请安本章格式和赞美诗

早朝请安本章

小子天贵福跪请

爹爹宽心安福坐，

爹爹万岁万岁万万岁。跪请

爹爹圣体安否，求

爹放宽圣怀，永坐天国万万年。

早饭请安

小子天贵福跪请

爹爹宽心安福食宴。

午时请安

小子天贵福跪请
爹爹宽心安福坐。跪请
爹爹身安否，请
爹宽心。

夜饭请安

小子天贵福跪请
爹爹宽心食宴，食毕宴放宽
圣怀安福睡

七日礼拜赞美云

赞美上帝圣神为天帝父
赞美基督为救世天圣主
真道岂与　　世道相同
能救人灵　　享福无穷
智者踊跃　　接之为福
愚者省悟　　天堂路通
天父鸿恩　　广大无边
不惜大子　　遣降凡间
捐命代赎　　吾侪罪孽
人知悔改　　朳得升天

食饭感谢云

感谢上帝祝福有衣有食无灾无难矶得升天

(7) 洪天贵福亲书送唐家桐诗三首

右送唐家桐哥哥诗三首

跟倒长毛心难开　　东飞西跑多险危
如今跟哥归家日　　回去读书考秀才
如今我不做长毛　　一心一德辅清朝
清朝皇帝万万岁　　乱臣贼子总难跑
如今跟到唐哥哥　　惟有尽弟道恭和
多感哥哥厚恩德　　喜谢哥恩再三多

甲子年　十月　初四日夜五更洪贵福写

右颂唐家桐哥哥诗三首

跟到长毛心难开　　东飞西跑多险危
如今跟哥归家日　　回去读书考秀才
如今我不做长毛　　一心一德辅清朝
清朝皇帝万万岁　　乱臣贼子总难跑
如今跟到唐哥哥　　惟有尽弟道恭和

多感哥哥厚恩德　　喜谢哥恩再三多
甲子年　十月初六　洪贵福写

（8）洪天贵福在南昌府供词

（原题"南昌府讯洪天贵福供壹本"）

据洪天贵福供：年十六岁，在广东花县生长。父亲老天王洪秀全，今年五十三岁，有八十八妻。我系第二房赖氏名莲英所出，现年四十多岁。我有两个兄弟，均系十一岁，一名天光，封为光王，系第十二母陈氏所生；一名天明，封为明王，系第十九母吴氏所生。并有两姊三妹，均不同母的。我有四妻，年纪均与我相仿，一侯氏，一张氏，两个黄氏，均未生子。我自五岁随父到南京，六岁时读书，同一个姊子名天姣系长我十岁的，教我读书，并无先生。我在南京夫妻五人住在宫内左殿，父亲住在前殿，生母住在右殿，天明弟住在我之下首，天光弟住在金龙殿，宫内共有七八个殿。那干王洪仁玕是我族中疏房叔子，于己未年到南京来的。父亲平日常食生冷，自到南京后以蜈蚣为美味，用油煎食。于今年自四月初十日起病，四月十九日病死。因何病症，我亦不知。尸身未用棺椁，以随身黄服葬于宫内御林苑山上。宫内有前后两个御林苑，父亲葬处系在前御林苑，距父亲生前住的前殿隔有两个殿。

王长兄信王洪仁发、王次兄勇王洪仁达、幼西王萧有和们就于四月二十四日扶我接位为幼天王。一切朝政系信王洪仁发、勇王洪仁达、幼西王萧有和及安徽歙县人沈桂四人执掌。洪仁达并管银库及封官钱粮等事。兵权是忠王李秀成总管。

六月初六日五更时，我梦见官兵把城墙轰塌，拥进城内，醒来告知两弟。不料是日午后，我在楼上望见官兵果然把那里城墙轰塌，拥进城内。忠王李秀成及尊王刘庆汉们带了一千多兵、马六七百匹于初更时保我从太平门缺口处冲出，官兵在城墙上看见，追来至山边，李秀成转身拦截官兵，同洪仁达均被擒获。那沈桂，都称他为沈真人，亦于那时被炮子打死。洪仁发于破城投水身死。我的两个兄弟天光、天明及母妻均在南京城内，并未携带一个妇女出来。一切各物亦未随带。城内还有七八万人。我的姊子天姣许与广东人金王钟义信为妻，尚未成婚，亦在城内未出。

我从南京动身由淳化镇过到不知地名，与官兵打仗，彼此均阵亡不少，我兵死的更多。到那河边，官兵原想烧断浮桥，被我兵抢渡，行至前面地方遇见官兵，我们的马匹丢弃甚多，军装亦抛弃不少。走了四五日到广德州，那干王洪仁玕从湖州带兵来到广德州，并办了好些贡物。那恤王洪仁政亦从湖州来到。那幼西王萧有和在广德州病死。

我们在广德州住了有半个多月，干王洪仁玕、堵王黄文金们因知侍王李侍贤已来江西，就于七月不记日子带了七八万兵，保我从广德州起身来江西与李侍贤会合。列王黄宗保带了花旗军在前开路，花旗军有多少我亦不知。养王吉庆元、堵王黄文金、昭王黄文英各带兵分三路走，我只穿了蓝白单夹长褂，头扎绉纱巾，脚穿鞋子，沿途骑马经过的地方，均不知名。到宁国墩的地方遇见官兵打仗，堵王黄文金被炮子打死了。三路兵合为一处，走黟县到威坪与官兵战败。到一处有大河离徽州不远，与官兵打仗获胜。我们过了河，有首王范汝增带了一万多人未及过河，官兵炮船来了，都被打散。又到一处离屯溪不远，遇见官兵。我骑马先走，尊王刘庆汉在后打仗，官兵退去。到一大山，又遇官兵打仗，我们马匹丢弃不少，官兵追了七八里才转去的。到第二日又遇官兵，我跑上山没有路，险被擒获，幸干王的队伍回马枪把官兵打走。到开化县又遇官兵，我的花旗兵战胜。那日到离河口不远，楷王谭体元带了他的队伍，因与官兵打仗，走往光泽县去了，到横村，谭体元才来合队的。到唐坊又与官兵打仗，官兵大胜，追到杨家牌。那日三更时分，官兵猝至，把我冲散。我独自一人骑骡子过桥走了几里，看见官兵来了，我跌下坑去。官兵过去，我就上山，在山上饿了四天，遇见一个白衣无须长人给我一个茶碗大的面饼。我接饼在手，那人忽不见，我把饼吃了，又在山上过了两天。到第六日下山，央人剃了头，到唐姓家，那唐姓就叫我帮他割禾，有人盘问，我捏说瑞金人。在唐家住了几天出来到白水镇，至高田地方遇见官兵，问我要金银没有，把衣服剥去，并要我挑担，致被盘出拿获的。

那侍王李世贤听说往广东去了。那康王汪海洋尚在瑞金，要往福建去，我没有赶到。我在杨家牌冲散之时，祐王李远继被官兵杀了。那干王洪仁玕还在我之后。他有三四个儿子，一名葵元，长我二三岁。我在石城曾见他骑了一匹骡子。那忠王李秀成有两个儿子，一名李荣桂，并非亲生，不知下落；一不知名，现年四岁，系他亲生的，已在石城被获。

我的头发是我父老天王在日叫我剪去，只剩了这些。凡我父面前的人都要一样剪去，不剪要打，究系什么意思，我也不知。我们的礼拜赞美语句另写一纸呈阅。我的兵在石城地方只剩了二千多人，我自冲散后想必归康王汪海洋往福建去了。

我所说的日期是我那边的日子，较之　大清的日子要迟十天。那东王杨秀清系六年被北王韦昌辉杀死。南王冯云山于未得南京以前就死了。西王萧朝贵系在长沙被炮子打死的。北王韦昌辉自杀杨秀清后，旋亦被人杀死。那翼王石达开自去四川后没有音信。另有扶王陈德才、崇王陈德隆、天将马荣和三人带了人马下陕西，亦无音信。我只知名，未见他三人之面。

我父亲不吃猪肉的，并不准众人吃酒，所以从前我只吃牛肉，不吃猪肉，如今也吃猪肉并常吃酒。那洪仁玕是好吃酒的。我称母为妈，我妈与第四母余氏不和，父亲因将俩母均锁闭了好些时。那时我年纪尚小，不见母常行啼哭。我父在日，各王见我均须跪礼，母磕头礼我的。花旗兵从前在常州与洋人打仗，得了两尊西瓜大炮。我名贵福，父亲先封我为真王，外人误传真王二字为瑱字。是实。

（9）洪天贵福在江西巡抚衙门供词

（原题“本部院亲讯洪天贵福供壹本”）

洪福瑱供：我，广东人，自少名洪天贵，数年前老天王叫我加个福字，就名洪天贵福。登极后，玉玺於名字下横刻真主二字，致外人错叫洪福瑱。现年十六岁，老天王是我父亲，他有八十八个母后，我是第二个赖氏所生。九岁时就给我四个妻子，就不准我与母亲姊妹见面。老天王做有十救诗给我读，都是说这男女别开不准见面的道理，我还记得几首。我九岁后想着母亲姊妹，都是乘老天王有事坐朝时偷去看他。老天王叫我读天主教的书，不准看古书，把那古书都叫妖书，我也是偷看过三十多本，所以古书名色也还记得几种。从来没有出过城门。

本年四月十九日，老天王病死了。二十四日，众臣子扶我登极，拜了上帝，就受众人朝贺。朝事都是干王掌管，兵权都是忠王掌管，所下诏旨都是他们做现成了叫我写的，以后我就叫幼天王。我四个妻子都叫幼娘娘。

六月初六日五更，我梦见官兵把城墙轰塌，拥进城内。到了午后，我同四个幼娘娘在楼上望见官兵入城来了，我就往下跑，幼娘娘拉住不放，我说下去一看就来，便一直跑往忠王府去了。忠王带我走了几门，都冲不出来，到初更时候乃假装官兵从缺口出来，才出来千多人就被官兵知觉，尾后都被截断了。到广德州只剩数百人，就约堵王等分路来江西寻康王、侍王。沿途节节打仗，不计次数。到那日到杨家牌，我就说，官兵今夜会来打仗，干王们都说官兵追不到了。三更时候四面围住，把我们都打散了。官兵追得紧，我过桥吊下马来，他们把我扶过岭。官兵追到，我与身边十几个人都挤下坑去。官兵下坑来，把他们全数都拿去了，不知何故单瞧不见我。

我等官兵望前追去，独自一人躲入山里，藏了四天，饿得实在难过，要自寻死。忽然有个极高极大的人，浑身雪白，把一个饼给我，我想跟他去，他便不见了。我将饼吃下就不饿了。又过了两日，下山到了唐姓人家，我说是湖北人，姓张，替他割禾，他给我饭吃。他那里有人剃头，我就顺便也剃了。住了四日，唐姓人叫我回家。我就走到广昌的白水井，问人说是往建昌的路，我怕建昌有官兵，就回头。有一个勇说我是长毛，把我衣服剥去了。又走到瑞金地界，就有一个勇叫我替他挑担，我说不会挑，又回头走到石城地界，就被他们把我带到营中。

唐老爷待我甚好，我的话都告诉他说了。那打江山的事都是老天王做的，与我无干。就是我登极后，也都是干王、忠王他们做的。广东地方不好，我也不愿回去了，我只愿跟唐老爷到湖南读书，想进秀才的。是实。

（七）洪仁政、黄文英供词七件

洪仁政、黄文英七件供词，均藏于台北故宫博物院。洪仁政是洪秀全的堂兄，太平天国壬戌十二年封为恤王，但并未理事，天京被攻破后随洪仁玕等护幼天王入江西被俘，留有在席宝田军营、在南昌府、在巡抚衙门的供词三件。在抚衙一件很简短，《太平天国》据胡氏旧藏清刻本已刊出。在南昌府一件则较详，较有史料价值，其中金田起义时的某些情况包括洪秀全本家人参加起义的情况，均为前所未知。黄文英是太平天国后期重要将领黄文金的堂弟，癸开十三年封为昭王，也不理事。被俘后的供词，在席营有一件，在南昌府两件，在抚衙一件。后一件《太平天国》据同上也已刊出，但与前三件互有详略，且有异同。黄文英供词的主要价值在于它叙及其堂兄黄文金的一些活动和事迹。黄文金之死，幼天王洪天贵福供词写作打仗中炮而死，而黄文英供词都作病死。上述已刊出的在抚衙的供词述及埋葬黄文金不用棺木事，史家据以为太平天国破除旧礼仪的一证，但今所见在南昌府的供词，却说“因行走之际无处措办棺木”，故用棉絮包卷，这就值得进一步研究。黄文英在南昌府的又供中还述及浙江湖州府系苏州守将谭绍光打破，故湖州的钱粮归谭而不归后守湖州的黄文金。这一事实对研究太平天国的制度很有意义。以下据原档刊出的七件，均非亲笔。文中的错字等处，不作改动。

（1）洪仁政在席宝田军营供词

（原题“席营提讯逆酋供”）

问据洪仁政供：身是广东花县人，年五十三岁。洪秀全是我的兄弟，我长一岁。先封国宗，曾同韦志俊守武昌省城，韦志俊变了官兵后，我仍转天京。老天王因我有打江山的功劳，又是至亲，封我为恤王。上年由天京出外催兵救天京。癸亥十一月十六日到丹阳、常州一带调催各路兵马。天京破后，我与干王们由湖州到江西。前日兵败，各人四散上山逃命。我藏伏山中，被兵勇搜出。所供是实。

(2) 洪仁政在南昌府供词
(原题"南昌府提讯逆酋供")

据洪仁政供：年五十三岁，祖居广东嘉应州，迁居花县石坑地方。父母均故，并无兄弟，娶妻江氏，已故，生有二子，长子七岁，次子五岁，均于前年因出痘夭折了。小的种田营生，与伪天王洪秀全、伪干王洪仁玕均是堂兄弟。有亲戚王尔观在广西的贵县下六十里大圩地方做酒米生理，小的前往投奔帮工。那洪秀全不知何时因何事到广西桂平县金田地方起事，寄信到贵县之大圩，邀小的前往同打江山，并说拜上帝好，小的就前往金田。有本家洪秀年、洪阿斌、洪赐福一共四人同馆，那三人后来均已身故了。那洪秀全系读书出身。小的到那里已有一万余人，听说系在金田等处招的。

小的入夥的年月不能记忆，只记得到如今有十四年了。初去时，派令小的照管衣服及厨房的事。那年洪秀全在金田起事，小的随行一两月就走象州到永安州，又从永安去围桂林省二十余日，分兵围攻全州，随到长沙省围攻南门十余日，往益阳坐船到岳州，没有扎住就攻湖北武昌省。小的船泊在汉阳，嗣攻破武昌省，那年正月初二日，从武昌开船由九江走安徽到南京。那九江、安庆二处，小的到时业已攻破。围南京十余日破城。

伪天王另派人照管衣服，令其在馆闲住四年。伪天王派韦伪北王的兄弟韦十二不知他名带兵往湖北，封小的伪提督职，帮同十二理料。那统带兵的是伪英王陈玉成即四眼狗，从南京动身走黄梅、广济、蕲水、黄州、汉口到汉阳，那陈玉成带了贼萧照山、杜日兴分兵往德安府去了。韦十二派他兄弟韦十四在汉阳带小的攻湖北省。小的在湖北三年，至六年被官兵围困，小的们退回安徽，韦十二从安徽往江西来了。伪天王说小的不该退兵，把小的调回南京收监有一月余，幸石达开奏以小的不过帮理，并非带兵，又无粮草，因此免罪释放。到壬戌年，伪天王念小的是王宗，封伪恤王。

去年十一月，伪天王派小的往湖州催兵救援南京。小的走丹阳、常州到湖州府。那驻扎湖州的广西人伪堵王黄老虎统兵在湖州，因道路不通，不能颁兵往援，小的就在湖州住下。嗣闻南京退出，伪天王先已在城病故，他的儿子幼天王添贵年将十六七岁，分兵出了南京，说到了广德州。今年七月，因湖州孤城难守，伪堵王带兵往宁国去了。小的随同伪干王洪仁玕等十余万人动身，想来江西会合伪侍王李世贤一股。小的并未带兵，随同伪干王洪仁玕来江西新城县境，与伪天王的儿子伪幼天王的兵会见，那日曾见伪幼天王之面。小的有职无权，不能奏事。那日小的走至不知县名高田地方，因连日行走，人困马乏，又无人守卡，想剃头逃走，头未剃完被百姓捉获解省的。这伪干王洪仁玕、伪昭王黄文英在小的之先拿获的。所有贼中内事均系伪干王照料，贼内情形须问洪仁玕，小的不知详细。是实。　九月二十七日

(3) 洪仁政在江西巡抚衙门供词

（原题“本部院提讯逆酋供”）

洪仁政供：广东花县官禄埠人，年五十三岁。老天王是我堂弟，我比他大一岁，向在家看牛，因拜兄弟，房屋被宋姓烧了后，同天王到广西下天京，封我做国宗，叫我同韦十二守湖北省城。在武昌住五年，兵权是韦十二掌管。后来失了武昌，将我收禁，亏石达开等保奏说怪不得我，方才放我出来。又念我是堂兄，封我做恤王。我只替他管衣服、管厨房，兵事须问干王，我不知道。是实。

(4) 黄文英在席宝田军营供

（原题“席营提讯逆酋供”）

问据黄文英供：身是广西博白县人，年二十六岁，黄

文金是我胞兄。我曾带过二三万人马，老天王因我攻打各处功劳，封为昭王。去年我兄来江西，我把守湖州。今年我又守广德。天京破后，同我兄从湖州保幼主上江西。到宁国墩，我兄身故，我就统兵与干王同保幼主来江西。走到湖坊，我分路走光泽杉关出新城，手下只剩七八千人，合干王统下共一万多人。到杨家牌古岭地方，黑夜战败被擒。所供是实。

（5）黄文英在南昌府供词

（原题“南昌府提讯逆酋供”）

据黄文英供：年二十六岁，广西博白县人。父母均故，并没兄弟，后在贼营内娶有妻子。小的十三岁时，随同堂兄黄文金即贼营内的伪堵王，同表叔叶开方在广西平南县师纲墟地方投入贼内，小的却不记得年月。那时贼匪共有一万余人。小的堂兄先做成宣伪职，小的年幼，就在堂兄馆内当小把戏。那年贼匪是由永安州去围桂林省二十余日，分兵攻围全州，复由全州走道州、郴州至长沙省，后从长沙到益阳县，就由水道走岳州，由湖北到安徽省。贼匪那时把安徽省城攻破，复围南京，约十余日亦被攻破。小的随同堂兄黄文金就在南京城内居住。到咸丰七年间，伪东王把小的要去到他馆内当差约有四个月，伪东王说小的不能干，又把小的送回堂兄黄文金馆内。

小的堂兄黄文金那年冬间曾随同伪东王出兵攻打扬州，后又奉派采买了粮草三次，复又管带了六七百人随伪东王到过江西湖口县。那时小的在南京城内帮黄文金守馆，并后随同出兵。黄文金那年由江西转回南京，伪天王就封他永忠侯伪职，后堂兄黄文金又带兵攻打芜湖，当把芜湖打破，他由芜湖到江西石镇街，小的那时在芜湖帮堂兄照料家眷，并没同来石镇街。嗣堂兄带兵转回芜湖，小的又回南京居住约有两年。堂兄在芜湖因伪天王调他前往江北救援，就把小的叫到芜湖照料家眷。那时镇守江北的贼头系张朝将，堂兄黄文金因与他有嫌，并不往江北救援。后因伪英王把堂兄未救江北的事奏知伪天王，将堂兄侯爵斥革。旋伪孝王、伪佑王、伪英王同小的堂兄黄文金往攻湖州，那时湖州尚未攻破，伪天王复封堂兄堵王伪职。后把湖州打破，伪英王、伪罗王另带贼兵往攻杭州。

到去年，小的堂兄与伪孝王、伪佑王们带领贼兵窜来江西，各伪王家眷均在湖州居住，派小的照料。那时湖州没有粮食，适有伪章王林绍璋由杭州催粮转回南京，路过湖州，小的就向他借了粮五百石供给各王家眷。后伪章王到南京保举小的做昭王伪职，小的因自己本无才能，如何做得王，去年九月堂兄堵王由江西转到湖州，小的就要他代为奏辞王职，后因奏辞不准，小的就受了昭王伪职。

今年二月间，堂兄堵王即拨了贼兵名为壹千实止陆柒百人与小的管带，前往广德州驻扎，粮由堂兄堵王湖州解送。不料本年四月间，天王在南京病故，复立了天王的儿子为主，亦名天王，现年十六岁。到七月间南京被官兵攻破，那幼主伪天王带了贰叁千人到广德州与小的会合，当即约会堂兄堵王及伪幼孝王、伪佑王们一同窜来江西。动身时，小的原有骡马各一匹骑坐，与伪天王在前同行，堂兄堵王以作后队。不料行至宁国县地方，堂兄伪堵王於七月二十几因病身故。那时宁国县地方因没人烟，并因行走之际无处措办棺木，把堂兄伪堵王尸身用棉絮包卷，埋在那路傍水沟内。那时小的因堂兄身故，身无依靠，本欲寻死，被手下贼兵劝止。

嗣行至威平地方，小的骡马均拐了脚，不能骑坐，即与贼众步行。小的因行走落后，管带的陆柒百人均各在途陆续逃散，前到石城，小的手下祗有叁人。小的因脚痛不能前进，已离伪幼天王们约有七八里之遥，并因堂兄堵王已死，我营内并没依靠，自己又无能干，当叫那三人逃去，小的实不欲生。后见该处有一山寨，小的就扒上山去，想到那寨内安身，那寨内走出老头子一人，向小的称说，你是贼匪，何不往投官兵营内。那时小的在那山上坐歇，适见山下官兵旗号，小的意欲寻死，就下山来见那官兵，那官兵当把小的拿进营内见了席大人，致与这伪干王洪仁玕、伪恤王洪仁政一并送来案下的。

至这伪干王，小的在贼营内与认识，究竟他如何被擒，小的并不知道。小的自幼在贼内并未执掌事务，实系依靠堂兄伪堵王。贼营内的王职，现在约计总有千余，多是有职无权的。是实。

九月二十七日

（6）黄文英在南昌府又供

据黄文英又供：那伪天王洪秀全系今年四月十九日在南京死的，传说因发肿病死的，有的说因调兵不动自己寻死的。今年有伍拾贰岁，他的儿子小的不知名，向来都称他为幼主，自洪秀全死后称为幼天王。

贼中的甲子与清朝不同，贼中的今年二月二十二日，大清的三月初二三。小的堂兄叫小的带了柒百余人从湖州往守广德州。这伪干王洪仁玕从丹阳往湖州路过广德州，小的才初见洪仁玕的。那伪幼天王带了伪佑王及广东人姓刘的伪尊王，于六月十几带了二三千人也到广德州。后来小的随幼天王走昌化、玉山来江西。传闻堂兄黄文金随后从湖州带了贼众也要来江西，走至宁国县不料病故了，小的闻信当即转回至宁国看视。那幼天王行至安徽之深渡地方过渡，渡未过半官兵追至，打了一仗，贼匪死了一万余人。

小的系去年七月三十日伪老天王封小的为伪昭王，到今年正月十八日颁到昭王印。小的于十八岁在南京城内娶江南人侯氏女为妻，二十岁，生有一子，在南京城内不知存亡。

贼中王有四等，这伪干王系一等王；那伪翼王、伪忠王、伪英王及伪恤王均系二等王；小的堂兄黄文金系三等王；小的是四等王。这干王洪仁玕系王宗，总理朝纲，所以职比伪翼王还大。

又有广东人伪乐王谭应芝的侄子伪慕王谭绍光，先在苏州，那湖州府是他先破的，所以湖州的钱粮都要归他，最为强悍。后小的堂兄黄文金到湖州，也不敢用他的钱粮。旋有伪纳王郜永宽于去年十一月把伪慕王杀了，赴官兵处投诚。

黄文金在湖州时有夷人三十余人来投，售卖洋炮、洋刀、洋布、洋粉等物，后动身时那夷人仍回他国去了。一二三等的伪王印上均刻有二龙二凤，如小的四等王印上祇刻有二条龙。

至幼伪天王行至石城所属，小的落后七八里就到官兵营盘，不知伪幼天王的去向。听说伪康王汪海洋把幼天王接去了，未知确否。贼一路来分三路行走，贼头黄忠保及姓魏的带了花旗贼先行，伪幼天王及伪干王洪仁玕在中，小的们在后。

小的堂兄黄文金在宁国县乡下病故，口中含有金子一两余，恐百姓挖掘，所以埋在水沟的。他今年三十三岁，相貌凶恶，一手能举二百斤。是实。

九月二十七日

（7）黄文英在江西巡抚衙门供词

（原题“本部院提讯逆酋供”）

黄文英供：广西博白县人，年二十六岁。十岁父故，十三岁母故，都是靠王兄抚养，王兄就是堵王黄文金，是叔伯哥子，年三十三岁。我十三岁同哥子跟天王到天京，我只替我哥子管家务、管钱粮，并未管兵。我哥子打了多少好仗，夺了多少地方，前年才封堵王。去年七月三十日忽然封我做昭王，我叫哥子与我奏辞，未得递进。

今年二月二十二日，哥子派我带七百人到广德州守卡，给有王印一颗。那天朝的王有五等。若从前的东西南北四王、翼王，现在的干王，执掌朝纲，是一等王；若英王、忠王、侍王，执掌兵权，是二等王；若康王、堵王、听王会打仗的，是三等王，若我与恤王，是四等王。那五等王一概都叫列王。起初是有大功的才封王，到后来就乱了，由广西跟出来的都封王，本家亲戚也都封王，捐钱粮的也都封王，竟有二千七百多王了。印是有分别的，三等以上的王印双凤双龙，若我及恤王的印只有双龙，并无双凤。我的印在徽州丢了，这广丰解来的印双凤双龙，是刻好未发与我的。

湖州出来时势头尚好，自我王兄病死宁国墩，军心就都散了。天朝的事越做越坏，若我王兄立了多少功，要奏一件事还要转两道手才到干王手里，干王准奏才奏上去。那忠王也是顾己不顾人、顾私不顾公的，侍王又呆板得利害，我看来那里有个能成事的。

我到石城因广东老夺两湖兄弟的马，我劝给还他，被广东老戳一矛子，我告愬干王，伊也没法。我后来也丢了马，脚走坏了，所有被擒。那天朝我是不愿跟他了。我是无用之人，投诚也无用处，放我回去也无家可归，只愿死了。心中就是挂着两件事。我王兄抚养之恩未报。他生前轰轰烈烈，病死时干王怕官兵知道来挖了尸，不用棺木，只用破棉絮包他，埋在水沟里头，口中衔些金叶，手上有个玉镯而已，我心中万分难过。我儿子六岁，不知死活，也只得由他了。是实。

（八）李世贤部闽南活动文书两件

太平天国天京失守后，侍王李世贤等部在江西、福建、广东继续斗争。以下两件文书，是利王朱兴隆及所部在福建云霄等处活动的往来信件。英国档案馆藏抄件。第二件“兄兴隆”三字与“列王义德”、“天将宋”并列，而无发信人。我判断为“兄兴隆”三字后脱抄“书致”二字。即第二件文书是利王朱兴隆给义德、宋北斗的信。是否如此，请读者鉴定。

（1）

小弟黄廷水、义德、宋北斗、巢哥富同跪禀报利王千岁千千岁殿下，为乞恩救援，以安疆土，并请宝安事。

敬禀者：兵有联络之势，则往来接应，斯不至有疏虞之弊。诚思云霄乃漳州与平和犄角之区，弟等据守此地，实於我军关系不少矣。奈云霄城南有蒲尾张姓，甚是冥顽，纠集土匪数千，并有诏安残妖三千余，日夜到城，四面攻击，实为猖獗。弟等亦曾激厉官兵，屡次奋勇剿杀，特以弟处兵力稍寡，久战力疲，势难相下，实恐有不测之虞。是以恳求殿下大开救援之恩，克日亲统大兵，前来救援，扫灭残兵，则弟等阖城官兵感受深恩无穷也。

肃此具禀，伏祈青照。

太平天国甲子十四年十月二十二日。

(2)

兄兴隆（书致）
列王义德家贤弟等青及：
天将宋

缘于十三日接阅弟等来文，均已得悉。但是弟等计取城池来情，原系广开疆土，乃思理所当然。惟见前接侍王谕复，经抄录前来，想弟等得阅其情。兄於日前曾发委带兵至大溪扎下，以好互相连络。讵料遇彼诏安妖匪追回，将卡撤至大峰住扎。不意有当地顽民，擅敢暗串游平残妖，同来侵犯我卡，杀死兄弟十余名。经兄随即统兵赴彼，将该不化之民，概已诛杀。现西门离城二十里，系游平交界，该处残妖筑就坭垅三穴，不时窜至黄田窥探。且北门各姓，亦屯有妖匪万余，经兄发兵至彼，杀匪不少，余孽逃散。刻下暂为平静。并有东门前造就水圩十余个，均系恃圩不顺，愚心难化。兄统兵业将该圩打开数个，其余尚迷未顺，刻下还要出兵攻剿，使其惧威则已。

至于弟等进取来由，正合我意。兄当即传齐各队将官酌议，奈何各将面求，俱称冬令已深，诸多不便。兄亦揣思平和原本云霄境隘后道，岂可疏忽。且观侍王谕内一切情形，弟等亦必深鉴。依兄愚见，进取之事，不若权宜停缓，但恐入深地，后无接应，如之奈何！且探得官溪有妖至把守，且我大军数万之众，安能轻动？必须漫算决胜之策，再图后计可耳。

专祈裁量，并询近佳！

另於十八日接弟等复文，欣悉一切捷音，足赖众官兵踊跃及弟等鸿韬广略，诛灭妖匪数万，并兄发精兵几千，兵由大溪而来，振扬声势。想兄处现亦在征剿东门残匪，谅弟处自必整齐队伍，似此些须残孽，难逃弟等妙谋，定必易於扑灭。后如弟处再有何事，行文前来，兄当发兵夹剿，是所望宽心可也。

太平天国甲子十四年　月　日后复。

（九）刘道衡携致英国“杜文秀表”等四件

晚清云南回民起义大理政权使臣刘道衡 1872 年在英国呈递“杜文秀表”、刘道衡致英国官员函及大理国文武官员品级表等四件，英国印度事务部档案馆藏，是研究云南回民起义和杜文秀的重要文献。

杜文秀，云南保山县回族人，少年考取秀才。清朝咸丰之初，太平天国建都于南京，不少非太平天国系统的反清势力也

中華總統兵馬大元帥臣杜文秀謹
表
大英國皇上陛下俯請
聖安伏乞
鑒納事竊思臣等回人降生西域建國天方
不幸唐代之變入東土以勤王復因元
祖之興隨南征而勘亂屢蒙帝澤浹髓
淪肌世守王章納粮供職慨自清朝定
鼎突然畛畦攸分待旗民則若弟若兄

杜文秀表

纷纷举起义旗。杜文秀于咸丰六年即1856年在大理起义，称总统兵马大元帅，分道进攻昆明，曾有相当声势，后因东进失败而大挫，大理被清兵攻破，杜文秀服毒自杀。

大理政权领地在云南西部，其西界与已有英国势力深入的缅甸相邻。1870年秋大理已四面受敌，刘道衡向杜文秀上书，建议借英国力量以推翻清朝。一年后他到达缅甸，经仰光而抵伦敦，先后呈递了上述四件文书。“杜文秀表”是以“中华总统兵马大元帅”名义向英王称臣，希望英国“发飞龙之师”，杜则“愿效前驱，襄成逐鹿之志”。表文中并称，详情由刘面陈。刘道衡面见英国印度事务部大臣无机会详谈，于是写了两封信。一则表示归顺，请英国或派兵，或暗助枪炮、银钱，二则献上大理的石头四箱，表示大理山河归顺于英国。但英国未接受他们的要求。

刘道衡的活动没有实际结果，但这件事对杜文秀和刘本人的历史评价却有重要关系。有认为刘的行为为背叛而杜并不知情者。以上文件为研究提供了直接的依据。我得到的这些文件是英国友人赠给的反转片印件，“杜文秀表”钤有阿、汉文合璧印，印文为“总统兵马大元帅印”。据目验报告，原件质地黄绢，墨笔楷书，印正方形，每边长12.8公分①，可以判断这件表文不可能出于刘道衡私造。刘道衡上杜文秀书有很多议论，而以借助于英法以图天下为中心，杜文秀批语赞刘为“乱世奇才”②，并无反对的意思。所以这次活动不能看作是刘个人的行为。当

① 据黄嘉谟著：《滇西回民政权的联英外交》，台北中研院近代史研究所专刊，1976年出版，191、179页。

② 见中国史学会主编、白寿彝编：《回民起义》，神州国光社出版，第2册，171页。

然这次活动是完全错误的。刘道衡上书中以“申侯召犬戎以破西周、石晋约契丹而灭后唐”相比，以为可以假英国之手以灭清朝。他在给英政府大臣的信中也明白地说，“今我来归顺贵国者，不过借贵国之洪福，图成大事而已。”这是幻想，英国如果发兵入华，杜文秀求为石敬塘式的儿皇帝恐亦不可得。

杜文秀表文中原有遣叔岳马似龙、义子刘道衡出使之语。事实上马似龙并未成行，刘道衡被派为正使而以另一不知名的亲属为副使①。

现将各件照式发表于下。官制表中有两个字因印件照片不清，未能辨识。

(1)

表

中华总统兵马大元帅臣杜文秀谨

表

大英国皇上陛下，俯请

圣安，伏乞

鉴纳事，窃思臣等回人，降生西域，建国天方。不幸唐代之变，入东土以勤王。复因元祖之兴，随南征而勘乱。屡蒙帝泽，浃髓沦肌，世守王章，

---

① 据黄嘉谟著:《滇西回民政权的联英外交》，台北中研院近代史研究所专刊，1976年出版，191、179页。

纳粮供职。慨自清朝定鼎，实然畛域攸分，待旗民则若弟若兄，视回人则如土如芥，功则轻赏，罪则重刑。夫以陈涉、李密，两匹夫耳，尚能愤激倡乱，一以兴汉而亡秦，一以兴唐而亡隋，何况回人居满中原，烟火百万户乎！古人有云，抚我则后，虐我则仇。是以潜通消息，共愤风云，斩木为兵，揭竿为旗，据苍洱之险，兴熊罴之师，非敢夜郎以自大，默愿圣人之早生。今闻我

大英国皇上仁如尧舜，德媲禹汤，巧夺天工，神机甲乎中外，威加海宇，血气莫不尊亲。但以中华地势，由东而上则难，由西而下则易。臣等深慕大德，远献愚忠，如蒙俯

纳，遣发飞龙之师，愿效前驱，襄成逐鹿之志。大业告成，苍生攸赖，请受一廛而为氓，敢希三公以酬报。机不可失，时不再得，祈速

睿裁。谨

表以

闻

辛未年十月　日遣叔岳马似龙
义子刘道衡赍

呈　所有备细机宜，表内不及陈者，已嘱刘道衡面陈。

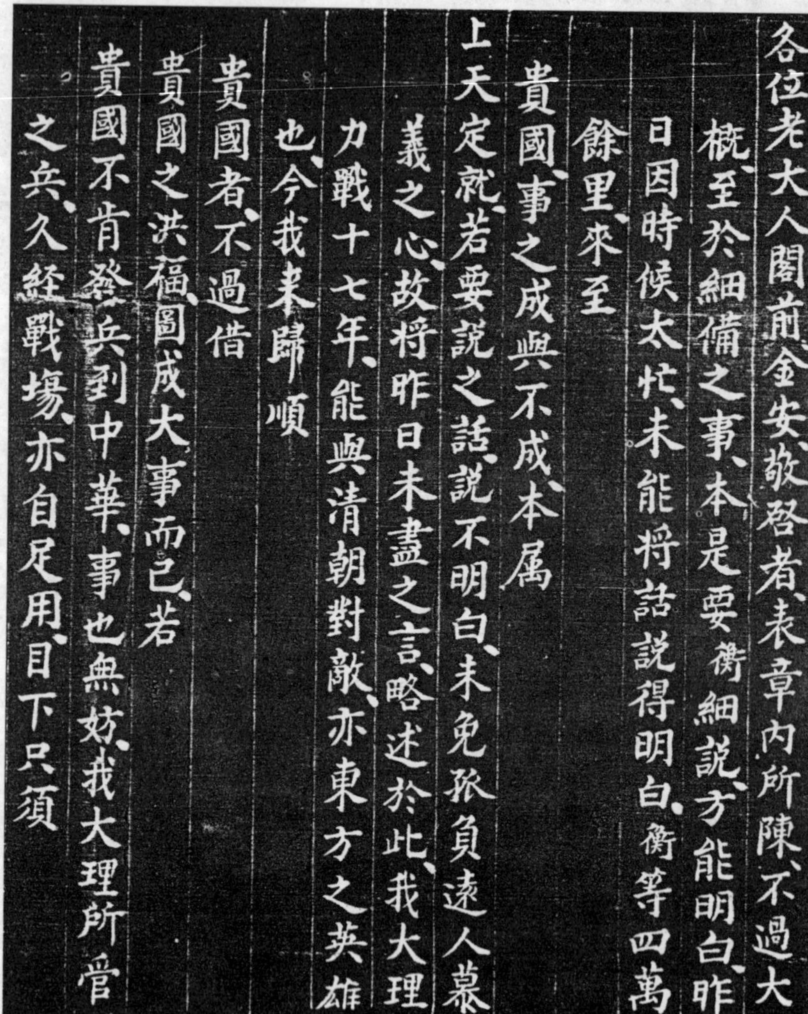
各位老大人閣前、金安、敬啓者、表章內所陳、不過大
概、至於細備之事、本是要衡細說、方能明白、昨
日因時候太忙、未能將話說得明白、衡等四萬
餘里、來至
貴國、事之成與不成、本屬
上天定就、若要說之話、說不明白、未免孤負遠人慕
義之心、故將昨日未盡之言、略述於此、我大理
力戰十七年、能與清朝對敵、亦東方之英雄
也、今我來歸順
貴國者、不過借
貴國之洪福、圖成大事而已、若
貴國不肯發兵到中華、事也無妨、我大理所管
之兵、久經戰場、亦自足用、目下只須

刘道衡致英国大臣

（2）

各位老大人阁前金安。敬启者，表章内所陈，不过大概，至于细备之事，本是要衡细说，方能明白。昨日因时候太忙，未能将话说得明白。衡等四万余里，来至

贵国，事之成与不成，本属

上天定就，若要说之话，说不明白，未免孤负远人慕义之心，故将昨日未尽之言。略述於此。我大理力战十七年，能与清朝对敌，亦东方之英雄也。今我来归顺

贵国者，不过借

贵国之洪福，图成大事而已。若

贵国不肯发兵到中华，事也无妨，我大理所管之兵，久经战场，亦自足用。目下只须

贵国派一二能员大官，由阿瓦暗地进大理，会我父亲，看我情形，若大理可以共图大事，只须暗地助我枪炮，助我银钱，则我大理所管地方，便都是

贵国的百姓了。异日清朝背盟，中华有变，我父亲统领大兵，约会各省的回回，帮

贵国出力报效，岂不两全其美。若我大理不可以同事，

则

贵国之官，原然折回，也无害於事。若

贵国疑惑，怕我包藏奸诈，则请

贵国将衡留下，以作质当，俟等

贵国之官，到了大理，有信回来，再为放衡归国可也。

大凡谋天下国家之大事者，少一着，不如多一着，机会不可失也。从来忠臣孝子奉君父之命，不敢不尽心力也，尚祈谅之。专此即请

金安。

壬申年五月初九日大理使臣刘道衡顿首

（3）

敬再启者，古来中华规矩，每逢小邦，归顺大国，名为献土称臣，必取小邦主山之石，以为凭据。将此石献於大国，即如将小邦的土地人民、山川城池，拿到大国一般，大国将此石收了，即如将小邦的土地人民、山川城池收了一般。中华自秦始皇以来二千余年，小邦归顺大国，必行此礼。今我大理所管之地，东至楚雄，西至腾越，南至耿马，北至丽江，由东至西，人走十八日，由南至北，人走二十二日。今我父亲将大理所管之地，归顺

贵国，因取大理主山所出之楚石四箱，送到
贵国，以做凭据，即如将我大理所管之土地人民、山川城池，拿到
贵国，献与
皇上一般了。用四箱者，盖取东西南北四方之义。此乃中华古来小邦归顺大国至恭至敬之礼也。若
贵国肯与大理同事，将此石收下，即如将我大理之土地人民、山川城池收下一般了，名为献土称臣。此乃小邦归顺大国，第一次所行之礼也。归顺之后，每年将小邦所出珍奇之物，敬呈
皇上，名为进贡，此归顺以后，所行之礼也。我父亲乃东土之英雄，四万里外，来恭敬
皇上。恐
贵国不明中华之礼，孤负远人慕义之心，故叙明於此。至於事之成否，是乃天定，非衡之所得知也。

大理使臣刘道衡再顿首

(4)

文职

从一品　　大冢宰

正二品　　总理军机大参军

从二品	协理军机参军、维持清真教掌教
正三品	安抚使、都掌教、抚夷知府
从三品	各路参军、招贤院掌院、五城兵马司
正四品	六科参议、各路参议、盐运使、粮运使、安抚副使、副都掌教
从四品	宣政司、招纳司、观察使、副掌院、都掌教典籍
正五品	参谋、六科主政、副宣政司、抚夷知州、盐运副使、粮运副使、都掌教中书、司经馆教（?）
从五品	参政、行军司马、副招纳司
正六品	招慰司、承审司、（?）主政、司经馆训导、副五城兵马司
从六品	副主政、行参
正七品	从事 别驾
从七品	传报司、巡方司、兵马司、稽勋司
正八品	主簿、主事、司经馆主簿
从八品	知事、佐丞
正九品	司务、署令、医官、僧正司、司经馆司务
从九品	首领、副医官

武职

从一品	扬威大都督、各大司

正二品	大都督、大将军、大翼长
从二品	中郎将、加衔都督、加衔将军
正三品	都督、偏将军
从三品	各路领军、各路冠军
正四品	都指挥、都云麾
从四品	各路都尉
正五品	各路校尉、监军
从五品	翼长、指挥、云麾
正六品	各路先锋、忠翊卫
从六品	各路骁卫、副先锋
正七品	都统制、都领兵
从七品	统制
正八品	领兵
从八品	副统制
正九品	左右旗长
从九品	统领

（十）补录洪天贵福等供词三件

补录一　洪天贵福亲笔供词（又一件）

以下三件我1994年在台北未见。1995年日本小岛晋治教授过访，我出示1994年在台北获见之干王、幼天王等供词、诗句及驳李秀成供等文献。小岛先生1996年踵往台北，搜索比我从容仔细，此篇洪天贵福的亲笔供词及尊王刘庆汉、誉王李瑞生的录供，即为我所未见而由其寄赠复印件者。此三件均有新的内容。此件洪天贵福供词系亲笔书写。其中谈到他逃出南京到广德州后，诸王先后来见，但堵王黄文金始终未见之语与其他文献所载不同；偕王谭体元埋银二万两、后“变为百姓”想挖出银子事，为其他文献所未载。据罗尔纲先生《太平天国史》谭体元传，谭在浙江淳安境战败后“剃发潜藏”，后入汪海洋部，在广东牺牲。埋银变百姓之说似可为“剃发潜藏”之一解。至于黄文金，多种史籍称其为幼天王自广德州入湖州后之大将，据另一件誉王李瑞生供，黄文金等诸将在湖州议定了此后行军作战的大计，由幼天王饬示各方遵行，而此件幼天王亲笔供词却明确说黄文金“总未见我”。此说虽应重视但可疑，或者其意思只是说黄未先到广德州见幼天王。

洪天贵福这篇自述自署写于甲子年九月廿七日。按洪天贵福于太平天国甲子十四年九月十三日、清同治三年九月廿五日被俘，太平天国中人被俘后自述中大都仍用天历，而且他们对天历与清历的换算都不甚了了，如与洪仁玕同时被俘的黄文英在南昌府的又供词中说，太平天国的甲子与清朝不同，太平天国今年的二月二十二日是清朝的三月初二三日。他说得不确定，而且不正确——实际上应是清历的二月二十八。洪天贵福避写“太平天国甲子十四年”而仅写“甲子年”，这是不难理解的，其月日，我判定也必是天历，而不是清历。他还有两件亲笔诗句（见前），也都署“甲子年”某月某日，洪仁玕的亲笔绝命诗署“廿七日”，这里的月日应都是天历。

本篇自述之末所写的几行竖读文字，是太平天国玉玺的玺文。这篇自述以及另外的自述、诗句都提到的唐家桐、唐老爷，我未查过此人的来历。洪天贵福称他哥哥，称他是辅佐清朝的文臣兼武将，又说此人待他很好，似乎是一名看管俘虏的年轻武弁。

今将小岛先生赠给的各复印件，补为移录刊出，以供同好研究。（1997 年 9 月 27 日记）

我名字叫洪天贵福，现年十六岁。己酉年十月初九日卯时出世。老天王是我父亲，于本年四月十九升天。廿四日众人尊我登基，叫做幼天王。我有四个老婆。现在我不要妻，二十岁再要。六月天京被官兵打破，我同尊王刘庆汉、藩王黄万兴、忠王之弟扬王李明成、武王萧三发、助王黄期升、养王吉庆元同带一千几百人在天京黑夜从垅口奔出。官兵在城墙上不晓是我们出来。我们出有千余人，官兵方知我们出，乃叫杀长毛。官兵追上山就追不到了。我一路来到广德州。干王、恤王、堵王、祐王、偕王都在湖州。昭王在泗安。即日昭王来广德见我，干王、恤王次日亦来见我。堵王、祐王、偕王未来。出广德后祐王、偕王方见我。堵王总未见我。后堵王在宁国墩受伤升天。偕王谭体元因埋银二万两，后变了百姓，想挖银子。干王、恤王、尊王时在我前后。顺王李春发是自己一人在南京逃出来，一路做暗哑到广德州的。有一天黄宗保花旗大队从福建光泽县前来，我们从乌石镇一路前来，后到横村，复合来到唐坊。官兵追到了，打了一仗。后在杨家牌驻跸。夜时官兵又来，将我们打散了。是夜失散，总是我单身一人走上山，在山上饥饿四天。有一高人无须，首戴高白帽，穿白衣白靴，送一大饼与我食□□□□我欲跟他去，他交饼与我，便不见了。后我下山，走何家湾高田一路来石城。我一人到这里后，有一人带我到老爷这里。我先是幼天王，今是跟老爷的人。我做唐老爷弟弟，我年轻，到这里，道理我有些不晓，望大人老爷怜我年幼，莫怪我。今蒙唐老爷待我甚好，我就放心了。

老天王名叫洪秀全，此名是天安的，本名叫洪火秀。干王是老天王封为开朝精忠军师，我呼他为叔。恤王我呼他为伯。我不晓我是那县人，干王是那县人，我就是那县人。出广德是养王带路，后偕王带路。偕王变了百姓后，是花旗开路，我们总是跟花旗走。我在南京时，官兵未破城，我先梦见尔们官兵入城。在杨家牌，我亦先知尔们官兵夜会来攻，我先对干王他们说，官兵今晚会来打仗，他们说官兵不得来。我今来到大人老爷这里，万望大人老爷带我到老，我感大人老爷恩于世世靡暨。洪天贵福自己亲写。

我在杨家牌到一姓唐人家住毕几天，有一剃头老来同姓唐人剃头，我就叫他同我剃头。

老爷识见高　世世辅清朝
文臣兼武将　英雄盖世豪

右颂唐家桐老爷诗一首

救世幼主真王洪天贵福，外人不知，将真王二字合起叫做福瑱。

甲子年九月二十七日洪天贵福写

国　天　平　太
　　　皇
玺　赫　上　明　玉
　　赫　帝　明
　　　督基
　　　带
　　　真
　　　主
万　福　幼　天　天
方　禄　主　子　下
来　寿　作　万　太
朝　喜　主　年　平

补录二　尊王刘庆汉供词

尊王刘庆汉为保护洪天贵福逃出南京重要人物之一，但其名仅见于洪天贵福等的供词，事迹不显。沈葆桢在俘杀刘尊汉后曾据供词在上奏中略述其人，今见其供词原文，知是广西起义老兄弟，曾参加北伐，后封为尊王。安庆失守，革去王爵，不久仍封尊王，并称升为副军师，与洪仁玕同在天京掌理朝政。但与洪仁玕“同在天京掌理朝政”之说，洪仁玕、李秀成供词以及其它载籍均无此踪影，恐是书吏误记。沈葆桢奏称这是幼天王逃至湖州后分以洪仁玕与刘尊汉为正副军师，可能较符事实。以下是供词原文。

据逆犯伪尊王刘庆汉供：年三十六岁，是广西人。我随老天王洪秀全由湖南、湖北、安庆到天京。老天王命我统带人马扫北失利，我回天京，后来又到各处攻打城池。老天王封我为尊王，命我带人马往黄梅、广济，去救安庆，被官兵打败，安庆不守。老天王将我革去王爵后，因连年有打江山的功劳，仍封尊王，命我为副军师，并命干王洪仁玕为正军师，同在天京掌理朝政。今年四月老天王升天，我辅助幼天王出天京到江西，走湖坊、新城、唐坊、古岭一带。手下人马屡被官兵杀败。我拚死翻山逃命，官兵追赶紧急，身受多伤，倒地被擒。所供是实。

补录三 誉王李瑞生供词

誉王李瑞生，事迹不显。今据录供，知是广东惠州永安人，曾从洪秀全受读。太平天国起义克广西永安州时，邀其参加，后从石达开出走，又返回南京。其供词中较重要者是，幼天王等逃出南京后，曾在湖州会议今后战略，其具体情况较他籍所记为详，值得重视。又述及兵败被俘前夕，幼天王欲自尽，为干王、祐王所救，此为洪天贵福本人及他人供词所未及。洪秀全另外两子光王、明王，南京城破时，《太平天国史》云下落不详。李瑞生明确说都已死于6月，即城破之时被杀。这是李供提供的新事实。又，此供中“光王”误作“先王”。按：沈葆桢奏附片称，李瑞生系被长左营副将李运生所俘，经统领长左营道员王德榜讯明录供禀送沈葆桢。“光”字误“先”，不可能是录供时之音误，必应因形近而在抄录时造成之笔误，可知沈葆桢咨呈军机处的这篇供词，是王德榜呈送录供之抄件，在抄录中产生了错字。

以下为供词原文。

据伪誉王李瑞生供：小的系广东惠州府永安县人，年三十八岁。因父亲在广东省西门外开烟店，小的从洪秀全读书四年。父亲去世后，小的未读书，回店生理。因洪秀全攻驻永安州，几次写信来，并屡送金银，小的不得已，将母亲送至惠州本籍，交与母舅收养，小的假说上广西生理，遂往永安州见洪秀全，娶亲，封为伪职。

洪秀全系广东广州府花县干禄坃人氏。其人先前在九间庄杨家村教学。后得洋人带来名为耶苏之书，系□拜为上帝的。又到二十八年，一路由广西卖笔为生，后在广西本处诱了多人拜上帝。后又因土客相争不和，就因此时与冯云山、杨秀清、萧朝贵、韦昌飞、石达开等于道光三十年在金田坂起议造反，攻破永安州。咸丰二年，由桂林省往湖南、湖北，直下江南等处，小的亦在内。

小的于咸丰八年与石达开由江西过湖南宝庆至广西，会着亲人，云母亲病故，停在山上。小的当时求石达开奏请赏假回籍安葬母亲后，遂由广东搭洋船至南京，在洪秀全身边为军机，管办公文，历年未出。四月二十日洪秀全身故。其人所生三子，长曰伪幼主，次曰先王，三曰明王。次子三子本年六月身故。伪幼主自金陵于六月十六日被地道攻破，李秀成挟主及护身各伪王从垛假充官兵而出。维时已晚，皂白不分，致无人所阻。一路到栗阳桥，有炮船七只，步队约一二百之间，拦截此桥，伪幼主舍命冲过后，在广德州驻扎，不数日往湖州阅黄文金之兵，商量立足之地。黄文金云，浙江乃无粮之所，非成王业之地。遂与李远继等商窜江西。伪幼主饬李世贤、汪海洋、陈炳文等力取抚州、建昌为立足根本，李远继窜闽之昭武、汀州，黄文金以饶、广一带为己任，相为犄角，然后相机而图。计议后，幼主回广德，依次拔队窜江。不料黄文金在昌化受炮子而亡。军中号令不一，叠次而败，人心大变，各伪王伪将向官军乞降不少。昨湖坊又败，去降不少，现存不过二三千。伪幼主心怯，欲自尽，为祐王、干王等所救，即剃头装作难民而逃，若遁至汪海洋、李世贤，再作计较，如其不能，欲逃至广东九头山隘口等语。小的在湖坊被擒，后事作何结局，均不得知。此供。

七 社　　会

（一）《佛山街略》

《佛山街略》一册，伦敦英国图书馆东方写本与印本部藏，编号 15269. E8. 共十二叶。封面中署书名，左一行“道光十年刻 禅山怡文堂”，右二行“内附各埠渡额日期来往客商卖买什物者依街道宜行便是”字样。

本书虽为印本，据知仅英国图书馆有藏，国内罕见。本书纸质劣，刻印差，当年刊印动机如封面所示，系为客商卖买什物提供指南，或因此而不为世人所重，无所保存。至今日遂成珍本。

佛山自宋代始有聚落，明初称佛山堡，至明清之际成为天下四大镇之一，为著名的工商业城镇。至清乾嘉道时期，佛山镇有工商店号三千家以上，街巷纵横，周遭三四十里，人口二三十万。虽只是广东南海县之一镇，但屡与省会广州并称，为岭南巨大之市场①。《佛山街略》一书记佛山全盛时期末年之地理交通、街道里巷、名胜古迹，尤详于工商字号、贸易物品，其内容实有重要史料价值，为研究佛山经济社会历史之难得资料。

佛山北濒汾水，可通省城，正埠建有接官亭。佛山以祖庙

① 参据罗一星著《明清佛山经济发展与社会变迁》，广东人民出版社 1994 年版。该书有岭南二元中心市场之说，认为佛山与广州并为两个商品集散中心。

为名胜之最。祖庙祀真武帝，原称龙翥寺，明景泰元年(1450)以神助乡人击退黄萧养起义军有功，敕封为灵应祠，俗称祖庙。《佛山街略》以接官亭中、东、西各路至祖庙以及其他处，分述通往各处的街道里巷名称，贸易商号和经营的货物以及会馆、寺庙、名胜。所述由接官亭中路至祖庙的街巷地名计有：永安街、永聚街、东庆街、镇北街、官厅脚、原头街、汾流大街、畸畛街、长兴街、十七间、绒线街、福禄里、三角市、潘涌里、快子街正街、公正坊、水巷、公正市、大圩莲花胜地、清正堂洪胜庙、鹤园正街、行仁里、鹤园社、教善坊、长生树、荫善坊、先锋庙、文明里、花衫街、协天胜里、祖庙大街、麒麟社、明殿公莺岗、四圣庙、医灵庙、崇敬门，计36处。所述由接官亭东路至祖庙及附往普君圩一路，所经街巷地名计40余处。由接官亭西路至祖庙及附往大圩一路，所经街巷地名计30余处。由正埠往蛋家沙一路，所述街巷地名约30处。由正埠往大基尾一路，街巷地名10余处。由祖庙往栅下新文塔一路，30余处。由祖庙往村尾通济桥一路，约40处。又载去镇郊10余圩之道里路程和赶圩日期。依据这本书，人们可以对1830年时期的佛山镇描出一幅相当详尽的地理交通图。

重要的是它对各街道里巷的商业贸易以及人文作了富有价值的叙述。清前期的佛山以冶铁业为中心的各项手工业颇为发达，商业贸易尤盛。这本书对这一时期佛山的工商业提供了一份鸟瞰式的描写。以商贸而论，各街巷经营买卖之货物，计有：鲜果、咸鱼、糖芽、海味、酱料、膏蟹、海参、海参蛋、烧腊、面食、糖糕、米、糙米、油豆、麦、燕窝、槟篓、椰子、番薯等各种粮食和食物。有京土布疋、各色洋布、机布、夏布、包头、头绳、兜肚、蒲缎、新衣、旧绅服、原当衣服、梳篦、精美葵扇、苏白扇骨、油扇、雅扇、金扇、帐詹、凉帽、红缨、冬帽、雨帽、藤帽、帽绒、绒领、锦被、丝带、皮衣、皮裘、纽扣、绒线、缎鞋、布鞋、皮鞋、靴、屐、冬袜、色袜、手巾、蒲缎、首饰等各类穿戴服饰。有大小铁锅、铁线、铁钉、铁锁、开刀、关刀、铁钉、铁锤、铁门、铁钻、田铁器、犁耙、秤砣、缝针等各色铁器和白铜、铜箔、铜丝、铜锣、铜镜、金线、金箔、锡箔等各色金属制品。有苏杭美物、古玩、玉器、水晶、玻璃、宝石、磁器以及颜料、马鞍、毡毯、烟袋、花灯、胭脂、算盘、棋子、红绒、丝带、纱灯、寿具和各色竹木及竹木器物。有川广药材、蜡丸、参茸、沉香、龙香、肉桂、大黄、陈皮等各色药材。它详尽地提供了一个工商城镇所经营的商品品种。并且由此可以看出，佛山经营的商品虽有“各色洋布”，反映出广州一口对外通商对它的影响，但就全体而论，它们都是中国传统商业范围内的货物。

街巷中福宁街、福源里等处有“炒炼铁炉”、“炒铁炉开此”字样，应是佛山的冶铁工业之所在。一些街巷写明有占卦、装裱、刻字、书籍、鼓乐、花轿和找银换钱的行店。一条小巷还有“乌烟”，应即是鸦片。交易物品中出现的“生烟”，似亦是鸦片。有几处注明是“色馆”所在，色馆应即是妓院。有戏船、戏馆，也有戏盔行业。一处街道有“上等茶居”，说是看戏者停车小憩之所。一处“晚市”注明“卖酒肴”。一处旧圩有“酒店”。此外却无明确标志酒楼饭馆之处。岂中国前近代的商业活动中吃喝风并不盛行，抑或记载缺漏，似可注意。

《佛山街略》不但具体显示了佛山镇商品贸易的品种，也注意了街巷的工商人文特色。如福禄里，注明“通街直铺多有三百余店，俱卖京省巨客之货”。显然这是一条与京广客商有密切联系的繁华街道。镇北街，“烟行开在此”。旧槟榔街，“麻行开在此”。豆豉巷，“俱开棉花、西货、沉香、浮货行”。富民里，“海南行开此”。八间楼，“麻行栈房多在此”。新兴新宁街，“俱开筛择槟榔行”。忠义里宝贤祠，“有炭馆，各江浮炭泊此发卖”。排草街，“福建行多开此”。这些街道在商业上都有专业性。三界庙后街，“苏杭京客多在此聚”。太平坊，“南、龙、英、源、连客多聚此”。板坊闸，“肇、高、雷、廉客多聚此”。又标明，古佛山八十甲里排公馆在圣乐宫左的燕□堂。“佛山乡兵”聚于大会馆，今市兵在先锋庙。还标明江西会馆、楚南会馆、楚北会馆、陕西会馆、浙江会馆以及其它若干行业会馆之所在，佛山一些历史名人的祠堂、旧居、读书处、纪念地之所在。这些，都显示了佛山的经济社会和人文历史的某些特色。

书末附有“各行暗语”、“较秤法”、“听人还价法”三则，这些当时商界中的暗语和诀窍，我不能尽解。但可供专家研究当时商业风气之用，今亦照录。如上文交代，全书纸质、刻印低劣，我在英国图书馆订购的缩微胶卷，两页间字迹互相渗透，辨认不易。又因所刻字体不规范，还屡有错字，不易从字义顺读。以下所录，已经数度校读，还有少数字不能辨明，今以□号标出。少数肯定为错字者，迳予改正。疑为错字者括注正字，其不能确定者加？号。全书十二叶，第八叶末为“转蒙”二字，与次叶“大沥圩在镇之北”之句似不连接，但叶码相连不缺。该书于地名用大号字，与地名相连的动词如“转”、“入”等字，间亦用大号字，今照原刻凡大号字者均以黑体字标示。

佛山街略

封面

内附各埠渡额日期来往客商
卖买什物者依街道宜行便是

佛山街略

道光十年刻
禅山怡文堂

首叶

凤形涌出三尊地

灵应祠图

龙势生成一洞天

灵应祠古曰祖庙

祖庙之名由来久矣。内祀　玄天上帝并一十六员天将。左有宣化宫、文昌阁，右有流芳祠，观音殿，外有锦香池、万福台、奏乐亭、谕祭牌楼、崇敬门、端肃门，六门相通。昔黄萧养掠佛，著民欲降，有烈士梁广等二十四人同告神，神许，力战。后神助阵，大破海贼，名扬于朝，封其祠曰灵应，春秋谕祭云耳①。

① 灵应祠图两页，现略。

佛山街略

汾水正埠上有接官亭，大小文武官员赴任，下属皆在此迎接。对岸文昌、鹰咀二沙有广州粤海二关税，发买鲜果、咸鱼、糖芽等物。

接官亭佛山同知黄老爷建。亭前水分三江。东通顺德、香山等处；西通三水、四会，又往西北二江；北通省城、石龙等程。亭后路开三枝，而至祖庙一洞。

由接官亭中路至祖庙程附后分府宪衙门

中路永安街卖海味、牛烛、酱料。

永聚街卖葵扇、门神、竹笼、铁器。东通东庆街，西通镇北街，卖蟹、海参、蛋。

二帝庙内有清升（井），万汲不竭。世传霍尚书读书处。

官厅脚其街如井字，路口多行人记文。卖铁锁、布匹、生口、烧腊。西通原头街，卖京土布匹。

汾流大街古传此门楼女宿日建，凡官上任赴科，不从此过。卖苏杭美物、皮衣、颜料、马鞍、毡毯、各色洋布。九月建醮，例甚华美。

畸昤街横街内有药材会馆，发卖川广药材、包头线纬、红绒丝带。西通长兴街，卖纱灯、皂靴、绣绵镶杯、琴瑟萧笙。南通十七间，入绒线街，卖金钱、金箔、旧绅服、杂项、书籍。通福禄里，接东路，亦至祖庙。

转入三角市卖家用钮扣、绒线、梳篦、写扁额。

潘涌里卖缎鞋。闸门外之西是快子街正街，卖度金纽扣。

公正坊卖蒲缎、布鞋。东往桑园吴郎中逸居，直通水巷。

公正市卖面食、糖糕、扣土布各袜。西往大圩莲花胜地。

清正堂洪圣庙卖白铜，首饰店。

鹤园正街卖描金色盒、布底鞋。东往行仁里陵台县刘公宅，有新衣数间。

鹤园社卖鞋靴。东通教善坊，入长生树，俱开花轿、古玩、鼓乐、色馆。西通荫善坊，有鹤园遗址，昔兵部主事冼公建。

先锋庙卖鞋、对联。

文明里卖力、木料、花衫、花轿、鼓乐、玉器。

花衫街原大塘头。卖屐、打银换钱店。东通协天胜里，亦往长生树。

祖庙大街卖油扇、兜肚、竹烟袋、手巾、雅扇。东通麒麟社，直出，去

明殿公莺岗四圣庙医灵庙俱卖铁器等项。

崇敬门是至祖庙。

由接官亭东路至祖庙程附往普君圩

东路油行关帝庙卖黄藤、竹器、油豆、麦。

板枋街卖面麦、竹乐、槟篓、椰子，直通往天后庙。

转入排草街卖陈皮。福建行多开在此。

接龙街打铁门、关刀，卖木桶、花角。

大会馆佛山乡兵聚此。卖屐、生烟、铅、锡、铜锣、油纸。东通青纱街，夏布、花角绒。西通东庆街，找免钱银，相连永聚街。

观音庙后街卖戏盔、神仪。东通天成街，卖棕笼。西通朝观里，写金扇、帐僭，亦通汾流街。

观音庙前街戏台上写古鉴台，有鹦一只。卖班鼓、颜料、明油、猎料、算盘、棋子。东通善门街，卖米。

瓦巷直街卖凉帽、红缨。东通安宁里。

瓦巷正街卖笔墨、袋索、丝边、云额、磨石珠顶、寿具巾。有霍氏宗祠。

福禄新街卖头绳、手巾、兴宁油扇、火绒、镰石、铜镜。东通皮箱街，染帽里花红。出深水瓯，亦至舍人庙。西通十七间，亦系仍往畸岭大街。

福禄里找换金珠宝石。卖苏杭书籍、冬帽、绒领、锦被、金花、缝针、柬帖、黄白红纸、锡箔、金箔、色袜。通街直铺多有三百余店，俱卖京省巨客之货。西有街二。一曰福新街，染年红纸札，通出潘涌里。一曰福兴街，卖金线鞋帽，通出公正坊。南往金线街，卖金箔金张、信帽、枝花纸盒、染纸。亦通出行仁里。

转水巷正街有天后庙，卖金花、醮料、千层纸、镜桃字印。内有冬帽行会，铺门口年晚卖门神、红线等物。

水巷直街卖祭轴、神仪、珠灯、铁线、年货、开刀、门神、花、生花灯，比（北）通舍人古庙。

黄伞大街卖龙香响糖炮料、铁线、铁钉、滀花、帽绒。东往高地，卖土丝。左使入更楼脚，路通铁佛古庙。

富里社右有长生禄位会馆，找换钱银、燕窝、蜡丸。

早市多卖蜡丸、药材、胭脂、元宝、滀花。西通白米街，往长生树，有八音鼓乐店。

丰宁街卖龙香响糖、竹帘、罗斗、刻字、饼印、苏裱字画。东通纪纲街。直出水圳，往猪仔市，药王庙、兜肚庙数间。

坐地社卖原当衣服。若往普君圩，从此路直入福宁街，俱炒炼铁炉、灯笼、蜡丸，出走马（?）路，是入普君圩处。

转丰胜街卖原当衣服、铁线、胭脂。

孖庙卖花丝（?）、铁线。南往莺岗，出分府衙门转入

麒麟里有黄祠，卖笔墨、布朴（?）田书。直出麒麟社，亦至祖庙。

转隔塘大街有占卦铺，□有王京亭，刺史□良翰建。

营前大街上等茶居，凡游灵应祠看戏，必停车小歇。明堂有锦香池，灵黾大多。

圣乐宫奉祀北极大父母。左有燕□堂，乃佛山八十甲里排公馆。

由万福抬左门而入境往

分府衙门左

佛山书院往

村尾即□

由接官亭西路至祖庙程附往大圩

西路白米街又曰伊陈。俱卖上米。东边永聚街，南往太平街，卖葵扇，亦出二帝庙。

转镇北街烟行开在此，直出八间楼。

转盐仓街五斗总埠在此。

旧槟榔街麻行开在此。卖蒲包里席皮草。东通原头街，往汾流街。西通往富民里，海南行开此，广花针板。

转豆豉巷俱开棉花、西货、沉香、浮货行。有富民乡约江西会馆建在此。

升平街开福建纸行、参茸、药材、水晶、翠花玻璃、宝石。有

楚南会馆建此。东通长兴街转往畸　街，西通汾阳里。造烟竿银窝。

大塘街有牛角骨牌、镜仔、烟筒、头梳、铜器。

快子直街卖牛角器皿、洋刀、快子、白铜烟袋。东入松桂里黄进士宅，直出福源街、三角市，钮店数间。

先锋庙与三角市相连。今市兵在此。东往快子正街，出三角市，西往青云沙洛。有楚北会馆在此处。

万元里有曹氏旌表牌坊。转入大新街，卖铜箔、铜丝。亦出潘涌里。

地官里建庞祠荆门州上梓之祖也。至今科甲日盛，兄弟父子同魁。

富路坊右往华光新庙慧照台。

天后庙东往大圩，西往大湾。建都阃府，衙前俱卖竹篷田料。

转入沙塘坊何进士原居，至今乡科不绝。西出三官庙，有秀峰祠，甚美丽，乡贤何天眷翁手建。

滘边社南通镇南坊，卖苏白扇骨。有仁寿寺，五斗口司暂驻。北通美里，亦出大圩。

田心巷北通三思巷，出清正堂，东通荫善坊，出鹤园社。

转大树堂坊盐场大使吴公逸居兄弟，文风日盛，现今按察。

高第坊西有花园别院，吴举人读书处。

西边头山陕福地，陕西会馆建此。

三元宫西出古洛社。有钓鱼台，兵部主事冼公建。

端肃门浙江会馆建此，即三元宫。南通三元市，东是祖庙。

由正埠往蛋家沙路程至沙口

接官亭西路而行。

白米街转入

镇北街卖海参膏蟹。

直出八间楼麻行栈房多在此。

豆豉巷马头花麻西货俱在此上落。卖玉石、毛扇。直入大街是通祖庙。

转富民里琼南西货行店开在此。

三界庙后街苏杭京客多在此聚。

北胜社南行铁锅开在此。南入朝阳里，卖罗斗藤落果箱、麻绳、黄姜。通迎龙里，出豆豉巷大街。

盘古圩新华街卖田（?）衣服、福纸、藤帽。

新兴新宁街俱开筛择槟榔行。右通盘古庙。

直义街卖磁器、元宝。南有小巷，卖乌烟。

西竺街卖酸水草席、蓑衣、雨帽、西货。

凿石街卖石，打造铜锣。

雾龙街卖宝宝杂货。

贵县街俱卖糙米、炮竹、锡器。

新涌口卖炮竹、糙米。原有汛，汛后出观澜街，卖杉籽、竹器。有江夏祠，四周水绕，美丽可观。乡荐黄进士之祖堂也。相连都阃府衙门。

过新涌桥两岸有门，是两司分界之域。西曰黄鼎知津，东曰五斗升平。此四字新增雅量，奇思可敬。

黄鼎知津卖料香、糙米、木料。

盛世坊卖木磨，茶、面、米俱全。

太平坊南龙英源连客多聚此。

三官坊卖长生寿板、衣箱、杉木。

观音庙有凝福台。

丁□头郁市张槎机布在此发卖。

蛋家沙菜地四九圩每晨菜出市，是张槎汛。过桥是金兰街，直通聚龙沙，往杂木行，亦往张槎，即有东岳庙，遇且（?）赛炮甚盛。直杉行会馆，上沙口。

由正埠往大基尾路程

接官亭东路而行

油行关帝庙出

板坊闸肇高雷廉客多聚此。南通排草街。

天后庙前肇庆渡头，后通天庆街。卖妆盒、雨伞、生木神像。直出衙前街，卖杂色纸札、琉璃扇粉。

咸鱼街靛行开此。

华丰街卖糙米、铸铁香炉。南通聚龙社，卖米沙。

滙源街卖柴炭。有鱼栏。每早各贩如圩，今改往石云山。

真君庙前街卖新衣、鞋袜。南通大基头，卖咸虾、炭香。有汛，出登云桥。

猪栏各处生猪聚此发卖。

东胜街卖戏盔，有班馆。茗戏船下乡演戏，不能承接，故设馆代之。

琼花会馆俱泊戏船。每逢天贶，各班集众酬恩，或三四班会同唱演，或七八班合演不等，极甚兴闹。

琼芝社南通石云山，今新田鱼栏相连发卖。过海是蟠岗，陆路往省，由此便是。

大基尾汛顺邑各渡多泊此。汛外往煤炭厂。

由祖庙往栅下新文塔路程文武庙财神乃守财贵之庙

祖庙大街入协天胜里有武帝庙

长生树赁古玩、花轿、鼓乐。色馆在此。

白米街即长石街，卖米羊肉。

早市入纪纲街五斗口司衙署

石路头东通水圳，有冯大夫祠，内建敕命楼，至今乡科日盛。直出舒步街，往郡马祠，刺史梁焯之祖也。详苏州名宦世系。

转线香街卖竹器、药材、线香、皮鞋、酒醋。西往太上庙，一六日各乡屐钉聚此发卖。

卖箩巷有塔坡庙，卖竹器、药材、麻线、木壳。西往文昌阁，昔户部尚书待问李公生祠。

普君庙旧墟卖烧腊、生口，圩地卖海味、塘（糖）糕、酒店。

入乐平里卖锡器、秤戥。西往普君新圩。

铁矢街卖元宝，打银、塑神。有花园，南通细巷金花庙。

大口社搭蓬，安华陀先师，极甚灵应。社后入兰台里，都御史左公故居。

庆源坊　彩阳大街有广州协右营左哨千总爷衙门在此。

正仁里东通大塘　，往栅下文塔甚近，西通天宫坊，李尚书故宅在此。

走马灯东通东头，西通李参军祠。

入崇庆里　广德里汾江义学建此。今迁往分府衙门左便，今改名佛山书院。

栅下大街　义榕社昔烈士霍仲儒熙享合祀宣化宫后。西通茶基，李中书宅在此。

八间卖糙米，西通龙母庙，往津亭，坚炭船埋在此。

平政桥脚卖香薯、萝白。桥外五里是少师梁阁老故居。

果栏卖咸鱼、鲜果。各四乡至此贩卖。

天后庙卖藕。庙后亦通东头关帝庙。

蚬栏卖海鲜虾蚬。

二步闸平洲圩艇泊此。

文塔塔达七层，镇佛之水源。塔竣未几，三科而得陈、谈二解元矣。自此文风日盛。

由祖庙往村尾通济桥路程至军营汛

三元市西通楼（?）观里，有大山园，凡流军落驲居此。

黑衍口出雀哥庙有铁锅行会馆在此。

凿石街有旗带水，夜市如圩。西通城门头。昔黄萧养贼寇，拷掠佛山。本镇义士梁广等以木栅为城，故曰城门。养贼引数万壮卒由此门攻入。忽旗带水中飞蚊布阵，黑气遮天。勇士霍仲儒单身出战，杀贼数千，梁广等督民兵助阵，大破海贼，得胜而回。帝尊显圣，七星旗破贼，又曰胜门。今建胜门汛在此。汛外三里是弼塘理学（?）庞公故居。由此路往石湾，土产缸瓦器具等项发客。

凿石中街卖石大炮。南通山子铺，出铁线。

飞□山卖杉，又名杉铺，早晚二造秧栽在此发卖。北通城隍庙、大慈堂，有洞天宫。大慈堂暂寓出途纵有各处天□木主奉祀荣归，接回敬奉。

西街卖木窗扇。

十字路南通分府衙门、往南泉观音庙□心书院客籍□建。由此路往通济桥。近此北入莺岗，往麒麟里，亦通回祖庙。

新安街卖用（旧）铁器、烂鞋、字纸、龙江杂货、床柜抬椅。

尉迟庙卖布鞋、铁钉 □竹，打铁器家伙。

走马路卖炮竹、代料、灯笼，写匾。北通福源里，炒铁炉开此。

亦往早市处。

登笼里卖铜箔、金花。东入风箱巷，卖长生寿板、风箱。出文昌阁，卖布。

朝北社东往普君新墟。元宵卖鲤鱼花灯，在此赛卖。有茶亭，梁瑞宇倡建。

转全鱼塘有祠，两头水聚祠前，乃翰林陈解元之祖堂也，有翰林第。

沙滘后街礼部郎中陈翰林居此。

布巷出

晚市卖酒肴、糙米。东通厚俗社学，往龙母庙。西通沙滘前街，往铸犁坊，卖水车、风柜、犁钯、□口、铁器、钉锤等项。

转黄勘街有市。西通金瓯里，铸铁钻、秤铊。

澳口有梁祠兄弟大夫随□之祖堂也。至今祖孙乡荐。

忠义里宝贤祠有炭馆，各江浮炭泊此发卖。

会真社直出水便陈家

转蒙

大坜墟在镇之北二十里，由文昌沙而去，期趁五、十日，月小趁初一。

叠滘墟在镇之北二里，由文昌沙而去，期趁二、七日。

瓜步墟在镇之北十里，由丁渡而去，期趁四、七日。

六安墟在镇西北六里，由丁渡而去，期趁四、九日。

宁埠墟在镇西北十里，由丁渡而去，期趁四、九日，多卖牛皮。

桶头墟在镇西北十五里，由丁渡而去，期趁五、十日，月小趁廿九。

紫洞墟在镇之西，由汾阳城门二路而去廿五里，期趁一、四、七日。

张槎墟在镇之西，由汾阳城门去三里，期趁三、六、九，卖耕牛。

石湾墟在镇之西十里，由城门通济而去，趁二、五、八日，卖瓦器。

上村墟在镇西南二十里，由石湾而去，期趁一、四、七日。

东头墟在镇西南二十四里，由石湾而去，趁三、六、九日。出布。

乐从墟在镇西南二十里，由通济桥而去，趁三、六、九日。

岳步墟在镇之南二十五里，由通济桥而去，期趁一、四、七日。

深村墟在镇之南五里，由通济桥而去，趁二、四、六、九。

平洲墟在镇东南二十里，由石云山而去，水路在二步闸去，期趁二、五、八日。

罗坊墟在镇东北十里，由石云山而去，期趁三、八日。

各行暗语

鱼肉瓜菜行　一收二员三横四苏民五才六仲七鬼八卯九祉十收

鲜果咸鱼行　一楚二鸽三发四揽五冲六绞七骨八乍九旭十楚

退衣烂布行　一挂二栏三横四道五秀六捃七魁八打九失十收

长生寿板行　一上二元三春四置五吾六滚七化八公九旭十上

烟槟青蒌行　一丁赖二仓主三青金四昔利五运古六列竹七清吉八拘法九居右十丁赖

川广药材行　一上二武三科四灵五语六让七尾八其九壬十上

较秤法

夫司马秤者，古之风也。惟今之秤，参差不一。有增一二两，亦云司马，有增三四五六七八两不等，甚增十两以上，俗名双觔。但遇买物，总云大秤，随人要价，似属公平。学成担户，深明其意，本固利坚。奈新充嫩学，未究其原，屡被秤欺。若较低一二，人人搭价，好卖利无。若较高毫厘，人人不呼，日行难卖，有食本之敝。

另有一种，一秤两看。挟身司马外，便大秤上钓（钩）之脑，横穿二眼腰脑吞蛇较则司马若秤物时，将腰脑倒转，则两眼之脑亦随而转，友（变）为大秤。慎之。名曰鱼眼秤。

又有一种，一两至一斤，俱系司马。一斤之外，大二三两；二斤之外，大四五两，名曰节节高。

又有一种，一斤之外，俱系司马。一斤之内，渐大至一两，名曰藏花秤。

又有人自置一秤，买物一斤，将司马秤得一斤四两，误说大四两还价，不知实大三两四钱三分。

立此法则买卖自明，两无相欺也。

梁教之新选

前辈较秤，用汇一斤四两，若秤得一斤则大四两，浅而易明。若秤十五两，说大五两。言秤少一两，则大多一两等语。因前人多用大四两之秤，故有些约较耳。今人用秤越大，此法不合，不知四两之中还有大小也。今置汇一斤半，用一归五除，合问则知其细矣。若秤得一斤七，是少一两。将一两分为份半，每份只大六钱七分。又将一两之中加大三分，是较少一两，则大七钱重也。以七钱为法，若秤少一两（二七一两四）[①]，又将二两之中加（二七一钱四），是大一两五钱四也。余仿此。

将较以两数开列

① 括弧内的字，原刻作小字。下同。

一两，大七钱。　　二两，大一两二钱四。
三两，大二两四钱半。四两，大三两四钱。
五两，大四两四钱八。六两，大五两六钱。
七两，大六两七钱九。八两，即是将本汇称得一斤，则大八两明矣。

供（倘）遇秤本汇得十五两之秤，则大九两三，□秤少一两则大多一两半也。

又有一数最稳，不言秤之大小，亦置汇一斤半，将斤半之物值价若干，则将彼秤分匀取价。如物值一文一两，斤半汇是值廿四文。但逢秤一斤，是廿四钱（文）之本也。添多为赌。仿此。

听人还价法

凡上街卖物，较秤为要。若秤大一两，卖得九四，若人还价，一百文实得九十四钱（文）也。又如大四两，以八折为本。假如一文钱一两为本，他人还价廿文，以八拆（折）之，即是一文钱一两明矣。

将折数开列
大一两，九四折　　大二两，八九折
大三两，八四折　　大四两，八折
大五两，七六折　　大六两，七三折
大七两，七折　　大八两，六七折
大九两，六四折　　大十两，六二折
后大多一两，减去二毫折头即是。假如卖鸡，每斤八十文本，遇秤较大七两，他还价每斤八十文，我以七折问本，是八七五十六，知有六合之惠也。　　终

（二）《青县村图》（选录）

《青县村图》2帙12册，日本东洋文化研究所藏，编号为8028，1987年我在该所获见。后承该所滨下武志教授（现所长）赠给缩微胶卷。

青县在清朝属直隶天津府，顺治末年省兴济县来归，兴济旧县城成了青县的大镇。据嘉庆时的县志，全县村庄分隶于12镇。《青县村图》即是将全县各自然村的地理、人文、土地、人口、市集、作物等经济社会情况作了调查登记，分作12册，即以一镇为一册。调查的项目系木版刻印，调查所得资料主要用墨笔填写。具体项目有：村落所从属的乡镇、距城道里、村董姓名、四邻村落及距离、户数及男女人数、在籍官员、举贡生员、耆老、节孝、穷民、残废、义学、乡塾、义仓、街道、集市、权量、客店、庙宇、庙会、田赋、桥闸、津渡、河渠、井泉、禾稼、桑麻、瓜果等二十余项。各项目之后，又有各村的略图。

在东洋文化研究所，还藏有另一种同样性质的材料：《深州村图》（本书下一篇也将选录介绍），封面及各叶间钤有满汉文合璧方印，文为“深州之印”。从这一钤印以及《青县村图》、《深州村图》内容来看，它们是官方所作之调查无疑。官方何时、为什么作这样的调查？日本学者研究，这是李鸿章任直隶总督后为编纂《畿辅通志》作准备而令直隶各州县进行的。各州县调查整理成册有先后，但大致都在同治末年、光绪初年之间，亦即 19 世纪 70 年代之中后期①。这些对后世研究当时的乡村社会状况十分珍贵的调查资料，可惜绝大部分已荡然无存。现知幸存的只有这部《青县村图》、《深州村图》、以及也在日本而为私人收藏的《正定县村图》残卷。这三种村图在本世纪三十年代为日本学者和学术机构所得，他们对这些村图已作过不少研究，而由于缺少交流，我国学界迄不知有这些材料存在。所以 1987 年我在日本见到青县、深州两种村图时，极为惊喜②。

这些调查资料内容具体广泛而又数量巨大，可以利用它们作多方面的研究。它们在很大程度上显示了 19 世纪 70 年代中国北方农村的社会状况。以青县来说，《村图》提供了一个县的村镇分布、人口、教育、宗教、市场、作物、田赋、河道等自然和社会概貌。《村图》缺少直接显示阶级阶层的内容，但有“在籍官员”、“举贡生员”两项，这些人是当时社会的“精英”，代表了人口中的上层分子。“田赋”一项，包括这个村的土地亩数和银数，体现着国家与农民——土地所有者的主要关系；从各村田赋田亩数字中，可以反映出各村间土地分配的某些状况。集市、客店等项显示出当时农村存在的不同于行政区的市场圈。庙宇项中填写的庙数和供奉的神道，是当时人们宗教观念的反映。教育类中的“义学”是有公田支持的学校，“乡塾”则是乡人自办供子弟读书场所。从人口类中的户数、男女人数可以看出家庭的规模和婚姻状态的一些问题。学者对明清时期县以下里社乡保组织和它们的相互关系，见解不一。《青县村图》将自

① 据百瀬弘《明清社会经济史研究》（1979 年研文出版）中《清末直隶省村图再考》一文。

② 我曾经发起建议在我国各县档案馆深入搜索这一类文献，但未能实行。

然村的上一级写作“镇保甲”，其上则为“乡”，自然村之长称为“村董”。但它所谓的“镇”，并非专指工商辐辏之地。《青县村图》12册都以“镇”为名：第一本“在城镇”，第二本“南街镇”，第三本“北街镇”，第四本“流河镇”，第五本“南庄镇”……其中“在城镇”本镇有600户、客店10座，兴济镇本镇有861户、客店9座，杜林镇本镇有207户、客店5座，流河镇本镇有165户、有客店1座，它们是其他村赶集之所在，可以说是不同程度的商业中心。而第六本的新集镇本镇只61户，第9本李家镇本镇只92户，第10本大兴镇本镇只77户，以及虽有100余户的马厂镇本镇、黄洼镇本镇，都无客店，本镇都没有集，属于这些镇的村都去其它处赶集。由此可见，当时青县的“镇”只有建制的意义，与保甲的性质相同。一些学术著作以为华北平原乡民常聚居为百户以上的大村落，有土墙围绕。但青县的情况却相反。村图共收407村，百户以上大村只110村，占27%，百户以下村占73%，其中20户以下村亦在所多见，有54村。

《青县村图》篇幅巨大，本书只能选录小部分以示例。这里选择一个中等市集木门店的市场圈作介绍。木门店在县城西南30里，是一个有62户543人的村庄，属于南街镇。村有客店三座，月之三、八日为赶集之期。村有义学一所，乡塾两所，文武秀才三人，有应纳田赋的土地2533亩。属于南街镇的17个村和属于在城镇的12个村来木门店赶集，它们距离木门店多在8—12里间，少数远则13、15里，近则2—4里，木门店是它们经济交流——赶集的中心。

这个市场圈的30个村，其中9个村户数超过木门店，而人口超过木门店的只有4个村。木门店的优势是它有3座客店，这是其他村没有的——只 115 户 577 人的西蒿坡村有 2 座客店，91 户的刘吴召村有 1 座客店。30 村共 1575 户，8903 人。除官亭村只 10 户而有 237 人为特例外，户均人口不足 6 人，可见当时农村主要是小家庭。8903 人中男性 4924 人，女性只 3979 人，性比例为 123.7∶100，反映出农村男性因经济社会原因成家的困难。30 村须缴纳田赋的土地，意即这 30 村所有土地，共 45125 亩。以 30 村的人户平均，人均 5 亩，户均约 30 亩。但各村的分布颇有悬殊。户均达到和超过平均数的有 11 村，其中户均 100 亩以上者 3 村，超过 200 亩者 1 村，人均达到和超过平均数的只 8 村，其中人均不足 2 亩者有 6 村。尽管历史上自耕农在华北比重较大，上述差别说明了这 30 个村中地主和佃农的存在。但青县全境和木门店市场圈的 30 村的土地，有民地和旗地之分。旗地是官地，缴纳的田赋高出民地数倍，意味着所缴纳的银数包含了地租在内，这表示，在以上推算中存在的地主和佃农，有的实际上是官府的佃户，或者是官府和地主的双重佃户。

村图资料显示出这些农户很多方面的生活。几十户的小村，有的设有义学、乡塾，有一二位塾师教着五个八个小学生。这些学生以后大概能够读写算，成为村里的文化人；本村或邻村的个把秀才举人，或者个别在外做小官的，也许是这些小学生们中的幸运者梦想的榜样。每个村都有一个或几个庙，供奉着不同的神道，观音、关公、真武帝、土地等等，什么都有，它们的派别并不很重要，共同点是，它们都是乡民寄托希望或者寻求解救的地方。有些村有几个穷民、残废者；理论上，地方政府设有养济院、留养局，可以救助他们，实际上在在有名无实。多数乡民依靠他们须缴纳田赋、地租的土地，可以或勉强可以过活。很少举行的庙会是他们文化娱乐的场所。定期的赶集，也许是最重要的经济活动。这里有一些值得深思的问题：调查项目中，有关生产、经济活动者，除体现国家与乡民关系的田赋一项外，只禾稼、桑麻、瓜果、集市、权量（度量衡）、客店六项。调查资料显示，这30个村以至整个青县少产桑麻棉花，乡民难有养蚕出丝织布之类的副业。因而乡民可以用来在集市出售的，主要是禾稼以及瓜果这些生产物的剩馀部分。青县兴济镇是集运草帽辫的大市镇。他们可能还从事用麦杆织草帽辫、饲养鸡鸭等家庭手工业和副业。这些产品都可以在市集出售以换取货币或其他商品。在集市上的交易者可能是其他需要交换的乡民，但主要的必是住在客店里的收购商。这就是当时的集市大小与客店多少颇有联系的原因。调查项目中没有反映专业手工业户的存在，似乎说明供应于收购商的，只是十分分散的农民的家庭副业产品。这样，我们从村图中看到的，只是一幅前近代小农农业社会的生活图。

以下是木门店市场圈30个村的村图资料，各村的图只保留木门店村一幅，其他村的图从略。

青县　城西南乡南街镇保甲所管之**木门店**村庄距城三十里　村董张曰镛年六十岁

东至　蔡村村距本村　三里

南至　东支黑龙港河村距本村　靠里

西至　东支黑龙港河村距本村　靠里

北至　桥北头村距本村　一里

东南至　冬庄村距本村　三里

西南至	东支黑龙港河村距本村　靠里
东北至	阁上营村距本村　八里
西北至	东支黑龙港河村距本村　靠里
户口	共六十二户男丁大二百九十 小七十六名妇女大一百十一 小六十六口
在籍官员	无
举贡生员	文生张焕　，年六十四岁 王銮坡，年二十六岁　武生张增煌，年六十八岁
耆老	张树馨，年七十六岁　王君彦，年七十二岁 冷永太，年七十七岁　王会清，年七十六岁
节孝	无
穷民	张徐氏，年七十七岁
残废	无
义学	一座。师王銮坡，书生四名
乡塾	二座。师张焕　书生七名 王寿松　八名
义仓	无
街道	东西道一条　南北道一条　过道二条
集市	本村三 八日集期
权量	斗卫斛十一升。称拾六两。尺拾寸。
客店	三座。兴隆店，张殿四 恒德店，张树桐开设 仁义店，张福朝
庙宇	二座。关帝庙一间，旧　娘娘庙一间，旧，住持僧

庙会　无

田赋　民旗地　七顷九十七亩 / 十七顷三十七亩　应完银　十七两 / 一百七十六两一钱

桥闸　板桥一座

津渡　无

河渠　东支黑龙港河，上自陈家庄入村，下至桥北头出村。宽二十丈，深一丈，夏秋有水

井泉　公用砖井四眼，水甘

禾稼　宜种红麦、高粮、玉米、黍、稷、谷、豆

桑麻　无

瓜果　无

青县　城西南乡南街镇保甲所管之**堤下头**村庄距城十八里　村董申立山，年五十一岁

东至　滹沱河村距本村　靠里

南至　叩庄村距本村　四里

西至　郝皇庄村距本村　一里

北至　官庄村距本村　六里

东南至　滹沱河村距本村　靠里

西南至　南柳村距本村　二里

东北至　滹沱河村距本村　靠里

西北至　林家庄村距本村　二里

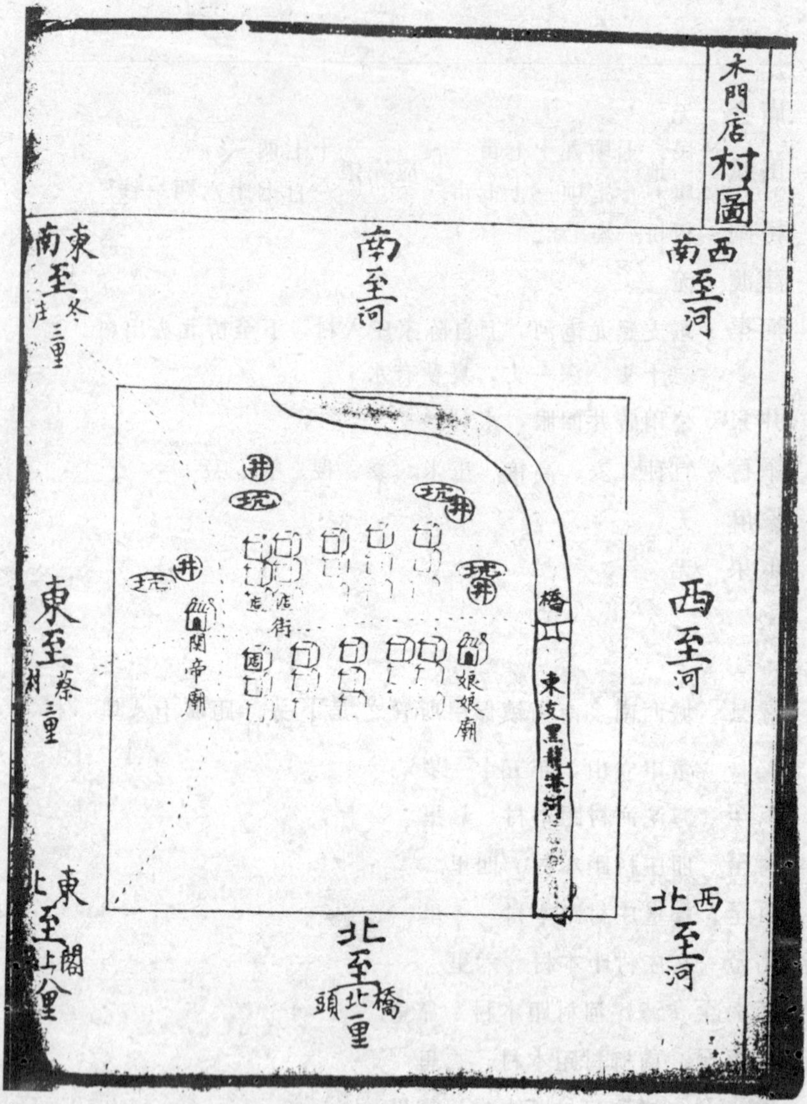
木門店村圖
南至河
西南至河
東南至冬庄三里
東至蔡村三里
西至河
東北至閣上八里
北至北橋頭一里
西北至河
橋
東支黑龍港河
關帝廟
娘娘廟
店街
井
坑

木门店村图

户口	共十八　户男丁 大四十四 小二十四 名妇女 大三十六 小三十四 口
在籍官员	无
举贡生员	武生申光甲，年二十六岁
耆老	申国柱，年八十二岁
节孝	无
穷民	无
残废	无
义学	无
乡塾	一座。师李濬清，书生五名
义仓	无
街道	南北道一条　东西道一条
集市	本村无集。三 八 日赴木门店赶集。距本村　八里
权量	斗卫斛 十一升 五合 称拾六两。尺拾寸
客店	无
庙宇	无
庙会	无
田赋	民 地 一顷九十亩 旗 地 五顷二十二亩　应完银 三两 六十八两七钱
桥闸	无
津渡	无

河渠　滹沱河，上自南柳入村，下至官庄出庄。宽二十丈，深一丈馀，夏秋有水

井泉　公用砖井一眼，水甘

禾稼　宜种红麦、高粮、玉米、黍、稷、谷、豆

桑麻　无

瓜果　无

青县　城西南乡南街镇保甲所管之郝林家皇村庄距城十八里　村董杨作桢，年七十五岁；王汝钧，年三十二岁

东至　滹沱河村距本村　一里

南至　南柳村距本村　二里

西至　阁上营村距本村　二里

北至　官庄村距本村　四里

东南至　堤下头村距本村　二里

西南至　蔡村村距本村　六里

东北至　滹沱河村距本村　一里

西北至　北柳村距本村　四里

户口　共九十八　户男丁大二百零四小六十二名妇女大一百六十二小六十四口

在籍官员　六品衔前任成安县训导刘吉士，年五十二岁

举贡　文生戴焕文，年三十五岁　王汝钧，年三十二岁　李宝恒，年四十八岁

生员　武生杨惠，年四十九岁　杨庄，年四十六岁

耆老　刘清选，年八十四岁　孙玉林，年八十岁　戴岳山，年七十六岁

节孝　无

穷民　戴刘氏，年八十二岁　陈祖氏，年七十六岁

残废　戴万顺，年四十八岁，瘫　戴柱，年二十一岁，瞎　李狗，年五十二岁，瘸

义学　无

乡塾　二座。师戴焕文，书生五名　李宝恒，书生六名

义仓　无

街道　南北道二条　过道二条

集市　本村无集。三八日赴木门店赶集，距本村　八里

权量　斗卫斛十一升五合　称拾六两。尺拾寸

客店　无

庙宇　无

庙会　无

田赋　民地三顷九十亩　应完银六两九钱
旗地十四顷四十八亩　应完银八十二两一钱

桥闸　无

津渡　无

河渠　无

井泉 公用砖井四眼，水苦
禾稼 宜种红麦、高粮、玉米、黍、稷、谷、豆
桑麻 无
瓜果 无

青县 城西南乡南街镇保甲所管之**南柳**村庄距城二十里 村董林华堂，年五十三岁
东至 滹沱河村距本村 靠里
南至 叩庄村距本村 四里
西至 蔡村村距本村 六里
北至 郝皇庄村距本村 二里
东南至 滹沱河村距本村 一里
西南至 冬庄村距本村 六里
东北至 堤下头村距本村 二里
西北至 阁上营村距本村 五里
户口 共三十五 户男丁大八十六小四十五名妇女大六十四小三十三口
在籍官员 无
举贡生员 文生林智儒，年三十六岁
耆老 许富贵，年八十三岁 随大治，年八十岁
姬万良，年七十七岁 赵登奎，年七十六岁

姬万仓，年七十七岁　毛润业，年七十六岁

节孝　无

穷民　无

残废　徐明，年六十一岁，瘸　徐李氏，年五十五岁，哑叭

义学　无

乡塾　一座。师林智儒，书生十三名

义仓　无

街道　南北道二条　过道一条

集市　本村无集。三八日赴木门店赶集，距本村　八里

权量　斗卫斛十一升五合。称拾六两。尺拾寸

客店　无

庙宇　无

庙会　无

田赋　民地一顷八十六亩　应完银二两四钱

桥闸　无

津渡　无

河渠　滹沱河，上自郑刘院入村，下至堤下头出村。宽二十馀丈，深一丈馀，夏秋有水

井泉　公用砖井四眼，水甘

禾稼　宜种红麦、高粮、玉米、黍、稷、谷、豆

桑麻　无

瓜果　宜种南瓜、枣树

青县 城西南乡南街镇保甲所管之**郑刘院**村庄 距城二十五里

村董 贺秀令，年七十岁
郑世太，年五十岁

东至 滹沱河村距本村 靠里

南至 新集镇村距本村 八里

西至 叩庄村距本村相连 里

北至 南柳村距本村 四里

东南至 姚杨辛庄村距本村 二里

西南至 朱庄村距本村 八里

东北至 滹沱河村距本村 二里

西北至 蔡村村距本村 六里

户口 共四十五 户男丁 大九十七
小七十二 名妇女 大九十三
小四十四 口

在籍官员 无

举贡生员 无

耆老 于邦海，年七十二岁 魏凤亭，年七十岁
刘万清，年七十八岁 解文长，年七十一岁

节孝 李法春之妻解氏，年六十岁，守节三十年
刘凤会之妻李氏，年六十岁，守节三十六年 未请 旌

穷民 刘长义，年六十岁

残废 刘义法，年七十二岁，瘫

义学 无

乡塾 一座。师王寿槐，书生七名

义仓　无

街道　东西街道三条　南北道一条　过道三条

集市　本村无集。三八日赴木门店赶集。距本村　八里

权量　斗卫斛十一升五合　称拾六两。尺拾寸

客店　无

庙宇　一座。土地庙一间

庙会　无

田赋　民地四顷六十二亩　应完银八两六钱

桥闸　无

津渡　无

河渠　滹沱河，上自姚杨辛庄入村，下至南柳出村。宽十馀丈，深一丈馀，夏秋有水

井泉　公用砖井二眼，水甘

禾稼　宜种红麦、高粮、玉米、黍、稷、谷、豆

桑麻　无

瓜果　无

青县　城西南乡南街镇保甲所管之**桥北头**村庄距城三十里　村董颜占奎，年三十岁

东至　阁上营村距本村　六里

南至　木门店村距本村　一里

西至　东支黑龙港河村距本村　靠里

北至　十王堂村距本村　一里

东南至　蔡村村距本村　三里

西南至　东支黑龙港河村距本村　靠里

东北至　金家营村距本村　十五里

西北至　东支黑龙港河村距本村　靠里

户口　共三十六　户男丁 大六十九 小三十一 名妇女 大五十八 小二十六 口

在籍官员　无

举贡生员　文生黄国培，年二十七岁　张树德，年七十四岁

耆老　张永清，年七十五岁　王寿槐，年七十二岁
李玉廷，年七十八岁　王古梅，年八十二岁

节孝　无

穷民　无

残废　张王氏，年六十七岁
王黄氏，年七十一岁 均瞎

义学　无

乡塾　一座。师黄国培，书生三名

义仓　无

街道　东西道一条　南北道一条　过道一条

集市　本村无集。三八日赴木门店赶集，距本村　一里

权量　斗卫斛十一升。称拾六两。尺拾寸

客店　无
庙宇　无
庙会　无
田赋　民地三顷五十亩　应完银七两
桥闸　无
津渡　无
河渠　东支黑龙港河，上自木门店入村，下至十王堂出村。宽二十丈，深一丈，夏秋有水
井泉　公用砖井四眼，水苦
禾稼　宜种红麦、高粮、玉米、黍、稷、谷、豆
桑麻　无
瓜果　宜种西瓜、甜瓜

青县　城西南乡南街镇保甲所管之**十王堂**村庄距城三十里　村董马得龙，年五十岁
东至　阁上营村距本村　六里
南至　桥北头村距本村　二里
西至　东支黑龙港河村距本村　靠里
北至　抛庄村距本村　三里
东南至　蔡村村距本村　三里
西南至　东支黑龙港河村距本村　靠里
东北至　东王营村距本村　五里

西北至　东支黑龙港河村距本村　靠里

户口　共四十二　户男丁大七十八／小九名妇女大五十七／小二口

在籍官员　无

举贡生员　无

耆老　王会云，年八十三岁　马辑佩，年七十五岁

节孝　马春法之妻李氏，年五十五岁，守节三十六年，未请旌

穷民　无

残废　马清安，年八十五岁　马刘氏，年七十五岁，均瞎

义学　无

乡塾　一座。师马景锡，书生二名

义仓　无

街道　南北道一条　东西道一条

集市　本村无集。三八日赴木门店赶集，距本村　三里

权量　斗卫斛二十升。称拾六两。尺拾寸

客店　无

庙宇　无

庙会　无

田赋　民地五顷五十三亩　应完银十二两二钱

桥闸　无

津渡　无

河渠　东支黑龙港河，上自桥北头入村，下至抛庄出村。宽二十丈，深一丈，夏秋有水

井泉　公用砖井二眼，水甘

禾稼　宜种红麦、高粮、玉米、黍、稷、谷、豆

桑麻　无

瓜果　无

青县　城西南乡南街镇保甲所管之**戴家墓**村庄　距城三十里　村

董　戴寿成，年四十八岁
　　戴国穆，年四十六岁

东至　东支黑龙港河村距本村　靠里

南至　仔仪村距本村　六里

西至　姚辛庄村距本村　四里

北至　西抛庄村距本村　四里

东南至　东支黑龙港河村距本村　靠里

西南至　肖吴召村距本村　六里

东北至　东支黑龙港河村距本村　靠里

西北至　金家营村距本村　六里

户口　共五十六　户男丁大八十五
小五十六　名妇女大六十五
小六十五　口

在籍官员　无

举贡生员　无

耆老 戴燕鼎，年八十岁　戴中治，年七十九岁
戴朝阁，年八十二岁

节孝 戴保成之妻曹氏，年五十九岁，守节二十九年，未请旌

穷民 戴尚德，年七十二岁

残废 戴王氏，年七十一岁，瘫　戴马氏，年八十一岁，瘸

义学 无

乡塾 一座。师马镜潭，书生二名

义仓 无

街道 南北道二条　过道二条

集市 本村无集。三八日赴木门店赶集，距本村　二里

权量 斗卫斛十一升。称拾六两。尺拾寸

客店 无

庙宇 无

庙会 无

田赋 民地五顷五十三亩　应完银十二两二钱

桥闸 无

津渡 无

河渠 东支黑龙港河，上自于董京入村，下至齐孟营出村。宽二十丈，深一丈，夏秋有水

井泉 公用砖井五眼，水甘

禾稼 宜种红麦、高粮、玉米、黍、稷、谷、豆

桑麻 无

瓜果 宜种枣树、西瓜、菜瓜

青县　城西南乡南街镇保甲所管之**姚辛庄**村庄　距城三十里　村

郑广兴，年五十六岁

董于君奎，年五十五岁

姚玉德，年五十一岁

东至　戴家墓村距本村　四里

南至　吴召村距本村　五里

西至　王家营村距本村　二里

北至　李召官村距本村　一里

东南至　东支黑龙港河村距本村　四里

西南至　中支黑龙港河村距本村　三里

东北至　抛庄村距本村　四里

西北至　中支黑龙港河村距本村　三里

户口　共九十一户口　男丁 大一百六十 小九十八 名　妇女 大一百五十 小八十九

在籍官员　无

举贡生员　无

耆老　于际有，年七十二岁　姚云章，年七十岁

节孝　于吉壮之妻王氏，年七十二岁，守节五十年，未请旌

穷民　杨殿奎，年七十六岁　刘玉行，年七十五岁

残废 姚赵氏，年七十四岁 郑有堂，年七十一岁 姚玉法，年六十岁 郑周氏，年七十一岁 均瞎

义学 一座。师姚有墀，书生五名

乡塾 一座。师王熙均，书生五名

义仓 无

街道 东西道二条 南北道二条

集市 本村无集。三八日赴木门店赶集，距本村 六里

权量 斗卫斛十一升。称拾六两。尺拾寸

客店 无

庙宇 一座。龙王庙一间，旧

庙会 无

田赋 民地十五顷六十六亩 旗地一顷 应完银 三十一两五钱 十两一钱

桥闸 无

津渡 无

河渠 无

井泉 公用砖井五眼，水甘

禾稼 宜种红麦、高粮、玉米、黍、稷、谷、豆

桑麻 无

瓜果 宜种枣树

青县 城西南乡南街镇保甲所管之**抛庄**村庄距城三十里 村董黄培绅，年三十七岁

东至　阁上营村距本村　六里

南至　十王堂村距本村　三里

西至　赵官村距本村　三里

北至　王家营村距本村　四里

东南至　蔡村村距本村　六里

西南至　姚辛庄村距本村　六里

东北至　北柳村距本村　八里

西北至　潘赵官村距本村　四里

户口　共三十五　户男丁 大七十一 小五十 名妇女 大六十三 小四十六 口

在籍官员　无

举贡生员　无

耆老　黄德喜，年七十三岁　黄永福，年七十四岁

节孝　无

穷民　黄德隆，年六十二岁

残废　无

义学　无

乡塾　一座。师郭鸣琴，书生四名

义仓　无

街道　南北道二条　东西道一条　过道一条

集市　本村无集。三八日赴木门店赶集，距本村　六里

权量　斗卫斛二十升。称拾六两。尺拾寸

客店　无

庙宇　无

庙会　无

田赋　民地七顷十九亩，应完银十二两；旗地六顷四十二亩，应完银七十二两二钱

桥闸　无

津渡　无

河渠　东支黑龙港河，上自十王堂入村，下至王家营出村。宽二十丈，深一丈，夏秋有水

井泉　公用砖井四眼，水甘

禾稼　宜种红麦、高粮、玉米、黍、稷、谷、豆

桑麻　无

瓜果　无

青县　城西南乡南街镇保甲所管之**西王家**村庄距城　三十五里

村董马殿鳌，年七十七岁

东至　姚辛庄村距本村　五里

南至　中支黑龙港河村距本村　一里

西至　中支黑龙港河村距本村　靠里

北至　中支黑龙港河村距本村　一里

东南至　刘吴召村距本村　五里

西南至　中支黑龙港河村距本村　靠里

东北至 双楼子村距本村 四里
西北至 中支黑龙港河村距本村 靠里
户口 共三十四 户男丁 大七十三 小二十四 名妇女 大五十五 小三十一 口
在籍官员 无
举贡 武举李殿臣，年五十二岁 贡生王连元，年五十七岁
生员 文生王熙均，年三十五岁 武生李俊岭，年四十二岁
耆老 李化成，年八十二岁
节孝 无
穷民 段李氏，年七十七岁
残废 无
义学 无
乡塾 无
义仓 无
街道 东西道一条 南北道一条
集市 本村无集。三八日赴木门店赶集，距本村 八里
权量 斗卫斛十一升。称拾六两。尺拾寸
客店 无
庙宇 一座。菩萨庙一间，旧
庙会 无
田赋 民地七顷 应完银十二两
桥闸 草桥一座

津渡　无

河渠　中支黑龙港河，上自吴召入村，下至李赵官出村。宽二十丈，深一丈，夏秋有水

井泉　公用砖井一眼，水甘

禾稼　宜种红麦、高粮、玉米、黍、稷、谷、豆

桑麻　无

瓜果　宜种枣树、甜瓜、菜瓜、王瓜

青县　城西南乡南街镇保甲所管之司**李吴召**村庄距城　三十五里　村董司兆祥，年四十三岁　袁文升，年四十三岁

东至　东支黑龙港河村距本村　三里

南至　曲头王家庄村距本村　四里

西至　中支黑龙港河村距本村　靠里

北至　肖吴召村距本村　二里

东南至　东支黑龙港河村距本村　七里

西南至　中支黑龙港河村距本村　一里

东北至　东支黑龙港河村距本村　四里

西北至　刘吴召村距本村　二里

户口　共二十五　户男丁大三十七 小二十三名妇女大三十四 小二十一口

在籍官员　无

举贡
生员　无

耆老　司登科，年七十六岁　李大山，年七十二岁

节孝　司玉田之妻王氏，年七十七岁，守节四十五年，未请旌

穷民　司宣氏，年五十八岁

残废　无

义学　无

乡塾　无

义仓　无

街道　南北道一条　过道二条

集市　本村无集。三八日赴木门店赶集，距本村　六里

权量　斗卫斛十一升。称拾六两。尺拾寸

客店　无

庙宇　一座。娘娘庙一间，旧，住持道

庙会　无

田赋　民地三顷　应完银八两

桥闸　无

津渡　无

河渠　中支黑龙港河，上自曲王庄入村，下至肖吴召出。宽二十丈，深一丈，夏秋有水

井泉　公用砖井二眼，水甘

禾稼　宜种红麦、高粮、玉米、黍、稷、谷、豆

桑麻　无

瓜果 宜种枣树

青县 城西南乡南街镇保甲所管之刘吴召村庄 距城 三十五里

村董 李观国，年五十六岁 宗邦成，年五十二岁 席珍，年六十岁

东至 东支黑龙港河村距本村 三里

南至 中支黑龙港河村距本村 靠里

西至 中支黑龙港河村距本村 二里

北至 姚辛庄村距本村 五里

东南至 司李吴召村距本村 二里

西南至 中支黑龙港河村距本村 二里

东北至 戴家墓村距本村 五里

西北至 中支黑龙港河村距本村 五里

户口 共九十一 户男丁大一百九十三 小一百四十六 名 妇女大一百六十二 小八十四 口

在籍官员 无

举贡生员 无

耆老 宗维臣，年八十岁 李全义，年八十岁 陈良，年八十二岁

节孝　李全治之妻张氏，年七十七岁，守节四十八年　宗邦其之妻郭氏，年六十二岁，守节三十五年　王廷柱之妻孙氏，年八十三岁，守节五十五年　均未请旌

穷民　宗盛通，年六十五岁

残废　宗邦仁，年七十三岁，瞎

义学　无

乡塾　三座。师 宗邦安
宗邦先 书生 六名
九名　李际明，书生五名

义仓　无

街道　东北西南道一条　东西道一条　过道九条

集市　本村无集。三
八日赴木门店赶集，距本村　五里

权量　斗卫斛十一升。称拾六两。尺拾寸

客店　一座。王玉柏开设

庙宇　一座，菩萨庙一间，旧，住持道

庙会　无

田赋　民地五顷　应完银十两

桥闸　木桥一座

津渡　无

河渠　中支黑龙港河，上自司李吴召入村，下至西王庄出村。宽二十丈，深一丈，夏秋有水

井泉　公用砖井五眼，水甘

禾稼　宜种红麦、高粮、玉米、黍、稷、谷、豆

桑麻　无

瓜果　宜种枣树、甜瓜、西瓜

青县　城西南乡南街镇保甲所管之王吴召村庄距城　三十五里

村董王昭林，年六十五岁　王明方，年五十七岁

东至　中支黑龙港河村距本村　靠里

南至　大曲头村距本村　五里

西至　刘太洲村距本村　四里

北至　中支黑龙港河村距本村　一里

东南至　中支黑龙港河村距本村　半里

西南至　半截河村距本村　八里

东北至　中支黑龙港河村距本村　半里

西北至　官亭村距本村　六里

户口　共九十二　户男丁大一百六十三 小一百八十六名　妇女大一百六十四 小一百零五口

在籍官员　无

举贡生员　文生王炳慰，年六十七岁

耆老　王瑞林，年八十三岁　王炳文，年七十七岁

节孝　无

穷民　王之庆，年七十三岁

残废　无

义学　无

乡塾　三座。师 张垲，书生三名 / 王汝湘，书生五名 左春侬，书生三名

义仓　无

街道　东西道一条　南北道一条

集市　本村无集。三八日赴木门店赶集。距本村　八里

权量　斗卫斛十一升。称拾六两。尺拾寸

客店　无

庙宇　一座。三官庙一间，旧，住持道

庙会　无

田赋　民地三十顷 / 旗地三十八顷二十八亩　应完银 六十两 / 三百二十九两四钱

桥闸　板桥一座

津渡　无

河渠　中支黑龙港河，上自曲头入村，下至皮家庄出村。宽二十丈，深一丈，夏秋有水

井泉　公用砖井四眼，水甘

禾稼　宜种红麦、高粮、玉米、黍、稷、谷、豆

桑麻　无

瓜果　宜种枣树、西瓜

青县　城西南乡南街镇保甲所管之**和顺**村庄　距城　三十五里

村董翟大年，年七十一岁

东至　中支黑龙港河村距本村　一里

南至　邓呈村村距本村　五里

西至　张杨楼村距本村　八里

北至　大曲头村距本村　三里

东南至　中支黑龙港河村距本村　二里

西南至　王呈村村距本村　五里

东北至　中支黑龙港河村距本村　二里

西北至　半截河村距本村　七里

户口　共三十一　户男丁（大五十九／小三十四）名妇女（大四十五／小三十六）口

在籍官员　无

举贡生员　无

耆老　无

节孝　无

穷民　无

残废　翟骡子，年三十三岁，瘫

义学　无

乡塾　一座。师苏颖达，书生五名

义仓　无

街道　东西道二条　南北道二条

集市　本村无集。三八日赴木门店赶集，距本村　十五里

权量 斗卫斛十一升。称拾六两。尺拾寸

客店 无

庙宇 一座。九圣庙一间，旧

庙会 无

田赋 民地三十一顷 应完银七十两三钱

桥闸 无

津渡 无

河渠 无

井泉 公用砖井四眼，水甘

禾稼 宜种红麦、高粮、玉米、黍、稷、谷、豆

桑麻 无

瓜果 无

青县 城西南乡南街镇保甲所管之**皮家**村庄距城 三十七里

村董孙裕昌，年五十七岁

东至 中支黑龙港河村距本村 靠里

南至 刘太洲村距本村 四里

西至 官亭村距本村 二里

北至 中支黑龙港河村距本村 一里

东南至 中支黑龙港河村距本村 靠里

西南至 野兀屯村距本村 六里

东北至 中支黑龙港河村距本村 靠里

西北至　西蒿坡村距本村　四里

户口　共十五　户男丁（大二十五／小七）名妇女（大十八／小）口

在籍官员　无

举贡生员　文生孙湘，年三十八岁

耆老　孙天祥，年六十八岁

节孝　孙广昌之妻刘氏，年五十九岁，守节三十六年，未请旌

穷民　无

残废　无

义学　无

乡塾　无

义仓　无

街道　南北道一条　东西道一条

集市　本村无集。（三／八）日赴木门店赶集，距本村　八里

权量　斗卫斛十一升。称拾六两。尺拾寸

客店　无

庙宇　一座。关帝庙一间，旧

庙会　无

田赋　民地二十顷　应完银三十四两

桥闸　无

津渡　无

河渠 中支黑龙港河，上自王吴召入村，下至厚赵官出村。宽二十丈，深一丈，夏秋有水

井泉 公用砖井三眼，水甘

禾稼 宜种红麦、高粮、玉米、黍、稷、谷、豆

桑麻 无

瓜果 无

青县 城西南乡南街镇保甲所管之**官亭**村庄 距城 四十里 村董王福升，年五十六岁

东至 皮家庄村距本村 二里

南至 苏太洲村距本村 四里

西至 野兀屯村距本村 四里

北至 西蒿坡村距本村 四里

东南至 王吴召村距本村 六里

西南至 半截河村距本村 八里

东北至 中支黑龙港河村距本村 二里

西北至 冯村村距本村 三里

户口 共十 户男丁 大一百十九 小二十五 名妇女 大七十九 小十四 口

在籍官员 无

举贡生员 无

耆老　李士成年八十岁　韩有成年七十八岁
节孝　无
穷民　段廷良年七十一岁　段刘氏年八十四岁
残废　无
义学　无
乡塾　一座。师 李增琴 书生 六名；王清彬 书生 六名
义仓　无
街道　南北道二条　东西道二条　过道三条
集市　本村无集。三、八日赴木门店赶集，距本村　十二里
权量　斗卫斛十一升。称拾六两。尺拾寸
客店　无
庙宇　无
庙会　无
田赋　民地二十顷二十三亩　应完银四十一两七钱
桥闸　无
津渡　无
河渠　无
井泉　公用砖井三眼，水苦
禾稼　宜种红麦、高粮、玉米、黍、稷、谷、豆
桑麻　无
瓜果　无

青县 城西南乡南街镇保甲所管之**胡苏太洲**村庄 距城四十里

村董胡玉珂，年五十六岁 苏元赞，年五十岁

东至 王吴召村距本村 四里

南至 王呈村村距本村 十二里

西至 野兀屯村距本村 四里

北至 官亭村距本村 四里

东南至 大曲头村距本村 七里

西南至 半截河村距本村 三里

东北至 中支黑龙港河村距本村 五里

西北至 冯村村距本村 七里

启口 共三十五 户男丁大六十 小三十八 名妇女大四十六 小 口

在籍官员 无

举贡生员 贡生张鸿宾，年四十八岁 文生张之星，年二十七岁

耆老 张其云，年八十岁

节孝 无

穷民 王李氏，年七十八岁

残废 朱郭氏，年六十八岁，瞎

义学 无

乡塾 无

义仓 无

街道 东西道一条 南北道二条

集市　本村无集。三八日赴木门店赶集，距本村　十二里

权量　斗卫斛十一升。称拾六两。尺拾寸

客店　无

庙宇　一座。药王庙一间，旧，住持尼

庙会　无

田赋　民地　六顷五十亩　应完银　十三两
　　　旗地　六十五亩　应完银　三两三钱

桥闸　无

津渡　无

河渠　无

井泉　公用砖井三眼，水甘

禾稼　宜种红麦、高粮、玉米、黍、稷、谷、豆

桑麻　无

瓜果　无

青县　城西南乡本城镇保甲所管之**下赵官**村庄距城　二十二里

村董卞维成，年五十六岁

东至　大赵官村距本村　一里

南至　双楼村距本村　三里

西至　中支黑龙港河村距本村　靠里

北至　潘赵官村距本村　二里

东南至　戴家墓村距本村　六里

西南至　中支黑龙港河村距本村　靠里

东北至　罗庄村距本村　十里

西北至　中支黑龙港河村距本村　靠里

户口　共六十七　户男丁 大一百十二 小六十六 名妇女 大九十三 小五十六 口

在籍官员　无

举贡生员　无

耆老　邢起年，七十一岁　卞廷柱，年七十岁

节孝　卞乐山之妻姚氏，现年六十四岁，守节三十四年，未请旌

穷民　卞张氏，年六十岁

残废　卞孙氏，年三十八岁，瞎

义学　无

乡塾　无

义仓　无

街道　东西道三条　南北道二条　过道四条

集市　本村无集。三八日赴木门店　赶集，距本村　九里

权量　斗卫斛十一升。称拾六两。尺拾寸

客店　无

庙宇　无

庙会　无

田赋 民地五顷 应完银十两
旗地一顷六十九亩八分 应完银二十一两八钱九分

桥闸 无

津渡 无

河渠 中支黑龙港河，上自宗吴召入村，下至潘赵官出村。宽五十五丈，深七尺，夏秋有水

井泉 公用砖井七眼，水淡

禾稼 宜种红麦、高粮、玉米、黍、稷、谷、豆

桑麻 无

瓜果 无

青县 城西南乡本城镇保甲所管之**大赵官**村庄距城 二十五里

村董宋大喜，年五十岁

东至 西王家营村距本村 七里

南至 李赵官村距本村 一里

西至 中支黑龙港河村距本村 靠里

北至 大邑曹家寺村距本村 四里

东南至 抛庄村距本村 四里

西南至 中支黑龙港河村距本村 一里

东北至 马家房村距本村 四里

西北至 中支黑龙港河村距本村 靠里

户口 共三十六 户男丁大六十 小三十二 名妇女大五十四 小三十一 口

在籍官员　无

举贡生员　无

耆老　任廷绪，年七十岁　黄德，年七十一岁
耿　亮，年七十三岁　宋大成，年七十岁

节孝　宋怀儒之妻谷氏，年七十一岁，守节五十年　宋大生之妻黄氏，现年七十岁，守节四十二年　宋大全之妻吴氏，年六十岁，守节二十五年。均未请旌

穷民　董行大，年五十岁

残废　金德禄，年七十岁

义学　无

乡塾　无

义仓　无

街道　东西道一条　南北道二条　过道二条

集市　本村无集。三八日赴木门店赶集，距本村　九里

权量　斗卫斛十一升。称拾六两。尺拾寸

客店　无

庙宇　一座。娘娘庙九间，破，住持僧

庙会　无

田赋　民地三顷二十亩　应完银七两五钱

桥闸　无

津渡　无

河渠　中支黑龙港河，上自李赵官入村，下至大邑曹家寺出村。

宽五十五丈，深七尺，夏秋有水

井泉　公用砖井五眼，水淡

禾稼　宜种红麦、高粮、玉米、黍、稷、谷、豆

桑麻　无

瓜果　无

青县　城西南乡本城镇保甲所管之**李赵官**村庄距城　二十五里

村董李殿奎，年六十五岁

东至　抛庄村距本村　四里

南至　双楼村距本村　一里

西至　中支黑龙港河村距本村　靠里

北至　大赵官村距本村　一里

东南至　戴家墓村距本村　五里

西南至　中支黑龙港河村距本村　靠里

东北至　西王家营村距本村　七里

西北至　中支黑龙港河村距本村　靠里

户口　共四十六　户男丁大六十五 小二十八　名妇女大五十八 小三十　口

在籍官员　无

举贡生员　无

耆老　冯顺青，年七十八岁　陈荣端，年七十二岁

节孝　刘际太之妻李氏，现年七十岁，守节四十四年　李承重之妻杨氏，现年六十五岁，守节三十六年　李成德之妻高氏，现年六十五岁，守节三十七年　买荣之妻边氏，现年七十岁，守节四十五年　未请旌

穷民　姜尚义，年五十二岁

残废　杨兰氏，年七十岁，瞎　郭李氏，年七十二岁，瞎　许成年，七十六岁　王富明，年七十岁，瞎　杨金法，年六十岁，锣锅

义学　无

乡塾　无

义仓　无

街道　东西道二条　南北道二条　过道四条

集市　本村无集。三八日赴木门店赶集，距本村　八里

权量　斗卫斛十一升。称拾六两。尺拾寸

客店　无

庙宇　无

庙会　无

田赋　民地四顷　应完银八两

桥闸　无

津渡　无

河渠　中支黑龙港河，上自双楼入村，下至大赵官出村。宽五十丈，深七尺，夏秋有水

井泉　公用砖井四眼，水淡

禾稼　宜种红麦、高粮、玉米、黍、稷、谷、豆

桑麻　无

瓜果　无

青县　城西南乡本城镇保甲所管之厚赵官村庄距城　二十五里

村董王奎龙，年六十九岁

东至　中支黑龙港河村距本村　靠里

南至　中支黑龙港河村距本村　靠里

西至　后牛圈头村距本村　四里

北至　大邑吕召庄村距本村　六里

东南至　中支黑龙港河村距本村　靠里

西南至　东蒿坡村距本村　三里

东北至　中支黑龙港河村距本村　靠里

西北至　东艾辛庄村距本村　三里

户口　共九十三　户男丁大二百零七小一百十二名　妇女大一百五十五小九十一口

在籍官员　廪贡生厚廷勋，年六十五岁，国史馆誊录，候选训导

厚宝森，年四十三岁，丁卯科举人，拣选知县

举贡生员　文生厚玉峰，年八十二岁

耆老　厚坊，年七十七岁　厚元铠，年七十七岁

节孝　厚元鸾之妻叶氏，年六十四岁，守节四十二年，卒请旌

穷民　张祥年，五十三岁

残废　厚张氏，年六十二岁，瘸、瞎

义学　无

乡塾　二座。师厚宝森，书生五名　厚荫棠，书生五名

义仓　无

街道　东西街道二条　南北道二条　过道二条

集市　本村无集。三八日赴木门店赶集，距本村　九里

权量　斗卫斛十一升。称拾六两。尺拾寸

客店　无

庙宇　二座。菩萨庙一间，旧，住持道　土地庙，一间，旧

庙会　无

田赋　民地二十六顷七十六亩　应完银五十三两五钱

桥闸　无

津渡　无

河渠　中支黑龙港河，上自王家庄入村，下至大邑吕召庄出村。宽五十丈，深一丈，夏秋有水

井泉　公用砖井四眼，水淡

禾稼　宜种红麦、高粮、玉米、黍、稷、谷、豆

桑麻　无

瓜果　无

青县 城西南乡本城镇保甲所管之**谢蒿坡**村庄 距城 三十里

村董谢德升，年五十岁

东至 中支黑龙港河村距本村 靠里

南至 中支黑龙港河村距本村 一里

西至 西蒿坡村距本村 一里

北至 东艾辛庄村距本村 六里

东南至 中支黑龙港河村距本村 一里

西南至 野兀屯村距本村 七里

东北至 中支黑龙港河村距本村 靠里

西北至 前牛圈头村距本村 二里

户口 共二十一 户男丁 大四十二 小二十四 名妇女 大二十八 小十四 口

在籍官员 无

举贡生员 无

耆老 谢居安，年七十八岁 张富兴，年七十五岁

节孝 无

穷民 萧王氏，年六十四岁

残废 梁哑叭，年三十一岁

义学 无

乡塾 无

义仓 无

街道 东西道一条 南北道一条

集市　本村无集。三八日赴木门店赶集，距本村　十二里

权量　斗卫斛十一升。称拾六两。尺拾寸

客店　无

庙宇　无

庙会　无

田赋　民地二顷　应完银四两

桥闸　无

津渡　无

河渠　中支黑龙港河，上自王家庄入村，下至厚赵官出村。宽三十丈，深七尺，夏秋有水

井泉　公用砖井二眼，水淡

禾稼　宜种红麦、高粮、玉米、黍、稷、谷、豆

桑麻　无

瓜果　无

青县　城西南乡本城镇保甲所管之**东蒿坡**村庄距城　三十里村董田福盛，年四十七岁

东至　中支黑龙港河村距本村　靠里

南至　中支黑龙港河村距本村　一里

西至　谢蒿坡村距本村　半里

北至　东艾辛庄村距本村　六里

东南至　中支黑龙港河村距本村　一里

西南至　官亭村距本村　五里

东北至　厚赵官村距本村　三里

西北至　后牛圈头村距本村　三里

户口　共五十四　户男丁大一百零二
小六十四　名妇女大八十
小四十七　口

在籍
官员　无

举贡
生员　无

耆老　孙有光，年七十三岁。孙朝用，年七十岁。王际凤，年七十八岁。王际臣，年七十五岁

节孝　无

穷民　王李氏，年七十岁

残废　王虎，年三十三岁，跛子　孙邢氏，年六十一岁，瞎　宋哑叭，年四十一岁

义学　无

乡塾　无

义仓　无

街道　东西道二条　南北道一条　过道四条

集市　本村无集。三
八日赴木门店赶集，距本村　十二里

权量　斗卫斛十一升。称拾六两。尺拾寸

客店　无

庙宇　一座。九圣庙一间，旧

庙会　无

田赋　民地二十五顷　应完银五十两

桥闸　无

津渡　无

河渠　中支黑龙港河，上自王家庄入村，下至厚召官出村。宽三十丈，深七尺，夏秋有水

井泉　公用砖井四眼，水淡

禾稼　宜种红麦、高粮、玉米、黍、稷、谷、豆

桑麻　无

瓜果　无

青县　城西南乡本城镇保甲所管之**西蒿坡**村庄　距城　三十二里　村董赵士俊，年五十三岁

东至　谢蒿坡村距本村　一里

南至　官亭村距本村　三里

西至　东冯村村距本村　二里

北至　前牛圈头村距本村　二里

东南至　王家庄村距本村　三里

西南至　野兀屯村距本村　七里

东北至　厚赵官村距本村　五里

西北至　长芦坦村距本村　八里

户口　共一百十五　户男丁大一百九十八 小一百零四　名　妇女

大一百六十九
口
小一百零六

在籍官员 无

举贡 文生崔天宠，年五十二岁 武生赵润堂，年三十五岁

生员 赵清堂，年三十二岁

耆老 赵大义，年八十一岁 刘铠铎，年七十二岁 崔天枢，年七十二岁 崔天祥，七十岁

节孝 崔天章之妻周氏，现年五十五岁。守节三十年 赵士贵之妻王氏，现年六十一岁，守节三十九年。未请旌

穷民 王荣年，七十三岁 刘景立，年五十四岁 刘张氏，年七十岁 刘黄氏，年四十五岁 赵刘氏，年六十五岁

残废 刘景华，年三十五岁，哑叭 萧玉龙，年四十二岁，瘸

义学 无

乡塾 二座。师崔玉潭，书生四名 崔天宠，书生三名

义仓 无

街道 东西街道二条 南北街道二条 过道三条

集市 本村无集。三八日赴木门店赶集，距本村 十二里

权量 斗卫斛十一升。称拾六两。尺拾寸

客店 二座。赵世昌、赵清堂开设

庙宇 无

庙会 无

田赋 民地二十五顷四十五亩 应完银五十七两五钱

桥闸　无

津渡　无

河渠　无

井泉　公用砖井六眼，水淡

禾稼　宜种红麦、高粱、玉米、黍、稷、谷、豆

桑麻　无

瓜果　无

青县　城西南乡本城镇保甲所管之**西冯**村庄　距城　三十五里

村董史桂棠，年四十五岁

东至　东冯村村距本村　一里

南至　野兀屯村距本村　四里

西至　白塔务村距本村　五里

北至　长芦坦村距本村　八里

东南至　官亭村距本村　三里

西南至　大功村距本村　五里

东北至　大邑大木桥村距本村　十里

西北至　王家庄科村距本村　三里

户口　共六十四　户男丁　大一百二十三　小六十一　名妇女　大九十　小五十七　口

在籍官员　无

举贡
无
生员

耆老 陈天枢，年七十六岁　史诚忠，年七十七岁　史光顺，年七十七岁　陈美义，年七十七岁　陈悦高，年七十一岁　陈天申，年七十四岁　彦兴旺，年七十一岁　李起，年七十九岁

节孝 陈明有之妻李氏，现年五十六岁，守节三十年，未请旌

穷民 史光玉，年六十六岁　史桂廷，年五十岁　张车氏，年五十六岁

残废 王大法，年六十六岁，瞎　赵窦氏，年五十一岁，哑叭、瘸　孙国太，年五十三岁，瘸

义学 无

乡塾 无

义仓 无

街道 东西街道一条　南北道二条　过道三条

集市 本村无集。三八日赴木门店赶集，距本村　十五里

权量

客店 无

庙宇 无

庙会 无

田赋 民地十顷　应完银二十一两

桥闸 无

津渡 无

河渠　无

井泉　公用砖井五眼，水淡

禾稼　宜种红麦、高粮、玉米、黍、稷、谷、豆

桑麻　无

瓜果　无

青县　城南乡本城镇保甲所管之**蔡村**村庄距城　里　村董周凤和，年六十岁

东至　南柳村距本村　四里

南至　胡董京村距本村　四里

西至　木门店村距本村　二里

北至　王家营村距本村　十里

东南至　冬庄村距本村　一里

西南至　东支黑龙港河村距本村　二里

东北至　阁上营村距本村　四里

西北至　十王堂村距本村　四里

户口　共三十　户男丁大四十六小三十三名妇女大三十一小三十五口

在籍官员　无

举贡生员　无

耆老　周道德，年八十二岁

节孝　无
穷民　周凤来，年六十一岁　周道轩，年六十五岁
残废　周凤祥，年七十岁　周凤元，年六十岁，均瞎
义学　无
乡塾　一座。师黄殿甲，书生六名
义仓　无
街道　东西街道二条　南北道一条　过道三条
集市　本村无集。三八日赴木门店赶集，距本村　二里
权量　斗卫斛十一升。称拾六两。尺拾寸
客店　无
庙宇　二座。三官庙一间，旧，住持道　大寺三间，旧
庙会　无
田赋　民地三十五顷八亩　应完银七十七两二钱
桥闸　无
津渡　无
河渠　无
井泉　公用砖井二眼，水甘
禾稼　宜种红麦、高粮、玉米、黍、稷、谷、豆
桑麻　无
瓜果　无

青县　城南乡本城镇保甲所管之**冬庄**村庄　距城　三十里　村董

白清泉，年六十二岁

东至　郑刘院村距本村　四里

南至　胡董京村距本村　二里

西至　中支黑龙港河村距本村　二里

北至　阁上营村距本村　六里

东南至　大流津庄村距本村　六里

西南至　张董京村距本村　二里

东北至　南柳村距本村　五里

西北至　蔡村村距本村　二里

户口　共三十五　户男丁 大六十六 小三十八 名妇女 大六十四 小三十六 口

在籍官员　无

举贡生员　无

耆老　辛光法，年八十岁　解文德，年七十八岁

节孝　无

穷民　李刘氏，年七十五岁　辛光有，年七十三岁

残废　辛允功，年六十一岁，瞎

义学　无

乡塾　一座。师白清泉，书生七名

义仓　无

街道　东西道二条　南北道二条

集市　本村无集。三八日赶木门店赶集，距本村　四里

权量　斗卫斛十一升。称拾六两。尺拾寸。
客店　无
庙宇　无
庙会　无
田赋　民地十顷六十一亩　应完银十九两四钱
桥闸　无
津渡　无
河渠　无
井泉　公用砖井四眼，水甘
禾稼　宜种红麦、高粮、玉米、黍、稷、谷、豆
桑麻　无
瓜果　无

青县　城南乡本城镇保甲所管之于董京村庄距城三十里　村董于择金，年三十八岁
东至　中支黑龙港河村距本村　一里
南至　仔仪村距本村　四里
西至　宗吴召村距本村　八里
北至　中支黑龙港河村距本村　靠里
东南至　中支黑龙港河村距本村　靠里
西南至　曲头王家庄村距本村　十里
东北至　中支黑龙港河村距本村　靠里

西北至 中支黑龙港河村距本村 靠里

户 口 共七十六 户男丁 大一百二十三 / 小 五 十 名 妇女 大一百三十 / 小七十六 口

在籍官员 无

举贡生员 文举杨卓林，年三十岁 文生王文宾，年三十四岁

耆老 于世科，年七十七岁

节孝 无

穷民 无

残废 于江，年六十六岁，瞎

义学 无

乡塾 二座。师杨卓林，书生七名 于庆荣，书生八名

义仓 无

街道 东西街道一条 东西道一条 过道五条

集市 本村无集。三 / 八日赴木门店赶集，距本村 三里

权量 斗卫斛十一升。称拾六两。尺拾寸。

客店 无

庙宇 一座。关帝庙一间，旧

庙会 无

田赋 民地八顷六十五亩 应完银十六两三钱

桥闸 无

津渡　无

河渠　中支黑龙港河，上自张董京入村，下至木门店出村。宽四十丈，深一丈九尺，夏秋有水

井泉　公用砖井二眼，水甘

禾稼　宜种红麦、高粮、玉米、黍、稷、谷、豆

桑麻　无

瓜果　无

青县　城西南乡本城镇保甲所管之东冯村庄　距城三十五里　村董李金德，年五十岁

东至　西蒿坡村距本村　二里

南至　官亭村距本村　三里

西至　西冯村村距本村　一里

北至　长芦坦村距本村　八里

东南至　皮家庄村距本村　五里

西南至　野兀屯村距本村　六里

东北至　大邑西艾辛庄村距本村　十里

西北至　邢家庙村距本村　五里

户口　共八十七　户男丁　大一百五十二　小九十九　名　妇女　大一百十九　小一百零五　口

在籍官员　无

举贡生员　文生姚国成，年六十二岁

耆老　刘本贵，年八十七岁　姚居祥，年七十八岁　张允忠，年七十五岁

节孝　无

穷民　许马年，三十三岁　高二，年五十三岁

残废　姚吕氏，年五十二岁　姚唐氏，年五十五岁　姚二狗，年二十二岁　姚六，年二十五岁，均瞎

义学　无

乡塾　一座。师姚国庆，书生四名

义仓　无

街道　东西街道二条　南北道二条　过道四条

集市　本村无集。三八日赴本门店　赶集距本村　十三里

权量　斗卫斛十一升。称拾六两。尺拾寸。

客店　无

庙宇　一座。九圣庙一间，新

庙会　无

田赋　民地三十顷　应完银六十二两

桥闸　无

津渡　无

河渠　无

井泉　公用砖井五眼，水淡

禾稼　宜种红麦、高粮、玉米、黍、稷、谷、豆

桑麻　无

瓜果　无

(三)《深州村图》(选录)

《深州村图》原本四册，日本东洋文化研究所藏，编号 8815。1987 年我在该所获见。后承该所滨下武志教授（现所长）赠给缩微胶卷。

深州在清代雍正朝起为直隶州，辖安平、饶阳、武强三县。《深州村图》是对深州本境各自然村的人文、地理、经济、生产等各方面进行调查所得的记录。调查项目有：村名、距城道里方位、乡长姓名、四至八到、户口和男女人数、生员、耆老、节孝、穷民、残废、义学、学塾、街道、集市、权量、客店、庙宇、庙会、地亩、河渠、井泉、禾稼、桑麻、瓜果。各项目名称系直栏刻版印刷，调查结果用墨笔填写。各调查项目之后有该村略图。封面及各叶间，都钤有满汉合璧方印，文曰“深州之印”。

东洋文化研究所收藏的深州村图分装四册：（一）“深州西南路村图”。（二）“深州西北路村图”。（三）封面无存，村图自南街南关起，似应是东南路村图。（四）无封面，村图目录自郭

庄、东西马庄起。这四册共有 415 个村的材料，包括西街、西关、南街、南关、北街、北关六处在内。道光七年《深州直隶州志》列出不包括属县的本州境内村落为 513 个。可以推知，现村图所缺约一百个村，所缺之册可能是“深州东北路村图”的一册。现存四册并无总题，我推断似应有署《深州村图》之名的总封面而今佚。

《深州村图》的调查项目比《青县村图》稍简，名目也小有差异。项目中没有“在籍官员”一项。“举贡生员”一项简作“生员”。《青县村图》中的“田赋”一项，在《深州村图》中作“地亩”。此外，各项目填写的材料有时详略不一。如“庙宇”，《青县村图》往往写出有几座、供奉何神、有无主持，而《深州村图》有些只写有几座。“地亩”一项，《深州村图》只填写亩数，其意义可能引出歧解。日本学者以为“地亩”是指耕地面积。我以为是指须缴纳田赋的土地数，实际就是《青县村图》中的“田赋”项，只是未填写银数。《深州西南路村图》有一村名张家庄，32 户，157 人，地亩项写 174.5 亩，户均不足 5.5 亩，又有北花盆村，150 户 374 人，地 300 亩，户均 2 亩。更有小王家斜村，40 户 134 人，地亩只 9.7 亩，户均不到 2 分半。这三个村都是纯粹的农业村，全无商户。亩数如指一个村的耕地面积，就无以生存，尤其是小王家斜村。它们必然要从别村佃耕土地，因而“地亩”项中所填的亩数必不可能指耕地数，而只能是这个村所有的应缴纳田赋的土地数。

《深州村图》以“路”分册，各路中以东西南北街、关和自然村为单位各自填写、画图。各街关村之长都称为“乡长”，其上并无镇、保等名目，这和《青县村图》不同。“路”似乎没有行政意义。深州道光志分本州境为 8 路：除西南西北东南东北外，还有东西南北四路，而村数村名和《深州村图》基本相同，看来，“路”只是用以区分方位，并不是建制。

不完整的《深州村图》篇幅也很巨大，本书只选择以西阳台村为赶集中心的若干村作介绍。西阳台在深州州城东南12里，有348户、2103人，是一个中上等规模的村庄。村有文武秀才14人，义学1座，乡塾5座，学塾和有功名人数之多，在州中也属中上等。村有客店3座，逢1、6之期赶集。村图记载，来西阳台赶集者共11村，其中3村除赶西阳台外，还兼赶别处的集。这是因为，西阳台位于州城与州城西南的一个大集东魏家桥村之间，西阳台距州城不远，西阳台之北来赶集的只有2村，它们还兼赶州城的集；来西阳台赶集的主要是以南和西南的9村，其中1村兼赶东魏家桥集。西阳台的市场圈不是圆圈，更不是六角形，它基本上是半月形。

西阳台市场圈12村共1848户，9263人，户均5人，其中男性5038人，女性4225人，性比例约为119∶100。土地共32789亩，户均17.7亩，人均3.5亩。土地数的户均人均都少于上篇介绍的青县木门店。但这12村的地亩未注明有旗地，都应是民地，这与木门店是大不同的。12村各村户均人均亩数也颇有悬殊，少者如魏家庄，10户70人只96亩，户均不到10亩，人均1.4亩。多者如小寺家庄，74户325人，有2522亩，户均34亩，人均7.8亩。其间存在租佃关系是肯定的。

西阳台市场圈虽只12村，但户口人数比青县木门店市30个村还多。12村中，百户以下村只3个，9村都在百户以上，其中200户以上者2村，300户以上者1村。这与从青县村图所见不同，符合华北多聚居大村的说法。尤其是，对西阳台村的描述，证明了华北村庄有的村庄确有土墙围绕。西阳台村图的

“庙宇”一项写：北寨门、南寨门、西寨门和东寨门内或外都各有庙宇，“井泉”项写：这四个寨门内或外有井。“河渠”项还写“寨外有护寨渠”。既有寨门，必有围墙。可见西阳台是一个名副其实的村寨。

西阳台村写明有“粮市、菜市、牛马市、猪市”，应是一个不小的集市。它的3座客店，自应有安寓客商兼作货物栈房的作用。但市场圈内220户的大寺庄村、193户的河栏井村也各有客店2座，而这两个村并没有集。上述木门店市场圈中的西蒿坡村、刘吴召村没有集，也有两家、一家客店。这使我们可以设想，“客店”并不是专指旅店和货栈，它也指某些零售店。这些客店主是农户以外的商户。在西阳台这一个由一些较大村庄组成的市场圈中，在12个村1848户中，有7家客店，也就是有7户非农业户——它们有的可能还兼营农业，比例与木门店集1575户中有6户相近，都是一个微小的数字。我相信这数字是真实的。我们有幸能了解以后西阳台村农商户的比例情况：约五十年后，西阳台仍是河北省一镇，有420户，商户有9户①，总户数增长72户，商户增加6户。这50年工商发展在中国史上是较快的，商户还只占2%，50年前的西阳台村，必然更是传统小农业经济的汪洋大海了。

西阳台村　城东南　十二里　乡长刘金广，年五十岁

东至　东阳台村　三里

① 日本满铁《河北省农业调查报告》（三），据自从翰香主编《近代冀鲁豫乡村》212页，表2.12，中国社会科学出版社1995年版。

南至　魏家桥　十五里

西至　大寺家庄　三里

北至　徐家左村　八里

东南至　英武村　六里

西南至　河栏井村　六里

东北至　东安庄　六里

西北至　西安庄　六里

户口　共三百四十八户　男一千一百六十二丁　女九百四十一　口

生员　文生程椿元年六十八岁　程海峰年五十岁　单立春年七十岁　程海屿年十九岁　郗百明年五十岁　边又奇年四十一岁　刘得一年四十岁　张克一年五十岁　张正楷年五十岁　张丙星年三十九岁

武生张松林　张慎思　程寅　位文虎

耆老　魏清明，年七十九岁　郗洛勋，年八十一岁　位洛近，年八十一岁　赵洛祥，年七十九岁

节孝　张马氏，年八十二岁　张吴氏，年五十五岁

穷民　张月波，年六十二岁　史洛红，年五十二岁

残废　杨慎修，年六十六岁，拐子　张曾，年五十一岁，拐子

义学　一座。在村西街口路西三官庙中，先生张汝楫，文童

一座。在村南街路西三义庙中，先生武丕基，生员

乡塾　五座

街道　东西大街一道，约三里长。南北大街一道，一里半长。西小街二道，半里　北小街二道，约数十步长。南小街二道，约数十步长

集市　每逢一六日集。粮市、菜市、牛马市、猪市

权量　粗粮斗二十三管　油粮斗二十六管　麦子斗二十五管　秤每斤十六两　柴草秤二十两

客店　西大街路北，郭洛树店一座　南大街路西，赵洛俊店一座　东大街路北，程洛调店一座

庙宇　北寨门外路西真武庙一。南寨门内路西三义庙一。西寨门内路北玉皇庙一。白衣堂庙一。　东寨门内路北龙王庙一。东街路北三官庙一。全神庙一、关帝庙一。　西街路北土地庙一。龙母庙一。南街路西奶奶庙一。龙母庙一。

庙会　二月庙会四天，二月十九日起至二十二日止。　四月香火会四天，四月初八日起至十一日止。

地亩　共六十顷

河渠　村南三里许有河沟，若有若无　寨外有护寨渠　村北二里许有河沟，若有若无

井泉　西寨门外井一　西小街口井二　南寨门外井三　东寨门外井三　北寨门内井三

禾稼　宜五谷

桑麻　无

瓜果　有瓜无果

东安庄　城南五里　乡长康程义年四十三岁

东至　小位村　一里

南至　西阳台　六里

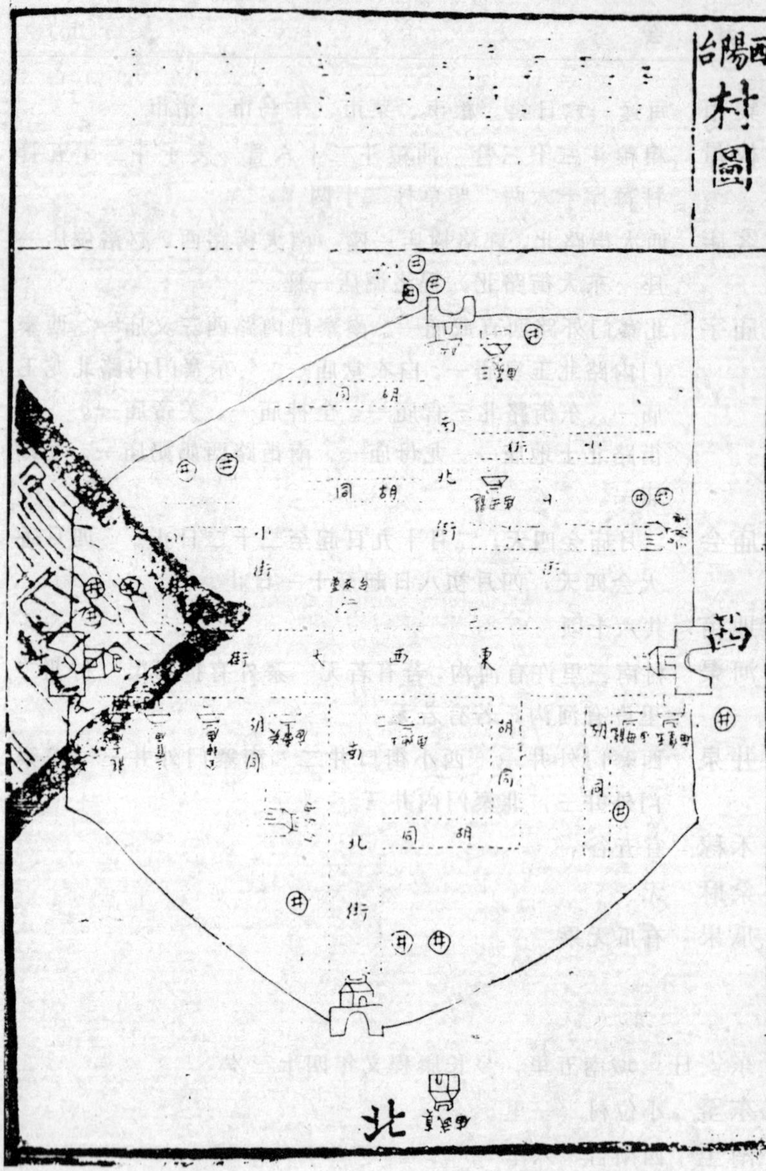

西阳台村图

西至　西安庄　三里

北至　王家庄　三里

东南至　东阳台　四里

西南至　大寺家庄　八里

东北至　枣科村　二里

西北至　徐家左　一里

户口　共一百六十户 男五百八十二丁
女四百一十　口

生员　文生康锡朋，年五十八岁　程席珍，年四十三岁　康锡铭，四十二岁　康廷弼，四十岁　康万选，三十岁　康封卫三十七岁　康均，二十八岁　武生康钰，二十五岁

兆　三十六　　玉　三十五
康　麟　　岁　康　峰　　岁
仲　三十　　连　二十九

耆老　康洛墨，八十四岁　程书兰，八十一岁　程文仲，七十九岁　张兰，八十二岁，故　高洛修，七十八岁，故　康平太，七十六岁　郭金印，七十六岁　程　先，七十一岁，故

节孝　张　七十二　　三十六
程　氏年　　岁，守节　　年
窦　七十一　　三十五

穷民　程志强七　七　康洛墨八　四
十　岁，　十　岁　高修身七十三岁
程翟氏六　九　赵马氏七　一

残废　程庆雨，四十二岁　程全胜，双拐，年四十九岁　张拐样，年二十四岁　康冬至，无目，年四十八岁　康拐子　高修身，七十三岁，无目

义学　在北街路东，本村人生员康锡朋，年五十八岁

乡塾　东街二座，西街三座，南街二座。

街道　东西大街一道。南北大街一道。东头小街二道。北头小街三道，胡同二道。西头小街一道。南头小街一道，胡同二道。

集市　无。逢三五八十赶城里集，至城五里；逢一六赶阳台村集，至阳台六里

权量　无

客店　一座。南街路东，店主康洛喜

庙宇　东街王母庙，女道四人。三官庙、土地庙、菩萨庙。北街真武庙，僧人二个。关帝庙。西街菩萨庙。南街关帝庙。十字街土地庙、龙母庙。

庙会　无

地亩　共三十五顷九十八亩五分

河渠　无

井泉　东街井四，西街井三，南街井一，北街井一。

禾稼　五谷俱宜

桑麻　少有

瓜果　少有

大魏村　城东南　八里　乡长张辑瑞年六十七岁

东至　槐家洼村　八里

南至　张何庄村　八里

西至　小位村　二里

北至　石槽位村　四里

东南至　西景明村　四里

西南至　东阳台村　二里

东北至　西郎里村　八里

西北至　枣科村　四里

户口　共一百四十四户　男五百五十九丁
女二百九十四口

生员　文生王之楹，年六十岁

耆老　王学孟八　二　张奉山八　一　张洪禄　九
十　岁。　十　岁。　七十　岁。
郭玉玺七　六　孙继贤七　四　王学思　四

郭玉价　四　张洪祯　六
七十　岁。　七十　岁。　郭成章七十二岁。
王者宾　六　齐来之　三

胡俊杰七十六岁。霍刘氏八十六岁。窦张氏、张贾氏八十六岁。阎康氏、郭李氏、康胡氏、孙张氏、齐贺氏。

节孝　田彭氏，年六十四岁，自二十九岁守节三十五年。

穷民　刘福、阎长和、刘葫芦、李顺、王之楹、霍刘氏、窦张氏、阎康氏、孙张氏、齐卢氏、胡杨氏。

残废　无

义学　一座。在村南庙后路北，先生文童安有章，西景明村人

乡塾　两座。一座在村前街东西街西头路南。
一座在村后街东西街西头路北。

街道　东西大街四条。东西小街二条。南北大街一条。南北胡同三条。

集市　无。逢五十三八赴城里　集八里
四九　西景明　四
一六　西阳台　六

权量　柴草秤一斤十六两。山药秤每斤十八两。　大斗二十五管。小斗二十三管。

客店 无

庙宇 十座。天仙庙，男僧三人。三官庙，女僧二人。

庙会 无

地亩 共三十二顷五十亩

河渠 无

井泉 村中井五个，村外井五个。

禾稼 土性五谷俱宜，山药亦宜。

桑麻 无多

瓜果 无

东阳台 城东南 十里 乡长 程胡相 年六十六岁
康遂义 年三十八岁

东至 西景萌村 六里

南至 英武村 六里

西至 西阳台村 三里

北至 小位村 三里

东南至 何家庄 六里

西南至 何栏井村 八里

东北至 大位村 一里

西北至 东安庄 五里

户口 共一百六十七户 男五百四十二丁
女四百八十四口

生员 无

耆老	郑克己　　　　七　张祭谦　　　　六　　王李 　　　年七十　岁　　　年七十　岁　　氏年 张德寿　　　　九　程景顺　　　　七　　苏周 八　四 　十　岁。 八　一
节孝	张梁　　五　三　　　　三十一 　　氏年　十　岁守节　　年 冯王　　五　四　　　　二十九
穷民	程刁，年四十八岁
残废	无
义学	在村东头路北白衣庵庙。先生林祥云，年三十二岁。住东关外杨家庄村人，无功名。徒弟十二名。
乡塾	无
街道	东西街道一条，南北街道一条，南北车道五条。
集市	无。逢一六赴西阳台村赶集，至本村　三里
权量	秤每斤十六两。每市斗二十三管。
客店	无
庙宇	九座。白衣庵庙有男僧二人。
庙会	无
地亩	共三十顷零三亩
河渠	无
井泉	村里井二，村外井七。
禾稼	宜五谷
桑麻	有
瓜果	无

英武村　城东南十五里　乡长郭刘章年四十五岁

东至　张何庄　四里

南至　祖家城西　六里

西至　河栏井　六里

北至　西阳台　六里

东南至　赵邢村　六里

西南至　潘家庄　四里

东北至　东阳台　六里

西北至　大寺家庄　十里

户口　共一百零四户　男一百八十四丁　女一百六十八口

生员　文生张云生，年四十五岁

耆老
周立本　七　五　　　　显　　　五
　　　年　十　岁。李清　杰年七十三岁。
郭彦文　八　三　张　九　　　九
李　文　　　四
　　　年七十　岁。
许香蓝　　　八

节孝
李吴　　　　　　　　　　　四　　　张　　　七　九
　　氏，年八十岁，守节　十　年。　马氏年　十　岁，
谢马　　　　　　　　　　　三　九　张　　　六　八
守节二十八年。郭夏氏八十三岁，守节四十二年。

穷民　周在中，年七十三岁

残废　张望天，年六十一岁

义学　一座。在村前大街中路北，教读监生张心广，年三十九岁

乡塾　一座。在前街南北胡同路西

街道　东西前街道四条，后街道二条（前街约长二百步 / 后街长一百四十步）胡同七条

集市　无。逢（一六 / 四九）日赴（西阳台 / 东魏桥）集（六 / 八）里

权量　秤十六两。斗二十三管。

客店　无

庙宇　共七座

庙会　无

地亩　共二十顷

河渠　无

井泉　村外井六，村中井二。

禾稼　宜五谷

桑麻　无

瓜果　无

大寺家庄　城西南　十五里　乡长曹法群，年四十九岁

东至　西阳台村　三里

南至　河栏井村　六里

西至　清辉头　五里

北至　西安庄　五里

东南至　英武村　八里

西南至　小寺家庄　一里

东北至　徐家左　八里

西北至　辛庄　五里

户口　共二百二十二户 男六百七十七丁
女五百七十七口

生员　文生 高飞熊 六十三
高桂林 年 三十一 岁。
张会辰 四十三
武生 高腾霄 年 五十 岁。
高枫林 二十八

耆老　高文恒 年 八十 岁。
朱得新 八十一
吴新，年八十岁。

节孝　高马氏

穷民　张勤修 年 八十 岁。
张敏旺 七十二
曹振如 年 八十二 岁。
张金生 七十六
曹思文 年 七十五 岁。
刘俊兴 七十八
马上志，年七十三岁。

残废　瞽目吴太和

义学　一座。在南北街路东，主讲文童张金耀，年六十二岁。徒弟十三名

乡塾　共四座

街道　东西街九道，胡同一条。南北街二道，胡同四条。

集市　逢一、六日赶西阳台集

权量　与西阳台集市同

客店　共二座

庙宇　共八座。三官庙一、五道庙一、玉皇庙一、真武庙一、关帝庙一、娘娘庙一、龙王庙一、河神庙一

庙会　无

地亩　共四十二顷二十七亩

河渠　无

井泉　共十一眼

禾稼　宜五谷

桑麻　无

瓜果　俱全

小寺家庄　城西南　十五里　乡长曹法群代

东至　西阳台村　五里

南至　河栏井村　四里

西至　牛家庄　八里

北至　辛庄　六里

东南至　英武村　八里

西南至　吴家庄　一里

东北至　大寺家庄　一里

西北至　清辉头　五里

户口　共七十四户　男一百七十五丁　女一百五十口

生员　贡生吴凤苞，年六十岁。增生吴步瀛。附生吴乡云，年三十五岁。

耆老
吴显祥　八十四　　吴梦照　七十六　　吴士中
吴明智年八十　岁。崔旺景年七十六岁。吴金鳌年
李立山　八十　　吴金榜　七十九　　吴治表

七十八
七十六岁。
七十八

吴明义
年　七十四
吴文学　七十四　岁。

雷清欣　七十四
吴根成　七十三
吴根英年七十二岁
刘法奎　七十一
吴极太　七十一

节孝　吴张氏，年六十七岁，守节四十六年

穷民　无

残废　无

义学　无

乡塾　共五座。路南二
北三

街道　东西街二道。南北街一道。胡同一条

集市　逢一
六日赶西阳台集

权量　与西阳台村同

客店　无

庙宇　共五座

庙会　无

地亩　共二十五顷二十二亩二分

河渠　无

井泉　共六眼

禾稼　宜五谷

桑麻　无

瓜果　无

吴家庄　城西南　十五里　乡长田方

东至　河栏井　三里

南至　昂里村　三里

西至　束鹿之石碑村　十里　至县城五十里

北至　小寺家庄　二里

东南至　西魏家桥　十二里

西南至　柳家庄　五里

东北至　西阳台　六里

西北至　清辉头　五里

户口　共一百零八户　男三百零七名　女二百四十口

生员　无

耆老　耿林兴，年七十九岁

节孝　无

穷民　无

残废　瞽目刘吴氏，年五十七岁

义学　无

乡塾　无

街道　东西大街一道，南北小街二道。胡同二条

集市　逢一六日赶西阳台集

权量　与西阳台村同

客店　无

庙宇　共三座

庙会　无

地亩　共十一顷二十五亩四分

河渠　无

井泉　共五眼

禾稼　宜五谷

桑麻　无

瓜果　无

魏家庄　城西南　十九里　乡长张公义代

东至　英武村　六里

南至　河栏井　半里

西至　柳家庄　三里

北至　大寺家庄　六里

东南至　潘家庄　八里

西南至　白宋庄　八里

东北至　西阳台　六里

西北至　吴家庄　三里

户口　共十户　男三十九丁　女三十一口

生员　无

耆老　无

节孝　无

穷民　无

残废 无

义学 无

乡塾 无

街道 东西大街一道

集市 逢一、六日赶西阳台村集

权量 与西阳台村同

客店 无

庙宇 村东三皇庙一，村西土地庙一

庙会 无

地亩 共九十一亩

河渠 无

井泉 二眼村南一 北一

禾稼 宜五谷

桑麻 无

瓜果 无

河拦井 城西南 二十里 乡长张公义，年四十岁

东至 英武村 六里

南至 尚王庄 八里

西至 昂里村 三里

北至 大寺家庄 六里

东南至 潘家庄 六里

西南至 白宋庄 八里

东北至 西阳台 六里

西北至 吴家庄 三里

户口 共一百九十三户 男八百五十丁
女六百十二口

生员 文生 李韶先
高景义 年 六十三
三十七 岁。武生 张殿元
张万宣 年 七十一
三十二 岁，张凤刚年三十四岁

耆老 董景馨，年八十岁。张俊安，年八十四岁。张立真，年八十七岁

节孝 张祖氏，年八十岁，守节五十年

穷民 张宏春，年七十六岁。熊廷显，年七十一岁

残废 瞽目张德合，年七十七岁。瞽拐张云恒，年五十七岁

义学 一座。中东西街路北，主讲文童刘焕照，年三十二岁，住清辉头。徒弟九名

乡塾 东西街路北二座。主讲生员高景义，住本村。徒弟五名
文童张云清，住本村。徒弟十三名

街道 东西街三道，南北街二道，斜街一道

集市 逢一
六日赶西阳台村集

权量 与西阳台村同

客店 二座。斜街路北李洛万一，东西大街路北张傻子一

庙宇 共七座。 前东西街东头二郎庙一。西头财神庙一。街中路北土地庙一。中东西街西头三官庙一，土地庙一。村东南关帝庙一。东北南海庙一

庙会　无

地亩　共五十七顷

河渠　无

井泉　共八眼。村东三，村北一，村南二，村西二

禾稼　宜五谷

桑麻　无

瓜果　有瓜无果

昂里村　城西南　二十里　乡长 单廷□ 年五十四岁；张朋 年二十八岁

东至　河栏井　三里

南至　白宋庄　五里

西至　牛家庄　五里

北至　吴家庄　三里

东南至　尚家庄　五里

西南至　曹家庄　六里

东北至　西阳台　八里

西北至　柳家庄　一里

户口　共一百六十八户　男四百二十三丁；女二百五十八口

生员　魏元凯年四十四岁。任升霄，年三十六岁

耆老　任治安 年八十六岁；单奇亮 年七十三岁。任修礼 年七十三岁；单奇良 年七十二岁；单奇宽 年八十二岁。薛冯氏 年；任冯氏 年

八十六
岁。
七十一

节孝　无

穷民　无

残废　无

义学　无

乡塾　二座。后东西街东头路南一
村西南路南一，主讲文童魏廷璞，住西午村

街道　东西街三道，南北街二道，胡同四条

集市　逢一
六日赶西阳台村集

权量　与西阳台村同

客店　无

庙宇　共九座。　村东路南天齐庙一。东西后街东头路北土地庙一。十字街路北五道庙一。路西龙母庙一。　村北娘娘庙一。西街路北关帝庙一，三官庙一。村西玄帝庙一。村南菩萨庙一。

庙会　无

地亩　共三十顷零二十六亩九分

河渠　无

井泉　共七眼

禾稼　宜五谷

桑麻　无

瓜果　无

柳家庄 城西南 二十里 乡长贾大才，年五十三岁

东至 河栏井村 三里

南至 昂里村 三里

西至 牛家庄 三里

北至 清辉头 五里

东南至 东魏家桥 十五里

西南至 王章市 十二里

东北至 吴家庄 一里

西北至 西康家庄 五里

户口 共五十二户 男八十一丁 女六十口

生员 武生刘文茂年四十岁

耆老 刘均直，年七十九岁

节孝 无

穷民 无

残废 无

义学 无

乡塾 无

街道 东西大街一道，小街一道，斜街一道，胡同一条，南北大街一道

集市 逢一、六日赶西阳台村集

权量 与西阳台村同

客店 无

庙宇　街中路西全神庙一座
庙会　无
地亩　共十二顷五十四亩三分
河渠　无
井泉　共六眼。村南一，西南二街中路南二，路北一，路西三
禾稼　宜五谷、葱、菜、山药
桑麻　无
瓜果　无

图书在版编目(CIP)数据

稀见清世史料与考释/王庆成著.-武汉:武汉出版社,1997

ISBN 7-5430-1745

Ⅰ.稀… Ⅱ.王… Ⅲ.文物-史料-研究-中国-清代 Ⅳ
.K871.49

中国版本图书馆 CIP 数据核字(97)第 23761 号

稀见清世史料并考释

王庆成 编著

武汉出版社出版发行

(武汉市江岸区北京路 20 号 邮政编码 430014)

新华书店经销 华中理工大学印刷厂印刷

850×1168 毫米 32 开本 21.25 印张 6 插页 460 千字

1998 年 7 月第 1 版 1998 年 7 月第 1 次印刷

印数 1—5 000 册 定价:43.00 元

ISBN 7-5430-1745-8/K·183

本书如有印装质量问题,由承印厂负责调换。